考证

曹雪芹

紫军 霍国玲 著

人民东方出版传媒
东方出版社

"石学"丛书总序

　　"石学"即研究带全部脂砚斋批语的八十回本《石头记》的学问。"红学"所研究的是百二十回本《红楼梦》小说。"石学"与"红学"两者的研究对象不同。学科是以研究对象来划分的。因而，"石学"是不同于"红学"的一种新的学科。

　　若从 1980 年霍国玲将俞平伯辑《脂砚斋红楼梦辑评》中的批语全部抄在自己所阅读的《红楼梦》相应的位置，边抄边思考，形成"石学"理论的雏形，并于 1982 年发表第一篇"石学"论文开始计算，"石学"研究已经历了三十多年的历程。

　　三十多年来，"石学"已形成完整的学术体系。包括：

　　研究对象：《石头记》（脂砚斋全评本）。

　　创作《石头记》的历史背景：正处于中国历史上最严酷"文字狱"时期。

　　作者写书的主要目的："此系身前身后事，倩谁记去作奇传？"曹雪芹在《石头记》开篇时明言：本书主要是为一位女子（黛玉原型竺香玉皇后）作传，在为她作传的同时，也就传了自己。作为研究者的主要任务，应当是向读者揭示这两部密切相关的"奇传"。虽然当时的封建统治者将竺香玉皇后从历史档案中删削，却仍留下了蛛丝马迹，而且不断有历史遗迹及物证发现，证明曹雪芹所隐写的是清代一段极为重要的真史。

　　《石头记》的基本特点：如"风月宝鉴"那样有正（小说）、反（历史）两面。脂砚斋曰："此书表里皆有喻也。"作为研究者既要研究该书之"表"（小说），又要研究其"里"（历史），而重点则应是"里"。作为研究者既要读懂小说，阐述其重大的社会意义，更要探索背后历史，揭示被当时统治者删削、篡改的真史。

研究态度及方法：严肃认真，实事求是。由于脂砚斋批语的核心部分系出自作者曹雪芹之手。作者为自己的书添加批语的目的便是指导读者正确理解该书。由于该书有正反两面，在背面隐写了历史，其正面小说必会出现大量"误谬"（脂砚斋语）。因而作为读者就应当在脂砚斋批语的指引下努力发掘书中的"误谬"，并给予正确的阐解。为了正确阐解书中的"误谬"，就必须揭示作者的写作奇法、秘法，理解作者在严酷的"文字狱"环境下，唯有采取独创的写作奇法、秘法，才可能通过小说隐记罕为人知的真史。

为了保证探索小说背面历史的正确，研究者采取了"内证"和"外证"相结合的研究方法，并对研究结论进行反复验证，如发现错误或不完善之处，便进行改正和补充。

作为研究者有责任向读者说明《石头记》的巨大价值：它堪称中国古代文化的一部文备众体，集大成之作。它向读者深刻地展示出中国古代社会的全貌，犹如一部社会的立体画卷、百科全书，而就其小说背后的隐史而言，形象地向人们提供了中国封建专制制度严酷的"文字狱"的实例，以及曹雪芹为战胜"文字狱"，所具有的超人的智慧和才华，展示出曹雪芹和竺香玉皇后令人景仰的伟大人格。《石头记》是中国古典文学"文史合一"特点的最高典范。

曹雪芹及其作品《石头记》是中华民族的骄傲。就像莎士比亚是英国的文化代表，巴尔扎克是法国的文化代表，歌德是德国的文化代表，托尔斯泰是俄国的文化代表一样，曹雪芹无愧于中国的文化代表。

曹雪芹的《石头记》是中国世世代代都读不完的经典。愿《石头记》成为每个中国人的必读书。

紫　军　霍国玲

2013 年 11 月 7 日

目　录

序 …………………………………………………………………………… 1

曹雪芹生辰考证 …………………………………………………………… 1

一、考证曹雪芹生日问题的途径 ……………………………………… 1

二、以内证和外证相结合的方法对曹雪芹的生年进行探索，
其结论为：曹雪芹生于康熙五十四年（乙未，1715 年）………… 18

三、《石头记》对曹雪芹生日的隐写——生于五月初三日
（1715 年 6 月 4 日）…………………………………………… 38

四、宝玉出生的时辰——夏日"午时"（上午 11 时至下午 1 时）…… 53

五、曹雪芹生辰"康熙五十四年五月初三"说的小结 ……………… 55

六、对曹雪芹生辰"康熙五十四年五月初三"说的验证 …………… 57

七、对其他学者提出的曹雪芹生辰说的验证 ……………………… 58

八、2015 年 6 月 4 日为曹雪芹诞辰 300 周年纪念日 ……………… 63

作者借薛蟠之口告知世人：自己的生日是"五月初三" …………… 66

一、薛蟠既隐写着雍正，又隐写着雪芹，雪芹既由宝玉，
又由薛蟠进行隐写 …………………………………………… 66

二、宝玉之母、薛蟠之母、贾兰之母——都是雪芹母亲
马氏的分身 …………………………………………………… 72

三、史湘云、王熙凤、夏金桂——都是曹雪芹妻子李香玉的
分身 …………………………………………………………… 77

四、通过可卿、黛玉、香菱将宝玉与薛蟠绾系在一起 …………… 84

五、贾琏妻子王熙凤逼死鲍二家的和尤二姐，薛蟠妻子
夏金桂逼死香菱——所隐写的都是曹雪芹的妻子
李香玉是逼死竺香玉的罪魁 …………………………… 89

六、荣国府将宝玉与薛蟠绾系一起 …………………………… 91

七、薛蟠生日的重重疑点迎刃而解 …………………………… 94

对曹雪芹卒年、卒日的考证 ……………………………………… 96

绪　言 …………………………………………………………… 96

一、"壬午说"表面看提出三点证据，实则是单文孤证 …… ·97

二、"癸未说"可作定论 ……………………………………… 104

三、"甲申说"是单文孤证，且主观性较强 ………………… 117

四、结　论 ……………………………………………………… 121

[附件] 纪念曹雪芹，学习曹雪芹——纪念曹雪芹逝世 250 周年 … 123

《石头记》作者的名、字、号辨析 …………………………… 128

一、史料中对《石头记》作者名、字、号的记载 ……………… 129

二、对《石头记》作者名、字、号的辨析 …………………… 131

论曹雪芹对《石头记》的著作权 …………………………… 139

引子：曹雪芹著作权问题的提出 ………………………………… 139

一、脂砚斋评批说明：该书的作者为曹雪芹 ………………… 141

二、曹雪芹在《石头记》正文中对自己著作权问题所做的隐写 … 149

三、历史资料的考证说明：《石头记》作者是曹雪芹 ……… 158

四、内、外证相结合进行考证的结论：曹雪芹对《石头记》的
著作权不容置疑 ……………………………………………… 162

[附件] 关于曹雪芹著作权的通信 ……………………………… 162

曹雪芹与清皇族 …………………………………………… 167

一、曹寅的三个儿女均与皇族联姻 ……………………………… 167

二、曹雪芹既有皇族血缘，又是国戚 ………………………… 172

三、曹家第一次被抄没后与皇族的关系 ·············173

四、曹家第二次被抄没后与皇族的关系 ·············179

五、曹雪芹去世后,《石头记》在皇族中的流传 ·····184

六、曹雪芹在清皇族中的地位 ·····················193

曹雪芹被封侯爵考 ····································195

一、竺香玉被册封为皇后以后,按照清代"推恩"
外戚制度,曹頫应被封为"公" ··············195

二、竺香玉被册封为皇后以后,李鼎也属外戚推恩 ·····200

三、竺香玉被册封为皇后以后,曹雪芹作为特殊情况
也被封了"侯" ·······························203

四、考证出曹雪芹被封侯爵的意义 ···············212

曹家的中兴与曹雪芹 ·································217

一、曹雪芹幼年时的生活环境 ···················217

二、曹家第一次被抄没后,曹雪芹随全家从南京回到北京 ·····221

三、曹家的中兴 ·································225

四、确立"曹家中兴"观点的意义 ···············229

曹雪芹的家世(父系) ·······························233

一、曹雪芹的始祖曹锡远(世选)和高祖曹振彦 ·····233

二、曹雪芹的曾祖父曹玺及曾祖母孙氏 ···········235

三、曹雪芹的祖父曹寅及祖母李氏 ···············237

四、曹雪芹的父亲曹顒 ·························242

五、曹雪芹的叔父曹頫和婶娘 ···················256

[附件] 关于李煦、曹頫所犯罪行的通信 ·········267

曹雪芹与祖父曹寅和父亲曹顒 ························271

一、曹雪芹的父亲曹顒 ·························271

二、雪芹继承了祖父曹寅的多才多艺、博学广交的特点 ·····274

三、曹寅、曹頫是"包衣"，雪芹则改变了身份 ……………281

四、小　结 ………………………………………………287

曹寅娶妻李氏及曹頫的生年 ……………………………288

问题的提出 ………………………………………………288

曹雪芹祖母李氏是曹寅的结发妻子 ……………………288

贾母的生年 ………………………………………………289

何谓两套纪年 ……………………………………………290

解开贾母年纪忽大忽小之谜 ……………………………291

曹寅与李氏成婚的年龄 …………………………………292

李氏是曹寅的结发妻子 …………………………………293

关于曹寅的"吊亡"诗 …………………………………294

此曹頫不是彼曹頫 ………………………………………297

曹雪芹的母亲马氏是康熙的公主 ……………………303

一、李纨隐写着雪芹的母亲马氏 ………………………303

二、李纨原型的身份是公主 ……………………………306

三、凤姐是雪芹母亲马氏的分身之一 …………………316

四、王夫人亦隐含雪芹之母亲马氏的分身 ……………318

五、对雪芹之母为公主身份的验证 ……………………323

六、曹雪芹的母亲应是哪年下嫁曹頫的 ………………330

七、史料残缺恰恰证明某公主下嫁了曹頫 ……………335

八、雪芹的母亲为何姓马？ ……………………………338

马氏公主的名字及生卒年月日 ………………………341

一、马氏公主名叫"桥" …………………………………341

二、书中关于避讳的解注 ………………………………345

三、书中何人身上隐写着"桥"公主 …………………346

四、"桥"公主的卒年与忌日 ……………………………352

释张云章《闻荔轩银台得孙却寄兼送入都》一诗 ·················· 355

——张诗遭禁只因其中透露出曹雪芹的母亲是康熙的公主

一、张云章写这首诗的背景 ··································· 355

二、《闻荔轩银台得孙》诗的阐释 ······················· 357

三、从诗中可看出此孙已不再是"包衣" ··············· 360

四、为何《朴村集》遭禁 ································· 362

五、曹颙所生此子的命运 ································· 368

小　结 ·· 373

曹雪芹高祖曹振彦简历兼及《大金喇嘛法师宝记》碑 ·········· 374

一、曹振彦的简历 ··· 374

二、关于《大金喇嘛法师宝记》碑 ····················· 376

三、曹振彦从未做过"教官"（之一）——从字形辨认 ··· 380

四、曹振彦从未做过"教官"（之二）—— 立"宝记"

碑时尚无红衣炮兵部队 ······························· 382

五、曹振彦从未做过"教官"（之三）—— "教官"

不是武职官员 ··· 383

六、正确认识《大金喇嘛法师宝记》碑的历史价值 ··· 385

"石学"飞鸿 ··· 387

一、读者是怎样逐步接受"石学"理论的 ··············· 387

二、读者与作者的交流 ······································· 392

跋 ·· 399

启事 ·· 413

序

    1982 年霍国玲向上海全国《红楼梦》研讨会提交了一篇论文《曹雪芹生辰年月考》。从题目便可看出,这篇论文属红学中的"冷门"。三十多年后霍国玲、紫军提供给广大读者的,已不是一篇考证文章,而是一部学术专著——《考证曹雪芹》。该专著所涉及的题目十分广泛,除继续深入考证曹雪芹的生日外,还考证了曹雪芹的卒日,曹雪芹的名、字、号,曹雪芹曾被封为"侯",并论及了曹雪芹的父亲是谁,母亲是谁等等。其中有些已被"红学"界判为"死结"(如曹雪芹的父亲是谁),也有些尚无"红学家"涉及(如曹雪芹的母亲是谁、曹雪芹曾封为"侯"等问题)。

    所谓"红学"就是研究《红楼梦》的学问。《红楼梦》是一部小说。对于一部小说的研究,有"专业"与"业余"之分,是种"怪事"。此前已出现数位红学大家。在他们成为大家之前,无一不是"业余"研究《红楼梦》者。比如王国维是研究国学的,但写出了《红楼梦研究》。蔡元培是革命家,曾做北京大学校长,《石头记索隐》是做校长时"业余"写成的专著。胡适留学美国,学的是哲学,回国后是在北京大学做哲学教授,《红楼梦考证》是教哲学之余写成的。俞平伯开始写《红楼梦辨》时仅仅21岁(1900 年生)。他曾在 1923 年出版的《红楼梦辨》中写道:"欧游归来的明年——1921 年——我返北京。其时胡适之先生正发布他的《红楼梦考证》,我友顾颉刚先生亦努力于《红楼梦》研究,于是研究的意兴方感染到我。"周汝昌 1947 年开始研究《红楼梦》,其时还是北京燕京大学外语系学生。1953 年出版《红楼梦新证》时,是四川大学外语系教师。王昆仑是社会活动家,中国国民党革命委员会的领导人,却于 20 世纪 40年代初,利用业余时间撰写《红楼梦人物论》,共 19 篇,至 1948 年结集,用"太愚"笔名出版。

就以 20 世纪 80 年代初期霍国玲写的那篇《曹雪芹生辰年月考》来说，并不因霍国玲是"业余"者，而降低该文的价值。后来专门搜集与研究过曹雪芹生辰的徐恭时老先生读到此文后，倍加赞赏，曾写道：

> 雪芹的生年既难论定，他的诞日，更是难题。研究者也提出九种异推，今亦采一说，暂系康熙五十四年五月初三日（公元 1715 年 6 月 4 日）。①

> 曹雪芹的生日，更乏直接线索，今见及有十五位研究者文章中考论，计有：四月中旬、四月下旬、四月二十六日、五月初三日、五月初七日、五月初十日、五月、五六月间、六月（六月前后）等九说，霍国玲作《曹雪芹生辰年月考》稿，推论于五月初三日，论据有新见，今暂采此说。②

并呼吁于 1995 年 6 月 4 日"举行曹雪芹诞生 280 周年的纪念佳辰，为一代文豪抒敬仰之情。"③

同样道理，不能因以前的红学家没有对曹雪芹的生辰、卒日、其父为谁，其母为谁等一系列问题论述清楚，就可断言，在这些问题上，后来者不可能有新的突破。

本书是否已对曹雪芹的研究有了突破，读者自会评论。这里所要介绍的是："石学"（系研究《石头记》的学问）将会解决"红学"研究中遇到的各种难题、"死结"，这是对曹雪芹研究不断深入的必然趋势。

"红学"为什么已经把故纸堆翻腾了多少遍，仍旧无法考证清楚诸如曹雪芹生于何时，卒于何日，其父为谁，其母为谁等等一个大作家最基本的情况？

——主要原因有二：

其一，乾隆曾利用编纂《四库全书》之机，禁毁了一批有价值的著作，其中包括曹雪芹的带有脂砚斋批语的八十回本《石头记》。因《石头

---

① 《红楼梦鉴赏辞典》第 713 页。

② 为注 1 那段文字而写的注②。

③ 该文发表在世界上 1990 年第 4 期《红楼梦学刊》上。

记》不可能彻底禁毁，乾隆便推行阉割、篡改本——百二十回《红楼梦》小说，以期将读者引入歧途。其结果是：乾隆的目的达到了。他最终将一部包含正（小说）、反（历史）两面的"奇书"，改造成了一部单纯的小说，完全违背了曹雪芹的意愿，使读者难以通过百二十回本《红楼梦》小说看到其背后隐写的历史。

其二，乾隆删削、篡改了黛玉原型竺香玉皇后（雍正的第二任皇后）及曹雪芹的母亲康熙十六公主的历史档案，使后人难以了解到有关的历史真相。

"红学"的考证主要是由"考证派自传说"来进行的。该学派的研究方法是：从历史资料中考证曹雪芹的生平及家世，然后将其考证结果与《红楼梦》小说附会。

请看！这个学派所应搜寻的历史资料，已被当时的统治者删削、篡改得所剩无几。当将这些残缺不全的史料，与已经遭到阉割、篡改的小说进行附会时，其结论会是怎样，可想而知。

"红学"考证的悲剧，是历史的必然，并非考证者没有才华，或者没有付出艰辛的努力。

"石学"的考证与此全然不同。

"石学"是研究《石头记》（脂砚斋全评本）的学问。这部著作的基本特点是带有全部脂砚斋批语，正文最多只有八十回，其书名叫做《石头记》（或《脂砚斋重评石头记》）。这部著作看似不完整，实则是一部有正（小说）、反（历史）两面的"全璧"。

《石头记》在开篇时便明言：创作这部著作的目的是为一位"行止见识，皆出于我之上"的女子作传，而且"因为传他，并可传我"。——这部书是曹雪芹"滴泪为水，研血成墨"哭成的，"书未成，芹为泪尽而逝"。

——《石头记》为之作传的女子是雍正帝的竺香玉皇后，为她作传的同时，作者曹雪芹也为自己作了传。该书既然包含着曹雪芹的自传，他的父母姓甚名谁，他生于何时何地，一生主要经历，必然隐写于书中。

曹雪芹"因为传他，又可传我"，独创了一系列写作奇法、秘法。脂砚斋批语的核心部分系出自曹雪芹之手，其目的在于引导读者破解这些写

3

作"奇法、秘法",进而揭示书中的隐史。

"石学"正是探索曹雪芹所著《石头记》内在规律的一门学问,通过这种探索,也就挖掘出隐写于书中的曹、竺二人之传记。

我们现在这部著作是对曹雪芹生平及其家庭的考证。既然曹雪芹已经将自传隐写在了《石头记》中,作为研究者只要在脂砚斋批语的指引下,一步一步认真探索该书的内在规律,也就必然能够达到真正了解曹雪芹及其家庭的目的。——"石学"将这种考证称作"内证"。

"石学"研究者也十分重视对历史资料及实物、遗迹的考证。这种考证可与"内证"相辅相成,也可对内证的结论作出验证。——"石学"称这种考证为"外证"。

当我们将"内证"与"外证"有机地结合在一起时,"红学"考证遗留下来的难题、"死结",便可迎刃而解。不仅如此,对于"红学"未曾涉及的问题,也可取得可喜的成果,比如对于曹雪芹母亲的考证,乃至对其母生辰和卒日的考证。

记得顾颉刚在将考证派自传说与索隐派进行比较时说:

> 并不是从前人特别胡涂,我们特别聪颖,只是研究的方法改过来了。①

当我们将"石学"考证与"红学"考证进行比较时,可以套用这句话:并不是从前人特别胡涂,我们特别聪颖,只是研究的对象和研究的方法都改过来了。不再是研究百二十回本《红楼梦》,而是研究《石头记》(脂砚斋全评本);其研究方法,不再是单纯地依靠残缺不全的史料,而更重视挖掘曹雪芹自己隐写于其书中的曹、竺二人的传记。

紫　军

2014 年 5 月 8 日定稿

---

① 　见《俞平伯论红楼梦》第 79 页,上海古籍出版社 1988 年版。

曹雪芹生辰考证

一、考证曹雪芹生日问题的途径

（一）单纯地依靠史料进行考证——确定不了曹雪芹的生年

胡适于 1921 年发表《红楼梦考证》一文。文中对该书的"著者"作出"六条结论"。其中第一条和第六条为：

> （一）《红楼梦》的著者是曹雪芹。
> （六）《红楼梦》是一部隐去真事的自叙；里面的甄、贾两宝玉，即是曹雪芹自己的化身；甄贾两府即是当日曹家的影子。

从此学术界开始了对曹雪芹生年的考证。胡适在《红楼梦考证（改正稿）》中率先提出："曹雪芹大约生于康熙末叶（约 1715—1720 年）。当他死时，约 50 岁左右"。——他是依据《雪桥诗话》、《八旗文经》、《熙朝雅颂集》三部书推算的。[1]

之后，胡适在 1922 年、1928 年又两次对曹雪芹的生年进行考证，结论分别是康熙五十八年（1719年）[2] 和康熙五十六年（1717年）[3]，分别推翻了自己原先的结论。但无论怎样考证，最终都未得到学术界的认可。

继胡适之后，又有一批学者对曹雪芹的生年进行考证，如周汝昌提

---

[1] 见《胡适红楼梦研究论述全编》第 98 页，上海古籍出版社 1988 年版。
[2] 见 1922 年胡适《跋红楼梦考证》，《胡适红楼梦研究论述全编》第 135 页。
[3] 见 1927 年胡适《考证〈红楼梦〉的新材料》一文，《胡适红楼梦研究论述全编》第 162 页。

出"甲辰说"(雍正二年，1724年)①，余苍提出"戊戌说"(康熙五十七年，1718年)②，吴新雷③、胡文彬④、张书才⑤、刘广定⑥等提出"辛卯说"(康熙五十年，1711年)，卞岐认为曹雪芹生于康熙五十一年以前⑦等。但流行最广的观点是"乙未说"(康熙五十四年，1715年)。该说的首创者为李玄伯⑧。其后进行较深入论述的有：王利器⑨、朱南铣⑩、高阳⑪、章诚望⑫、王启熙⑬、徐恭时⑭、邓庆佑等。

尽管学术界对于曹雪芹生年的考证，作出了极大努力，但最终也未能达成一致意见，以至在20世纪七八十年代便有学者评论道："考证的红学发展到今天已显然面临到重大的危机。"⑮"考证派的新红学到现在的阶段还留下几个未解决的问题"，其中第一个问题便是"曹雪芹生在哪

① 周汝昌于1947年12月5日在《〈红楼梦〉作者曹雪芹生卒年之新推定——〈懋斋诗钞〉中之曹雪芹》(载于《民国日报·图书》第71期)首次提出此说。于1948年5月21日，发表《再论〈红楼梦〉作者曹雪芹的生年——答胡适之先生》一文，重申此说，载于《民国日报·图书》第92期。

② 余苍文载于《亦报》1951年7月26—31日、8月1—7日。

③ 见《〈朴村集〉所反映的曹家事迹——兼考曹雪芹的生年和生父》，载于《江南家世丛考》第69—91页，黑龙江教育出版社2000年版。

④ 胡文彬《读遍红楼——不随黄叶秋风》第161—163页，书海出版社2006年版。

⑤ 张书才《曹雪芹生父新考》，《红楼梦学刊》第59—76页，2008年第5辑；另见张书才《曹雪芹家世生平探源》第121—138页，白山出版社2009年版。

⑥ 刘广定《曹雪芹生年再探讨——纪念曹雪芹诞辰三百周年(1711—2011)》，载于《曹雪芹研究》2011年第一辑。

⑦ 见卞岐《曹雪芹生年及其父亲新考》，载于《红楼梦研究集刊》1983年第11辑。

⑧ 见李玄伯1931年5月16日和23日发表的《曹雪芹家世新考》一文，在《故宫周刊》第84、85期上连载。

⑨ 见王利器于1955年7月3日发表的《重新考虑曹雪芹的生平》一文，载于《光明日报》和1980年发表的《马氏遗腹子·曹天佑·曹霑》，载于《红楼梦学刊》1980年第4辑。

⑩ 见朱南铣《曹雪芹小像考释——兼谈曹雪芹的生年及经历》一文，载于《红楼梦学刊》1980年第一辑。

⑪ 见高阳《红楼一家言》，生活·读书·新知三联出版社2001年版。

⑫ 见章诚望《试谈曹雪芹的生年》一文，载于《红楼梦学刊》1981年第2辑。

⑬ 见王启熙《曹雪芹即曹颙遗腹子的几点解证》一文，载于1983年《红楼梦学刊》第3辑。

⑭ 见徐恭时《秦淮梦幻几经春——曹雪芹生年新析》，《红楼梦学刊》1990年第4辑。

⑮ 余英时《近代红学的发展与红学革命——一个学术史的分析》载于《海外红学论集》第10页，上海古籍出版社1982年版。

一年？"①

曹雪芹生年问题尚不能解决，关于曹雪芹生于何月何日的问题，就更渺茫了。曾专门对曹雪芹的生年、生日进行过研究，并搜集过大量材料的徐恭时先生曾说："雪芹的生年既难论定，他的诞日，更是难题。研究者也提出九种异推。"②徐恭时先生在 1996 年 6 月 9 日给笔者的信中写道：

> 关于曹雪芹之生日，现在还未发现如"家谱"、"史传"等原始材料，而使人不容论辩，完全置信。在未见文字确证前，进行推论，是学术研究正常的方法。红学研究者，也有人注意及这个"生日问题"，但大都在文章中带笔，作评考的比较少。

徐先生在《红楼梦鉴赏辞典》中在谈及"九种异推"后，并为此加了注释，将其具体化：

> 曹雪芹的生日，更乏直接线索，今见及有十五位研究者文章中考论，计有：四月中旬、四月下旬、四月二十六日、五月初三日、五月初七日、五月初十日、五月、五六月间、六月（六月前后）等九说。③

1921 年至今已近百年。学术界为考证曹雪芹生年、生日，已殚精竭虑，将故纸堆已翻腾了不止一遍，虽然将考证曹雪芹的生年向前推进了一步，却离最后敲定还有不小的距离，更不用说曹雪芹的生日了。

曹雪芹去世于乾隆二十八年除夕（1764 年 2 月 1 日）。自曹雪芹去世到 1911 年辛亥革命成功，只有 150 年，不过三四代人而已。对于这样一位大作家——其作品一问世，便被人传抄——竟然对于包括其生日在内的经历，一片空白，不能不说是个很不正常的现象。

---

① 陈炳良《近年的红学述评》，载于《香港红学论文选》第 23 页，百花文艺出版社 1982 年版。

② 《红楼梦鉴赏辞典》第 713 页。

③ 《红楼梦鉴赏辞典》第 713 页。

为什么会出现这种不正常现象呢？

（二）乾隆搞"文字狱"期间，《石头记》及其作者的相关资料曾遭查缴、禁毁

1.《石头记》曾遭查缴、禁毁

《石头记》早期抄本，包括甲戌本（乾隆十九年，1754）、己卯本（乾隆二十四年冬，1789 年）、庚辰本（乾隆二十五年秋，1760 年）、蒙府本、戚序本（成书于乾隆二十八年，1764 年；戚蓼生得到此本并作序于乾隆三十四年，1769 年），书名均称作《石头记》或《脂砚斋重评石头记》，书中均带有脂砚斋批语。乾隆四十二年至四十七年编纂《四库全书》之后的甲辰本（乾隆四十九年，1784 年）、舒序本（乾隆五十四年，1789 年）、以及梦稿本等，书名改成了《红楼梦》，而且均将脂砚斋批语全部删削。对于这种现象只能有一种解释：乾隆曾利用编纂《四库全书》之机，查缴、禁毁了大批有价值的书籍，其中便包括带有脂砚斋批语的《石头记》。在乾隆四十八年开禁之后，社会上果然被禁毁之书均不再见其踪影，唯独《石头记》凭借着自己奇绝的艺术魅力，重又开始流行起来，只是形式上已与被禁毁前有所不同：更换了书名——以《红楼梦》代替了《石头记》；脂砚斋批语全部删去。——由此可以断定：文字狱期间，《石头记》遭到禁毁的原因，一是书名称作《石头记》，二是书中带有大量脂砚斋批语。

2. 在有关曹家的史料中，凡涉及林黛玉原型竺香玉皇后及曹雪芹母亲马氏公主的史料，均遭删削、篡改

在遭到乾隆—和珅查缴、销毁的书中，至少有两部与曹雪芹有关：

第一部，张云章的《朴村集》：

从上海黄裳先生家藏《朴村集》的题识中得到证实，该题识写道：

此集入禁网，清吴氏小残卷斋藏传抄军机处奏进《全毁书目》，此本在第十次奏进折中，其案语云："查《朴村集》系张云章撰，书中诗句有干碍处，应请销毁。"流传甚罕，直是故耳。①

---

① 转引自《曹雪芹江南家世丛考》第 90 页。

在《朴村集》中有《闻荔轩银台得孙却寄兼送入都》一诗，隐约地写了曹家与皇家的关系（曹頫妻系康熙的十六公主）。

第二部，屈复的《弱水集》：

因载有《曹荔轩织造》一首，其中有"诗书家计俱冰雪，何处飘零有子孙"诗句，也同样遭禁。①

从这些诗集遭到禁毁的情况看来，是因为这些诗集隐约揭示了曹家曾有过中兴，以及其后于乾隆十六年遭到第二次抄没，而这次抄没比起雍正六年的第一次抄没要彻底得多。

在这次"书祸"之后，曹家的两位本应载入宫廷史册的人物被彻底删除了：一位是竺香玉皇后。另一位便是曹雪芹的母亲马氏——系康熙的第十六皇女。②

3. 曹雪芹的诗歌，及有关曹雪芹生平的史料均遭查缴、销毁

曹雪芹是位诗人，敦诚将他喻为李贺、刘伶，敦敏有"诗才忆曹植"诗句，张宜泉多次写到曹雪芹"其人工诗善画"，"又善诗画"。敦诚在《佩刀质酒歌》诗题中写道："秋晓遇雪芹于槐园，风雨淋涔，朝寒袭袂。时主人未出，雪芹酒渴如狂。余因解佩刀沽酒而饮之。雪芹欢甚，作长歌以谢余，余亦作此答之。"敦诚将自己的答诗收入了《四松堂集》，诗中写道："曹子大笑称快哉！击石作歌声琅琅。知君诗胆昔如铁，堪与刀颖交寒光。"诗意即：雪芹高兴得"击石作歌"，为此，敦诚联想到他以前的诗歌，其诗歌表现出如铁的胆量，激情之烈好似闪着寒光的刀锋。然而这样一位被人们交口称颂的大诗人，竟然没有一首诗流传后世，对于这种怪现象，只能有一种解释：曹雪芹的诗作在文字狱期间被查缴、销毁了。

不仅曹雪芹的诗歌，而且涉及曹雪芹生平的史料，也都遭到销毁。——至今除二敦、张宜泉等曹雪芹的几位好友的诗歌外，其他直接记录曹雪芹生平的史料，包括曹雪芹本人的笔记，连一件都未发现，便是明证。现挖掘出来的星星点点涉及曹雪芹的史料，如富察明义《题红楼

---

① 关于张云章的《朴村集》及屈复的《弱水集》曾遭禁，请参见本书《再析张云章〈闻荔轩银台得孙却寄兼送入都〉一诗——张诗遭禁只因其中透露出曹雪芹的母亲是康熙的公主》一文。

② 请参见本书《曹雪芹的母亲马氏是康熙的公主》及《马氏的名字及生卒年月日》二文。

梦·诗题》、袁枚《随园诗话》、裕瑞《枣窗闲笔》中所记，不过是在曹雪芹去世多年后，人们道听途说的传闻。虽有参考价值，但终不是直接证据。至于曹雪芹的生年、生日就更无从谈起了。

有关曹雪芹的作品，乃至其生平，既然已被当时的最高统治者给予彻底的查缴、销毁，现代学者却偏偏要通过查阅历史资料，来了解曹雪芹的经历，其结果只能是无米之炊，难圆其美。

（三）《石头记》（脂砚斋全评本）中隐记了曹雪芹的生平、经历

清代的最高统治者查缴、销毁了大量珍贵的史料，曹雪芹则将自己亲历的一段真实历史隐记于《石头记》中。其第一回一开篇便明言：

> 作者自云：因曾历过一番梦幻之后，故将真事隐去，而借"通灵"之说，撰此《石头记》一书也，故曰"甄士隐"云云。但书中所记何事何人？自又云："今风尘碌碌，一事无成，忽念及当日所有之女子，一一细考较去，觉其行止见识，皆出于我之上。何我堂堂须眉，诚不若彼裙钗女子？实愧则有余，悔又无益，是大无可如何之日也！当此，则自欲将已往所赖天恩祖德，锦衣纨袴之时，饫甘餍肥之日，背父兄教育之恩，负师友规训之德，以至今日一技无成，半生潦倒之罪，编述一集，以告天下人：我之罪固不免，然闺阁中本自历历有人，万不可因我之不肖，自己护短，一并使其泯灭①。②

这段话（包括其中的脂砚斋批语）讲了三件事：

第一件，《石头记》一书，记有"真事"。这些"真事"并非像其他书籍那样，明白铺陈，逐一叙述，而是在书中已将"真事隐去"。

第二件，《石头记》一书所记载的是一位"裙钗女子"。曹雪芹之所以记述她，是因为"其行止见识，皆出于我之上"。"万不可因我之不肖，自己护短"，而使这位女子的事迹"泯灭"。

---

① 蒙侧：因为传他，并可传我。
② 本书《石头记》中的引言，均引自《石头记》（脂砚斋全评本），人民出版社2014年版。后不再注。

第三件，在"一并使其泯灭"处，蒙府本有侧批曰："因为传他，并可传我。"即是说曹雪芹在为那位女子写传的同时，也就传了自己。

综合上述三点可知：《石头记》中，不仅记述了那位"裙钗女子"的生平事迹，而且与此同时，作者曹雪芹也为自己写了传记——记录了自己的父亲、母亲、家庭成员，记述了自己的生辰及一生所历。但这种记述与其他任何自传都不相同，不是平铺直叙地记述，而是有间架、有曲折、有顺逆、有映带、有隐有见、有正有闰地记述，甚至独创了大量写书奇法、秘法，精确无误地将二人的传记，隐记于书中。

曹雪芹除《石头记》书名外，还为他的这一作品拟定了另外三个书名——《风月宝鉴》、《金陵十二钗》、《情僧录》（原来还有《红楼梦》这一书名，在庚辰本、蒙府本、戚序本中，《红楼梦》一名已被删去）。每一个书名都有其特殊的含义。《风月宝鉴》的含义即：这部书如同两面皆可照人的"风月宝鉴"，看其正面是一部作者编撰的小说，其背面却隐写着历史——这部"隐史"主要写了两个人（曹雪芹和黛玉原型竺香玉皇后）的传记。

由于曹雪芹的传记——包括曹雪芹的生辰——是隐记于小说中的，因而读者便不能用阅读其他图书的方法来阅读《石头记》，否则，便无法看到曹雪芹的传记，包括曹雪芹的生辰。

（四）若解析出隐记于《石头记》中的曹雪芹生辰绝非易事

胡适早在1921年就提出："《红楼梦》是一部隐去真事的自叙。"于是学术界就力图通过《红楼梦》索出隐于其后作者的生平——包括曹雪芹的生年、生日——但收效甚微。何也？

这是由于将探索曹著中隐去的真事，看得太简单了——将作者曹雪芹与甄、贾宝玉等同起来，将曹家与贾家等同起来。且不必说当时流行的程高本《红楼梦》并非曹雪芹的原著，程伟元、高鹗已在乾隆、和珅指示下将其阉割、篡改成了纯粹的小说。即使读的是带有脂砚斋批语的《石头记》，也不可能解析出隐于其中的曹雪芹的生年、生日。这是由于若想真正探索到曹雪芹的生日，必须严格遵循《石头记》作者和批者对读者的反复劝诫：不要将《石头记》看作一般作品，而要作为精读书，花大力气，

"非具龙象力者，其孰能哉"（第二回回前批）。

1. 欲了解作者生平，必须"多读书识字，加以致知格物之功，悟道参玄之力"

《石头记》第二回，作者通过冷子兴、贾雨村的对话，暗示出宝玉其人（隐指曹雪芹）非同寻常。当谈及宝玉含玉而诞时——

> 雨村笑道："果然奇异。这人来历，只怕不小！"
>
> 子兴冷笑道："……那年周岁时，政老爷便要试他将来的志向，便将那世上所有之物件，摆了无数，与他抓取。谁知他一概不取，只把些脂粉钗环抓来。政老爷便大怒了，说：'将来酒色徒耳！'因此便大不喜悦。独那史老太君，还是命根一样。说来又奇，如今长了七八岁，虽然淘气异常，但其聪明乖觉处，百个不及他。他说起孩子话来也奇怪，他说：'女儿是水作的骨肉，男人是泥作的骨肉①。我见了女儿，我便清爽；见了男子，便觉浊臭逼人。'你道好笑不好笑？将来色鬼无疑了②！"雨村骇然厉色忙止道："非也！可惜你们不知道这人来历。大约政老前辈也错以淫魔色鬼看待了。若非多读书识字，加以致知格物之功，悟道参玄之力者，不能知也。"
>
> 子兴见他说得这样重大，忙请教其端。……

作者特别强调，要想知道宝玉（隐写着曹雪芹）的来历，必须"多读书识字，加以致知格物之功，悟道参玄之力"，否则便不可知也。

——这是作者对读者的启示：如欲通过他的著作探索到其经历，绝非易事！

那么，什么叫做"多读书识字，加以致知格物之功，悟道参玄之力"呢？

"多读书识字"：书籍是前人对社会科学、自然科学的认识和总结。读书能增长知识，了解世界，认识世界。由于中国古代文字，一字一义，甚

---

① 甲侧：真千古奇文奇情！

② 甲侧：没有这一句，雨村如何罕然厉色，并后奇奇怪怪之论？

至多义，因而对书中的每一个字都应弄通，领悟其中的深意、隐意。

"致知格物"：格物，推究事物的道理。致知格物，指能够举一反三，由此及彼，推究事物发展的内在规律及与其他事物的关系。

"悟道参玄"：悟道，领会道理或哲理。参玄，探究并领会深奥的道理、抽象的事物。

将上面几句连起来，意思是：既要多读书识字，还要具备通过具体事物，进行由此及彼，由表及里的推究其中所隐含的道理，学习从事物的表面现象，探究并领会其中的深奥道理，总结事物的发展规律。

为了使读者有个感性认识，我们来举"双悬日月照乾坤"一例作个说明。

第四十回，回目是"史太君两宴大观园，金鸳鸯三宣牙牌令"。正文中十分详尽地写出鸳鸯行"牙牌令"的过程：

> 鸳鸯道："如今我说骨牌副儿，从老太太起，顺领说下去，至刘姥姥止。比如我说一副儿，将这三张牌拆开，先说头一张，次说第二张，再说第三张，说完了，合成这一副儿的名字。无论诗词歌赋，成语俗话，比上一句，都要叶韵。错了的罚一杯。"众人笑道："这个令好，就说出来。"
>
> ……
>
> 鸳鸯又道："有了一副。左边'长幺'两点明。"湘云道："双悬日月照乾坤。"鸳鸯道："右边'长幺'两点明。"湘云道："闲花落地听无声。"鸳鸯道："中间还得'幺四'来。"湘云道："日边红杏倚云栽。"鸳鸯道："凑成'樱桃九点熟'。"湘云道："御园却被鸟衔出。"说完饮了一杯。

所谓"牙牌"是旧时代的一种游戏用具，又称作"骨牌"、"牌九"，许多人常用以作赌具。现代很少有人玩过"牙牌"，但如果书读得多而杂，便会知道"牙牌"、"牙牌令"是怎么回事。"牙牌令"是一种以牙牌色点为题的酒令。

牙牌每副三十二张，每张都刻有相当于两粒骰子的点色，即上下都是一至六个点，其中，一、四为红点，其余均为绿点。鸳鸯所说的"长幺"、"幺四"都是牙牌名。

"骨牌副儿"是指玩牌时，用两张以上的骨牌搭配成的色点。鸳鸯行令所说的"骨牌副儿"皆由三张骨牌搭配而成，故称为"三宣"。行令时令官说骨牌名，他人以诗词歌赋或成语俗话为比，以贴切形象者为胜，且须押"叶韵"（与宣令者所说的韵脚一致）。

下面我们着重看看鸳鸯的"一宣"与湘云的对答。

"左边'长幺'两点明"："长幺"，骨牌名，上下各一点，皆红色。

"双悬日月照乾坤"：这句诗源自李白《上皇西巡南京歌》十首中的最后一首：

> 剑阁重关蜀北门，上皇归马若云屯。
> 少帝长安开紫极，双悬日月照乾坤。
> ·····················

"双悬日月"：代指"长幺"的两个"红点"。

"乾坤"：本为《易经》中的两个卦名，这里引申为天地的代称，亦即指牌面的上下两点。

李白这首诗的背景是：安史之乱攻破潼关，唐玄宗西逃蜀地，太子李亨自己在灵武称帝，即肃宗。这样，在国中同时就有了两个皇帝：玄宗和肃宗。诗中称玄宗为"上皇"，称肃宗为"少帝"。诗题"上皇西巡南京歌"中的"南京"指成都。李白写此诗是用以安慰玄宗的。

了解了这首诗的背景，也就理解了"双悬日月照乾坤"的真正含义——原来是以两个太阳同时出现于天空，来比喻国中同时出现的两个皇帝。两个皇帝各有自己的纪年。因而在纪年上也就形成两套，一套玄宗纪年，一套肃宗纪年。

一些读者在读《石头记》时，已经注意到其中的纪年十分紊乱。比如黛玉从苏州出发时刚刚七岁，一到北京，就成了少女，能与迎、探、惜三春彼此诗词唱和——而且"己卯本"还特别点明是"十三岁"。然而，如果读者理解了《石头记》引用李白诗歌"双悬日月照乾坤"的含义，也就了解了作者的真正用意，原来此诗句暗示《石头记》并非纪年混乱，而是存在两套历史纪年所致。

仅就"金鸳鸯三宣牙牌令"这回的表面内容来说，不过是一场热热闹闹的游戏，而且还用以戏弄了刘姥姥，为贾母和小姐们增添了笑料。但是读者若能"多读书识字"，并深入社会生活，掌握大量的社会知识，再"加以致知格物之功，悟道参玄之力"——即针对书中的每字、每句进行推敲，运用所掌握的大量社会知识进行联想，作由此及彼，由表及里地思考，从中引申、总结出道理、规律——便会清楚作者引用李白的"双悬日月照乾坤"的深意，正是向读者提供了解开《石头记》中纪年混乱的钥匙。

我们若欲从《石头记》中了解到曹雪芹的生日，同样"若非多读书识字，加以致知格物之功，悟道参玄之力者，不能知也。"

2. 要牢记批者的警言：若只将《石头记》当作小说来读，"则大罪过"

前面已作说明，《石头记》是一部有正（小说）、反（历史）两面的奇书，重点应当放在哪一面呢？

在《石头记》第二十二回回后批中写道：

> 作者具菩提心，捉笔现身说法，每于言外警人，再三再四，而读者但以小说古词目之，则大罪过。

从这段批语可以看出：作者最担心的是读者只把《石头记》一书当作小说古词来读，而不去将其翻转过来，去看其历史。为此，作者还发出警言："读者但以小说古词目之，则大罪过。"

——作者哭哭啼啼"滴泪为水，研血成墨"地著书，目的是为了在小说背后，留下一部历史——曹雪芹和竺香玉的传记。至于小说本身不过是作为历史的载体，是一种避开当时统治阶级耳目，使历史得以流传的手段。试想，如果读者不理解作者的意图，不去思考血泪斑斑的历史，而只专注于"悦世之目，破人愁闷"的故事情节，使作者以半生血泪写成的历史埋没——对于作者来说，难道不是一种罪过吗？

——或许有读者认为这太耸人听闻，小题大做。

——非也。我们也可举个实例说明。

《石头记》第十二回回前诗曰：

反正从来总一心，镜光至意两相寻。

有朝敲破蒙头瓮（原作为繁体甕，其头为雍），绿水青山任好春。

所谓"有朝敲破蒙头甕"，其真正含义即杀掉雍正。这首诗实质是对整个第十二回，以及书中关键内容的总结。第十三回回前批曰："微密久藏偏自露，幻中梦里语惊人。"批语中所指"久藏"的"微密"，便是指毒杀雍正之举。而"幻中梦里"的惊人之语，便是王熙凤所说的："拼着一身剐，敢把皇帝拉下马。"关于这个问题笔者除有大量论文外，还出版有专集——《曹雪芹毒杀雍正帝》。此专集中已将曹、竺合作以丹药毒杀雍正帝一事论述得十分清晰，此处就不再赘论。

这里所要说明的是曹雪芹为什么一定要毒杀雍正帝。曹雪芹毒杀雍正帝并非出于个人与家庭的恩怨，而是为了搞一次宫廷政变，以便进行一场社会改革。曹雪芹在书中强调要"成则公侯败则贼"，他如果成功，便会将竺香玉皇后所生之嫡皇子拥立为皇帝，他则作为"公"进行辅佐。为此，他有自己的一套政治纲领和改革方案——这种思想集中反映在探春在大观园中的改革上。

曹雪芹强调"以家喻国"。贾家各种事物原是凤姐一人说了算，凤姐病后则由三人集体领导：以贾府的一位姑娘——探春为首，另外二人是李纨——王夫人的儿媳和薛宝钗——一位外姓人。他们既有代表性，又有权威性。对于凤姐的意见他们可以不采纳；对于凤姐过去的做法，他们可以改变。凤姐，亦称凤哥。若把凤姐喻为皇帝，原是凤姐一人说了算，而且她暴虐成性，可喻君主独裁制。探春等三人"主政"时期，好似君主立宪制的内阁，此时的凤姐犹如君主立宪制的国王，并不掌握实权。

曹雪芹主张给奴隶以自由，主张把他们"全放出去"。

曹雪芹的经济改革方案是主张土地承包制，即把土地、池塘等"包"给农民（原来的奴隶），使他们有"职"（"专司其职"），有"权"（"使之以权"），有"利"（"动之以利"）。

曹雪芹的分配原则，照顾到各个方面：一要"孝敬"土地所有者。但即便有剩余，也不能"一概入了官"，否则会"怨声载道"。二要承包者有利，生产者"既辛苦一年，也要叫他们剩些，粘贴粘贴自己"。三要有益于社会，生产者"拿出几吊钱来，大家凑齐，单散与""抬轿子，撑船，拉冰床"的其他劳动者。

曹雪芹主张既要发展生产力——不只看重粮食生产，而且也发展经济作物，如"香料香草"、"玫瑰花"、"蔷薇花、月季花、宝相、金银藤"等，并用这些去卖钱。就是"一个破荷叶、一根枯草根子"，也让它变成钱。又厉行节约，减少重叠费用和不必要的开支。如：蠲免宝玉等上学的点心、纸笔钱；取消姑娘们重支的头油、脂粉费用等。

曹雪芹在《石头记》中描写了大量舶来品，诸如大红羽纱、大红羽缎、哆罗呢、西洋布、雀金呢、西洋自行船、西洋药"依弗哪"、西洋怀表等等，特别是第四十一回，刘姥姥闯入怡红院将一幅油画，误认为"迎面一个女孩儿，满面含笑迎了出来"。据记载，意大利画家郎世宁曾教授中国宫廷画家绘西洋画，曹雪芹理应也是学习者之一。这说明曹雪芹与西方传教士可能有较多的接触。因而对西方的情况，包括社会制度等多少会有些了解，这对他产生改造中国社会制度的思想产生了积极影响。

曹雪芹和竺香玉毒杀雍正帝，实际是一次进行社会改革的尝试。从毒杀雍正帝本身看是成功了，但政权却被弘曕的奸诈皇兄弘历（乾隆）篡夺了，使曹雪芹的社会改革，没有推行的机会。即使这样，曹雪芹、竺香玉也不愧为推动社会进步的先知先觉的伟人。

然而，有些研究者却对曹雪芹、竺香玉合作毒杀雍正的行为，不断地泼去一盆盆污水，如在北京饭店召开的一次国际学术研讨会上，有人竟在所宣读的论文中对曹、竺污蔑道：

……他（曹雪芹）是杀人犯，犯了'杀君之罪'。

（曹雪芹）……成了一个行检不修、心胸狭隘、阴险诡谲、毒辣残忍的龌龊人。

曹、竺合谋毒杀雍正，居然逍遥法外……

杀人后，雪芹表面上固当尽量收敛，内心也该不安。今如是猖狂，不能不说他佻达、刻薄。

（雍正）……还被写入小说中，'痛快淋漓地大骂'、'糟踏'、'羞辱'，世间竟有如此不公道之事！①

这样的论文居然还"在国际红楼梦学术研讨会上""得到很好的评价"，并且在研讨会后，将该论文选登在《红楼梦学刊》上——该刊在《编后记》中特地作了这样的说明："研讨会共收到 90 余篇论文，本辑限于篇幅，选登的只是很少的一部分。"——而这篇充满污蔑、诽谤曹雪芹、竺香玉的论文却是其中之一。②

还有些红学家利用记者采访的机会，不仅无端攻击《曹雪芹毒杀雍正帝》的作者，而且也将诽谤的语言抛向曹雪芹，记者在报道中写道：

（《曹雪芹毒杀雍正帝》）演绎一些阴暗的、暴力的、情色的"历史"故事。

（《曹雪芹毒杀雍正帝》）不惜把曹雪芹形容成一个黑社会头子。

（《曹雪芹毒杀雍正帝》是将"学术"）"娱乐化"、"愚弄群众"。③

曹雪芹成功地毒杀了雍正帝，其后又冒着生命危险将其隐写在《石头记》中。"石学"研究者只是对此作了揭示。少数研究者不是认真来看这段隐写于书中的历史是如何被揭示的，而是一屁股坐在当时封建统治者的立场上，无端地攻击揭示者，谩骂、诽谤曹雪芹、竺香玉。如果从认识论角度来看，这些研究者是将《石头记》只当作一部小说来读，否定书中包含着隐史。此时，我们就会理解脂砚斋批语所强调的"读者但以小说古词目之，则大罪过"是何等的必要和正确。

---

① 杨启樵《旷世奇闻：曹雪芹毒杀雍正帝——评霍国玲等著〈红楼解梦〉》，载于《红楼梦学刊》1997 年第四辑。

② 见《红楼梦学刊》1997 年第四辑，第 345 页。

③ 见《〈曹雪芹毒杀雍正帝〉一书引起争议专家呼吁：学术研究不能娱乐化》一文，载于《文汇读书周报》2007 年 11 月 23 日（第 1187 号）第 1 版头条。该文由记者朱自奋撰，内容是对陈大康、蔡义江、陈维昭的电话采访。上面第一句为陈维昭语，第二、三句为蔡义江语。

3. 阅读《石头记》必须不计其数的反复细读才可能了解其隐秘

怎样读《石头记》？脂砚斋告诉我们一种研究方法：

> ……作者真笔似游龙，变幻难测，非细究至再三再四不计其数，那能领会也？

由于《石头记》作者"笔似游龙，变幻难测"，真正领会《石头记》中的内容很不容易。这是因为该书是一部"奇书"，有表里两面。不能因为从形式上看是一部小说，就走马观花地粗读。相反，必须字斟句酌，做由表及里，由浅入深，举一反三的思考。这就需要"细究至再三再四不计其数"方能领悟。

比如以人物来说，并非黛玉等于竺香玉。而是黛玉只是竺香玉的主要分身，除黛玉是竺香玉的主要分身外，其他正、副十二钗，乃至三十六钗，六十钗均是竺香玉的分身。

再如作者利用小说隐写历史事件时，可能先发生的事件，写在后面，而后发生的事件，写在前面，犹如回风舞雪，倒峡逆波。如雍正的死（死于雍正十三年），写在第十二、十三回，而曹家的第一次被抄（雍正六年）却写在第七十四回。这里使用了"颠倒相酬法"——将事件发生的时间作了先后颠倒。

还如，以事件来说，一个事件并非集中在一起写，而分散到许多章回。毒杀雍正帝事件，因涉及许多问题，包括：曹雪芹如何下定决心毒杀雍正帝，这样做的目的是什么，毒杀雍正帝的可能性，曹雪芹为此事所做的准备，曹雪芹如何做竺香玉的工作，使她与之配合，毒杀雍正帝成功后，其成果怎样被弘历（乾隆）篡夺，曹雪芹和竺香玉怎样做善后工作等等……涉及几十回，而且前后顺序完全打乱。

由于历史是复杂的，往往每个人物、每个地点、每个时间、每个事件的确定，都不是读一遍《石头记》就能够解决的。何况成十的历史人物，所经历的极其琐碎的历史事件，绝非匆匆阅读《石头记》几遍便可确定。往往还需要查对历史文献，寻找历史遗迹。还需采取内证与外证相结合的方法，进行验证。若结论与验证之间有出入，还需要进一步考证、更正，以使所揭示的隐史，经得住历史的检验。

曹雪芹写《石头记》的主要目的，在第一回开篇时便作出声明：为一位其"行止见识，皆出于我之上"的女子作传。为此曹雪芹必然为她写出一篇完整的简历。这篇"简历"便是第五十回"芦雪庵争联即景诗"。全诗几乎每一联诗都记述一件历史事实。如果不能将全书吃透，就没有可能读懂这一回。而当将全书读懂后，便会发现：该"争联即景诗"原诗并非如此，现所刊出之诗各联的诗句是被打乱颠倒，重新作了排列的。当将全诗根据历史发展脉络重新作出调整后，便成为一首记录竺香玉一段经历的史诗。①

懂得了上面的道理，也就明白脂砚斋为什么要求读者：读《石头记》一定要"非细究至再三再四不计其数"的原因了。

考证曹雪芹的生日也是如此。曹雪芹为了将自己的生日写得尽量隐蔽，难以被人识破，采用了"草蛇灰线"法，往往跨越数回，与有关的事物紧密相连，互相制约，用简单思维，进行推测、猜测，不可能成功。唯有按照脂砚斋所要求的"非细究至再三再四不计其数"，没有捷径可走。

（五）从《石头记》正面小说，如何看到包括曹雪芹本人生辰的背后隐史？

前面已经说明：从《石头记》中解析其背后的历史，并不是一件容易之事，但既然确有所隐，就必然可能解出。没有解出，是由于尚未找到解出的途径和方法。这是由于作者将历史隐入书中时，并非随意塞进的，而是遵循着一定的规律。作为研究者和读者，只要遵循着作者和脂砚斋的指引，探索到作者的创作规律，也就打通了从正面小说进入其背后历史的路径。

曹雪芹为了将历史——自己的和黛玉原型竺香玉的传记——隐写于《石头记》中，独创了一整套写作奇法、秘法，诸如：草蛇灰线、空谷传声、一击两鸣、明修栈道、暗渡陈仓、云龙雾雨、两山对峙、烘云托月、背面傅粉、千皴万染诸奇。书中之秘法，亦复不少，诸如分身法、合身

---

① 请参见《红楼史诗——〈芦雪庵争联即景诗〉解析》一文，载于《红楼解梦》第六集。

法、颠倒相酬法、射覆法、注彼写此法、山断云连法、拆字法、谐音法、移花接木法、不写之写法等，读者只要借助于脂砚斋批语的点拨，识破了这些写作奇法、秘法后，自然就从正面小说探索到其背后的真史了。

为什么借助于脂砚斋批语点拨就可能识破作者的写作奇法、秘法呢？

——这是由于经过研究，脂砚斋是曹雪芹及其第二任和第三任妻子合用的批书笔名，其核心批语均出自曹雪芹之手。① 因而若欲从《石头记》中探索到隐写于小说背后的曹雪芹的生辰，所要做的首先是在脂砚斋指引下，识破曹雪芹的写作奇法、秘法。换句话说，只要了解了《石头记》的创作规律，识破了其写作奇法、秘法，便可探索到曹雪芹的生平——其中便包括他的生辰。

（六）曹雪芹的生年、生日、出生时辰，分别隐写于书中

一个人的生辰是由年、月、日、时辰四部分组成的。由于曹雪芹所处的时代正是文字狱最严酷的时期。曹雪芹为了讳知者，以免再次遭到更加严酷的打击（从甲戌本写出的时间来看，曹雪芹开始修订《石头记》时间是在乾隆十六年第二次抄家后），不能不在《石头记》中将自己的传记深隐于小说背后，具体到自己的出生时间，则分开三段——年、月日、时辰，进行隐写。

曹雪芹的生年主要隐写于第五回、五十六回、第七十回；

曹雪芹的生日主要隐写于第六十二回和第六十三回。

曹雪芹的出生时辰主要隐写于第一回。

我们在探索曹雪芹的生辰时，也应将曹雪芹的生年、生日、出生时辰分别进行探索，然后再"合三而一"，从而形成曹雪芹出生的具体日期和时辰。为了使曹雪芹的生辰确保正确无误，还须要从各种角度进行验证。如果能够通过验证，方能证明其结论是正确的。

---

① 参见《解开脂砚斋之谜》、《对〈解开脂砚斋之谜〉一文的评价、验证和补充》等文，载于《红楼解梦》第三集。

二、以内证和外证相结合的方法对曹雪芹的
生年进行探索，其结论为：曹雪芹生于
康熙五十四年（乙未，1715 年）

为使所探索的曹雪芹的生年达到准确无误，我们已具备采取内证与外证相结合的方法来进行。这是由于曹雪芹已将自己的生年隐写于《石头记》中。除此之外，在经过乾隆"文字狱"的劫难之后，仍能找到一些涉及曹雪芹生年的"漏网"史料，作为对其生年进行论证的基础，同时也可以此作为对"内证"的验证。

我们首先通过"内证"来考证曹雪芹的生年。

（一）甄宝玉身上隐写着曹雪芹，甄宝玉"14 岁"隐写着曹雪芹"14 岁"

1. "甄"隐写着"真"，"甄家"隐写着作者的"真家"，"甄宝玉"隐写着"真宝玉"（作者）

第一回在"庙旁住着一家乡宦，姓甄，名费，字士隐"处的"甄"字后面，戚序本有夹批曰：

> 真假之甄宝玉亦借此音。后不注。

甲戌本亦有与此相似的眉批曰：

> 真。后之甄宝玉亦借此音。后不注。

上面两段批语说明："甄"隐写着"真"。由于宝玉身上有作者的影子，这里的"真"，指甄宝玉身上亦隐写着"真宝玉"——作者曹雪芹。

2. 镜子的喻意

《石头记》第五十六回，写贾宝玉在梦中梦见甄宝玉的情形：

……（贾宝玉）只见榻上少年说道："我听见老太太说，长安都中也有个宝玉，和我一样的性情，我只不信。我才作了一个梦，竟梦中到了都中一个花园子里头，遇见几个姐姐，都叫我臭小子，不理我。我好容易找到他房里，偏他睡觉。空有皮囊，真性不知那去了。"（贾）宝玉听说，忙说道："我因找宝玉来到这里，原来你就是宝玉？"榻上的宝玉忙下来拉住笑道："原来你就是宝玉？这可不是梦里？"（贾）宝玉道："如何是梦？真而又真了。"一语未了，只见人来说："老爷叫宝玉。"唬得二人都慌了。一个宝玉就走，一个宝玉便忙叫："宝玉快回来，快回来！"

接着写道：

袭人在旁，听他梦中自唤，忙推醒他，笑问道："宝玉在那里？"此时宝玉虽醒，神思恍惚，因向门外指道："才出去了。"袭人笑道："那是你梦迷了。你揉眼细瞧瞧，是镜子里照的你的影儿。"宝玉向前照了一照，原是那嵌的大镜对面相照，自己也笑了。

上面两段话告知读者：贾宝玉所做之梦，如同一个人照镜子一般——镜子中的人物实则即真实人物的影像。意即甄宝玉身上所发生之事，隐写着真实人物曹雪芹身上所发生之事。

关于镜子的喻意，甲辰本《石头记》的第二十二回，有宝玉所作的谜语：

南面而坐，北面而朝。
像忧亦忧，像喜亦喜。

这面镜子有两种象征：

其一，在小说内，贾宝玉与甄宝玉的关系：犹如——一个在镜内，一个在镜外。

其二，从小说与历史之间的关系上看，宝玉与曹雪芹也犹如一个在镜内,一个在镜外。

曹雪芹用上面两种象征,引导读者认识:在甄宝玉身上也隐写着自己。

3. 甄宝玉"14岁"隐写着曹雪芹"14岁",甄家被抄,隐写着曹家被抄

我们再回到《石头记》第五十六回。从南京甄家来了四个女人,请看她们与贾母之间的一段对话:

> 贾母又问:"你们哥儿也跟着你们老太太?"四人回说:"也是跟着老太太。"贾母道:"几岁了?念书了没有?"四人笑说:"今年十三岁。因长得齐整,老太太很疼。自幼淘气异常,天天逃学,老太太也不敢十分管教。"贾母笑道:"也不成了我们家的了!你们那哥儿叫什么名字?"四人说道:"因老太太当作宝贝一样,他又生的白,老太太便叫他作宝玉。"贾母笑向李纨等道:"偏也叫作宝玉。"

这年甄宝玉"十三岁"隐写着曹雪芹"十三岁"。

自第五十六回以后,《石头记》按时间顺序作了如下的叙述:

第五十八回有"可巧这日乃是清明之日"之说。

第六十二回有"当下又值宝玉生日已到"之说。

第六十六回有"谁知八月内湘莲方进京来"之说。

第六十九回有"那日已是腊月十二日"之说。

第七十回有"因又年近岁逼,诸务猬集"之说。

至此,甄宝玉13岁这年便已过完。

接下去看:

第七十回有"大家议定:明日乃三月初二日,就起社"之说。

第七十四回还有邢夫人叫贾琏"不管那里先迁挪二百银子.做八月十五日节间使用"之说。

不难看出,第七十回中所谈"三月初二日,就起诗社",及第七十四回中提到的"八月十五日",已是甄宝玉14岁这年的事情了。

现在再来看,第七十四回中,王熙凤和王善宝家等一干人抄检大观园时,作者曾借探春之口,说出了甄家(即真家)被抄检之事:

……你们别忙，自然连你们抄的日子有呢！你们今日早起不曾议论甄家，自己家里好好的抄家，果然今日真抄了！……

在此处，庚辰本有夹批曰：

奇极！此日甄家事。

按脂批揭示，甄宝玉 14 岁时"甄"家被抄，所反映的是作者 14 岁时，其"真"家被抄。

按"红楼纪年"，第五十六回为第十七年，第七十回为第十八年。之间仅仅相隔一年。即此年甄宝玉为"14 岁"（虚岁），贾宝玉与他同岁。

"假作真时真亦假"可谐"贾作真时甄亦贾"，由此得知：甄宝玉亦贾宝玉；甄宝玉亦影射了作者的生平。不难理解，此处暗示作者 14 岁时，其家被抄没。

——此处隐写着曹雪芹"14 岁"时，其家遭到抄没。

（二）雍正六年元月，南京曹家被抄没，曹雪芹 14 岁（虚龄）——向前推 14 年恰恰是 1715 年（康熙五十四年）

据《关于江宁织造曹家档案史料》（中华书局 1975 年版）记载：

雍正五年十二月二十四日（公历 1728 年 2 月 3 日），《上谕著江南总督范时绎查封曹𫖯家产》，同时任命隋赫德为江宁织造（见《关于江宁织造曹家档案史料》第 185 页）。

由于自上谕发出，至传达到南京执行，路上需要 20 天左右，请看下面一些事实：

康熙四十五年二月十八日曹寅的奏折中提到：

臣寅于正月二十八日出京，二月十八日至江宁，次日即至扬州。……

不难看出，曹寅自京城至江宁，路途中需历时 20 天。

再看下面的记载。

康熙四十七年三月初一日曹寅的奏折中，亦有这类记载：

> 臣谨遵圣训，于二月十一日启行，由兖州府中路至江宁，初一
> 日至衙门。……

同样可以算出，自二月十一日离开京城，至三月初一到达任上，路途中历时 20 天。

再看：曹頫于康熙五十四年三月初七日的奏折中，亦有类似的记载：

> 窃奴才于二月初九日，奏辞南下，于二月二十八日抵江宁
> 省署。……

这里记载，由京城到江宁，历时 19 天。

由上述三条记载，可断定，曹家真正被抄家，应在查封曹頫家产的上谕之后的第 20 天左右。大约是正月十三四。难怪曹雪芹通过诗词的方式，向读者暗透消息："好防佳节元宵后，便是烟消火灭时。"脂砚斋则唯恐读者自此产生误会，连忙在旁批曰："元宵前写元宵后，为了讳知者。"按脂砚斋的批示改写上面诗句，便成为如下的形式：

> 好防佳节元宵前，便是烟消火灭时。

此诗正道出了作者的真家（甄家）——即曹家，被抄家的确切时间。

曹家被抄家，是在雍正六年春天（正月十五前）。作者写甄家被抄家，却是在秋天，这恐怕也是为了"讳知者"吧！关于这点，批书人脂砚斋在第一回的《对月寓怀口号一绝》一诗的"时逢三五便团圆"诗句旁加批曰：

> 用中秋诗起，用中秋诗收，又用起诗社于秋日，所叹者三春也，

却用三秋作关键。

在此脂砚斋揭示出曹家三件可叹之事，均发生在春天，而作者却用三秋作小说的关键。"抄家"对曹家来说，大概是头一件可叹之事，正是发生在春天，而作者把甄家（真家）被抄，却写于秋天。脂砚斋于此批示了"谬误"。揭露了真相。

因而，南京曹家被抄没的时间，实是雍正六年元月十五日或前一两天。这一年曹雪芹年 14 岁。

从上述的论证可得知：雍正六年（1728 年）时，曹雪芹系 14 岁（虚龄）。自雍正六年向前推 13 年（虚龄为 14 岁，实龄为 13 岁，向前推算时，需按实龄）——为康熙五十四年（1715 年）。

前面我们对曹雪芹的生年进行了两个方面的论证：

其一，从甄宝玉隐写着曹雪芹的角度看，甄宝玉 14 岁，隐写着曹雪芹 14 岁。

其二，从曹家被抄的具体时间看——是雍正六年元月，此年曹雪芹的年龄为 14 岁。从雍正六年向前推 13 年，恰是康熙五十四年（乙未），合公历 1715 年。

（三）从元春判词可知，雍正暴亡时，雪芹 21 岁（虚龄）——向前推 20 年，恰恰是康熙五十四年（乙未），合公历 1715 年

让我们看《石头记》第五回正册判词之二：

> 二十年来辨是非，
> 榴花开处照宫闱。
> 三春争及初春景，
> 虎兔相逢大梦归。

[注释]

香橼：又名构橼，也作香园，俗称佛手桔，口味不甚佳，而气味清香袭人。

辨：分辨，明辨、明察。

榴花：石榴花。唐朝韩愈《题张一舍人旅舍三咏·榴花诗》："五月榴花照眼明"。"榴花开处照宫闱"意即火红的榴花开放在后宫中。

宫闱：指妃嫔所居住之后宫。

三春：指元春被纳为妃以后的三年，亦可指初春、仲春、暮春。另有一解：指元春以外的"三春"，即迎春、探春、惜春。

及：达到。争：此处可有两解：

解一：怎么。多用于诗、词、曲中，如争及、争知、争奈、争忍。争及：怎及。

解二：力求得到或达到。争及：意力求得到。

虎兔相逢：虎年（寅年）与兔年（卯年）相交时。

大梦归：有两解：一是指死亡；另一解为：从梦幻中醒来。

[正面之喻]

这首诗是元春的判词。对此判词可作如下理解：

二十年来辨是非：元春进宫二十年后辨明了是非。

榴花开处照宫闱：盛开的火红的石榴花，映照着宫闱。以此喻元春被封为凤藻宫尚书，加封贤德妃，受到皇帝的恩宠。石榴盛开时是春末夏初，暗喻元春初纳为妃是在春末夏初。

三春争及初春景："三春"指迎、探、惜三春，初春则喻元春。此诗句意即迎探惜三位贾家小姐怎能比得上她们的大姐元春呢？此处的"争及"作"怎及"解。

虎兔相逢大梦归："大梦归"喻元春的死亡——死于虎年之后的兔年。对于这句诗，己卯本为"虎兕相逢大梦归"，兕 sì：类似犀牛的动物。"虎兕相逢"比喻宫内两种势力的斗争，元春正是在宫廷斗争中死去的。

[背面之喻]

判词中"二十年来辨是非"一句，按照正面之喻的理解，其意即元春进宫后经过二十年的宫廷生活，终于辨明了是非。但是按照《〈红楼梦〉大事年表》（见《红楼解梦》第一集书后附件张笑侠所作"年表"）的推算，元春省亲时（第十七、十八回）宝玉15岁，元春薨逝时，宝玉18岁。宝玉幼时，元春曾教过宝玉识字。即宝玉四五岁之后元春才进宫，到宝玉十八岁时她便薨逝了，在宫中总共生活了十三四年，因而说她在宫廷中生活了二十年，显然是一种误谬。那么这句话究竟应当怎样理解呢？

原来这句话隐写着历史。林黛玉原型竺香玉皇后在她虚龄二十岁时，在曹霑的启发下辨明了是非，认为雍正是个忘恩负义的暴君，必须除掉。时间是雍正十三年（1735 年），竺香玉比雪芹（曹霑）小一岁，康熙五十五年（1716 年）出生，是年恰恰是二十岁。

下面我们来看这首判词的内容。

二十年来辨是非：竺香玉到二十岁时，辨明了是非。

榴花开处照宫闱：香玉品貌出众，才华超群，被纳为皇贵妃，使后宫生辉。此处用唐·韩愈的《石榴诗》"五月榴花照眼明"，道出雍正纳皇贵妃的具体时间——雍正十年五月。

三春争及初春景："三春"喻三年。即第二、三年均争取到像新婚第一年那样受宠的好光景。在这句诗后，甲戌本有批曰："显极。"意即当时香玉三年之内受宠的程度无可比拟，达到极限。对于此句诗，"三春"也可理解为迎、探、惜三春。其意谓迎、探、惜三春都争取到了元春那样的好光景。而元、迎、探、惜四春身上都隐写着竺香玉。

虎兔相逢大梦归：雍正于十三年（乙卯年。虎年之后的兔年）暴亡。相应的，竺香玉皇后也就结束了她的如梦幻般的富贵荣华。

从上面对元春判词背面的解析，可知：雍正暴亡于十三年（1735 年），这一年竺香玉皇后 20 岁（虚龄），雪芹 21 岁（虚龄）。从此时向前推 20 年（减去虚龄一年），恰恰是康熙五十四年（乙未，1715 年）。与从甄宝玉年龄的角度，和从曹家被抄没时间的角度所进行的考证来看，三者所得出的结论完全一致。

（四）曹頫去世后留下的遗腹子即曹雪芹，《氏族通谱》和《五庆堂谱》所载曹頫子名"天祐"者，即此遗腹子

1. 曹頫留下了一个遗腹子

曹頫康熙五十四年三月七日的《江宁织造曹頫代母陈情折》中写道：

……奴才之嫂马氏，因现怀妊孕已及七月，恐长途劳顿，未得北上奔丧，将来尚幸而生男，则奴才之兄嗣有在矣。……

（见《关于江宁织造曹家档案史料》第129页，中华书局1975年版）

这段话说明两个问题：

其一，曹頫死时，膝下无子。

其二，曹頫死前，其妻马氏已怀孕，这才有"将来尚幸而生男，则奴才之兄嗣有在矣"之说。

如果生男，即曹頫的遗腹子。

2.《氏族通谱》和《五庆堂谱》所载曹頫子名"天祐"，即曹頫奏折中曹頫的遗腹子

《氏族通谱》载：

曹頫，原任郎中。

曹天祐，现任州同。（《氏族通谱》于乾隆九年修成。"现任"应指乾隆九年。）

20世纪60年代发现《五庆堂谱》，将《氏族通谱》中关于曹頫、曹天祐记载具体化：

十三世，頫，寅长子，内务府郎中，督理江宁织造，诰封中宪大夫，生子天佑（祐）。

十四世天佑（祐），頫子，官州同。

从《五庆堂谱》可知：曹頫的那个遗腹子，名"天祐"。（《八旗满洲氏族通谱》"天佑"作"天祐"，本文从《氏族通谱》。）

上述的记载，说明三个问题：

（1）曹頫是曹寅的长子，曾任内务府郎中，督理江宁织造，诰封中宪大夫。

（2）曹頫的儿子名天祐。

（3）天祐曾做过州同。

前面已论证：曹頫原无子（曾有子，后夭折），但是于康熙五十四年（乙未，1715 年）去世时，留给后世一个遗腹子。这里《五庆堂谱》和《氏族通谱》均写道：頫子名"天祐"。由此可以断定：曹頫的这个遗腹子，其名"天祐"。

前面还曾论证：曹雪芹生于康熙五十四年（乙未），合公历 1715 年。

由此来看，曹雪芹既出生于康熙五十四年，与曹頫于康熙五十四年所留下的遗腹子，在时间上完全相合，两人就应当是同一人——曹雪芹即曹頫的遗腹子。那么，这就要回答两个问题：

其一，曹雪芹是否曾叫做"天祐"？

其二，曹雪芹是否做过"州同"？

（五）曹雪芹曾叫"天祐"

1."宝玉"之名隐写着"天祐"之名

宝玉之名在南语中谐音"保佑"，即求得上天护佑，因此说宝玉隐写着"天祐"。第五十六回，当贾宝玉听说江南的甄宝玉长相、名字、性情与他相同时，竟在梦中到了一座花园。花园中的丫鬟们见到他后笑道：

> ……"宝玉怎么跑到这里来了？"宝玉只当是说他，自己忙来陪笑说道："因我偶步到此，不知是那位世家的花园？好姐姐们，带我逛逛。"众丫鬟都笑道："原来不是咱们家的宝玉。他生的倒也还干净，嘴儿倒也乖。"宝玉听了，忙道："姐姐们这里，也竟有个宝玉？"丫鬟们忙道："'宝玉'二字，我们是奉老太太、太太之命，为保佑他延寿消灾。我们叫他，他听见喜欢。你是那里远方来的一个臭小子，也乱叫起来。仔细你的臭肉，打不烂你的！"

上面这段话是借丫鬟之口说出了"宝玉"名字的来历。即：

第一，这是"奉老太太、太太之命"叫起来的。

第二，"宝玉"即"保佑"之意，是使用了"保佑"的谐音字。

第三，起名"宝玉"是为了使他"延寿消灾"。

但是"宝玉"之名,只是小名——即幼时叫的名字。这点在第三回黛玉初至贾府,尚未见到宝玉时,在一段文字中特意作了交代:

> 黛玉亦常听得母亲说过,二舅母生的有个表兄,乃衔玉而诞,顽劣异常,极恶读书,最喜在内闱厮混;外祖母又极溺爱,无人敢管。今见王夫人如此说,便知说的是这表兄了。因陪笑道:"舅母说的,可是衔玉所生的这位哥哥?在家时亦曾听见母亲常说,这位哥哥比我大一岁,小名就唤宝玉,虽极憨玩,在姊妹情中极好的。

前面所说的是关于甄宝玉名字的实际含义。——"宝玉"意"保佑"。所谓"保佑",是指上天的保佑,即"天佑",或"天祐"。这便是"天祐"之名的来源。说明小说中"宝玉"隐写着"曹天祐"。

我们前面已论证:甄宝玉、贾宝玉都隐写着曹雪芹。现在既论证出"宝玉"亦隐写着"曹天祐"。那么曹雪芹与"曹天祐"必然是同一人。

2. 唯作者名叫曹天祐时,才可能在书中设定"吴天祐"之名

《石头记》第十六回叙述了皇帝体贴万人之心,允许嫔、妃、才人回家省亲时,文中写道:

> 现今周贵人的父亲已在家里动了工了,修盖省亲别院呢。又有吴贵妃的父亲吴天祐家,也往城外踏看地方去了。

曹天祐是作者的谱名。从上面一段话,我们了解到:作者竟然把自己的名字直接写进了书中,令一个小说人物也叫"天祐"——"吴天祐"。那么,"吴天祐"与"曹天祐"之名有什么关联呢?

太虚幻境中的一副对联:"假作真时真亦假,无为有处有还无。"我们可将下联"无为有处有还无",采用谐音法,将第一个"无",读作"吴"。那么此联便可读作:"吴为有处有还无"。

也就是说,即当《石头记》中出现"吴"时,便可读作"无"。所谓"吴天祐",也就是"无天祐"。——没有得到上天的保佑。

《石头记》作者曹雪芹一生中遭到两次抄家,第一次在雍正六年,第

二次在乾隆十六年。

曹雪芹设定《石头记》中的人名，都注入了自己的一番苦心。正由于他的原名叫"天祐"，本是祈求上天给他以保佑，然而上天并没有给他保佑，他才会在自己的书中安排一个人物叫"吴天祐"——即"无天祐"——上天并没有保佑他。试想，如果曹雪芹本不叫"曹天祐"，"曹天祐"是其堂兄的名字，他在书中设定一人叫"吴天祐"，岂不是在诅咒这位堂兄"无天祐"——上天不要去保佑他——有这种可能吗？

3. 小说中的贾宝玉、曹天祐、曹雪芹都是"独出"

从《氏族通谱》和《五庆堂谱》中可以看出，曹天祐是独生子。从《石头记》内证来看，贾宝玉也是"独出"。请看小说第三十九回中刘姥姥的一段话：

（刘姥姥）说道："我们庄子东边庄上，有个老奶奶子，今年九十多岁了。他天天吃斋念佛，谁知就感动了观音菩萨夜里来托梦说：'你这样虔心，原本你该绝后的，如今奏了玉皇，给你一个孙子。'原来这老奶奶只有一个儿子，这儿子也只一个儿子，好容易养到十七八岁上死了，哭的什么似的。后来果然养了一个，今年才十三四岁，生的雪团一般，聪明伶俐非常。可见这些神佛是有的。"

这一夕话，正合了贾母、王夫人的心事，连王夫人也都听住了。

这段话的情况正好与曹家的情况相符。前面曾提到：曹寅只有一子曹颙。曹颙也有一子，后来又死了。曹颙死时，膝下无子，曹寅一支频临绝后。不料曹颙死后，颙妻马氏又生遗腹子曹天祐（按氏族谱）。到曹家被抄时，这个曹天祐正好是十三四岁。"老奶奶子"，则影射曹寅之妻李氏。小说透过刘姥姥的一席话，道出了曹家的子嗣状况。这正是作者透过假语、村言（村姥姥的话）道出了自己家庭的一段历史。同时又一次向读者透露消息。……抄家前，作者年为十三四岁。

我们再看《石头记》中下面这段话——这段话十分奇怪，是通过宝玉向黛玉诉委屈说出的：

"我又没个亲兄弟、亲姊妹。虽然有两个，你难道不知道是和我隔母的？我也和你是独出，只怕同我的心一样。谁知我白操了这个心，弄的有冤无处诉！"

凡看过《石头记》的人，谁都知道宝玉不是独出。死去的哥哥贾珠不算，贵妃娘娘元春，是宝玉同母所生的嫡亲姐姐。——《石头记》中有一种特殊的现象，凡"误谬"之处，必隐写着真情——上面这段隐写着什么真情呢？这段话，正是作者通过宝玉之口道出了自己的身世——作者曹雪芹是"独出"，正像曹天祐是"独出"一样。因而在这一点上，曹天祐再一次与曹雪芹巧合。

（六）在修撰《氏族通谱》时曹雪芹正做"州同"

在《氏族通谱》中写道："曹天祐，现任州同。"

如果说天祐即曹雪芹的话，那么修撰《氏族通谱》时，曹雪芹必然正在做"州同"。——我们可将这视为"外证"，下面让我们从《石头记》中的内证看看，曹雪芹是否真是做过"州同"？

1. 贾琏做过"同知"——贾琏是雪芹的分身

《石头记》第二回谈到贾琏时，写道：

> 长名贾琏，今已二十来往了，亲上作亲，娶的就是政老爷夫人王氏之内侄女，今已娶了二年。这位琏爷身上，现捐的是个同知，也是不喜读书，于世路上好机变，言谈去的，所以如今只在乃叔政老爷家住着，帮着料理些家务。

这段文字说明：贾琏"现捐的是个同知"。

这里需要说明的是：根据《石头记》中的"分身法"，贾琏隐写着结婚后的雪芹，因此《石头记》中，贾琏虽然没有兄长，却亦被称为"二爷"。

理解《石头记》中的"分身法"等写作"奇法、秘法"，不能脱离开曹雪芹所处的时代环境。

分身法就是将一个历史人物的长相、性格、身份、经历等等，在《石头记》中除主要部分写在一个人物身上之外，还分写到其他不同的小说人物身上。比如可以将宝玉看作曹雪芹的主要分身，除此之外，曹雪芹的许多方面还被写了其他一些人物身上。如雪芹是二爷，相应地，不仅宝玉是二爷，书中众多的小说人物也是"二爷"，其中包括贾琏。贾琏的"琏"字，其字旁是"玉"，而且也是"二爷"，作者以这种方式将他与宝玉勾挂起来。使这众多的贾姓中带"玉"字旁者，都成为曹雪芹的分身。在这些人物身上，分别隐写着曹雪芹的某些方面。正是这个原因，《石头记》中有许多"二爷"，例如贾芹"芹二爷"，贾芸"芸二爷"，贾菌"菌二爷"，贾蔷"蔷二爷"，柳湘莲"柳二爷"，贾琏"琏二爷"……——组成一个"二爷群"。在每一个"二爷"身上，都隐写着曹雪芹曹二爷的某些特点或经历。贾琏十八岁结婚，隐写着竺香玉十七岁这一年的农历五月被纳为皇贵妃之后，雪芹在家人的安排下与史湘云的原型李大姑娘结婚。所以，书中写贾琏"今已二十来往，……今已娶了二年"。（见第二回）

——由此可知，贾琏身上隐写着雪芹，贾琏"现捐的是个同知"，即隐写着雪芹二十岁捐了个"同知"，是虚职，无实权。

2. 赖尚荣做了"州县官儿"，隐写着曹雪芹做了"州县官儿"

《石头记》第四十五回写道：

> 赖嬷嬷笑道："我那里管他，由他们去罢！前儿在家里给我磕头，我没好话，我说：'哥儿，你别说你是官儿了，就横行霸道起来！你今年活了三十岁，虽然是人家的奴才，一落娘胎胞，主子的恩典，放你出来，上托着主子的洪福，下托着你老子娘，也是公子哥儿似的读书认字，也是丫头、老婆、奶子捧凤凰似的，长了这么大。你那里知道那'奴才'两字是怎么写！只知道享福，也不知你爷爷和你老子受的那苦恼，熬了三辈子，好容易挣出你这么个东西来。从小儿三灾八难，花的银子也照样打出你这么个银人来了。到二十岁上，又蒙主子的恩典，许你捐了前程在身上。你看那正根正苗的忍饥挨饿的要多少？你一个奴才秧子，仔细折了福！如今乐了十年，不知怎么弄神弄鬼的，求了主子，又选了出来。州县官儿虽小，事

情却大，为那一州的州官，就是那一方的父母。你不安分守己，尽忠报国，孝敬主子。只怕天地不容你。"

在分析上面一段话之前，需要先说明赖尚荣背后所隐写之人为谁？

《石头记》中充满了比喻。在第一回"你把这有命无运，累及爹娘之物"处，甲戌本有眉批曰：

家国君父，事有大小之殊，其理其运其数，则略无差异。知运知数者，则必谅而后叹也！

这句话的意思是：家庭和国家虽然一小一大，看来有所区别，但是"其理、其运、其数"是相同的。也就是说，在《石头记》中是采用"以家喻国"之法来写作的，写的是家庭琐事，实则隐写着涉及朝廷的大事。

赖尚荣的父亲赖大是荣国府的管家。按照上面的道理，如果将荣国府喻为朝廷的话，那么赖家就相当于曹家。曹家有三代四人任"江宁织造"。上面所引的那段话中的赖嬷嬷，便隐写着曹雪芹的祖母。赖尚荣是赖嬷嬷的孙子，所隐写的便是曹寅之妻李氏的孙子——曹雪芹。

在赖尚荣身上隐写着曹雪芹的身份、经历。

3. 家里为赖尚荣所捐的"前程"，与贾琏所捐之"同知"相似

赖尚荣20岁时家里为他"捐了前程"（"县官儿"）。大约在第二回贾琏所捐的"同知"便是这种官儿。此事所隐写的是曹雪芹在20岁时家里为他捐了一个小县官儿。曹雪芹20岁时（虚岁）是雍正十二年（1734年）。雍正十年，竺香玉17岁时，被纳为皇贵妃，曹雪芹当时与竺香玉已结婚无望，在家人安排下，于此年娶了李大姑娘（史湘云的原型）为妻。曹雪芹写贾琏20岁时，已娶了凤姐两年——隐写着他18岁时成婚。这年正是雍正十年，曹雪芹隐写历史真是准确之极！

4. 赖尚荣"乐了十年"隐写着曹雪芹"乐了十年"

赖尚荣在捐了"前程"后，"乐了十年"，所隐写的是曹雪芹自雍正十二年（1734年）后"乐了十年"，即这期间虽有官位，却没有担当具体的职务。直到十年后——乾隆九年（1744年）才担当了具体职务。赖嬷

嬷嘱咐赖尚荣："州县官儿虽小，事情却大，为那一州的州官，就是那一方的父母。你不安分守己，尽忠报国，孝敬主子。"——这里先说这是一个级别较低的"州县官儿"，接着便谈到具体的职位——"那一州的州官"，也就是说比原来所捐的官儿要大些，可以自己主管一个地区。曹雪芹的祖母对曹雪芹谆谆嘱咐道，一定要"安分守己，尽忠报国，孝敬主子"。但就曹雪芹的性格，他本想在为官的这一方土地上，施实自己的政略，但在清朝大的环境中不可能被允许，曹雪芹这种官儿，不会做很长时间，便会弃官而去，正如《好了歌解注》所言"昨怜破袄寒，今嫌紫袍长"。曹家第一次被抄后，曹雪芹曾经历过一段贫寒生活。乾隆九年中举，当州同后，又嫌终日为琐事纠缠，为政务奔忙，弃官而去，并不奇怪。

由上述四点《石头记》中的隐写来看，可以作出结论：曹雪芹曾做过"州同"，与《氏族通谱》所载"曹天祐，现任州同"，彼此吻合。再一次证明曹天祐，即曹雪芹——只是在不同的时期所采用的名字不同而已。

（七）曹天祐、曹霑、曹雪芹三个名字的关系

曹雪芹先后使用过三个名字——曹天祐、曹霑、曹雪芹——这三个名字是什么关系呢？

1. 曹雪芹原叫曹霑

（1）敦诚在乾隆二十二年（丁丑，1757年）秋天，写有诗歌《寄怀曹雪芹（霑）》。（载于《四松堂集》）

——从诗题可知：曹雪芹即曹霑。

（2）敦敏在乾隆二十五年秋写诗，题为《芹圃曹君（霑）别来已一载矣。偶过明君（琳）养石轩，隔院闻高谈声，疑是曹君，急就相访，惊喜意外，因呼酒话旧事，感成长句》。（载于《懋斋诗钞》）

——从诗题可知芹圃即曹霑，而芹圃系曹雪芹的字。

（3）张宜泉写诗，题为《题芹溪居士》。诗题有注云："姓曹名霑，字梦阮，号芹溪居士，其人工诗善画。"（载于《春柳堂诗稿》）

——从诗题可知：芹溪即指曹霑。芹溪，张宜泉认为是曹雪芹的号，应同芹圃一样，系曹雪芹的字。

2."霂"与"祐"两字含义相同,可知"曹霂"即"曹天祐"

《石头记》第九回写宝玉一早起来,要上学去,先别了贾母、王夫人,又到书房贾政处请安。由于宝玉不喜读书,贾政便把一肚子气撒在李贵等人身上。因说道:你跟他上了几年学,倒学了些流言混话在肚子里,等我闲了,先揭揭你的皮,再和那不长进的算账。书中接着写道:

> 唬得李贵忙双膝跪下,摘了帽子,碰头有声,连连答应"是",又回说:"哥儿已念到第三本《诗经》,什么'呦呦鹿鸣,荷叶浮萍',小的不敢撒谎。"

曹雪芹之所以写出李贵随宝玉上学这段故事,目的在于借此机会引导读者查看一下《诗经》第三本的内容——原来其中透露出曹雪芹自己原来的名字。

这第三本《诗经》应是指《凌本》。在这本的《诗经·小雅·谷风·信南山》中,写到"霂"与"天祐"之间的关系:

> 上天同云,雨雪雰雰,益之以霡霂,既优既渥,既霑既足,生我百谷。……曾孙之穑,以为酒食。

> 畀我尸宾,寿考万年。中田有庐,疆场有瓜,是剥是菹,献之皇祖,曾孙寿考,受天之祐。

郑玄笺云:"祜,福也。"《闽本》、《明监本》、《毛本》"祜"误"祐"。即是说此处的"祜",应是"祐"。或是说"祜"、"祐"相通。

因而曹霂即曹天祐。

诗中的"雨雪",其意并不是"雨和雪",而是"下雪"。

《辞典》"雨"字条有一则说:"凡自上而下皆曰雨。如雨雹、雨雪。"意为"下雹"、"下雪"。

《辞源》中将"霡霂"释为小雨。

因而,上面的诗歌意即:既下了雰雰的大雪,又适时下了小雨,便给了庄稼优越的生长条件。庄稼既得到恩泽,又得到满足,也就能获得丰收了。

不论是雨，还是雪，都是"霈"——上天给予的"恩泽"。不同的是一个是零度以上，一个是零度以下。

这是"雪芹"的"雪"字，与"霈"字的内在联系。

3. 曹天祐、曹霈、曹雪芹三个名字的关系

当我们将曹天祐、曹霈、曹雪芹，三个名字相配联系来看，便可知其中的顺序及其含义——实是同一人不同时期所使用的不同的名字。

曹天祐：康熙五十四年五月三日出生时，取"天祐"名，意上天保佑。是幼时家里起的名字，是谱名，因此在《八旗满洲氏族通谱》中使用这个名字。

曹霈：康熙六十一年（1722年），六七岁上学时，取"霈"字学名，意即他来到世上是上天的恩泽。此名亦是与朋友交往时所使用的正式的名字。

曹雪芹：曹家乾隆十六年（1751年）第二次被抄没，从此便彻底破败。曹霈来到香山后，便为自己起了"雪芹"之名，并以"芹溪"、"芹圃"、梦阮为字或号。"雪"是"雨"在零度以下形成的自然现象。零度以上时，从云中落下的是"雨"；零度以下，便成为"雪"（或"雹"）。

如上所述，曹天祐、曹霈、曹雪芹三个名字是有密切关联的，不同的只是用于不同时期或不同场合而已。

（八）关于曹雪芹生年的小结

曹雪芹生于康熙五十四年（乙未），公历为1715年。这个生年是由内证和外证相吻合而确定的。

1. 内证之一：甄宝玉十四岁隐写着曹雪芹十四岁，甄家被抄没隐写着曹家被抄家

按《石头记》第五十六回甄宝玉的年龄为13岁，亦"红楼纪年"第十七年，至第七十回甄家被抄没时，之间仅仅相隔一年。即此年甄宝玉为"14岁"（虚岁）。按曹雪芹写作奇法秘法之一——"分身法"，甄宝玉身上隐写着曹雪芹，甄家在甄宝玉14岁时被抄家，隐写着曹家在曹雪芹14岁时被抄家。

查史料，雍正五年十二月二十四日（公历 1728 年 2 月 3 日），《上谕著江南总督范时绎查封曹頫家产》。因当时的交通不便，由于自上谕发出，至传达到南京执行，需要 20 天左右，所以实际抄没曹家的时间大约是雍正六年正月十三四。这一年曹雪芹的年龄为 14 岁。以此推算曹雪芹的生年恰为：康熙五十四年（乙未），公历 1715 年。

2. 内证之二：解析"二十年来辨是非"句，自竺香玉年龄推断曹雪芹年龄——生于康熙五十四年

《石头记》第五回正册判词之二——元春判词中有"二十年来辨是非"句。按照《石头记》背后隐写的历史，雍正暴亡于十三年（1735 年），从"二十年来辨是非"句可知，竺香玉皇后当时是 20 岁；向前推 19 年，是康熙五十五年（1716 年）；雪芹长她一岁，当时为 21 岁（虚龄）——向后推 20 年，恰恰是 1715 年（康熙五十四年）

3. 外证：考证出曹雪芹是曹頫的遗腹子，生于康熙五十四年

曹頫康熙五十四年三月七日的《江宁织造曹頫代母陈情折》中写道：

> ……奴才之嫂马氏，因现怀妊孕已及七月，恐长途劳顿，未得北上奔丧，将来尚幸而生男，则奴才之兄嗣有在矣。……

此段说明：如果马氏生男，即曹頫的遗腹子。

从《八旗满洲氏族通谱》或《五庆堂谱》可知：曹頫的那个遗腹子，名叫"天祐"（"天佑"）。

"天祐"在《石头记》中的隐写：

其一，《石头记》第二回谈到贾琏 20 岁时，有"现捐的是个同知"之说，按照《石头记》写作奇法、秘法之一——"分身法"，贾琏即曹雪芹的分身。贾琏做过"同知"，隐写着雪芹做过"同知"。

其二《石头记》第四十五回写赖尚荣在 20 岁时，"捐了前程"，后"乐了十年"。到 30 岁时，做了"州、县官儿"。反映的是：曹雪芹 20 岁时"捐了前程"，10 年后做了"州、县官儿"。

《石头记》隐写着：曹雪芹曾做"同知"（"州、县官儿"）与《氏族通谱》或《五庆堂谱》所记天祐曾做"州同"相吻合——说明天祐与曹雪芹

实为同一人。

4.书中对"天佑"（"天祐"）的名字做了着意的隐写——其情与曹雪芹相吻合

《石头记》第五十六回着意写了甄宝玉之名谐"保佑"，而这是"奉老太太、太太之命，为保佑他延寿消灾"而叫的。

——甄宝玉和贾宝玉均是曹雪芹的分身。曹雪芹幼时其祖母和母亲十分宠爱他，曾为他起名"保祐"，希望他能得到上天的保祐。此名隐写着"天祐"。——这亦是雪芹的小名，任丫鬟们随意叫他。

书中第三十九回通过刘姥姥的一席话，道出了贾家的子嗣状况——到贾宝玉这一代是"独出"，而曹雪芹和谱中的曹天祐，也都是"独出"。这不是巧合，而是作者有意将三人绾系在一起。

书中还特地出现了"吴天祐"（谐音"无天祐"）的名字，其意即，上天没有"护佑"他。

5.曹天祐、曹霑、曹雪芹三个名字的关系

从敦诚、敦敏和张宜泉的诗歌可知曹雪芹原名曹霑。

而"霑"与"祐"之名均出自《诗经》，两字含义相同，可知"曹霑"即"曹天祐"。

天祐、霑、雪芹三个名字的关系即：

天祐：意上天保佑。是幼时家里起的名字，是谱名，因此在《八旗满洲氏族通谱》中使用这个名字。

曹霑：康熙六十一年（1722年），六七岁上学时，取"霑"字学名，意即他来到世上是上天的恩泽。

曹雪芹：曹家乾隆十六年（1751年）第二次被抄没，从此便彻底破败。曹霑来到香山后，便为自己起了"雪芹"之名，"雪"是"雨"在零度以下形成的自然现象。"芹"是香山地区的一种生命力极旺盛的野生植物。

总之，不论从《石头记》的内证，还是从历史考证（"外证"）来看，都可说明曹雪芹生于康熙五十四年（乙未），公元1715年。不论谱中是"天祐"，还是二敦等人诗歌中的"霑"，乃至晚年的"曹雪芹"之名，均是同一人。只是不同时期，不同场合所用之名有所区别就是了。

三、《石头记》对曹雪芹生日的隐写——
生于五月初三日（1715年6月4日）

（一）为贾宝玉过生日隐写着为曹雪芹过生日——芍药花正飘落，芒种节之后

第六十二回和第六十三回详细铺陈了贾宝玉过生日的场面，当时芍药花正在飘落。

第六十二回写道：

> 当下又值宝玉生日已到，原来宝琴也是这日……

这日究竟是几月几日，作者在专门用来写宝玉生日的第六十二回、六十三回中，虽未作出交待，但这回写宝玉的生日情况，毕竟比第一回笼统地写"夏日""炎夏永昼"要具体多了。

因为"这日"是宝玉的生日，姐妹丫鬟们同他一起饮酒取乐，湘云由于多喝了酒而醉眠芍药裀。下面便是这段描写：

> 正说着，只见一个小丫头笑嘻嘻走来说："姑娘快瞧云姑娘去，吃醉了图凉快，在山子后头一块青石板凳上睡着了。"众人听说，都笑道："快别吵嚷。"说着，都走来看时，果见湘云卧于山石僻处一个石凳子上，业经香梦沉酣，四面芍药花飞了一身，满头脸衣襟上皆是红香散乱，手中的扇子在地下，也半被落花埋了，一群蜂蝶闹嚷嚷的围着他，又用鲛帕包了一包芍药花瓣枕着。
>
> （第六十二回）

这段写明，宝玉生日时，正是芍药花纷纷飘落之时。那么，芍药花何时飘落呢？在第二十七回中，作者回答了这个问题：

至次日，乃是四月二十六日，原来这日未时交芒种节。尚古风俗：凡交芒种节的这日，都要设摆各色礼物，祭饯花神。言芒种一过，便是夏日了，众花皆卸，花神退位，须要饯行。

（第二十七回）

宝玉过生日时，正处芍药花落之时，由此断定，宝玉的生日，定在芒种刚刚过的"众花皆卸"之时了。这大概是农历四月底五月初的景象。至此，宝玉生日的大概时间，便可以确定了。然而我们所希望知道的是更具体的、更确切的日期。

（二）宝玉的生日在贾敬宾天的前一天

从第六十三回中我们得知，宝玉生日的第二天，众人都在大观园中玩耍时，忽然有人报告说，东府老爷（贾敬）宾天了：

> ……忽见东府中几个人慌慌张张跑来说："老爷宾天了。"①

由此看来，只要能查清贾敬宾天的日子，那么宝玉的生日，当在贾敬宾天的的前一天，便是确定无疑的了。

从第六十三回至第六十七回，都找不到贾敬几月几日宾天的线索，直到第六十八回，这条深埋着的线索才微露端倪：由于贾珍怂恿贾琏偷娶尤二姐，并被凤姐发现了，这个刁、酸、泼、辣的王熙凤，便使出了浑身解数，大闹宁国府，把个宁国府几乎给翻了个过儿。下面这段文字很值得注意：

> 众姬妾、丫鬟、媳妇已是乌压压跪了一地，陪笑求说："二奶奶最圣明的，虽是我们奶奶的不是，奶奶也作贱的够了。当着奴才们，奶奶们素日何等的好来！如今还求奶奶给留脸！"说着，捧上茶来。凤姐也摔了，一面止了哭，挽头发，又喝骂贾蓉："出去请大哥哥来。

---

① 文中重点，均笔者所加，后不注。

39

我问他，亲大爷的孝才五七，侄儿娶亲，这个礼我竟不知道。我问
问，也好学着日后教导子侄！"

（第六十八回）

这里提到贾琏偷娶尤二姐时，恰是亲大爷的孝"才五七"。"才五七"
是指哪一天？据推算，应该是贾敬宾天的第二十九天。这是因为："一七"
是指人死后的第一天到第七天，"二七"是指第八天到第十四天，……
"五七"则是指第二十九天到第三十五天。"才五七"，当然是指"五七"
的第一天，即第二十九天。那么，为什么"才五七"不会是指"五七"的
第二天、第三天呢？因为对于"第几天"，《石头记》中也有固定的提法。
在小说第十四回中，当作者写到为秦可卿办丧事时，提到这样一句话：

这日乃五七正五日上，……

五七正五日是指五七的第五天，即秦氏亡故的第三十三天。以此
类推，第三十天应写成"五七正二日"第三十一天应写成"五七正三
日"……只有第二十九天才能写成"才五七"。因而这个"五七正五日"
十分重要。这是作者刻意留给读者正确认识"才五七"的关键依据。

如此看来，贾敬宾天的时间，又与贾琏偷娶尤二姐的时间衔接了起
来。即：只要弄清楚贾琏娶亲的日期，也就知道了贾敬宾天的日期。据
此，宝玉的生日也就可以确定了。

接下去，我们来推证贾琏偷娶尤二姐的日期。

关于贾琏偷娶尤二姐的日期，作者在书中是这么写的：

话说贾琏、贾珍、贾蓉三人商议，事事妥帖，至初二日，先
将尤老和三姐送入新房。……至次日五更天，一乘素轿，将二姐抬
来，……搀入洞房。

（第六十五回）

从这段原文中得知，初二那天，先将尤老娘和尤三姐送入了新房。

至次日，即初三日，便将二姐抬了来。这就是说：贾琏偷娶尤二姐，是在某月的初三，是哪个月的初三呢？

请接下去看：

> 贾琏又将自己积年所有梯己，一并搬了与二姐收着，又将凤姐之为人行事，枕边尽情告诉了他，只等一死，便接进去。二姐听了，自是愿意。当下十来个人，倒也过起日子来，十分丰足。
>
> 眼看已是两个月的光景……

此处谈到，贾琏二姐儿成亲，已有"两个月的光景"了。再看同一回稍后，当贾琏与二姐儿一起时，盛赞二姐儿标致、温柔，她的妻子凤姐不及：

> 尤二姐滴泪说道："你们拿我作愚人待，我什么事不知道。我如今和你作了两个月的夫妻，日子虽浅，我也知你不是愚人。"

这段原文中，再一次强调了"两个月"。当然，这两处只是泛泛而谈，是大约两个月，并不十分精确。

接下去再看第六十六回一段原文：

> 大家正说话，只见隆儿又来了，说："老爷有事，是件机密大事，要遣二爷往平安州去。不过三五天就起身，来回也得半月工夫。今日不能来了。……
>
> ……至次日午后，贾琏方来了。尤二姐因劝他说："既有正事，何必忙忙又来，千万别为我误了事。"贾琏道："也没甚事，只是偏偏的又出来了一件远差。出了月就起身，须得半个月工夫才回来。"
>
> （第六十六回）

自这段原文得知，此时正是某月的二十七八，因此隆儿说"不过三五日就起身"，贾琏则说"出了月就起身"。可见，自此日起，再过三五日就"出了月"。

综合上面三段所述，贾琏同尤二姐儿婚后两个月左右时，有一件远差，将历时半个月。与此并行的一条线索是：尤三姐思嫁落魄公子、江湖艺人柳湘莲，并将自己的心愿告诉了尤二姐与贾琏。凑巧，贾琏在去平安州的路上，遇上了携同薛蟠一同回京的柳湘莲。由于贾琏的极力周旋，柳湘莲与三姐儿的婚事，在这次路遇中便定了下来。湘莲将一对祖传的鸳鸯剑交贾琏，带给尤三姐儿作为定礼，然后便绕道儿看望他的姑母去了。临行分手时约定，湘莲自姑母处返京后，便立即与尤三姐儿成亲。

贾琏办妥公事便取道回家了。贾琏到家后不久，湘莲也进了京，时间是八月内。关于这件事，小说中是这样交待的：

> ……贾琏又将此事告诉了贾珍。贾珍因近日又相遇了新友，将这事丢过，不在心上，任凭贾琏裁夺，只怕贾琏独力不加，少不得又给了他三十两银子。贾琏拿来交与二姐预备妆奁。
>
> 谁知八月内湘莲方进京来。……

现在可以回过头来推算贾琏偷娶尤二姐的确切日子了。偷娶的这日是六月初三日。因为从六月初三到七月底，恰是"两个月的光景"。贾琏对尤二姐说"出了月"要到平安州出一趟远差，显然是指出了七月。即是说，出差的动身日期，应当在八月初。贾琏说"得半月功夫才来"，那么他回到家中的时间，便应该是八月中旬了。而柳二爷进京的时间是"八月内"，是指没出八月，只不过是在贾琏之后到京。

我们已经确定了贾琏偷娶尤二姐的日期——六月初三。从这个日子再往前推二十九天，便是贾敬宾天的日子，即五月初四日。

自六月初三日（含六月初三日）往前推二十九天，为何不是五月初五而是五月初四呢？这自然是由于五月是二十九天的缘故。五月是二十九天是如何确定的？其依据有二：

其一，宝玉生日被作者记在了红楼纪年的第十七年。这一年宝玉十七岁。宝玉的十七岁隐写着曹雪芹的十七岁。曹雪芹生于1715年。他十七岁这年是雍正九年即1731年。这年的农历五月，只有二十九天。四月是三十天。

其二，由于《石头记》中贾敬的宾天隐写了雍正的暴亡（关于此事请参看《贾敬探源》一文，载于《红楼解梦》第三集，并可参考《曹雪芹毒杀雍正帝·贾敬的宾天隐写着雍正之死》）。就是说，作者在红楼纪年的第十七年中，隐写了发生在雍正十三年的历史事件。此时，我们亦可以将宝玉过生日的这年，视为雍正十三年。查历书，雍正十三年（1735 年）农历五月，同样只有二十九天。这年的农历闰四月，是三十天。

笔者认为，红楼纪年的第十七年与雍正十三年的五月都是二十九天，而四月都是三十天，这种情况不会是偶然巧合，而是作者精心设计的。要做到这点并不难，只要从红楼纪年的十八年中，找到五月份是二十九天、四月份是三十天的一年，然后将宝玉过生日的情节记入这一年即可。经查，可供选择的有红楼纪年的第十四、第十五、第十七年。作者选择了第十七年。作者如此煞费苦心，是为了给我们今日推算这个生日提供方便。因为有了作者的这种安排，我们今天在推算宝玉的生日时，就不会由于红楼纪年的第十七年四、五月份与雍正十三年四、五月份天数的不同而举棋不定。感谢曹雪芹的深谋远虑。

因此，我们无论将宝玉过生日的这年视为雍正九年（红楼纪年十七年）还是视为雍正十三年，五月份都是二十九天。

既然贾敬宾天的日子已确定为五月初四日，再往前推一天，自然就是贾宝玉的生日了。由此可知，宝玉的生日是五月初三日。

（三）贾敬的宾天隐写着雍正的暴亡

前面已作说明：鉴于当时严酷的文字狱，作者为了将真实历史隐写于小说中，采用了许多写作奇法、秘法，其中之一是分身法。在贾敬身上隐写着雍正帝，贾敬之死隐写着雍正之暴亡。关于此问题在"石学论丛"的《贾敬探源》（载于《红楼解梦》第三集）和《曹雪芹毒杀雍正帝·贾敬的宾天隐写着雍正之死》中已作详细论述，读者可参看。下面将雍正之死与贾敬暴亡之间进行比较：

1. 雍正与贾敬同是第三代承业继宗人

首先，我们说宁国府实隐清皇宫（参见《宁国府实隐清皇宫》一文，载于《红楼解梦》第二集）。中国自古有"君门九重"之说，而宁国府除夕祭宗嗣时，正是九道大门洞开。作者借这种方式，给宁国府打上了北京清皇宫的印记。

在北京清皇宫内的皇帝中，雍正是第三代皇帝（第一代是顺治皇帝，第二代是康熙皇帝）。为了用贾敬隐写这一史实，作者特意写出贾敬是宁国府的第三代承业继宗人。"宁国府"之名，暗喻着自宁古塔（清代的发祥地）起家的人占据了国家的府第。

2. 雍正尊谥的第一个字与贾敬之名相同

雍正于十三年八月二十三日子时宾天，于"是岁丁未，恭上尊谥曰敬天昌运建中表正文武英明宽仁信毅睿圣大孝至诚宪皇帝，庙号世宗。"（见《清史稿》卷九第 340 页）

作者为了将与雍正暴亡相关的史实，隐写于宁国府的这个第三代承业者身上，特令此人名"敬"。此"敬"实为雍正那个"敬天昌运建中……"谥号之缩写。由于此谥号是雍正逝后方得，可知：通过贾敬所隐写的，应是与雍正暴亡有关的一段史实。

3. 雍正与贾敬均非长子，但均承袭位

雍正不是康熙的皇长子却袭继了皇位。为了通过贾敬体现这种继承关系，作者特令贾敬不是乃父的长子，却袭了官。此乃以家喻国之法。

4. 雍正与贾敬均好道

雍正好道，素喜烧丹炼汞。圆明园内多年蓄养着道士，并经常服食"既济丹"。为了将雍正的好道、服丹隐写在贾敬身上，作者在书中写出：贾敬一向与道士相为亲厚，且酷爱烧丹炼汞。

5. 雍正与贾敬都喜居郊外园林

雍正一年之内，有三分之二以上的时间住在圆明园，且暴亡于圆明园内。作者将此通过贾敬进行隐写。贾敬同样是不喜居城内，且宾天于都中城外。

6. 雍正与贾敬都属暴亡

雍正之死实属暴亡。作者将此隐写在贾敬身上便是——贾敬本无病，一夜便死了，亦属暴亡。

7. 雍正与贾敬均死于深夜

雍正崩于八月二十三日子时，实为八月二十二日夜间。作者为了将这一史实通过贾敬之死隐记于书中，特地写出贾敬夜间守庚申时，服下丹砂便升仙去了。

8. 雍正与贾敬死前均曾由御医诊视

雍正死前，曾经御医诊视。将此史实移植到贾敬身上，便是尤氏为贾敬请来御医诊视。"大夫们见人已死，何处诊脉来。"（第六十三回）

9. 雍正与贾敬死后，道士们均被其子驱走

雍正死后，他蓄养在宫中的道士，由其子弘历（即乾隆皇帝）驱逐出宫。这一史实通过贾敬记入书中便是：与贾敬相为亲厚的道士，被尤氏关押后，由其子贾珍予以发放。

10. 雍正与贾敬死后，其灵柩均是由西直门进城

雍正死后，其黄舆系由西直门进城。听民俗专家严宽讲：当时出西直门，经北下关、过高粱桥、大柳树、保福寺、黄庄……直达圆明园，有一条长约二十余华里的御用大道。御道由一顺的红色花岗岩铺成，御道两旁绿柳成荫，庙宇彼邻，每隔三华里设一个"堆子"。所谓"堆子"，就是当时警卫的值班所，由八旗兵看守。曾有见过这条御道的外国人说，这条御道，是当时世界上修筑得最好的路。解放后修建天安门广场时，将御道拆除，用铺御道的花岗岩石块，作了天安门广场的基石。雍正死后，其黄舆进城时所走的路，正应该是这条由圆明园直通西直门的御道。这一史实被作者通过贾敬之死记入书中时，便是贾敬宾天后，其灵柩由"北下之门"进城。"北下之门"是曹雪芹对西直门的隐称。如今，西直门外还有"北下关"这个地名。北下关所对应的城门，自然是"北下之门"。

11. 雍正与贾敬死后，祭祀之费用均由光禄寺支取

雍正宾天后，祭祀所用银两，由光禄寺支领。作者将这一史实隐写在贾敬身上便是：贾敬逝后，"着光禄寺按上例赐祭"（第六十三回）。

"光禄寺"是官署名，自北齐起，掌管皇宫膳食，历朝相沿。至清代，皇帝膳食由内务府掌管，光禄寺改成了外廷职司，只负责祭祀所用膳食等事。此处所说的祭祀，自然是指皇家各项祭祀。为了将贾敬之死写成雍正之死，书中竟写出贾敬逝后，其祭祀所用银两，不仅由光禄寺支领，

甚至还要"按上例"。所谓"按上例",便是按最高规格。皇室之男性成员亡故后,按最高规格祭祀的,非皇帝莫属!作者只用"着光禄寺按上例赐祭"数字,便一语道破了隐写在贾敬身上的雍正身份。

12. 雍正与贾敬死后,不仅子孙,就是文武百官也都须祭吊

雍正崩后,除了他的子孙,朝内王公以下文武百官,都要进行祭吊。作者为了向读者披露隐写在贾敬身上的皇帝身份,毫不加遮掩地写道:"朝中自王公以下准其祭吊。"试想,贾敬是何许人物?死时只不过是个无官无职的"白衣"(即百姓)。这样的人死后,怎么会发生"朝中自王公以下准其祭吊"的怪事?更何况在小说中,贾敬死时,正处于国丧之际,难道朝中那些自王公以下的文武百官,可以丢开老太妃的丧事不顾,纷纷回来为贾敬这个"白衣"奔丧祭吊不成?

13. 雍正与贾敬两人之死都称作"宾天"

宾天,古时专指帝王之死。文秉《先拔志始》卷上:"李可灼敢以无方无治之药,驾言金丹,夕进御而朝宾天。"作者在书中将贾敬之死,令人称为"宾天",恰是借用此意。书中不仅明白告诉读者,贾敬之暴亡,是由于夜间服下了"秘法新制的丹砂"(第六十三回)才致使其升仙的。更重要的是,作者借"宾天"一词,披露了雍正暴亡之隐秘。——"夕服丹(八月二十二日夕)而朝宾天(八月二十三日子时)"之史实。此丹,自然不是雍正经常服用的既济丹,而是"秘法新制的丹砂"。

14. 雍正与贾敬两人的灵柩均是申时到达城内

雍正暴亡后,其黄舆自圆明园启程入都的时间以及到达大内的时间,作者竟利用贾敬之死,一丝不苟、准确无误地记入书中。

据《起居注·实录》载:

> 二十三日晨奉大行皇帝黄舆返大内,当日申刻(下午三时至五时)大殓。

我们再来对照贾敬宾天后其灵柩何时到达城里的:

> 择于初四日卯时请灵柩进城,一面使人知会诸位亲友。是日,

其丧仪炫耀，宾客如云，自铁槛寺至宁府，夹路而观者何啻万数。也有嗟叹的，也有羡慕的，又有一等半瓶醋的读书人，说是"丧礼与其奢易莫若俭戚"的，一路纷纷议论不一。至未申时方到，将灵柩停放正室之内。

（第六十四回）

试想，贾敬的灵柩只不过是进城，并不是出殡，"夹路而观者何啻万数"——不止数万，可能就是十数万，或者是数十万。这哪里是平民百姓灵柩路过的情景？倒很像是黄舆进城，惊动了如此之多的百姓夹路观看。更何况贾敬灵柩自铁槛寺出发，到达宁府的时间，竟与雍正黄舆自圆明园启程与到达大内后入殓的时间惊人的一致！

雍正驾崩于八月二十三日子时，二十三日晨便"奉大行皇帝黄舆返大内"了。将这一史实通过贾敬之死记入书中，自然应该写成：贾敬宾天于五月四日子时，五月四日晨其灵柩便进城返家了。为了与清实录有所区别，作者便将"晨"改写成了"卯时"记入书中。卯时是早晨五点至七点，这正是对"晨"的一种变写。

雍正黄舆回到大内后，于"当日申刻大殓"。将这一史实通过贾敬之死记入书中时，就变成了"至未申时方到"。所谓"未申时"，是指下午三点钟。未时是下午一点至三点。申时是下午三点至五点。我们可以想象得到，雍正黄舆于二十三日下午三时回到大内，稍息片刻，马上入殓。这一史实记入《清实录》中，自然要写成"申刻大殓"。

15. 雍正与贾敬灵柩所停放之厅堂完全一致

雍正的灵柩停放在乾清宫内。将这一史实借贾敬之死记入《石头记》时，便是贾敬的灵柩停放在宁国府的"正室之内"。

此处的"正室"，己卯本为"正堂"，但庚辰本、蒙府本、便改为了"正室"。

《石头记》中在"正室"与"正堂"之间，自庚辰本后，两者便有了严格的区分。"正室"指乾清宫，"正堂"则指"保和殿"。

作者利用贾敬之死十分准确地记载了与雍正暴亡有关的如下史实：

清朝入京后的第三代皇帝，谥号中带"敬"字者（即雍正皇帝）与道士颇为亲厚，素喜烧丹炼汞、服食丹砂。他由于服食了"秘法新制的丹砂"而丧了命。死后曾经御医诊视。他住在圆明园内，晚上服下丹药，夜间（子时）便宾天了。夜间殡天，清晨黄舆返大内。由圆明园至清皇宫，所经之处夹路观看者"何啻万数"。黄舆经由西直门（北下之门）进城，下午三点钟（未申时）到达大内，申刻大殓。他的灵柩停放在乾清宫内。他（雍正）宾天后，朝中王公以下（含王公）均行祭吊之礼，祭银由光禄寺支领，且按最高规格。他（雍正）宾天后，与其相为亲厚，为其烧丹炼汞的道士一度被关押，后由其子（乾隆）发放逐出圆明园。

史料中的雍正之死，与《石头记》中的贾敬之死，竟综合了上述十五点相同或相似之处，这绝不是偶然的巧合，而是作者经过精心策划，严格记录的结果——贾敬之死实是隐写着雍正之死。

上述与雍正暴亡相关的这段历史，作者借助于小说人物贾敬之死，记载得何其准确！何其完整！何其详细！只不过作者为了讳知者，在时间上作了较深的隐写。将雍正暴亡的八月二十三日子时，移至宝玉生日的那天夜里，即五月初四日子时。

（四）作者为何要将贾敬之死与雍正暴亡联在一起？

作者因何如此不厌其烦、不烦其详地利用贾敬之死隐写雍正之暴亡呢？笔者认为，其目的有三：

1. 以贾敬之死隐写雍正暴亡的原因——"秘法新制的丹砂"

作者一丝不苟地详细描写贾敬之死，目的是使读者了解：其中隐写着雍正的暴亡——雍正之死决不是寿终正寝，而是由于服食了"秘法新制的丹砂"才丧命的！——这正是解开雍正暴亡之谜的钥匙。

2. 以贾敬之死（五月初四日）隐写宝玉的生日（贾敬之死的前一天）

关于如何利用贾敬之死隐写着雍正暴亡问题，下面再做些推证：

由于贾敬之死隐写了雍正之死，所以我们说贾敬"五月初四日卯时"灵柩进城，所隐写的便是八月二十三日晨雍正黄舆的进城。

已知雍正暴亡于八月二十三日子时，暴亡当天的早晨其黄舆便进城了。由此反推回去——贾敬的灵柩既然是五月初四日卯时进城的，可见他暴亡于五月初四日子时。

贾敬既然暴亡于五月初四日，由此再往前推一天，就是宝玉的生日了——宝玉的生日是五月初三日——与笔者从正面推算出来的宝玉生日，完全一致。

前面我们已从贾琏偷娶尤二姐的日期中，推算出宝玉（在这里隐写着曹雪芹）的生日是五月初三日，此处又从贾敬宾天的日期中推算出宝玉（在这里隐写着曹雪芹）的生日是五月初三日。两者可以互验互证。——这再次说明曹雪芹思维的缜密，绝不给我们留下单文孤证。

3. 以宝玉生日（五月初三）的欢乐之夜，隐写雍正暴亡（八月二十三日）后的欢庆

作者将雍正暴亡的八月二十二日这一昼夜间曹天祐的活动，利用宝玉过生日，隐写在第六十二至第六十四回小说中。

雍正帝驾崩于八月二十三日子时，作者在此前、此后的异乎寻常的欢乐与得意，怎样才可能记于书中呢？作者将八月二十二日白天和夜间自己的活动，移到了他自己生日这天。作者以宝玉过生日为由，大肆铺述了他在雍正暴亡这天的舒畅与狂喜——白天，又是划拳又是行令，又是簪花，又是斗草，借此将自己当时那种愉悦、舒畅、怡然自得，活现于纸上。晚上，提前备下美酒佳肴，大吃大嚼，狂歌畅饮。一夜间"……一坛酒我们都鼓捣光了，一个个吃的把臊都忘了，三不知的又都唱起来咧。四更多天，才横三竖四的打了一个盹儿"。——这就是八月二十二日夜里的情况。

——试想，作者怎敢把这样的欢乐场面记载于雍正宾天的日子？作者采取的办法是选中宝玉的生日，然后再虚设一个小说人物——贾敬，用他来隐写雍正的暴亡，再将他的暴亡移至宝玉生日这天的夜里。借助于这种巧妙安排，既准确地隐写了自己的生日，又严谨地摹写了雍正暴亡前后自己的所作所为。雍正与贾敬之间的纽带，便是两者暴亡的十五点相同之处。作者采取这种方法，既写了自己的生日，又隐写了与雍正暴亡相关的一段历史。为了准确隐记这段历史，作者使用了一击两鸣、明修暗道、暗

渡陈仓等写作奇法、秘法。

（五）宝玉生日与"守庚申"的关系

1. 宝玉的生日与贾敬"守庚申"相联系

《石头记》第六十三回在记述宝玉过生日的过程中，特别加进贾敬之死，而贾敬之死，又与"守庚申"联系起来。书中是这样写的：

> 正玩笑不绝，忽见东府中几个人慌慌张张跑来说："老爷宾天了。"……大夫们见人已死，何处诊脉来，素知贾敬导气之术总属虚诞，至于参星礼斗，守庚申，服灵砂等，妄作虚为，过于劳神费力，反因此伤了性命的。……众道士慌的回说："原是老爷秘法新制的丹砂吃了坏事，小道们也曾劝说'功行未到且服不得'，不承望老爷于今夜守庚申时悄悄的服了下去，便升仙了。这恐是虔心得道，已出苦海，脱去皮囊，自了去也。"

所谓"守庚申"是道教的一个节日。

古代以干支纪日，60 天一个回环。即 60 天中有一个庚申日。道教认为：人腹中有一种怪物叫"三尸"（也叫"三彭"、"三虫"或"蛊"），专门伺察人的隐私过恶，每到庚申日就到天帝面前告发，减人禄命。但是假若人在此日不眠，"三尸"就无法上天告状。这就要"守庚申"。

古代把一天分成十二个时辰。即子（夜 11—1 时）、丑（夜 1—3 时）。寅（3—5 时）、……直到亥（晚 9—11 时）。所谓"守庚申"是从庚申日的子时（夜 11—1 时）起便不能睡觉，要熬一夜一昼。

如此看来，贾敬的"守庚申"与宝玉的生日联系在了一起——即"庚申"日的前一天为宝玉的生日。经过论证，贾敬"守庚申"开始的时间不能晚于五月初四日前一天的亥时。这一天，是五月初三日，即宝玉的生日。

2. 雍正十年五月初四日是"庚申"日

前面已述，每 60 天中有一个庚申日，一年中不过六个。而宝玉曾有一个生日是在某"庚申"日的前一天过的。——由此反映曹雪芹曾有一年过生日时，恰逢第二日是"庚申"日。那么，有无这样一天？若有，是在哪一天呢？

为此，下面列一个表，从此表可看出在曹雪芹的有生之年（康熙五十四年五月初三——乾隆二十八年除夕），在他生日的第二天确实有过一个"庚申"日。

由于曹雪芹的生日是由两个节日交叉决定的——除"庚申"日的前一天外，还有芒种节——"芒种"一过，春花皆谢，开始进入夏季。

康雍乾时期各年芒种节和三—五月份的庚申日一览表

公历年	年号		干支	芒种节（时辰）	庚申日
1715		54 年	乙未	★五月初五（戌）	三月廿四日
1716		55 年	丙申	四月十七日（丑）	五月初一
1717		56 年	丁酉	四月廿七日（辰）	五月初七
1718	康熙	57 年	戊戌	五月初八（未）	五月十二日
1719		58 年	己亥	四月十九日（戌）	四月十八日
1720		59 年	庚子	五月初一（子）	四月廿四日
1721		60 年	辛丑	五月十二日（卯）	四月三十日
1722		61 年	壬寅	四月廿三日（午）	四月初六
1723		元年	癸卯	五月初四（酉）	四月十一日
1724		2 年	甲辰	闰四月十五日（子）	四月十七日
1725		3 年	乙巳	四月廿六日（寅）	三月廿二日
1726		4 年	丙午	五月初七（午）	三月廿八日
1727		5 年	丁未	四月十七日（酉）	五月初五
1728		6 年	戊申	四月廿九日（子）	五月初十
1729	雍正	7 年	己酉	五月初十（寅）	五月十六日
1730		8 年	庚戌	四月廿一日（巳）	四月廿二日
1731		9 年	辛亥	★五月初二（申）	四月廿八日
1732		10 年	壬子	五月十三日（亥）	★五月初四
1733		11 年	癸丑	四月廿四日（寅）	四月初九
1734		12 年	甲寅	五月初五（巳）	四月十五日
1735		13 年	乙卯	闰四月十六日（申）	四月廿日

续表

公历年	年号		干支	芒种节（时辰）	庚申日
1736		元年	丙辰	四月廿六日（亥）	三月廿六日
1737		2 年	丁巳	五月初九（寅）	四月初二
1738		3 年	戊午	四月十九日（巳）	五月初九
1739		4 年	己未	五月初一（未）	五月十五日
1740		5 年	庚申	五月十二日（戌）	五月廿一日
1741		6 年	辛酉	四月廿三日（丑）	四月廿六日
1742		7 年	壬戌	五月初四（辰）	五月初二
1743		8 年	癸亥	闰四月十四日（未）	闰四月七日
1744		9 年	甲子	四月廿五日（戌）	四月十三日
1745		10 年	乙丑	五月初七（丑）	四月十八日
1746		11 年	丙寅	四月十八日（辰）	闰三月廿四日
1747		12 年	丁卯	四月廿九日（未）	四月初一
1748	乾隆	13 年	戊辰	五月初十（酉）	四月初七
1749		14 年	己巳	四月廿二（子）	五月十三日
1750		15 年	庚午	五月初三（卯）	五月十九日
1751		16 年	辛未	五月十三日（午）	三月廿三日
1752		17 年	壬申	四月廿三日（酉）	四月廿九日
1753		18 年	癸酉	五月初五（子）	五月初五
1754		19 年	甲戌	闰四月十六日（卯）	闰四月十一日
1755		20 年	乙亥	四月廿七日（午）	四月十七日
1756		21 年	丙子	五月初八（酉）	四月廿三日
1757		22 年	丁丑	四月廿日（子）	三月廿九日
1758		23 年	戊寅	五月初一（卯）	四月初五
1759		24 年	己卯	五月十二日（午）	四月初十
1760		25 年	庚辰	四月廿二日（申）	五月十七日

对于上表，请着重看如下几点：

第一，曹雪芹诞日：

曹雪芹出生于康熙五十四年（乙未）五月初三日（公历 1715 年 6 月

4 日）——芒种节是在五月初五日戌时，即曹雪芹生于芒种节的前两天。此时与宝玉出生时的"炎夏永昼"，"烈日炎炎，芭蕉冉冉"情况一致。

第二，过生日那天的时节情况：

《石头记》中为宝玉过生日安排在雍正九年（辛亥）五月初三。该年的芒种节是在五月初二申时。正如书中所说：

> 尚古风俗：凡交芒种节的这日，都要设摆各色礼物，祭饯花神。言芒种一过，便是夏日了，众花皆卸，花神退位，须要饯行。

宝玉过生日（隐写着曹雪芹过生日）这天，是芒种节的第二天，恰好是芒种刚过，"众花皆卸"。为此，作者对这天作了很多渲染。如让湘云醉眠芍药裀，让丫鬟们为宝玉专门做了一个装满各种花瓣的枕头：

> 宝玉只穿着大红棉纱小袄子，下面绿绫弹墨夹裤，散着裤脚，倚着一个各色玫瑰芍药花瓣装的玉色夹纱新枕头，和芳官两个先划拳。当时芳官满口嚷热……

从上面的描述可以看出，作者着意描写的是芍药花正在纷纷飘落，这正是芒种节刚过的明显特点，而又与"守庚申"相吻合。宝玉生日的两大特点，同时都体现出来。

四、宝玉出生的时辰——夏日"午时"（上午11时至下午1时）

关于宝玉的生辰，在小说的第一回中，作者写道：

> 一日，炎夏永昼，士隐于书房中闲坐，至手倦抛书，伏几少憩，不觉朦胧睡去。梦至一处，不知是何地。忽见那厢来了一僧一道，且行且谈。只听道人问道："你携了这蠢物，意欲何往？"那僧笑道：

"你放心，如今现有一段风流公案，正该结了，这一干风流冤家，尚未投胎入世。趁此机会，就将此蠢物夹带于中，使他去经历。"

这分明写出"通灵宝玉"就要投胎历世了，而当时正处在"炎夏永昼"。当士隐听完上述一僧一道的谈话后，请求看一看僧道谈及的蠢物时：

那僧道："若问此物，倒有一面之缘。"说着，取出递与士隐。士隐接了看时，原来是块美玉，上面字迹分明，镌着"通灵宝玉"四字，后面还有几行小字。正欲看时，那僧便说："已到幻境！"便强从手中夺了去，与道人竟过一大石牌坊，上书四字，乃是"太虚幻境"。两边又有一副对联，道是：

假作真时真亦假，

无为有处有还无。

在这段文字中，通过"通灵宝玉"四个字，点出了《石头记》中核心人物"宝玉"的名字。小说接着写道：

士隐意欲也跟了过去，方举步时，忽听一声霹雳，有若山崩地陷。士隐大叫一声，定睛一看，只见烈日炎炎，芭蕉冉冉，梦中之事便忘了对半。

（第一回）

上面几段文字强调了宝玉投胎入世时，是"炎夏永昼"，而且更加具体，这个夏日是："烈日炎炎，芭蕉冉冉"。具体时辰是"手倦抛书，伏几少憩"的中午时分，按时辰大约是"午时"（上午 11 时至下午 1 时）。

由于现在讲一个人的生日，都不涉及时辰，只是讲某年某月某日。本节关于时辰的论述，只是为了使论证曹雪芹的生日更加完美，并非主张开展纪念活动时，一定在某个时辰进行。特对此作上述声明。

五、曹雪芹生辰"康熙五十四年五月初三"说的小结

综合上面对于曹雪芹生年和生日的考证，结论是：曹雪芹生于康熙五十四年（乙未）五月初三日，合公历 1715 年 6 月 4 日，出生的时辰是"午时"（上午 11 时至下午 1 时）。下面对曹雪芹的生年、生日分别进行总结，并进行验证。

（一）对曹雪芹生年进行考证的小结——康熙五十四年（乙未，1715 年）

我们通过内证和外证两条线索来论证曹雪芹的生年，而不论内证，还是外证，又都各有两条线索。

1. 内证的第一条线索

《石头记》中甄宝玉、贾宝玉都隐写着曹雪芹。在甄宝玉 14 岁时，他家被抄没，隐写着曹家在雪芹 14 岁时被抄没。

曹家被抄没的具体时间是雍正六年正月。也就是说曹家被抄时，曹雪芹虚龄 14 岁。向前推 13 年，为康熙五十四年（乙未），合公历 1715 年。

2. 内证的第二条线索

从元春判词可知，雍正暴亡时，黛玉原型竺香玉 20 岁，雪芹比她大一岁，为 21 岁（虚龄）——向前推 20 年，恰恰是康熙五十四年（乙未），合公历即 1715 年——这便是曹雪芹出生的年份。

3. 外证的第一条线索

曹頫在康熙五十四年（1715 年）三月初七日的奏折中写道："奴才之兄嫂马氏，因现怀妊孕，已及七月。"这里"奴才之兄"即指曹颙。从曹頫写奏折又过了一个月零 26 天（康熙五十四年五月初三）曹雪芹就诞生了。只要将这两件事结合前面的内证进行综合思考，便会发现：曹頫之嫂马氏所生之子，就是曹雪芹。

由此可知：曹雪芹是曹颙的遗腹子。曹頫是曹雪芹的叔父。

4. 外证的第二条线索

据《氏族通谱》和《五庆堂谱》载，曹颙子名"天祐"，曾做过

"州同"。

这部分重点考证了两个问题：

其一，考证了"天祐"的名字，与"曹霑"、"雪芹"之名是相通的，是对同一人在不同的时期，不同场合的称呼。

其二，《氏族通谱》和《五庆堂谱》中均记载，"天祐"曾做"州同"。通过"内证"，考证出曹雪芹二十岁时曾捐过"同知"，后来曾做过"州县官儿"（贾琏、赖尚荣都是曹雪芹的分身）。

综合上述考证，此"天祐"，即曹頫奏折中曹颙的遗腹子，亦即雪芹，在制定《氏族通谱》时（乾隆九年），他正做"州同"。

经过内证与外证相结合进行考证的结论即：曹雪芹生年——康熙五十四年（乙未），合公历 1715 年。曹雪芹的生日——五月初三日（康熙五十四年五月初三日，合公历 1715 年 6 月 4 日）。

（二）对曹雪芹生日进行考证的小结

1.贾宝玉生日隐写着曹雪芹的生日：五月初三日，合公历 6 月 4 日

贾宝玉过生日那天的特点，隐写着曹雪芹过生日那天的特点。其特点是：刚刚过芒种节，恰逢芍药花如雨般地飘落。

2.宝玉的生日恰在贾敬宾天的前一天：贾敬宾天于五月初四，前一天是五月初三——即宝玉的生日

3.贾敬的宾天隐写着雍正的驾崩，这样便可以宝玉生日那天夜晚的狂欢，隐写庆祝毒杀雍正的成功

4.庚申日是在宝玉生日的第二天。庚申日是五月初四，宝玉的生日为五月初三

曹雪芹为了将自己的生日隐写进书中，同样采取了两条线索来写：一条是节气——芒种节刚过，一条是庚申日的前一天。两条线索都确定为五月初三。前一章已论证曹雪芹的生年——康熙五十四年（乙未）。康熙五十四年五月初三日合公历为 1715 年 6 月 4 日。

（三）曹雪芹在世的时间

曹雪芹生于康熙五十四年五月初三日，合公历 1715 年 6 月 4 日。

曹雪芹卒于乾隆二十八年（癸未）除夕，合公历 1764 年 2 月 1 日。

曹雪芹在世总共 48 年 7 个月零 27 天，与张宜泉"年未五旬而卒"[①]，敦诚"四十萧然太瘦生"[②]均相符。敦诚的"太瘦生"，意即曹雪芹的一生太暂短，故在诗中只说整数，而将零数抹去。

六、对曹雪芹生辰"康熙五十四年五月初三"说的验证

（一）曹雪芹为他人考证自己的生辰所设定的三个条件

《石头记》中曹雪芹为自己的生辰确定了三个条件：

第一个条件：由于甄家的抄家隐写着曹家的抄家，此年曹雪芹 14 岁（虚龄）。

第二个条件：由于"红楼纪年"隐写着曹雪芹纪年。第六十二回、六十三回为贾宝玉所过的生日，隐写着为曹雪芹所过的生日。按"红楼纪年"这一年为第 17 年，隐写着曹雪芹 17 岁。

第三个条件：道教的"庚申日"每 60 天一次。那些做了坏事，却又担心蛊在"庚申"那天上天揭发的教徒，便从前一天晚上开始"守庚申"。曹雪芹曾有一年过生日时，恰是"庚申日"的前一天。

对曹雪芹的生辰，已有多种观点被提出，霍国玲"康熙五十四年五月初三"说是其中之一。下面我们就用曹雪芹为自己生辰所设定的三个条件，对该说进行验证。

（二）对"康熙五十四年五月初三"说的验证

1. 曹雪芹出生于康熙五十四年（1715 年），其 14 岁时，恰是雍正六年（1728 年）

按"康熙五十四年五月初三"说，曹雪芹出生那年是 1715 年，曹家

---

① 见张宜泉《春柳堂诗稿·伤芹溪居士·题注》。

② 见敦诚《鹪鹩庵杂记·挽曹雪芹（一）》。

第一次被抄时是雍正六年（1728 年）。按虚龄计算，雪芹恰恰是 14 岁。通过验证。

2. 曹雪芹 17 岁那年的生日，系芒种节的第二天，其时芍药花瓣正如雨般地飘落

按"康熙五十四年五月初三"说，曹雪芹 17 岁那年是雍正九年（1731 年）。这一年的芒种节是五月初二日（申时）（请参阅本文的《一览表》）。生日那天恰恰是芒种节过后的第二天——正是芍药花纷纷落英之时。通过验证。

3. 曹雪芹曾有一年过生日的第二天恰与道教的"庚申日"吻合

按"康熙五十四年五月初三"说，曹雪芹过生日时，曾有一年第二天恰逢"庚申日"。查本文的《一览表》——果然在雍正十年（1732 年）曹雪芹过 18 岁的生日时，第二天（五月初四日）便恰逢庚申日。通过验证。

以曹雪芹为自己的生辰所设置的三个条件，去验证"康熙五十四年五月初三"说，均通过验证，证明该说是正确的。

七、对其他学者提出的曹雪芹生辰说的验证

曾对曹雪芹的生年、生日进行过考证的学者，除霍国玲以外，虽有不少，但这些学者，有的只考证了曹雪芹的生年，而没有论及其生日；也有的单纯的去考证宝玉的生日，而根本不去论及其生年——这些考证，由于未对曹雪芹的生辰给予一个既有生年，又有生日的完整的答案，无法验证其结论是否正确。既考证曹雪芹的生年，又考证曹雪芹的生日，对曹雪芹生辰给予完整答案的说法共有六种，按时间顺序如下：

甲辰闰四月二十六日未时说；

乙未四月二十六日说；

丙申五月初四说；

丙申五月初八说；

丁酉四月二十六日说；

庚子四月二十八日说。

下面我们对其一一进行验证，看是否符合曹雪芹提出的验证其生日的三个条件：

其一，曹雪芹 14 岁（虚龄）时，曹家曾被抄家。

其二，在曹雪芹 17 岁过生日那天，芒种节刚过，芍药花纷纷飘落。

其三，在曹雪芹有生之年，曾有过其生日的第二天恰逢道教的"庚申日"。

（一）对"甲辰闰四月二十六日未时说"的验证

周汝昌于 1962 年发表《曹雪芹生于何月》一文（载于 1962 年 12 月 9 日香港《大公报》）。后此文收入《献芹集》（第 388—391 页）[①]。出版时加有"追记"：

> 近年考得，雪芹当生于雍正二年，闰四月二十六日未时。

周汝昌所主张的曹雪芹生辰为：雍正二年（1724 年，甲辰）闰四月二十六日未时。

下面对此说进行验证：

1. 按此说，曹雪芹 14 岁时为乾隆二年，此年并未发生抄家事件

如果曹雪芹生于雍正二年，曹雪芹 14 岁时，是乾隆二年。在这一年曹家并未遭抄家之难。——该说不能通过此项验证。

2. 曹雪芹 17 岁生日那天，距芒种节还差一个节气，芍药花还是含苞待放阶段

按"雍正二年闰四月二十六日未时说"，曹雪芹的十七岁生日是乾隆五年四月二十六日，此日还不到小满，距芒种竟还差一个节气，芍药花还正处在含苞待放阶段。——该说不能通过此项验证。

3. 按此说，在曹雪芹有生之年，不曾有生日的第二天为"庚申日"

查本文中的《一览表》，自康熙五十四年（1715 年）到乾隆二十五

[①] 周汝昌《献芹集》一书由中华书局 2006 年 11 月出版。

年（1760年）的"庚申日"，没有一天出现在此说所主张的生日的第二天——"四月二十七日"。——该说不能通过此项验证。

以曹雪芹所设定的三项标准对"甲辰闰四月二十六日未时说"进行验证，没有一项通过。该说所论证的曹雪芹生日不正确。

（二）对"乙未四月二十六日说"的验证

"乙未四月二十六日说"（"乙未"为康熙五十四年，1715年）系由刘成贵和严宽在《曹雪芹生辰考——与郭浩先生商榷》[①]一文中提出，下面对此说进行验证：

1. 按此说，曹雪芹14岁时为雍正六年，此年曹家被抄

此说主张曹雪芹生于康熙五十四年，曹雪芹14岁时，是雍正六年。在这一年曹家被抄。——该说通过此项验证。

2. 曹雪芹17岁生日那天，距芒种节还差一个节气，芍药花还处于含苞待放阶段

曹雪芹生于康熙五十四年，十七岁时即雍正九年。该年的四月二十六日，距芒种节还有五天，鲜花正是繁茂之时，尚无落英纷纷的场面。——该说不能通过此项验证。

3. 按此说，在曹雪芹有生之年，不曾有生日的第二天为"庚申日"

查本文中的《一览表》，自康熙五十四年（1715年）到乾隆二十五年（1760年）的"庚申日"，没有一天出现在此说所主张的生日的第二天——"四月二十七日"。——该说不能通过此项验证。

以曹雪芹所设定的三项标准对"乙未四月二十六日说"进行验证，有两项没有通过。此说所论证的曹雪芹生日不正确。

（三）对"丙申五月初四说"的验证

关于曹雪芹生日的"丙申五月初四说"（"丙申"为康熙五十五年，1716年）由李关庭在《从贾宝玉艺术形象探讨曹雪芹生辰》[②]中提出，下

---

① 此文载于《红楼》2001年第四期。
② 李关庭《从贾宝玉艺术形象探讨曹雪芹生辰》，《红楼梦学刊》1998年第四辑。

面对此说进行验证：

1. 按此说，曹雪芹 14 岁时为雍正七年，曹家是在前一年被抄的，不可能此年还抄

按"丙申五月初四日"说，曹雪芹 14 岁时是雍正七年。历史上曹家是在雍正六年被抄的，怎可能在第二年再抄一次？——该说不能通过此项验证。

2. 曹雪芹 17 岁那年闰五月，不论五月初四日，还是闰五月初四日，生日那天都不合书中所描写的节气特点

按"康熙五十五年五月初四日"说，曹雪芹十七岁的生日当为雍正十年五月初四日。该年的五月初四日刚过小满，芍药还在含苞待放阶段；该年闰月的五月初四日，已过夏至，芍药花早已凋落。此两日与芒种节刚过之条件均不符合。——该说不能通过此项验证。

3. 查本文《一览表》，雍正五年五月初五日为"庚申日"

查本文的《一览表》，可知雍正五年五月初五日为庚申日。——该说通过此项验证。

以曹雪芹所设定的三项标准对"丙申五月初四说"进行验证，有两项没有通过。此说所论证的曹雪芹生日不正确。

（四）对"丙申五月初八说"的验证

崔川荣在《曹雪芹生年被埋没的原因——辩"甲午八日泪笔"》[1] 中提出曹雪芹生辰的"丙申五月初八说"（"丙申"为康熙五十五年，1716 年）。

下面对此说进行验证：

1. 按此说，曹雪芹 14 岁时为雍正七年，曹家是在前一年被抄的，不可能此年再抄

按"丙申五月初八说"，曹雪芹 14 岁时是雍正七年。历史上曹家是在雍正六年被抄的，六年刚刚抄完，怎可能到七年再抄一次？——该说不能通过此项验证。

---

[1] 该文载于《红楼梦学刊》1992 年第一辑。

2. 曹雪芹十七岁生日时的节气不符合书中的描写

按"丙申五月初八日"说，曹雪芹十七岁时的生日是雍正十年五月初八日，然而这年的芒种节是五月十三日，生日之后的第五天才是芒种，因而过生日这天鲜花还正在盛开，尚未出现花瓣纷纷飘落的场面。——该说不能通过此项验证。

3. 查本文《一览表》，乾隆三年五月初九日为"庚申日"

查本文《一览表》，乾隆三年五月初九日是"庚申日"。即此说符合生日的第二天是"庚申日"这一条件。——该说通过此项验证。

以曹雪芹所设定的三项标准对"丙申五月初八说"进行验证，有两项没有通过。该说所论证的曹雪芹生日不正确。

（五）对"丁酉四月二十六日说"的验证

周文康在《〈红楼梦〉后四十回非后人续作的内证及其作者生年月日考辨》①一文中，提出曹雪芹生于"丁酉四月二十六日说"（"丁酉"为康熙五十六年，1718 年）。下面对此说进行验证：

1. 按此说，曹雪芹 14 岁时为雍正八年，曹家雍正六年被抄，不可能刚过两年又被抄

此按说，曹雪芹 14 岁时是雍正八年。历史上曹家是在雍正六年被抄的，不可能刚过两年再次被抄。——该说不能通过此项验证。

2. 按此说，曹雪芹十七岁生日时，芒种在此日的前两天

按此说，曹雪芹十七岁生日那天，为雍正十一年四月二十六日，芒种在此日的前两天——四月二十四日。到生日那天，芍药花仍可能像芒种后的第一天那样形成如雨般飘落的现象。——该说通过此项验证。

3. 查本文《一览表》，没有"庚申日"在四月二十七日

该说所主张的生日是四月二十六日，自康熙五十六年至乾隆二十五年，在四十多年的庚申日当中，没有任何一天与四月二十七日（生日第二天）相合。——该说不能通过此项验证。

以曹雪芹所设定的三项标准对"丁酉四月二十六日说"进行验证，

---

① 该文载于《红楼梦学刊》1990 年第三辑。

有两项没有通过。该说所论证的曹雪芹生日不正确。

（六）对"庚子四月二十八日说"的验证

杜景华先后写有《〈红楼梦〉的叙事流年及其隐寓探考》①和《〈红楼梦〉人物生辰补谈》②两文。他在文章中提出"庚子四月二十八日说"（"庚子"为康熙五十九年，1720 年）。下面对此说进行验证：

1. 按此说，曹雪芹 14 岁时为雍正十一年，曹家雍正六年被抄，没有十一年又遭抄家的记载

此按说，曹雪芹 14 岁时是雍正十一年。历史上曹家是在雍正六年被抄的，雍正十一年没有再次被抄家的记载。——该说不能通过此项验证。

2. 按此说，曹雪芹 17 岁生日时，距芒种节还有九天

按"庚子四月二十八日说"曹雪芹的 17 岁生日是乾隆二年四月二十八日。这年的芒种节在五月初九日，距生日还有 10 天，芍药花正在怒放，远未到凋谢时。——该说不能通过此项验证。

3. 查本文《一览表》，乾隆十七年生日的第二天为"庚申日"

该说所主张的生日是四月二十八日，查本文的《一览表》，乾隆十七年该说所主张的生日的第二天为"庚申日"（四月二十九日）。——该说通过此项验证。

以曹雪芹所设定的三项标准对"庚子四月二十八日说"进行验证，有两项没有通过。该说所论证的曹雪芹生日不正确。

八、2015 年 6 月 4 日为曹雪芹诞辰 300 周年纪念日

本文对曹雪芹生辰进行论证的结论是：曹雪芹生于康熙五十四年（乙未）五月初三日午时，合公历 1715 年 6 月 4 日 11—13 时。该说已经过《石头记》中所隐记的确定曹雪芹生辰的三个条件的验证，证明是正确的。除

---

① 该文载于《红楼梦学刊》1991 年第四辑。
② 该文载于《红楼梦学刊》1995 年第三辑。

"乙未五月初三说"外，尚有其他学者关于曹雪芹生辰提出一些说法，但经过验证，证明均不正确。按"乙未五月初三日说"，2015年6月4日即曹雪芹诞辰300周年纪念日。

世界上许多国家都有自己的文化代表：英国的文化代表是莎士比亚，法国的文化代表是巴尔扎克，俄国的文化代表是托尔斯泰，德国的文化代表是歌德。曹雪芹则是中国当之无愧的文化代表。任何国家的文化代表在其整寿之年都会给予隆重纪念。然而由于曹雪芹的生日始终未能确定，至今尚未在他的诞日开展过纪念活动。

令人感到欣慰的是：曹雪芹的《石头记》是一部奇书——正面是小说，背面是历史——既为一位女子（黛玉原型竺香玉）作传，在传那位女子的同时，又传了作家自己。在自传中必然记入作家自己的生日，只是以前没能解破而已。现在终于论证成功，并经过验证——曹雪芹生于康熙五十四年五月初三日，合公历1715年6月4日。此观点得到一些红学家的赞同，如已故红学家徐恭时教授的赞同。他曾在给笔者的信中写过这样的一段话：

> 不少人写文章中说："贾宝玉"不等于"曹雪芹"。初看，似乎立论有理。但我数年探《红》的理解，《红楼梦》不是"一般小说"，作者明说把"真事隐"，用"假语存"。这里的"假话"，实指艺术之笔。从脂评中透露作品中处处存在"实事"。贾宝玉的身上，含有曹雪芹生平成份，可以理解。所以用贾宝玉的生日来考证曹雪芹的生日，是符合"作品特殊性"之情理。

徐恭时教授不仅在给笔者的信中肯定笔者对曹雪芹生日的考证，亦在《红楼梦鉴赏辞典》中明确写道：

> 雪芹的生年既难论定，他的诞日，更是难题。……今亦采一说，暂系康熙五十四年五月初三日（公元1715年6月4日）。①

① 《红楼梦鉴赏辞典》第713页。

曹雪芹的生日，更乏直接线索，今见及有十五位研究者文章中考论……霍国玲作《曹雪芹生辰年月考》稿，推论于五月初三日，论据有新见，今暂采此说。①

之后，在1990年又曾著文《秦淮梦幻几经春》，呼吁于1995年6月4日"举行曹雪芹诞生280周年的纪念佳辰，为一代文豪抒敬仰之情。"②

从那时到现在已过去二十年多年了。很快就到2015年6月4日——曹雪芹诞辰300周年纪念日。这是百年才逢的曹雪芹整寿。这一日应当成为中国文化界共同的纪念日。我国1963年曾隆重纪念曹雪芹逝世200周年。那时，周恩来总理亲自过问此事，在中央一级的报刊上刊登讨论曹雪芹卒年的文章，由文化部、文联、中国作协和故宫博物院文华殿联合主办了隆重的"曹雪芹逝世200周年纪念展览会"，展期长达三个月。我们期待着在曹雪芹诞辰300周年纪念日之际，中国文化界人士能够重视传统文化的继承与宏扬，开展隆重的纪念活动，为一代文豪、中华文化的代表——曹雪芹抒敬仰之情。

紫军、霍国玲

2014年5月18日

---

① 为注1那段文字而写的注②。
② 该文发表在1990年第4期《红楼梦学刊》上。

作者借薛蟠之口告知世人：
自己的生日是"五月初三"

一、薛蟠既隐写着雍正，又隐写着雪芹，
雪芹既由宝玉，又由薛蟠进行隐写

（一）薛蟠身上隐写着雍正

我们早在 1989 年版的《红楼解梦》中就曾刊登过一篇文章——《薛蟠浅析》①。该文从薛蟠的"名"（"蟠"隐"龙"）"字"（文龙）、薛蟠在家中的地位（独生子）、薛蟠的职业（"皇商"谐"皇上"）、自护官符中看薛家（"丰年好大雪，珍珠如土金如铁"及夹批："紫薇舍人薛公之后，现领内库帑银行商，共八房"）等各个方面说明薛蟠背后所隐写的是位皇帝。在曹雪芹初恋时期，此皇帝所隐写的只能是雍正帝。

曹雪芹塑造薛蟠形象，以他喻写雍正帝目的有三：

其一，说明雍正其人虽贵为皇帝，实则无德无才，品行恶劣，横行于世，杀人掠色，令人厌恶，遭人痛恨。

其二，小说中写道：英莲本与冯渊相爱，在被薛蟠看中之后，却将英莲抢走，纳为小妾，改名香菱。其所隐写的是，英莲原型竺红玉，本是曹雪芹（冯渊是其分身）所爱，却被雍正（薛蟠是其分身）抢走（竺红玉被迫改名为"曹香玉"）。给曹雪芹和竺红玉都造成极大的痛苦，

其三，冯渊谐音"逢冤"。甲戌本有侧批曰："真真是'冤孽相逢'"！对于薛蟠，门子向雨村献策："令他们报个暴病身亡"，"薛蟠今已得了无

---

① 这篇文章后来收入《红楼解梦》第三集。

66

名之病，被冯渊魂已追索去了"其所隐即：曹雪芹使雍正帝"暴病身亡"，是曹雪芹追索了他的魂，以"无名之病"（以丹砂毒杀）要了他的命。[1]难怪书中写薛蟠（雍正的分身）要吃由宝玉（雪芹的分身）所提供的处方"天王补心丹"。

（二）薛蟠身上亦隐写着雪芹——薛蟠的生日疑点重重

第二十六回，当薛蟠的生日临近时，一日他通过焙茗，将宝玉从大观园中哄出来，《石头记》中写道：

> 薛蟠道："要不是，我也不敢惊动，只因明儿五月初三日是我的生日，谁知古董行的程日兴，他不知那里寻了来的这么粗、这么长、粉脆的鲜藕，这么大的大西瓜，这么长一尾新鲜的鲟鱼，这么大的一个暹罗国进贡的灵柏香熏的暹猪。你说，他这四样礼可难得不难得？那鱼、猪不过贵而难得，这藕和瓜亏他怎么种出来的。我连忙孝敬了母亲，赶着给你们老太太、姨父、姨母送些去。如今留了些。我要自己吃，恐怕折福；左思右想，除我之外，惟有你还配吃，所以特请你来。可巧唱曲儿的一个小儿又才来了，我同你乐一日何如？"……
>
> ……宝玉果见瓜、藕新异，因笑道："我的寿礼还未送来，倒先扰了。"

薛蟠认为："这四样礼"十分难得，只自己吃恐怕折福，还必须与宝玉同享方好。而只有宝玉"还配吃"。而且薛蟠不仅用这些食品孝敬母亲，还要"赶着"给宝玉的长辈——老太太、贾政和王夫人送去。

薛蟠的作法颇有些蹊跷：

第一，薛蟠既然说："明儿五月初三日是我的生日"，为什么不在自己生日那天宴请宝玉，而要提前，并且将过生日时要吃的食品与宝玉共享呢？

---

[1]　参见《曹雪芹毒杀雍正帝》，东方出版社 2007 年版。

第二，薛蟠生日之前，为什么忙着将过生日的珍贵食品送往宝玉家？

脂砚斋云：《石头记》正面小说中充满了"误谬"。而"误谬"正是从正面小说通往其背面"历史"的通道。在本书《曹雪芹生辰考证》一文中，我们对书中贾宝玉的生日作过详细解析，结论是五月初三。现在书中又明写薛蟠的生日是"五月初三"，对于这种"重叠"，只有一种办法可以得到圆满解释——宝玉和薛蟠背后所隐写的历史人物为同一人——曹雪芹。

读者均知：《石头记》中男主人公是贾宝玉，最令人厌恶的反派典型人物是薛蟠。难道他们背后竟隐写着同一历史人物——曹雪芹？

是的。薛蟠其人在隐写着雍正的同时，还隐写着曹雪芹。

（三）"合身法"在薛蟠身上的运用——薛蟠身上同时隐写着雍正帝与曹雪芹二人

曹雪芹为了将真史隐写于小说中，独创了一系列写作奇法、秘法。"合身法"便是其中之一。所谓"合身法"，是指在同一个小说人物身上，隐写着不同的历史人物。

读者对于"分身法"已比较熟悉。不论"合身法"，还是"分身法"，都是曹雪芹在隐写历史的过程中所独创的写作奇法、秘法。"合身法"和"分身法"，恰是曹雪芹将中国古代哲学思想运用到文学创作上的典范。

曹雪芹认为："天是'阳'，地就是'阴'。"而"阳"尽了就成"阴"，"阴"尽了就成"阳"，它们不断地消长变化。中国古代正是依此原理编制出"天干""地支"进行纪年的。甲、乙、丙、丁、戊、己、庚、辛、壬、癸为"天干"；子、丑、寅、卯、辰、巳、午、未、申、酉、戌、亥为"地支"。按照甲子、乙丑、丙寅、丁卯、戊辰……的顺序组合下去。可组成六十组，即六十年，以此来记录历史的发展，朝代的变迁。

作者明确告知读者：《风月宝鉴》（即《石头记》）有正、反两面。正面小说为"阳"，小说中的人物相当于"天干"中的甲、乙、丙、丁……

其背面历史则为"阴"，历史人物相当于"地支"中的子、丑、寅、卯……。所谓"分身法"即相当于甲子、乙子、丙子、丁子……，也就是说，同一个历史人物——"子"，分写到小说中不同的人物——"甲"、"乙"、"丙"、"丁"……身上。而所谓"合身法"即相当于甲子、甲丑、甲寅、甲卯……，也就是说，同一个小说人物——"甲"身上，隐写着不同的历史人物——"子"、"丑"、"寅"、"卯"……。

"天干"、"地支"的组合可达到六十个。我们说，曹雪芹的"分身法"、"合身法"是受到古代哲学思维方法的影响和启发，还可从第十八回"法名妙玉"的一条庚辰本眉批看出：

> 前处引十二钗总未的确，皆系漫拟也。至末回"警幻情榜"，方知正、副、再副及三、四副芳讳。壬午季春，畸笏。

十二钗即十二个女子，正、副、再副、三副、四副共五组。五组十二钗总共有六十钗。与"天干"、"地支"的六十种组合，从数字看，完全相同。这个相同的数字，正说明两者之间的内在联系，或者说曹雪芹的"分身法"、"合身法"体现了中国古代哲学思想。这种写作奇法、秘法，有鲜明的中国特色，在任何西方文学名著中是不可能出现的。

将《石头记》中的"合身法"运用到薛蟠身上。薛蟠可用天干中"甲"指代，那么在他身上所隐写的不同历史人物雍正、曹雪芹等人，就可用"子"、"丑"等来指代，形成"甲子"、"甲丑"等。这就是"合身法"的具体运用。① 比如作者为了将雍正与曹雪芹合写在同一个小说人物身上，在叙述薛蟠的出身时，在"珍珠如土金如铁"后面，有注云："紫薇舍人薛公之后……"，"之后"——既包括女儿、外孙……，又包括儿子、孙子。当"紫薇舍人薛公"指代皇帝时，作为皇帝"之后"的"薛蟠"可以是皇子、皇孙……（如雍正、乾隆），也可以是皇女、皇外孙（如曹雪芹）。这就是"合身法"在薛蟠身上的具体体现。

这里需要说明的一点是：由于作者并不是将小说人物与历史人物进行

① 关于"合身法"问题，可参看《红楼梦里的合身法》一文，载于《红楼解梦》第四集。

一对一的隐写，而只撷取某历史人物的某一方面（如身份）在小说人物身上进行隐写——作者在做这种隐写时，完全忽略了除此（如身份）以外的其他方面（比如长像、品格、地位、经历，甚至性别）——读者在理解了作者的这种写作方法之后，当看到在小说人物形象与历史人物形象之间，出现严重反差时，也就不会感到惊讶了。这就是说，在薛蟠身上，同时隐写着雍正和曹雪芹，正是《石头记》的一种独创的十分奇妙的写作秘法。

（四）不仅贾宝玉，而且薛蟠，也隐写着曹雪芹——皇家血统将贾宝玉、薛蟠绾系一起

以前我们对于贾宝玉隐写着曹雪芹，薛蟠隐写着雍正帝已十分熟悉，通过上面的论述我们又进一步认识到：薛蟠也隐写着曹雪芹。即不论贾宝玉，还是薛蟠都隐写着曹雪芹——是皇家血统将他们绾系在一起。

曹雪芹的母亲马氏是康熙的十六皇女，成年后被封为和硕公主①。由此可知：曹雪芹实为康熙的外孙。曹雪芹身上有皇族血统。这一特点——在《石头记》小说中，同时隐写在贾宝玉与薛蟠身上。我们只要将宝玉与薛蟠的身份稍加比较，便会发现两人在具有皇族血统上，惊人的一致——这是由于此二人在其身份上都隐写着曹雪芹，都是曹雪芹的分身。

1. 贾宝玉被称作"天王"、"活龙"、"凤凰"——说明隐写在宝玉身上的历史人物具有皇族血统

第三十四回中，写宝玉挨打后，大家都怀疑是薛蟠告的状。宝钗与薛姨妈因此批评薛蟠。为此，薛蟠暴跳如雷。书中写道：

> 薛蟠本是个心直口快的人，一生见不得这样藏头露尾的事，又见宝钗劝他不要逛去，他母亲又说他犯舌，宝玉之打是他治的，早已急的乱跳，赌身发誓的分辩。又骂众人："谁这样脏派我？我把那囚攮的牙敲了才罢！分明是为打了宝玉，没的献勤儿，拿我来作幌子。难道宝玉是天王？他父亲打他一顿，一家子定要闹几天。……"

---

① 详见《曹雪芹的母亲马氏是康熙的公主》一文，载于《红楼解梦》第四集。

通过薛蟠之口，说出宝玉是"天王"。书中还将宝玉比喻为"活龙"。第四十三回，宝玉出城去祭奠金钏，来到水仙庵。之后写道：

> ……那老姑子见宝玉来了，事出意外，竟像天上掉下个活龙一般，……

"龙"在中国，是皇帝的象征。常言道："龙生龙，凤生凤。"把宝玉说成"天上"的"活龙"，不正是说宝玉是"天王"是龙子、是龙孙吗？

《石头记》不仅将宝玉比喻为"天王"、"活龙"，而且还比喻为"凤凰"。第四十三回在凤姐过生日的时候，宝玉偷偷地溜出家门，到井台上给金钏烧香祭拜，当他回来后，几个老婆子看到他，对他讲："把花姑娘急疯了！"接着写道：

> 宝玉听说，一径往花厅上来，耳内早已隐隐闻得歌管之声。刚至穿堂那边，只见玉钏儿独坐在廊檐下垂泪，一见他来，便收泪说道："凤凰来了，快进去罢。再一会子不回来，都反了。"宝玉陪笑道："你猜我往那里去了？"玉钏儿不答，只管擦泪。宝玉忙进厅内，见了贾母、王夫人等，众人真如得了凤凰一般。

过去人们都是以"龙"、"凤"比喻皇帝与皇后。上引原文透露出宝玉原型曹雪芹的皇族血统。

第十五回在为秦可卿送葬时，水溶见到了宝玉，大加赞扬：

> 水溶见他语言清楚，谈吐有致，一面又向贾政笑道："令郎真乃龙驹凤雏，非小王在世翁前唐突，将来'雏凤胜于老凤'，家声未可量也。"

在"语言清楚，谈吐有致"处，庚辰本有眉批曰：

> 八字道尽玉兄。如此等方是玉兄正文写照。壬午季春。

水溶是北静王，赞扬宝玉是"龙驹"，是"雏凤"。脂砚斋强调"八字道尽玉兄"，这里的"玉兄"实指其背后的真实人物曹雪芹，即曹雪芹"语言清楚，谈吐有致"是"龙驹凤雏"，具有皇族血统。

2. 薛蟠名"蟠"，字"文龙"，是"紫薇舍人"后代——均说明所隐写之人具有皇族血统

我们先看薛蟠的姓名。

薛蟠姓薛名蟠。字"文龙"。"蟠龙"即蛰伏于地，不能升天之"龙"。

我们再看薛蟠生在怎样的家庭中。

"护官符"中写道："丰年好大雪，珍珠如土金如铁。"——薛家之富，堪称天下第一。在此句后面有脂批曰："紫薇舍人薛公之后，现领内库帑银行商，共八房。"

薛蟠是承继了其父祖业，是领取帑银行商的"皇商"——可按词意理解：既是皇族，又是商人。所谓帑银，即国库之银。由此可知：薛蟠是皇族的后代。而且薛蟠也接替了祖先留下来的职业——"皇商"，谐"皇上"。

书中还介绍道：薛蟠"家中有百万之富，现领着内帑钱粮"——家中的"百万之富"都是领"内帑钱粮"领出来的。

如上所述，薛蟠背后所隐写之人同宝玉一样——具有皇族血统。

作者利用"皇族血统"将宝玉、薛蟠绾系一起，他们背后隐写着同一历史人物——曹雪芹。

二、宝玉之母、薛蟠之母、贾兰之母
——都是雪芹母亲马氏的分身

（一）宝玉之母和薛蟠之母都是"王"夫人——所隐写的都是来自"皇族"的夫人

1. 宝玉的母亲是个"王"夫人

宝玉的母亲是"王夫人"。"王"是汉人姓氏，除此之外还有一意为"君主"——最高的爵位，常常与"皇"同义。如王朝、王储、王后、王室等。"王"或"皇"的女儿，即公主。"王"夫人，可视为来自"帝王"

或"皇"家的"夫人"。

——以这种形式来隐写曹雪芹的母亲"马氏"公主。①

2. 薛蟠的母亲也是个"王"夫人

宝玉（曹雪芹的主要分身）的母亲是"王"夫人，薛蟠的母亲薛姨妈是"王"夫人的妹妹，自然也是个"王"夫人。

由此来看，无论宝玉，还是薛蟠，都是"王"夫人之子。作者用"王"夫人将宝玉与薛蟠绾系起来。

从身份上看，不论宝玉的母亲，还是薛蟠的母亲，都可视为曹雪芹母亲"马氏"的分身。

（二）贾兰之母和薛蟠之母均隐写着马氏——富有、寡居，且只有一个"独根孤种"

曹雪芹的母亲"马氏"富有、寡居，且只有一个"独根孤种"，贾兰之母和薛蟠之母均为她的分身。

1. 贾兰的母亲李纨寡居、富有，有独子

李纨，字宫裁，贾珠之妻，贾兰之母。

第五回，关于李纨的判词为：

桃李春风结子完，到头谁似一盆兰。

如冰水好空相妒，枉与他人作笑谈。

在"作笑谈"之后，甲戌本有批曰：

真心实语。

意即这首判词隐写着真人真事。从判词可知：此人是寡妇，如春天的桃李之花，刚一孕育果实便结束了青春生活。寡居，只有一个独子——是李纨的特点之一。

---

① 详见《曹雪芹的母亲马氏是康熙的公主》一文，载于《红楼解梦》第四集。

李纨还有另外一个特点：富有。关于李纨的富有，是在《石头记》第四十五回由凤姐透露出来的：

> 凤姐笑道："……老太太、太太罢了，原是老封君。你一个月十两银子的月钱，比我们多两倍子。老太太、太太还是说你寡妇失业的，可怜，不够用，因有个小子，又添了十两，和老太太、太太平等。又给你园子地，各人取租钱。年终分年例，又是上上分儿。你娘儿们，主子奴才共总没十个人，吃的穿的仍旧是官中的。一年通共算起来，也有四五百两银子。……"

第四十三回，庚辰本有夹批曰：

> ……所以一部书，全是老婆舌头，全是讽刺世事，反面《春秋》也。……

凤姐这段"老婆舌头"的反面，自然也是《春秋》（即"历史"）：
首先，我们先看李纨名字的含义。
李纨名"纨"，字"宫裁"。《石头记》第七十九回有回后批曰：

> 从起名上设色，别有可玩。

李纨的"纨"字，意一种贵重的丝织品。"宫裁"意即剪裁自宫中。"纨"、"宫裁"，合起来解读便是这块贵重的丝织品剪裁自宫中。作者用其"名"和"字"道出此人来自宫中。
我们来看看李纨一年有多少钱：
其次，李纨每月有"月钱"共二十两。
李纨本来有十两银子的月钱，"又添了十两"，总共每月二十两。老太太、太太"原是老封君"，却与她们"平等"。李纨一年的年例与公主的年例相同：

银二百四十两，按月支领。①

李纨的年银与此完全相同，也是按月支领。

再次，李纨有 12—20 顷的"园子地"。

所谓"园子地"即指水浇地，或称膏腴好地。

在贾府中，无论贾母，还是邢夫人、王夫人，都没有可由自己收租的"园子地"，唯独李纨才有。由此料及，李纨的"园子地"不是婆家给的，而是娘家赐予的"庄园"。"园子地"是庄园的变称。

清太祖皇太极时，制定了一整套"宫闱之制"，凡宫中皇后所生的女儿均封为"固伦公主"，品级相当于亲王，嫔妃所生的女儿则为"和硕公主"，品级相当于郡王。

皇子、皇女封爵后，除年例与得赐宅邸外，还能得赐大片土地和庄园。

康熙在公主出嫁时，赐属内务府旗产 12—20 顷，此旗地由她个人收取租金。

我们不妨来算一算李纨的园子地究竟有多少？

在计算李纨有多少园子地之前，我们先看一件《直隶玉田嘉庆二年十二月户部咨文》：

> 据内务府厢黄旗鄂起管领下代办庄头侯宝元赴部呈称：窃身族兄庄头侯镇屏，承领玉田县差地三十二顷余亩，每年按三次交差银四百二十两。本年二月间，因佃户拖欠租银，以致官差不能完交。②

从"咨文"得知：差地（旗地）32 顷每年上缴租银 420 两，每顷租银为 420（两）÷32（顷）＝13.125 两 / 顷。凤姐说李纨每年有四五百两银子的收入，其中二百四十两是年银，其余是"园子地"的租银。

凤姐所说李纨每年收入 400—500 两银子，到底有多少是"园子地"

---

① 摘自《国朝宫史》第 397 页，北京古籍出版社 1994 年。

② 《康雍乾时期城乡人民反抗斗争资料》第 189 页。

的收入呢？

我们先按李纨每年得银 400 两计算。

400（两）－240（两）＝160（两）

160（两）÷13.125（两／顷）＝12.8（顷）

李纨每年若得银 400 两，那么她的园子地应有 12.8 顷。

我们再按李纨每年得银 500 两计算。

500（两）－240（两）＝260（两）

260（两）÷13.125（两／顷）＝19.8（顷）

李纨每年若得银 500 两，那么她的园子地应有 19.8 顷。

由上面两项计算我们得知：李纨的园子地至少有 12.8 顷，最多有 19.8 顷。也就是说，下限不低于 12 顷，上限不高于 20 顷。——恰恰在康熙所定赐予公主庄园 12 顷到 20 顷之间。如此写来，似乎含混不清，其实比具体写李纨有多少顷园子地，更准确地反映了李纨是康熙的公主之史实——此处用"烟云模糊法"，记载的是康熙的典制。作者如此记史，真真脉绝血枯矣！

从上面论述可知：李纨（实指她的原型）既然身为公主，当然十分富有，但青春丧偶，生有独子贾兰（曹雪芹幼年的分身）。

2. 薛蟠的母亲薛姨妈也是寡居，而且富有

《石头记》关于薛蟠的母亲，介绍道：

……这薛公子，幼年丧父，寡母又怜他是个独根孤种，未免溺爱纵容，遂至老大无成；且家中有百万之富……

在"未免溺爱纵容处"蒙府本有侧批曰：

受病处。富而且孤，自多溺爱。孟母三迁，故难再见。

从上述介绍可知，薛蟠"幼年丧父"，"富而且孤"。薛蟠的母亲则有两个特点：一曰"富"，二曰"寡"。她虽富，却寡居，且只有一个"独根孤种"（薛蟠）。

如果我们将贾兰的母亲李纨与薛蟠的母亲薛姨妈相比较，会发现两者情况十分相似：寡居、富有，且都有一个"独根孤种"。

按照《石头记》中的"分身法"，当贾政隐写着曹寅时，贾珠隐写着曹颙；其妻李纨则隐写着曹颙之妻马氏，其子贾兰便隐写着雪芹。贾兰的母亲李纨，隐写着曹雪芹的母亲马氏。上面所述之薛姨妈的情况与李纨相同或相似，说明：既然薛姨妈的情况与李纨相同或相似，李纨隐写着曹雪芹的母亲马氏，那么薛姨妈也必然隐写着曹雪芹的母亲马氏，贾兰是曹雪芹的分身，薛蟠也同样是曹雪芹的分身。

三、史湘云、王熙凤、夏金桂——
都是曹雪芹妻子李香玉的分身

笔者曾写有《史湘云和凤姐的原型——李香玉》①一文。该文考论出：曹雪芹的嫡妻是李煦的孙女李大姑娘（本名李香玉）——在小说中史湘云所隐写的是结婚前的李香玉，王熙凤所隐写的是结婚后的李香玉。该文对李香玉的身世、长相、性格、才情、思想、命运，以及与曹家各个成员之间的关系作了具体论证。

薛蟠之妻夏金桂与史湘云和王熙凤有许多相同、相似之处，尤其在其出身、学识和性格上如出一辙。

（一）史湘云和夏金桂相似，都是富贵人家的小姐；而且史湘云和宝玉、夏金桂和薛蟠之间的关系都是"姑舅兄妹"

1.史湘云出身于富贵人家，与宝玉之间是"姑舅兄妹"关系

史湘云是忠靖侯史鼎的侄女，是贾母史氏太君的侄孙女。第三十八回，贾母看到藕香榭的匾，便有所感触，说道：

> "我先小时，家里也有这么一个亭子，叫做什么'枕霞阁'。……"

---

① 该文载于《红楼解梦》第五集。

湘云作菊花诗时，在诗后缀上的是个"湘"字。围绕这个名字，诗社有番讨论：

> 探春道："你也该起个号。"湘云笑道："我们家里如今虽有几处轩馆，我又不住着，借了来也没趣。"宝钗笑道："方才老太太说，你们家也有这个水亭，叫'枕霞阁'，难道不是你的？如今虽没了，你到底是旧主人。"

后来她的别号就称作"枕霞旧友"了。

上面两段话以"枕霞阁"为纽带，便将贾母与史湘云联系在了一起，她们出身于同一个家庭——一个富贵人家。史湘云原型之家已被抄家，因而她只能自称"枕霞旧友"。

史湘云常来贾府居住。她是贾母的侄孙女，宝玉是贾母的孙子，两人是"姑舅兄妹"关系。

曹家和李家同为"户部挂名"的织造——一为江宁织造，一为苏州织造——都是当地数一数二的大户。

2. 夏金桂亦出身于富贵人家，与薛蟠之间是"姑舅兄妹"关系

关于夏金桂，《石头记》第七十九回香菱曾对宝玉作过介绍：

> 香菱道："因你哥哥上次出门贸易时，在顺路到了个亲戚家去。这门亲原是老亲，且又和我们是同在户部挂名行商，也是数一数二大门户的。前日说起来时，你们两府都也知道的。合长安城中，上至王侯，下至买卖人，都称他家是'桂花夏家'。"宝玉忙笑问道："如何又称'桂花夏家'？"香菱道："他家本姓夏，非常的富贵。其田地不用说，单有几十顷地种桂花，凡这长安城中桂花局都是他家的，连宫里一应陈设盆景亦是他家供应，因此才有这个诨号。"

夏家既"有几十顷地种桂花"，是当地少有的富贵人家，在家庭豪富与职业特点上，夏家与史家十分相似。

关于薛蟠与夏金桂之间关系，香菱对宝玉介绍道：

香菱笑道："一则是天缘，二则是'情人眼里出西施'。当年时又是通家常来往的，从小儿都一处厮混。叙老亲又是姑舅兄妹，又没嫌疑。……"

薛蟠与夏金桂之间"叙老亲"，是"姑舅兄妹"。

从前面的叙述可知：不论史湘云，还是夏金桂，都是出身于富贵之家，而且不论湘云与宝玉，还是夏金桂与薛蟠，彼此之间"叙老亲"都是"姑舅兄妹"且均"从小儿都一处厮混"。

（二）史湘云与夏金桂都是独生女，而且都死了双亲

1. 史湘云是独生女，在幼时就父母双亡

第五回在十二钗命运簿册中关于史湘云是这样记录的："富贵又何为，襁褓之间父母违"。即是说她虽生于富贵之家，但在幼时父母便双亡了。在词曲的第六支《乐中悲》中则写道：

> 襁褓中，父母叹双亡。
>
> 纵居那绮罗丛，谁知娇养。

在"父母叹双亡"处，甲戌本有侧批曰：

> 意真辞切，过来人见之不免失声。

此句意即：湘云原型幼时十分不幸，使人回忆起来"不免失声"。

2. 夏金桂同样是独生女，亦父母双亡

我们再看夏金桂的情况。《石头记》第七十九回介绍道：

> 如今太爷也没了，只有老奶奶带着一个亲生的姑娘过活，也并没有哥儿弟兄，可惜他们家竟绝了后。

史湘云和夏金桂都是独生女，且都父母双亡——两人情况何其相似。

史湘云所隐写的是曹雪芹的妻子李香玉的出身——是李煦的孙女，雪芹祖母的侄孙女。

（三）湘云和夏金桂均文思敏捷

1. 史湘云文思十分敏捷

在《石头记》中有多处都反映出史湘云的文思极为敏捷。

第三十七回，史湘云来到贾家后，正遇宝玉与姐妹们作"海棠诗"。史湘云竟连作两首，技压群芳，首次表现出她思维的敏捷：

> 次日一早，（宝玉）便又往贾母处来催逼人接（湘云）去。直到午后，史湘云才来了，宝玉方放了心；见面时就把始末原由告诉他，又要与他诗看。李纨等因说道："且别给他看，先说与他韵。他后来，先罚他和了诗；若好，便请入社；若不好，还要罚他一个东道再说。"湘云笑道："你们忘了请我，我还要罚你们呢。就拿韵来，我虽不能，只得勉强出丑。容我入社，扫地焚香我也情愿。"众人见他这般有趣，越发喜欢，都埋怨昨日怎么忘了他，遂忙告诉他韵。史湘云一心兴头，等不得推敲删改，一面只管和人说着话，心内早已和成，即用随便的纸笔录出，先笑说道："我却依韵和了两首，好歹我却不知，不过应命而已。"说着递与众人。众人道："我们四首也算想绝了，再一首也不能了。你倒弄了两首，那里有许多话说？不要重了我们。"一面说，一面看诗，只见那两首诗写道：
>
> 神仙昨日降都门，种得蓝田玉一盆。
>
> 自是素娥偏爱冷，非关青女亦离魂。
>
> 秋阴捧出何方雪，雨渍添来隔宿痕。
>
> 却喜诗人吟不倦，岂令寂寞度朝昏。
>
> 皆道："好诗，好诗!"又往下看，写道：
>
> 蘅芷阶通萝薛门，也宜墙角也宜盆。
>
> 花因喜洁难寻偶，人为悲秋易断魂。
>
> 玉烛滴干风里泪，晶帘隔破月中痕。
>
> 幽情欲向嫦娥诉，无奈虚廊夜已昏。

在此处，戚序本有夹批云：

二首真可压卷，是奇怪之文。总令人想不到，忽有二首压卷。

众人看一句，惊讶一句，看到了，赞到了，都说："这个不枉作了海棠诗，真该要起海棠社了。"

第五十回在"芦雪庵争联即景诗"中，湘云再次表现出其文思敏捷超出他人，下面援引几句她抢联的情景：

宝钗命宝琴续联，只见湘云站起来道：
龙斗阵云销。野岸回孤棹，
宝琴也站起道：
吟鞭指灞桥。赐裘怜抚戍，
湘云那里肯让人，且别人也不如他敏捷，都看他扬眉挺身的说道：
加絮念征徭。坳垤审夷险，
宝钗连声赞好……

最后，湘云起身笑道："我也不是作诗，竟是抢命了。"

关于湘云文思之敏捷，戚序本回前诗亦有评论：

此回着重在宝琴，却出色写湘云。写湘云联句极敏捷聪慧……

第三次写湘云的聪慧机敏，善于写诗、联诗，是在第七十六回与黛玉一起的"凹晶馆联诗"。在荣国府中最令人赞叹的诗才是黛玉，而这一回偏偏让湘云与黛玉一起联诗，试比高低，结果，两人不相上下。而且两人所用之韵是"元"，其"韵"较少。书中写道：

是正说间，只听笛声悠扬起来。黛玉笑道："今日老太太、太太高兴了，这笛子吹的有趣，倒是助咱们的诗兴。咱们两个都爱五言，就还是五言排律罢。"湘云道："限何韵？"黛玉笑道："咱们数这个栏杆的直柱，这头到那头为止。他是第几根就用第几韵。若十六根，便是'一先'起。这可新鲜？"湘云笑道："这倒别致。"于是二人起身，便从头数至尽头，止得十三根。湘云笑道："偏又是十三根，'元'字。这韵少，作排律只怕牵强不能押的稳呢。少不得你先起一句罢了。"黛玉笑道："倒要试试咱们谁强谁弱，只是没个纸笔记。"湘云道："不妨，明日再写"。

本来黛玉的诗才在荣国府中堪称魁首，但作者通过湘云与黛玉的联诗，表明湘云的诗才能与她旗鼓相当，用黛玉出口即诗，衬托出湘云的才思敏捷。

2. 夏金桂思维敏捷、颇通笔墨

第七十九回《石头记》对夏金桂思维的机敏，也作出介绍：

原来这夏家小姐今年方才十七岁，生得亦颇有姿色，也识得几个字。若论心中的邱壑经纬，颇步熙凤之后尘。

香菱笑道："……又令他兄妹相见，谁知这姑娘出落得花朵儿似的了，在家里也读书写字，……我也巴不得早些娶过来，又添一个作诗的人了。"

从上述介绍可知：夏金桂的机敏程度，不亚于王熙凤，而且也是一个善于"作诗的人"。且夏金桂十七岁嫁薛蟠，记录的是湘云原型李香玉十七岁嫁曹雪芹。这年曹雪芹十八岁。与贾琏十八岁成婚相合。

从前面史湘云与夏金桂的比较可知：两个人都"识得几个字"，而且都会作诗，"心中的邱壑经纬，颇步熙凤之后尘"。其所隐写的，都是现实生活中的李香玉——曹雪芹的姑舅妹妹。

（四）王熙凤与夏金桂两人都是"妒妇、恶妇"

曹雪芹婚前的主要分身是贾宝玉，婚后的主要分身是贾琏。李香玉婚前的主要分身是史湘云，婚后的主要分身是王熙凤、夏金桂。

1. 王熙凤是个"妒妇、恶妇"

关于王熙凤的品格，兴儿说了这样两段话：

"（凤姐）两面三刀；上头一脸笑，脚下使绊子；明是一盆火，暗是一把刀。"

"人家是醋罐子，他是醋缸、醋瓮。凡丫头们二爷多看一眼，他有本事当面打个烂羊头。"（第六十五回）

举例来说，凤姐管家待下人十分严厉，有时甚至可以说到了狠毒的地步。在下人眼里她是个"恶妇"。

第二十九回，写她随贾母去清虚观打醮。她一下轿，"可巧有个十二三岁的小道士儿""一头撞在凤姐儿怀里。凤姐便一扬手，照脸一下，把那小孩子打了一个筋斗，骂道：'野牛肏的，胡朝那里跑!'"后来贾母让贾珍带出，"给他几百钱，不要难为了他"。这一段以贾母的慈善衬托了凤姐的狠毒。

第四十四回，写了凤姐打小丫头的场面：

说着便扬手一掌打在脸上，打的那小丫头一栽。这边脸上又一下，登时小丫头子两腮紫胀起来。

凤姐不仅要"把嘴撕烂了他的"，还要"烧了红烙铁来烙嘴"，甚至要"立刻拿刀子"割小丫头子的"肉"。并且"说着，回头向头上拔下一根簪子来，向那丫头嘴上乱戳"。无怪脂批称凤姐为"妒妇、恶妇"。其实写凤姐的厉害，正是隐写着李氏的刁钻、狠毒。

2. 夏金桂也是个"妒妇、恶妇"

关于夏金桂，自幼娇养惯了，外具花柳之姿，内秉风雷之性。书中是这样描写她的暴虐：

因他家多桂花，他小名就唤做金桂。他在家时不许人口中带出"金桂"二字来，凡有不留心误道二字者，他便定要苦打重罚才罢。（第七十九回）

夏金桂对待家里人也是要尽心眼，力图让全家人都服从于她，书中

写道:

> 那金桂见丈夫旗纛渐倒,婆婆良善,也就渐渐的持戈试马起来。先时不过挟制薛蟠,后来倚娇作媚,将及薛姨妈,又将至宝钗。(第七十九回)

"妒妇、恶妇"将凤姐与夏金桂相绾系起来。凤姐隐写着雪芹的妻子李香玉,是李香玉的一个分身,夏金桂也同样是李香玉的分身。

从上面所述可知:夏金桂与凤姐均隐写着湘云原型李香玉,与此同时薛蟠也就自然隐写着曹雪芹了。

四、通过可卿、黛玉、香菱将宝玉与薛蟠绾系在一起

(一)宝玉与可卿情意缠绵,但香菱长相又酷似可卿

1. 宝玉与可卿情意缠绵

《红楼梦》第五回,宝玉躺在秦可卿床上睡午觉,"刚合上眼,便惚惚睡去,犹似秦氏在前,遂悠悠荡荡,随了秦氏,至一所在"。在这里甲戌本有侧批曰:

> 此梦文情固佳,然必用秦氏引梦,又用秦氏出梦,竟不知立意何属?惟批书人知之。

如果"秦氏引梦"和"秦氏出梦"单指小说而言,有什么"不知立意"的?怎么就只有批书人或作者才"知之"呢?可见这里隐写着一件任何人都不知道的秘密。从背面历史角度看,宝玉身上隐写着雪芹;秦可卿是十二钗之一,隐写着竺香玉。他们之间一定有什么秘密隐写在"梦中"!

在梦境中,警幻仙姑说:

"……再将吴妹一人，乳名兼美，字可卿者，许配于汝。今夕良
时，即可成姻。……"

警幻说完后，"便秘授以云雨之事，推宝玉入房，将门掩上自去"。之
后写道：

那宝玉恍恍惚惚，依警幻所嘱之言，未免有儿女之事，难以尽
述。至次日，便柔情缱绻，软语温存，与可卿难解难分。

2. 香菱酷似可卿

香菱即甄士隐家丢失的丫环英莲。贾琏在谈到她时曾明言：她是被薛
蟠"上京来买的那小丫头"。

关于香菱不寻常的美，《石头记》中用几笔勾勒了出来：

周瑞家的便拉了他（香菱）的手，细细的看了一会，因向金钏
儿笑道："倒好个模样儿！竟有些像咱们东府里蓉大奶奶的品格儿。"

"东府里蓉大奶奶"即秦可卿。第五回的"吴妹"字可卿，其乳名
"兼美"。这样以"可卿"之名将"蓉大奶奶"与"吴妹"联结一起。对
"兼美"一词，脂砚斋有批曰："妙！盖指薛、林而言也。"即"吴妹"可
卿兼具薛宝钗、林黛玉两人之美——"其鲜妍妩媚，有似宝钗；其袅娜风
流，则又如黛玉"，而薛宝钗、林黛玉都是竺香玉的分身。现说香菱"像"
可卿，可见香菱的"美"非比寻常，同样是"丰神若仙子"。香菱的聪明、
貌美，引起夏金桂的嫉妒。在她眼里香菱是薛蟠"才貌俱全的爱妾"。

3. 通过"斗草"暗示宝玉与香菱是"夫妻"关系

第六十二回写了一段香菱斗草的故事。

"斗草"，是一种旧时的游戏。当春夏花草茂盛时，人们爱作斗草游
戏。参加斗草的人，各采花草竹木，以名称作对，如"观音柳"对"罗汉
松"，"君子竹"对"美人蕉"等。南宋周密《武林旧事》卷十《张约斋赏
心乐事》记载曰："四月孟夏，……芳草亭斗草。"宋高承《事物纪原》引

文则云："竞采百草，以蠲毒气，故世有斗草之戏。"斗草也是端午节时的习俗之一。南北朝梁宗懔《荆楚岁时记》："五月五日四民并蹋百草，又有斗百草之戏。"明朝郎瑛《七修续稿》卷四《辨证类·斗百草》："风俗斗百草之戏，独盛于吴，故《荆楚记》有端午四民斗百草之言，未知其始也。昨读刘禹锡诗曰：'若共吴王斗百草，不如应是欠西施。'则知起于吴王与西施也。"

《石头记》第六十二回所写香菱等人斗草，并非写在端午节，而是写在宝玉生日那天，那时已是五月初，各种花草生长茂盛，很适宜玩斗百草戏：

> 外面小螺和香菱、芳官、蕊官、藕官、荳官等四五个人，都满园中玩了一会，大家采了些花草来兜着，坐在花草堆中斗草。这一个说："我有观音柳。"那一个说："我有罗汉松。"那一个说："我有君子竹。"这一个又说："我有美人蕉。"这一个说："我有星星翠。"那一个又说："我有月月红。"这一个又说："我有《牡丹亭》畔的牡丹叶。"那一个又说："我有《琵琶记》里的琵琶果。"荳官便说："我有姊妹花。"众人没了，香菱便说："我有夫妻蕙。"荳官说："从没听见有个夫妻蕙。"香菱道："一箭一花为兰，一箭数花为蕙。凡蕙有两枝，上下结花的为兄弟蕙，并头结花的为夫妻蕙。我这一枝并头者，怎么不是？"荳官没的说了，便起身笑道："依你说，若是这两枝一大一小，就是老子、儿子蕙了？若是两枝背面开的，就是仇人蕙了？你汉子去了大半年，你想夫妻了？便扯上蕙也有夫妻，好不害羞！"

之后，香菱与荳官便闹了起来，结果香菱把新裙子弄得又脏又湿。恰在这时，宝玉也来斗草：

> 香菱起身一瞧，那裙子犹滴滴点点流下水来，正恨骂不绝，可巧宝玉见他们斗草，也寻了些花草来凑戏，忽见众人跑了，只剩了香菱一个低头弄裙，因问："怎么散了？"香菱说："我有枝夫妻蕙，他们不知道，反说我诌，因此闹起来，把我的新裙子也脏了。"宝玉

笑道："你有夫妻蕙，我这里倒有枝并蒂莲。"口内说，手内却真个拈着一枝并蒂莲花，又拈着那枝夫妻蕙在手内。

"夫妻蕙"、"并蒂莲"是一种比喻。按照曹雪芹的"分身法"，这时，宝玉是雪芹的分身，香菱是黛玉原型竺香玉（红玉）的分身。"夫妻蕙"、"并蒂莲"隐喻他们（曹雪芹和竺红玉）两人是夫妻关系。

通过上面的论述，可知可卿、香菱所隐写的是竺香玉，香菱既与薛蟠是"夫妻"也与宝玉是"夫妻"，实则其背后所隐写的是：香菱是黛玉原型竺香玉的分身，而无论宝玉，还是薛蟠都是曹雪芹的分身。

（二）通过黛玉和香菱来北京时的年龄都是十三岁，将宝玉与薛蟠彼此绾系

1. 黛玉来京时是十三岁

第六回黛玉到京后，有一段关于凤姐见到她后的描写：

这熙凤听了，忙转悲为喜道："正是呢！我一见妹妹，一心都在他身上了，又是欢喜，又是伤心，竟忘记了老祖宗。该打，该打！"又忙携黛玉之手，问："妹妹几岁了？"黛玉答道："十三岁了。"（见"己卯本"《石头记》）

显然黛玉到京时"十三岁"。

后来黛玉与宝玉相互爱恋，其背后所隐写的是黛玉原型竺香玉与曹雪芹的亲密关系。

2. 薛蟠买香菱时，香菱是"十二三岁"

第四回门子向贾雨村这样介绍香菱：

门子道："这种拐子单管偷拐五六岁的儿女，养在一个僻静之处，到十一二岁时，度其容貌，带至他乡转卖。当日他这英莲，我们天天哄他玩耍；虽隔了七八年，如今十二三岁的光景，其模样虽然出脱得齐整，然大概自是不改，熟人易认。况他眉心中原有米粒大的一

点胭脂痣，从胎里带来的，所以我却认得。偏生这拐子又租了我的房舍居住。

薛蟠买香菱时，香菱是"十二三岁"，即香菱在十二岁与十三岁之间，买时已接近十三岁。薛蟠带她到北京时，已是十三岁了。——与黛玉到北京时的年龄相仿。

前面已经提及：香菱的长相与黛玉相仿。——香菱像"可卿"，"可卿"又兼具钗、黛之美，通过长相将香菱与黛玉牵连一起。而这里，作者又以年龄为纽带，将黛玉与香菱再次彼此绾系。

——作者通过黛玉与香菱到京时均十三岁，将宝玉与薛蟠相勾连。读者可由此料及，他们背后所隐写的都是曹雪芹。

（三）宝玉与可卿，薛蟠与香菱结局都不好，隐写着雪芹与竺香玉结局悲惨

1. 宝玉与仙子可卿结局悲惨

宝玉与可卿两人之间的爱情已达到"柔情缱绻，软语温存""难解难分"的程度，然而他们并未成为合法婚姻，而且爱情的结局十分悲惨：

二人因携手出去游玩，忽至一个所在，但见荆榛满地，狼虎成群，迎面一道黑溪阻路，并无桥梁可通。正在犹豫之间，忽见警幻从后追来，告道："快休前进，作速回头要紧！"宝玉忙止步问道。"此系何处？"警幻道："此即迷津也！深有万丈，遥亘千里，中无舟楫可通。只有一个木筏，乃木居士掌舵，灰侍者撑篙，不受金银之谢，但遇有缘者渡之。尔今偶游至此，如堕落其中，则深负我从前谆谆警戒之语矣。"话犹未了，只听迷津内水响如雷，竟有许多夜叉、海鬼将宝玉拖下去。

2. 薛蟠虽将香菱收入房中，却没有给她名分，最后结局悲惨

薛蟠与香菱，也像宝玉与仙子可卿那样，亦是未婚便已"通房"——香菱成为薛蟠的"房里人"。

第四回写薛蟠为抢夺英莲（即后来的"香菱"），打死冯渊，来到京城。第十六回便通过贾琏之口说出：薛蟠来京后不久便让她"作了房里人"：

> 贾琏笑道："正是呢，方才我见姨妈去，不防和一个年轻的小媳妇子撞了个对面，生的好齐整模样。我疑惑咱家并无此人，说话时因问姨妈，谁知就是上京来买的那小丫头，名叫香菱的，竟与薛大傻子作了房里人，开了脸，越发出挑的标致了。那大傻子真玷辱了他。"

薛蟠虽然收香菱为"房里人"，但没有给她名分，不久就与夏金桂结为正式"夫妻"。而香菱成为夏金桂的眼中钉，最后被夏金桂折磨致死，结局十分悲惨。

从上面的两段叙述可知：仙子可卿和宝玉，香菱和薛蟠都是初婚夫妇。但这两场婚姻都没有取得名分，且结局都十分悲惨。就背后所隐写之史实来看，仙子可卿和香菱是竺香玉的分身，宝玉和薛蟠都是曹雪芹的分身。

五、贾琏妻子王熙凤逼死鲍二家的和尤二姐，薛蟠妻子夏金桂逼死香菱——所隐写的都是曹雪芹的妻子李香玉是逼死竺香玉的罪魁

（一）王熙凤将鲍二家的和尤二姐置于死地

1.王熙凤将鲍二家的逼得"吊死了"，隐写着李香玉逼死竺香玉

第四十四回写道：凤姐听小丫头交待出贾琏与鲍二家的私通后，便"一脚踢开门进去，也不容分说，抓住鲍二家的打了一顿。又怕贾琏走出去，便堵着门站着骂道：'好淫妇！你偷主子汉子，还要治死主子老婆！……'"鲍二家的挨打后，就"吊死了"。凤姐不仅不让给鲍家一些补

偿，而且扬言：如果鲍二家人要敢告状，便"问他个'以尸讹诈'"。

脂砚斋云："从起名上设色，别有可玩。""鲍二"意鲍家行二者。曹雪芹曾有过一个兄长，但出生后不久便夭折了。因而，他在兄弟排行中"行二"。在《石头记》中，当作者将自己隐写于书中时，便让"行二"者与自己勾挂，由他们隐写自己某方面的特点或经历。——这是曹雪芹使用了"分身法"——比如曹雪芹因自己是个"二爷"，便将宝玉也称作"二爷"，此外，还称贾琏"琏二爷"、贾芹"芹二爷"、贾芸"芸二爷"、柳湘莲"柳二爷"等，通过"二爷"将他们与雪芹勾挂，借此达到隐写作者本人的目的。——"鲍二"之名，正是通过其"行二"，将他与曹雪芹相勾挂。在这件事上，如果"鲍二"隐写着雪芹，那么"鲍二媳妇"便隐写着竺香玉（红玉）。凤姐将鲍二媳妇逼死，隐写着李香玉逼死竺香玉（红玉）。

2. 王熙凤将尤二姐"哄入园中"逼得她"自尽"，亦隐写着李香玉逼死竺香玉（红玉）

第六十八回"苦尤娘赚入大观园"，写贾琏偷娶尤二姐，秘事泄露，凤姐设下圈套，将尤二姐哄入园中。二姐满以为从此出头，谁知受尽暗气，有苦难言。

第六十九回"觉大限吞生金自逝"，庸医将二姐腹中男胎打下，二姐觉求生无望，不如一死干净，遂吞金自尽。

贾琏得知后，"搂尸大哭不止"。入殓前，贾琏"揭起衾单一看，只见这尤二姐面色如生，比活着还美貌。贾琏又搂着大哭，只叫'奶奶，你死的不明，都是我坑了你'！"并且说："我想着了，终久对出来，我替你报仇！"

在尤二姐之死事件中，贾琏是曹雪芹的分身，尤二姐是竺香玉（红玉）的分身，凤姐是李香玉的分身。这一段故事中，隐写着竺香玉（红玉）是被李香玉设下圈套，逼迫自尽的。

（二）夏金桂将香菱置于死地

夏金桂为了离间薛蟠和香菱，让自己的丫鬟宝蟾勾引薛蟠，在薛蟠刚要"上手"时，夏金桂设计让香菱去冲散。结果薛蟠"至晚饭后，已吃得醺醺然，洗澡时不防水略热了些，烫了脚，便说香菱有意害他，赤条精光赶着香菱踢打了两下。"之后夏金桂又逼迫香菱侍候自己，借机将她折磨，"刚睡下，便叫倒茶，一时又叫捶腿，如是者一夜七八次，总不使其安逸稳睡片时。"这还不算，金桂干脆自己直接加以陷害——在纸人上写上"金桂的年庚八字，有五根针钉在心窝内"，放在自己的枕头下面。使人认为这是香菱要加害于她。薛蟠在被金桂激怒后，便"顺手抓起一根门闩来，一径抢步找着香菱，不容分辨便劈头劈脸浑身打起来，一口咬定是香菱所施。"

香菱虽然最后"跟随宝钗去了"，但已患有重病，无法医治：

> （香菱）皆由血分中有病，是以并无胎孕。今复加以气怒伤感，内外折挫不堪，竟酿成干血痨之症，日渐羸瘦作烧，饮食懒进，请医诊视服药亦不效验。

可以料及香菱必死无疑，因为香菱的判词中写道："自从两地生孤木，致使香魂返故乡。"在前一句后面，甲戌本有夹批曰："拆字法。"从两个"地"中拆出两个"土"字，加上一"木"旁，岂不是"桂"？隐意：香菱之死（"致使香魂返故乡"），缘于夏金桂（"桂"字）的到来。

如上所述，不论王熙凤逼死鲍二家的，逼死尤二姐，还是夏金桂逼死香菱——其所隐写的都说明：曹雪芹的妻子李香玉是逼死竺香玉的罪魁。

六、荣国府将宝玉与薛蟠绾系一起

（一）薛姨妈带着全家来京后长期居住荣国府

薛家是怎样一个家庭？本居金陵，在护官符中写道："丰年好大雪，珍珠如土金如铁。"甲戌本有夹批曰："雪""隐'薛'字"。薛家富得"珍珠如土金如铁"。

薛家为什么来京城？《石头记》中写道："近因今上崇诗尚礼，征采才能，降不世出隆恩，除选聘妃嫔外，仕宦名家之女，皆亲名达部，以备挑选，择为公主、郡主之入学陪侍，充为才人、赞善之职。"——即为了宝钗备选"公主、郡主之入学陪侍"而来京。

薛家是百万富翁，薛蟠是个"皇商"，京中有"几处房舍"。正像薛蟠对母亲说的："咱们京中""有几处房舍"，但是他们却不去居住，而以"这十来年无人进京居住，那守看的人，也难定他们不租赁与人，须得先着人去打扫收拾才好"为理由，到贾家借住。其实，在贾家所居住的也是长期闲置的空房，同样需要打扫。不管怎样，这种居住定然是暂时的，正像薛姨妈所说的："我和你姨娘、姊妹们别了这几年，却要厮守几日，我带了你妹妹投你姨娘家去。"——明确说道：不过"厮守几日"而已。

查"《红楼梦》大事年表"[①]薛姨妈等人入住荣国府是在"红楼纪年"的第九年五月，《石头记》写到第八十回，此年是"红楼纪年"的第十八年九月。薛家这所谓"厮守几日"，竟然"厮守"了九年四个月。谁知自从薛家住进荣国府后，便再也不提薛宝钗待选"充为才人、赞善之职"，俨然成为荣国府中的成员，薛家也不再提自己京城中另外还有房屋，贾家也没有任何人再提及此事，而是随他们意愿，理直气壮地一直住下去。这种现象很不合乎情理。

（二）薛蟠结婚为什么将婚房设在荣国府，而不到自家的"几处房舍"中居住

薛家来荣国府后，居住在府中的哪一处呢？

贾政说：

> "姨太太有春秋，外甥年轻，不知世路，恐有人引诱生事。咱们东北角上，梨香院一所，十来间白空着，打扫了，请姨太太和哥姐儿住了甚好。"

梨香院是怎样的一个院落呢？

---

① 见《双悬日月照乾坤》一文的"附件"，载于《红楼解梦》第一集。

原来这梨香院，乃当日荣公暮年养静之所，小小巧巧，约有十余间房舍，前厅后舍俱全。另有一门通街，薛蟠家人就走此门出入。西南又有一角门，通一夹道，出了夹道，便是王夫人正房的东院了。

"荣公"应是指宝玉的爷爷，其所隐写的是曹雪芹的祖父曹寅。曹寅当年任江宁织造，每年不止一次地往来于南京和北京之间，因而北京有"几处房舍"。他的儿子曹頫于康熙四十八年二月八日，已满十五岁，上京当差。四十九年，曹頫被康熙指婚与十六公主马氏①，成为额驸。康熙赐公主府第恭王府前身，并赐一处庄园（位于京东玉田县）。自曹頫结婚后，曹寅再来北京，便居住在儿子这里。曹頫为他安排的住所便应是梨香院，直到曹寅去世。因此，书中写"原来这梨香院，乃当日荣公暮年养静之所"。在曹寅去世后，梨香院一直空闲着没有人居住，于是作者在写小说时，便将此处"安排"给薛家来住。

薛家从"红楼纪年"九年五月开始便开始居住在荣国府梨香院中，一直住了九年多，也不回自家的"房舍"中。而且令人惊讶的是薛蟠直到结婚，也没离开荣国府。

《石头记》第七十九回、第八十回，用了不少篇幅写薛蟠结婚及婚后的生活，却始终没有提及薛蟠住在何处——从前后的行文看，有一点却十分清楚：没有回到自家的"房舍"，而仍居住姨妈家，即仍同母亲、妹妹共住"梨香院"中。对于这件事，还有令人奇怪之处：薛姨妈既为薛蟠大办婚事，怎么也不通知一下自己的嫡亲姐姐王夫人？更不向她提及，仍要占贾家"宝地"作为婚房？而贾家似乎不知道此事，也从不过问。这又是一件令人费解的"误谬"。

——按照《石头记》的写作规律，凡"误谬"之处，必隐写着真实历史。薛蟠在贾家结婚所隐写的历史事实是什么呢？

前面已经说明：夏金桂的一些特点与历史人物李香玉相同或相似，因而夏金桂实是李香玉的分身，在这种情况下，薛蟠所隐写的便是曹雪芹。薛蟠与夏金桂在梨香院结婚，所隐写的是曹雪芹与李香玉在梨香院结婚。

① 见《曹雪芹的母亲马氏是康熙的公主》一文，载于《红楼解梦》第四集。

《石头记》通过薛蟠在荣国府梨香院结婚，说明宝玉与薛蟠身上隐写着同一个历史人物——曹雪芹，他们二人都是曹雪芹的分身。

七、薛蟠生日的重重疑点迎刃而解

（一）对本文所进行论证的小结

本文从两个方面进行了论证：

一方面，宝玉与薛蟠都具有皇家血统，都是曹雪芹的分身。既然宝玉与薛蟠从小说角度来看，是完全相反的两个人，但其背后所隐写的却是同一个历史人物。那么，薛蟠的生日与宝玉的生日在同一天——五月初三，也就不足为奇了。

另一方面，作者不仅将自己分写在宝玉和薛蟠身上，而且还将自己的母亲、妻子、恋人同时分写在贾家与薛家相应的人物身上。即：

贾家宝玉的母亲王夫人和贾兰的母亲李纨，与薛家薛蟠的母亲薛姨妈——均是曹雪芹母亲马氏的分身。作者将这三位母亲千方百计相互勾挂：李纨与王夫人都是年银二百四十两（公主的年俸）；王夫人与薛姨妈均来自"王"家；薛姨妈与李纨均青春丧偶，并守着一个"独根孤种"。

贾家贾琏的妻子王熙凤，薛家薛蟠的妻子夏金桂——均是曹雪芹妻子史湘云原型李香玉的分身。

作者利用小说人物可卿、黛玉、香菱，将宝玉和薛蟠绾系在一起。香菱既薛蟠的"房里人"，又同时暗示与宝玉（原型）有夫妻关系，通过这种寓意，说明宝玉与可卿的恋情，薛蟠与香菱的"同居"，所反映的都是其背后历史人物曹雪芹与竺香玉的爱恋关系。

薛家来到京城后，不住在自己家中，却长期住在荣国府的梨香院，甚至薛蟠娶妻也不离开贾家。对于上述种种，只有将薛蟠看作曹雪芹的分身，才可能解释得通。

——作者正是采取上述写作方法，将薛蟠写成了曹雪芹的一个分身，其目的在于：让曹雪芹的这个分身直接向世人宣布："五月初三是我的生日。"

（二）解开了薛蟠生日的重重疑点

在本文的第一部分写道：薛蟠为自己过生日，弄来了罕见的鲜藕、西瓜、鲟鱼和暹猪等珍贵食品。除自己家留了些外，还特地给宝玉家送去。并且在生日之前宴请宝玉，说："我要自己吃，恐怕折福；左思右想，除我之外，惟有你还配吃。"为此，提出了三个问题。现可以回答这些问题了。

第一，正由于薛蟠的生日与宝日的生日是在同一日，因而当薛蟠获得珍贵食品后，不仅自己享用，还要送一部分到贾家去。薛蟠过生日，即宝玉过生日，亦即曹雪芹过生日，薛蟠生日时，所吃的"奇食"，曹家自然要享用。

第二，正由于薛蟠的生日与宝日的生日是同一日，因而薛蟠宴请宝玉，必须提前，不能在两人生日那天。

第三，作者通过宝玉和薛蟠两个人"分工合作"来隐写自己的生日。宝玉和薛蟠的生日安排在同一天，作用却不相同。薛蟠的生日是明写，宝玉的生日是暗写；薛蟠的生日只写日期，宝玉的生日闭口不谈几月几日，却十分详细地陈述过生日的详细过程。作者的这种写法，使用的是"明修栈道，暗度陈仓"。既已明确写出薛蟠的生日，就没有必要对宝玉生日的具体日期作出交待。这便是书中使用了两回篇幅叙述宝玉生日的过程，却避而不谈生日具体日期的原因。

作者将曹雪芹的生日分写到宝玉和薛蟠两个人身上。这种写法表现出作者思维何等的缜密。从宝玉和薛蟠两个完全不同的角度来隐写曹雪芹的生日，达到相互补充、相互验证，使读者对曹雪芹生于康熙五十四年五月初三坚信不疑。——这也是笔者从宝玉和薛蟠两个角度论证曹雪芹生日的原因。

霍国玲、紫军
2015 年 3 月 4 日定稿

对曹雪芹卒年、卒日的考证

绪　言

自 20 世纪 50 年代开始，在曹雪芹的卒年问题上便出现了分歧。一派认为曹雪芹卒于乾隆二十七年，壬午除夕，1763 年 2 月 12 日，被称作"壬午说"；一派认为曹雪芹卒于乾隆二十八年，癸未除夕，1764 年 2 月 1 日，被称作"癸未说"。自 1962 年 3 月起，因筹备曹雪芹逝世 200 周年纪念展览，围绕着曹雪芹卒年问题展开了激烈的争论。这是在研究曹雪芹问题上参加人数最多、规模最大的一次讨论。这次讨论未能达成共识。

到 20 世纪 70 年代末、80 年代初，在"壬午说"和"癸未说"之外，又出现了一种新的观点——认为曹雪芹逝于"甲申"（乾隆二十九年，1764 年）春。由于胡适于 1922 年曾提出"甲申说"①，后被否定，现在重提"甲申"，与胡适时期所提出的理由相比，角度不同，因而有人亦称其为"新甲申说"。此后便形成在曹雪芹卒年、卒日问题上，"壬午说"、"癸未说"、"甲申说"三说鼎立的局面。三说争论不休，断断续续，一直延续至今。

几十年来参加曹雪芹卒年问题讨论的学者，据不完全统计多达 40 余人，其论文数量至少六七十篇，字数有五六十万以上，可见学术界对此问题何等关心与重视。

在 20 世纪 60 年代曹雪芹逝世 200 周年纪念之前，为了确定曹雪芹

---

① 胡适依据敦诚《挽曹雪芹·甲申》一诗，在《1922 年 4 月 19 日日记》中写着"（一）雪芹死于甲申（二九，一七六四）。"见《胡适红楼梦研究论述全编》第 127 页，上海古籍出版社 1988 年版。

的卒年、卒日问题，在学术界展开了讨论，因分歧较大未能解决，只好采取了一种折中的办法，在意见分歧的两种"卒日"之间的月份开展纪念活动。此后，这场学术界的大争论一直没有停止。目前曹雪芹逝世 250 周年已经临近。笔者认为：当务之急，是对于半个多世纪以来的争论作出总结，澄清事实，分辨是非，确定曹雪芹的忌日。值得重视的是：由于经过半个多世纪的挖掘和探讨，各种资料已经齐备，各种观点也都阐述得相当详尽，现在已具备进行总结的客观条件。

"石学"是学术界的新学科。"石学"即研究《石头记》的学问。"石学"与"红学"虽然都是研究曹雪芹的著作，但研究的具体对象有很大差异："红学"的研究对象是百二十回《红楼梦》小说，"石学"的研究对象是带有全部脂砚斋批语的八十回本《石头记》。正由于两种学问都研究曹雪芹的著作，在研究中，都涉及曹雪芹的生平，因而在这个研究领域，两种学说又形成重合现象。在曹雪芹的卒年、卒日问题上，"石学"研究者曾刊出过两篇文章：《曹雪芹的卒年与葬地》（刊于《红楼解梦》第一集，1995 年版）、《再论曹雪芹的卒年》（刊于《红楼解梦》第五集，2003 年版）。此后，石学研究者始终关注着有关曹雪芹卒年、卒日问题的论辩，不断收集与研究几十年来发表在全国各种报刊、书籍中的有关文章，在曹雪芹逝世 250 周年即将到来之际，便在此基础上对曹雪芹卒年、卒日问题，做了全面的述评、论证、辨析、总结，结论是唯"癸未说"正确，"壬午说"和"甲申说"则是错误的。该文先后两稿，共分为 37 次发表在自己的博客（blog.sina.com.cn/huoguoling）上。在刊出该文的过程中，许多网友参与进来，协助"石学"研究者充实和完善了这个总结。在此谨表谢意。

本稿便是在博文基础上，又先后撰出两稿形成的。

一、"壬午说"表面看提出三点证据，实则是单文孤证

（一）"壬午说"的基本证据

"壬午说"表面上提出了三点证据，实则只有一条具有证据价值，而

仅仅一条证据，即单文孤证，在学术上是不能"立说"的。而若以相关事实将其进行检验，则会发现此单文孤证，也不能成立。

20世纪五六十年代对曹雪芹卒年问题进行争论时期，此说的主要代表人物在是俞平伯，其学生陈毓罴和刘世德等是积极支持者。进入九十年代后，此说的主要代表人物是冯其庸。

"壬午说"的基本观点集中在如下一段话中：

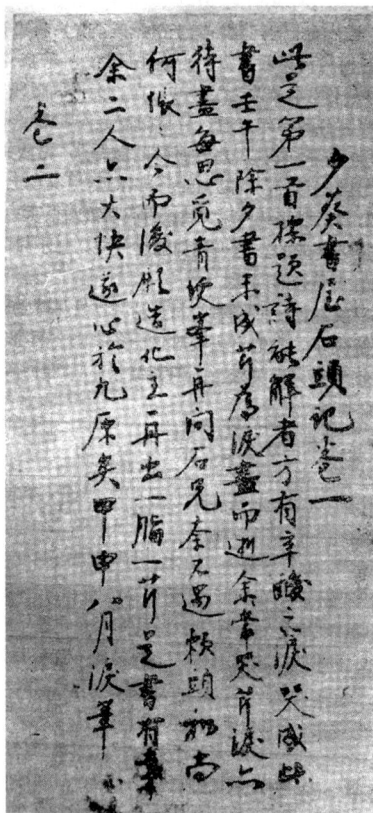

甲、"甲戌本"第一回脂批："能解者……"

乙、夕葵书屋《石头记》卷一录脂批："此是第一首标题诗。能解者方有辛酸之泪，哭成此书。壬午除夕书未成，芹为泪尽而逝。余常哭芹，泪亦待尽。每思觅青埂峰，再问石兄，奈不遇癞头和尚何，怅怅。今而后愿造化主再出一脂一芹，是书有幸，余二人亦大快遂心于九泉矣。甲申八月泪笔。"

丙、1968年北京通县张家湾平整坟地（曹家大坟）时出土一块"曹雪芹墓石"，墓石高98公分，宽36公分，正中刻"曹公讳霑墓"五字，字体分书，左下端刻"壬午"二字。墓石现藏通州区博物馆，据文物专家鉴定，此墓石为原物，故墓石刻"壬午"二字于考证曹雪芹卒年至为重要。①

"壬午说"提出的上述三条证据中，有两条属于虚假证据。下面作出

---

① 见《重论曹雪芹卒于"壬午除夕"——初读〈四松堂集付刻底本〉》，载于冯其庸《解梦集》，文化艺术出版社2007年版。

说明。

(二) 夕葵书屋所录脂批属于虚假证据

"壬午说"的第二条证据是夕葵书屋所录的一条脂批。但这条脂批并非夕葵书屋所独有的，而是抄录的"甲戌本第一回脂批"，该批内容全文如下：

> 能解者，方有辛酸之泪，哭成此书。壬午除夕，书未成，芹为泪尽而逝。余尝哭芹，泪亦待尽。每意觅青埂峰，再问石兄，奈不遇癫头和尚何？怅怅！
>
> 今而后，惟愿造化主再出一芹一脂，是书何幸！余二人亦大快遂心于九泉矣！甲午八月泪笔。

将上述两条脂批相比较，就会发现：其内容并无大的区别，而由于夕葵书屋之批源自甲戌本的批语，若将甲戌本的批语作为证据，那么夕葵书屋所录之批自然就失去作为证据的价值。

除此之外，夕葵书屋尚存在三个疑点：

1. 夕葵书屋所录之脂批，是写在一篇单页上

甲戌本的"能解者"批语是写在甲戌本第一回正文的天头处，与正文"谁解其中味"诗句相呼应。而夕葵书屋却将此批写在一单页纸上，这就不能排除如下可能：此纸并非过录的某一脂本，而是"夕葵书屋"主人对"能解者"批语的一种看法（对于落款的时间作了改动）。因为如果是过录于"能解者"批语，为什么不依据原书过录到相应位置，而要写于另纸呢？当"能解者"批语作为证据提出后，某人对该批语的看法，怎能与其等量齐观，作为另一"证据"存在呢？

2. 持"壬午说"者没有拿出任何证据说明：此纸上的字体与靖藏本上的字体相同

如果说此批是靖藏本中掉出来的一页，就须拿出此页的字体与靖藏本上字体完全相同的证据。但直至现在，靖藏本丢失后也没有再现身。这无形中就更增加了此页纸的神秘性。

既然有人认为此单页纸是从靖藏本中掉出来的，在拿出上述证据之前，无法肯定这一说法。

3. 甲戌本"能解者"落款（甲午）没有写错的可能性

靖藏本中的单页纸的落款是"甲申八月泪笔"，而甲戌本中该眉批的落款是"甲午八月泪笔"——其"甲午"二字，十分清晰，不存在使读者产生疑议的可能性。此年系乾隆三十九年（1774年）。而"甲申"是乾隆二十九年（1764年）。两者之间相差10年。——这两个"证据"彼此之间就存在抵牾，说明必有一个不应列为证据——此只能是"夕葵书屋"单页纸。

（三）北京通县一农民献出的"曹雪芹墓石"系伪造之物

"壬午说"的证据之三是北京通县农民献出的"曹雪芹墓石"。而这块墓石纯属伪造。

1. 通县农民刘兆向献出"曹雪芹墓石"的农民李景柱提出的几点质疑

1992年8月29日《北京日报》刊登一篇焦保强撰写的《曹霑墓碑是怎样发现的》一文。文中写道北京通县张家湾一农民，献出一块刻有"曹公讳霑墓"及"壬午"字样的粗石。9月20日，北京通县刘兆寄给《北

京日报·京华周末》编辑部一封信,后来此信收于宗春启《"曹雪芹墓石"纷争真相》一文中。该文载于《视点》1993 年第 6 期。

编辑同志:

看过《京华周末》的曹霑墓碑的报道后,想对李景柱献碑的问题提几点质疑。

1. 时间上的质疑。李说张家湾村 1968 年冬季开始平地,根本不对。1970 年以后才开始平地。1968 年冬季李在大队抓阶级斗争,不在队里干活。李说翻盖房后挖出墓碑,此房乃 1968 年雨季由四队出工所盖,1968 年冬季挖出墓碑怎会在 68 年夏季埋入东房山地基?

2. 地点上的。李所说的墓碑出土地点,即所谓"曹家坟"是二队的地。李是四队的人,怎么他一人到二队里去平地?曹家坟在原周庄东(平地以后已并入张家湾)龙泉庵北的高坡上,上有砖砌和尚坟一座,没有文献记载,怎能证明此地是曹家祖坟?……平地这活干的时候得有几十人甚至上百人,如一人挖了墓碑,在场干活的人会人人尽知。我们是当年在一起劳动的伙伴,怎么没有听说过墓碑之事?

3. 旁证人。李说李景泉帮他推回墓碑,李景泉当时(1968 年)在北京 68 中读书,1969 年才来插队,怎么会在 1968 年帮他推墓碑?韩士宽 1968 年在永安粮库当合同工,怎会在平地中和李在一起干活?……

刘　兆

1992 年 9 月 20 日

2.《曹雪芹的足迹》摄制组四人谈及与献碑者李景柱交往的情况

此外,《曹雪芹的足迹》摄制组四人的《我们的一点说明》(刊于《北京日报·京华周末》1992 年 9 月 26 日),也进一步证明通县墓石为假。现将此文抄录于下:

严宽:1987 年秋,华人世界基金会侯刚女士,北京电视台导演王娟女士，摄影师李荞先生等人和曹雪芹研究会的我，来张家湾拍摄《曹雪芹的足迹》一片，于张家湾古石桥畔碰到李景柱先生。当时他同我说，张家湾有曹家坟地，曾发现过一块曹颙的墓碑。且还提到张家湾村有一所曹家老宅，1958 年时当过公共食堂用。我对此极感兴趣，问明了他的尊姓大名及住址。我与李景柱分手后便把这一情况告诉了侯刚女士等人。侯刚也很感重要，于是我们造访李府，李景柱在他家北房三间的西里间接待了我们。经我们再三请求他带我们到曹家坟地寻找墓碑下落，他才同我们上了面包车。车在他的指点下约走了十几里路，到了一个村庄停下，找到该村的一位女负责人，说明了来意。她领我们到了一位老人家里。老人一劲摇头，表示不知道曹家坟地和曹颙碑的情况。

回京后，我曾以曹雪芹研究会的名义给李景柱去了一封信。信发出后，一直未见回信。

侯刚：严宽的回忆是准确的，我只补充一些其他情况。

至于这块碑，我们除在第一次与李景柱接触之外，以后又曾两次专程去张家湾找李拍摄这块碑，但他始终未让我们见到这块碑。我一直清楚地记得。李景柱一直说是曹颙墓碑，何以五年之后变成曹霑了呢（重点为笔者后加）？令人十分不解。

李荞：1987 年秋我作为北京电视台摄像曾担任"曹"剧摄像。记得到了张家湾时已是下午。我们立即拍摄。当时我正在拍摄与曹家相关的当铺街景时，有个人（即李景柱）拍了一下我的肩，说他有与曹家有关的很重要的线索，曾经发现了和曹家有关的碑石，并将碑文抄了下来。

我立即将此向摄制组负责人汇报，严宽、侯刚、周建临等都很重视此消息，并立即与他联系，李景柱坚持到他家谈。此时，我介绍周建临时说他是周汝昌之子，李景柱拉我到一边悄悄问：周汝昌是谁？我说是红学家，他说不知道，没听说过。这不禁令我生疑，既然 1968 年起就研究红学，何以不知周汝昌呢？

张耀龙：1987 年秋，我在小小汽车公司工作时，有幸协助参加了"曹"剧的拍摄。记得我们在张家湾拍摄时，一个当地人一直跟随观望，后来还主动攀谈，他说他看过曹家墓碑。我问是谁的，他说好像是个"顺"字。我问是不是頫字，他说记不清了，但他曾抄下了碑文，大家仔细问他，他说在十几年前，他在一个叫曹园的地方干活时发现的，碑很大。我们要求他带路去看看，几番推托后，他带我们开车去七八公里外的曹园，碑没有找到。问当地几位老人，说墓地已毁，碑盖房用了。坟地的主人是旗人，但不姓曹。

3. 勘刻专家认为此碑是"漏窦重重，不伦不类的石头"

这块碑漏洞极多，就以落款来说，落款也称署款，都写得很具体，包括谁立的？什么时间立的？以时间为例，一般应包括朝代、年、月、日。而这块墓石竟然什么也没有注明，只有"壬午"两字。即使刻"壬午"的话，如果是当事人也必然刻上哪个朝代的"壬午"，如"康熙壬午"？"乾隆壬午"？勘刻三十载，过目作品愈万件的老专家秦公在《"曹公讳霑墓"确赝无疑》一文中说："从未见有似此孤款者。"称此碑是"漏窦重重，不伦不类的石头"。①

（四）"壬午说"的依据，即甲戌本第一回的"能解者"眉批，是单文孤证

"壬午说"的依据仅仅有一条，即甲戌本第一回脂砚斋的眉批："壬午除夕，书未成，芹为泪尽而逝。"于是便由此得出曹雪芹逝于"壬午"年"除夕"的结论。"壬午说"除此"证据"外，再也没有其他证据。这在学术上属于单文孤证。由单文孤证所得出的结论，因为没有得到其他任何资料的验证，因而是绝不能以此作为定论的。

实际上并非没有对"壬午说"所提出的证据进行验证，而是经过验证，其结果是：曹雪芹在"癸未"年（"壬午"的第二年）尚活在世上，脂砚斋所写的曹雪芹逝于"壬午除夕"中的"壬午"二字有误。因这些史实后面还将论及，故此处不再赘言。

---

① 该文原载于《中国人才报》1992 年 11 月 22 日、29 日。

二、"癸未说"可作定论

（一）"癸未说"的出发点

"癸未说"论证的起点亦是甲戌本第一回的"能解者"脂批。但"癸未说"学者考证出：脂砚斋所记之雪芹死于"壬午除夕说"中的"壬午"与史实相悖——史实说明雪芹"癸未"年尚活在世上。

"癸未说"认为：脂砚斋所记之雪芹死于"壬午除夕说"中的"除夕"二字是准确的，纪年有可能算错，而"除夕"属"绝日"，却不可能记错。

"癸未说"的提出者是周汝昌，20世纪五六十年代关于曹雪芹卒年问题讨论时期，吴世昌、吴恩裕、曾次亮等人亦主张此说。进入九十年代后，霍国玲是此说的积极支持者。①

"癸未说"论证的起点，同"壬午说"相同，即也是甲戌本第一回的"能解者"脂批。两者的不同在于：

"壬午说"者认定脂砚斋所记是铁定的真理，以此作为出发点，去看待一切与之相关的史实。当发现与之矛盾时，便千方百计地否定史实。"癸未说"则与之相反。认为事实是客观存在，而客观存在是不可否定的。至于脂砚斋所记之曹雪芹卒于"壬午"年，因与事实不符，只能说明脂砚斋是记错或推算错了。"甲午"系乾隆三十九年（1774年），以曹雪芹卒于"癸未"（乾隆二十八年）除夕（1764年2月1日）来计算，其间相隔逾10年。推算10年前之纪年所用干支，出现一年误差是难免的现象。周汝昌先生就曾在一篇文章中列举了几个古人推算错误的实例。

至少有两件事实可以说明"壬午"年（乾隆二十七年）除夕（1763年2月12日）以后——即在"癸未"年——曹雪芹尚活在世上。下面即对此作出说明。

---

① 见《曹雪芹的卒年与葬地》和《再论曹雪芹的卒年》两文（分别载于《红楼解梦》第一集和第五集）。

（二）曹雪芹在"癸未"年尚活在世上的事实之一——敦敏《小诗代简》诗

敦敏、敦诚为同胞兄弟，他们是清朝开国皇帝努尔哈赤的六世孙，是英亲王阿济格的五世孙，是曹雪芹晚年过从密切的朋友。二敦均留有诗著。两人的有些诗歌涉及与曹雪芹的交往，其中也有诗歌的内容与曹雪芹的卒年、卒日有所关联。下面我们先看敦敏《小诗代简寄曹雪芹》诗。

1. 敦敏《小诗代简寄曹雪芹》诗中所记杏花飘落的时间，与"癸未"年正相吻合

下面是敦敏《小诗代简寄曹雪芹》一诗：

> 东风吹杏雨，又早落花辰。
> 好枉故人驾，来看小院春。
> 诗才忆曹植，酒盏愧陈遵。
> 上巳前三日，相劳醉碧茵。①

这首诗的诗意：

现在已是春风吹拂，杏花如雨纷纷飘落的时节。恰在此时欲邀请老朋友曹雪芹，到槐园来赏春。

曹雪芹思维敏捷，可与曹植相比，但我们的酒宴却远不及陈遵的丰盛。（陈遵，汉代人，喜饮酒，且以热情好客著称于世。）

希望你能在"上巳"的前三天，到我家小园相聚饮酒。（"上巳"专指阴历三月初三。"上巳"前三日是二月二十九日——该月是小月）。

敦敏为什么要在"上巳前三日"邀请曹雪芹来家饮酒呢？

——原来三月初一日系敦诚的三十整寿。由于雪芹居住香山，距敦诚家较远，故在头一天约他先到敦敏家，以便晚上饮酒畅叙，并于第二日到敦诚家（四松堂）赴寿宴。这里顺便提一下，敦敏家的槐园在太平湖附近（复兴门内）。敦诚家的四松堂在城西（可能在阜城门内），两家相距不是太远。

---

① 见《懋斋诗钞》影印本第 90 页，上海古籍出版社 1984 年 4 月版。

既然敦敏于"癸未"年春天，曾以《小诗代简》形式向曹雪芹发出邀请来槐园饮酒赏春，当然就可以此证明曹雪芹在"壬午除夕"之后尚活在世上。

2.唯"癸未"年才可能在写出《小诗代简》之时，出现"杏雨"现象

《小诗代简》中的诗句，反映出该诗必然写于"癸未"。请看下面两个诗句：

其一，"东风吹杏雨"：这是写该诗的时节特点，即写诗时杏花正在如雨般地飘落。

其二，"上巳前三日"：从此诗句可推算出写该诗的大体时间。"上巳"是三月初三日，向前推"三日"，即二月的最后一天。给雪芹寄交邀请信的日期，还须从此日再向前推三五天。农历有大月（30天）、小月（29天）之分，写《小诗代简》的时间大约应在二月二十五六日。

——那么，哪年的二月二十五六日才会出现"东风吹杏雨"的景象呢？

霍国玲在20世纪90年代，特地在香山自家小院中种植了一棵杏树——以便于准确地观察杏花的开谢时间。

观察结果：4月5日是"清明"。那日，杏树枝头繁花似锦，浓淡相间，耐人赏玩。可是一过清明，杏花便开始飘落，到第三四天或四五天，在春风摇曳下，花瓣纷纷飘落如雨。很快就凋谢完毕，代替繁花的便是碧绿的杏叶。

霍国玲以此来检验"癸未说"，"癸未"（乾隆二十八年）出现"杏雨"现象的时间恰恰是二月二十四五日：

第一，"癸未"年二月二十二日是清明节。

第二，"癸未"年的二月二十四日、二十五日、二十六日是清明之后的第二、三、四天。——这几天都能看到"杏雨"景象，与《小诗代简》中"东风吹杏雨"诗句完全相符。

《小诗代简》应该写于"癸未"，乾隆二十八年（1763年）春。

3.《小诗代简》写于其他年份的设想（如设想写于"壬午""庚辰"或"甲申"）均不能出现"杏雨"现象

有些学者力图否定《小诗代简》写于"癸未"，提出该诗写于"壬

午"、"庚辰"或"甲申"诸观点。这些观点经过检验，均不能成立。

（1）检验壬午年（乾隆二十七年）——正值"春分"，杏树刚长花苞

现在我们来用杏花飘落的时间检验"壬午"年（乾隆二十七年）。

这一年的二月二十五日，合公历3月20日，正值"春分"（3月21日）。此时杏树刚开始长花苞，远未开放——距清明还差半个月——与《小诗代简》中所叙述的"杏雨"情景，明显不符。

（2）庚辰年（乾隆二十五年）——春天曹雪芹不在北京

有学者认为敦敏的《小诗代简》应写在庚辰年（乾隆二十五年，1760年）。

由于是年春天，曹雪芹并不在北京，此事敦敏不会不清楚，《小诗代简》不可能写在这一年。

关于这个问题有敦敏诗《芹圃曹君霑别来已一载余矣。偶过明君琳养石轩，隔院闻高谈声，疑是曹君，急就相访，惊喜意外，因呼酒话旧事，感成长句》为证。现将这首诗录制于下：

> 可知野鹤在鸡群，隔院惊呼意倍殷。
> 雅识我惭褚太傅，高谈君是孟参军。
> 秦淮旧梦人犹在，燕市悲歌酒易醺。
> 忽漫相逢频把袂，年来聚散感浮云。

一般认为，这首诗写于乾隆二十五年（庚辰，1760年）秋冬以后。因为在此年的初秋，敦敏写过《闭门闷坐感怀》诗，诗中"故交"即指雪芹。诗如下：

> 短檠独对酒频频，积闷连宵百感生。
> 近砌吟蛩侵夜语，隔邻崩雨堕垣声。
> 故交一别经年阔，往事重提如梦惊。
> 忆昨西风秋力健，看人鹏翮快云程。

上面这首诗既写于乾隆二十五年秋（"蛩"qióng古书上指蟋蟀），从

"故交一别经年阔"诗句可知：曹雪芹在这一年的二月并不在北京。

（3）甲申年（乾隆二十九年）——二月二十五日前后杏花刚刚开放

有持甲申说者认为《小诗代简》写于甲申年。

甲申年的"清明"是在这年的三月初五日。甲申年二月二十五日（1764年3月27日）前后，杏花刚含苞待放——也就是说，再过十几天后，才可能见到"东风吹杏雨"景象。因而，该诗不可能写于此年。

4.总结

如上所论，敦敏《小诗代简》一诗必定写于"癸未"年。何时出现"杏雨"现象，是一种自然现象，有节气所限定，不可能随着人的主观意识而改变，即《小诗代简》中所描绘的"杏雨"现象，唯"癸未"年才可能出现，而也就由此证明曹雪芹在"癸未"年必定还活着。既然这是一种不可能改变的客观事实，那么，脂砚斋所记之"壬午"二字，便是差错——不论是什么原因造成了这种"错记"，都是人（脂砚斋）的一种主观认识。当主观认识与客观实际不相吻合的时候，便会产生差错。任何人都可能出现这种差错，脂砚斋出现这种差错，实属正常现象。

（三）曹雪芹在"癸未"年尚活在世上的事实依据之二——雪芹爱子夭折于"癸未"痘疹流行期间，雪芹因此悲痛异常，患疾而亡

敦诚在曹雪芹去世后，写有《挽曹雪芹》诗，其第二首实是第一首的修订稿。下面先将这两首诗记录如下：

挽曹雪芹

四十萧然太瘦生，晓风昨日拂铭旌。

肠回故垅孤儿泣，（前数月，伊子殇，因感伤成疾）

泪迸荒天寡妇声。

牛鬼遗文悲李贺，鹿车荷锸葬刘伶。

故人欲有生刍吊，何处招魂赋楚蘅？

挽曹雪芹·甲申

四十年华付杳冥，哀旌一片阿谁铭？

　　孤儿渺漠魂应逐，（前数月，伊子殇，因感伤成疾。）

　　新妇飘零目岂暝？

　　牛鬼遗文悲李贺，鹿车荷锸葬刘伶。

　　故人惟有青衫泪，絮酒生刍上旧坰。

　　从上面两首诗，我们可知如下几件事实：

　　1. 从"晓风昨日拂铭旌"和"哀旌一片阿谁铭"可知，此诗写于为曹雪芹送葬的第二天

　　旌，是古代的一种旗子，在这里是指灵幡，形状长而窄，即敦诚该诗第一稿中的"铭旌"。铭旌是竖在灵柩前以表示死者姓名的旗幡。《仪礼·士丧礼》："为铭，各以其物。……书铭于末曰：某氏某之柩。竹杠三尺，置于宇西阶上。"清·胡培翚《仪礼正义》："铭所以必置于西阶上者，以铭所以表柩，柩在西阶上故也。此时，尸未殓于柩，盖预书以表之。"郑玄注："铭，明旌也。杂帛为物，大夫士之所建也。以死者为不可别，故以其旗帜识之。"王建《送阿史那将军迎旧使灵榇》诗："路人来去读铭旌。"

　　综上所述，"哀旌"或"铭旌"，原是竖在柩前的一种竖旗，上面写着死者的名字。在死者尸体尚未入殓前，就已写好。当入殓后，送葬时，则将铭旌打在棺柩前面，以使路人得知：死者为谁。

　　阿（ē）谁：犹言谁，何人。古乐府《十五从军征》："家中有阿谁？"《三国志·蜀志·庞统传》："向者之论，阿谁为失？"

　　铭，指刻镂，题写。

　　"阿谁铭"一词的结构："阿谁"是主语，"铭"是被动态的谓语，"哀旌一片阿谁铭"直译成现代汉语为：灵幡上写着谁的名字？如上所述，"哀旌"或"铭旌"这是只有为曹雪芹送葬时才可能出现的现象，而"晓风昨日"说明此诗写于为曹雪芹送葬的第二天。

　　2. 从第二首诗的诗题所注"甲申"和第一首诗中的"荒天"二字可知此诗写于甲申年"立春"之后的几天

　　第二首诗的诗题所注"甲申"可知：为曹雪芹送葬的年份是在"甲申"年——乾隆二十九年。

第一首诗中有"泪迸荒天寡妇声"句,"荒天"一词说明敦诚的这首《挽曹雪芹》诗当写于甲申年早春时节。

3. 从两首诗第三句的诗注可知:敦诚写此诗的"前数月",曹雪芹因爱子死去,而忧伤致病,病重而故

在敦诚的两首诗的第三诗句中都有注曰:"前数月,伊子殇,因感伤成疾。"下面将此诗作些阐释:

"前数月":诗歌是感情的产物——一般来说诗中所反映的是诗人写诗时的感情,相当于西方语法中的"现在时"。以此作为中心,此前称"过去",此后称"将来"。汉语则用时间副词表示。比如《挽曹雪芹》诗注中的"前数月",所指的是从敦诚写此诗的时间向"前"推"数月"。

那么,此诗写于何时呢?——写于"甲申"年的"立春"后,即"甲申"正月。

"数月"——少则不能少过 3 个月,多则不会多过 10 个月,如此算来,"前数月"指"癸未"年的十月至三月。

"伊子殇"指曹雪芹的爱子夭折。

"因感伤成疾"指曹雪芹因失去爱子后极度痛苦、悲伤,而至患病。

此诗注说明了曹雪芹去世的原因——爱子夭折,对于他是致命的打击。

4. "癸未"年暮春至晚秋北京地区(特别是西郊)发生大规模的痘疹(天花),雪芹爱子当是在此瘟疫中丧生

(1)乾隆二十八年(癸未),北京流行痘疹(天花),"十家襁褓一二全"

乾隆二十八年(癸未),北京曾发生严重的痘疹(天花)。蒋士铨(1725—1785年)在《忠雅堂诗集》(存仁堂刻本)卷11的"癸未"下,其第2页有《痘殇叹》写道:"三四月交十月间,九门出儿万七千。郊关痘殇莫计数,十家襁褓一二全。"

《忠雅堂诗集》是一部严格的编年集。此文写道:此次痘疹发生在乾隆二十八年(癸未年)三四月至十月间。在这期间,北京城内夭折儿童达 17000 人,而郊区则严重得多,百分之八九十的儿童("十家襁褓一二全")都死于这场痘疹传染病中。曹雪芹当时居住香山正白旗村 39 号院老

宅——属北京郊区。

（2）《懋斋诗钞》对痘疹的记载

敦敏的一双儿女和自己的小妹妹，竟在十天之内先后死去。在敦敏作于癸未的一组诗中，记载了这场灾祸。现录其中两首：

《哭小女四首》之二

膝前欢笑恰三年，钟爱非关少女怜。

忆汝临危犹眷眷，连呼阿父泪潸然。

《哭小女四首》之四

汝弟才亡未十日，汝姑先去只三朝。

夜台相见须相护，莫似生前太恃娇。

（《懋斋诗钞》手抄影印本第 103—104 页）

从这些诗的内容来看，敦敏一家连续死了三个孩子——其小女、"汝弟"、"汝姑"。他们是死于当时发生在北京的痘疹传染病。

那么，为什么说这些哭悼诗是写于癸未年呢？

这首《哭小女四首》一诗，被排在《小诗代简寄曹雪芹》之后，在他的生日《十月二十日谒先慈墓感赋》诗之前。此诗第一句是"古稀岁月半相侵"，说明这一年他正满三十五岁（虚龄）。按敦敏生于雍正六年戊申（1728 年），则此年正是癸未——乾隆二十八年（1763 年）。

同是这首诗，其第五句"七年哀隔松邱冷"，有注曰："先慈于丁丑见弃，迄今七载。"按敦敏为其弟所作《敬亭小传》，他们的母亲死于丁丑（1757 年）二月，至癸未（1763 年）十月二十日为七年差三个月，诗句只能写整数，故云"七年"。再次说明《哭小女四首》一诗写于癸未年（乾隆二十八年，1763 年）。

（3）《四松堂集》对痘疹的记载

a.《四松堂集》卷四，第 214—215 页有《哭妹、侄、侄女文》，文中写道：

哭吾侄阿卓未旬日，泪痕在目睫间，而吾妹复殇。即以目睫未干，续之以哭吾妹。私谓：自兹以往可净睫痕。不意索泪者相继于后，而吾兄女又溘焉长往矣。

初，阿卓患痘，余往视之。途次见负稚子小棺者，奔走如织，即恶之。而三人竟罹此厄：阿卓先，妹次之，侄女继之。

敦敏家连续死了三个孩子：先是"吾侄阿卓"（敦敏的儿子）。他死后不到十天，"吾妹"亦殇（亦是敦敏之妹，阿卓之姑）。最后"吾兄女"（敦敏之小女）亦夭折。

敦诚接着写道：在其侄患痘疹时，曾去探视。在路上，看到许多人抬着、背着或用车拉着装有儿童的小棺木。——说明当时北京患痘疹儿童的普遍。

b. 敦诚的《哭芸儿文》

在《哭妹、侄、侄女文》的前一篇是《哭芸儿文》。文中写道：

会汝病之先，燕中痘疹流疫，小儿殄此者几半城，棺盛、帛裹、肩者、负者，奔走道左无虚日。而一门内如汝姑、汝叔、汝姊、汝兄，相继而殇。

此文谈及了两个问题。一、北京的痘疹，使得小儿死了全城的一半——每天都有死儿被带出城掩埋。二、仅仅二敦家便死去五人：除芸儿外，还有敦敏的女儿及阿卓，以及二敦的弟妹。

(4) 张宜泉诗《哭子女并丧》

在张宜泉《春柳堂诗稿》第 61 页有诗《哭子女并丧》题注曰："余生二女一子。因出痘仅存一焉。"诗云：

不获家门幸，重重祸痘疮。

才含娇女泪，又割爱儿肠。

……

从此诗可以看出张宜泉生有二女一子，但在痘疫后，只剩下一个刚出生不久的小女，其他两个大一点的孩子均夭亡。

（5）诗注"前数月，伊子殇，因感伤成疾"与北京"癸未"年三月至十月流行的痘疹，雪芹爱子应是在此瘟疫中夭折——两事彼此联系来看，雪芹"癸未"年尚活在世上

敦诚在《挽曹雪芹》中有诗句为"肠回故垅孤儿泣"。对此，诗人有说明云："前数月，伊子殇，因感伤成疾。"意思是在曹雪芹死前的几个月，其儿子刚刚夭折，为此，雪芹十分伤心，并因此而患病。

雪芹儿子的年龄，按我们的推算是13岁。如果没有传染病等特殊情况，人在12岁到18岁之间（相当于就读中学时期），是生命力最旺盛的时期——人生的这个阶段是患病几率最低的。因而，可以料定：雪芹之子的夭亡，最大可能与痘疹（天花）有关，有诗云："郊关痘殇莫计数，十家襁褓一二全。"他也像其他绝大多数儿童那样，抵御不住痘疹的侵入，而离开了这个世界。数月后，曹雪芹因儿子夭折伤痛而亡——从甲申春（乾隆二十八年春）往前推"数月"恰是痘疹传染的高潮，两件事的因果关系，十分清晰。

当我们将北京于"癸未"年三月至十月流行的痘疹与诗注"前数月，伊子殇，因感伤成疾"等事实相联系来看时，所得出的结论便是：曹雪芹在"癸未"年尚活在世上，他的爱子夭折于"癸未"年的痘疹流行时期，爱子的夭折使得曹雪芹悲痛万分，其后患病而亡。

（四）曹雪芹在"癸未"年尚活在世上的事实依据之三——书箱上芳卿诗歌中的"玄羊"即说明曹雪芹逝于"癸未"年

在张行保存的书箱上，有涂改的娟秀的行书诗句：

不怨糟糠怨杜康，乩诼玄羊重克伤。
睹物思情理陈箧，停君待殓鬻嫁裳。
织锦意深晴苏女，续书才浅愧班娘。
谁识戏语终成谶，窀穸何处葬刘郎。

下面阐释一下相关的几句诗歌。

先阐释"不怨糟糠怨杜康，乩诼玄羊重克伤"两个诗句。

糟糠：旧时指穷人用来充饥的酒渣、糠皮等粗劣食物。《后汉书·宋弘传》："臣闻贫贱之知不可忘，糟糠之妻不下堂。"后因用来指曾经共过患难的妻子。

杜康：即少康，传说中酿酒的发明者。

乩诼（jī zhuó）亦称作扶乩。这是一种迷信活动，在架子上吊一根棍儿，两个人扶着架子，棍儿就在沙盘上画字句来作为神的指示。

"玄羊"指曹雪芹属相为"羊"。按照迷信的说法，属羊者，命中克人。"重克伤"：重（chóng）两次。指"克"了两次。一次是雪芹之子的夭折，一次是雪芹自己的病故。

上面两句诗歌意即：曹雪芹的死，究其原因，不在于妻子没有照顾好他，而在于他饮酒过多。按照迷信的说法，本命年多有灾难。曹雪芹生于康熙五十四年，属羊。"羊"年"克"了其子和雪芹本人。

我们再来看"谁识戏语终成谶，窀穸何处葬刘郎"诗句。

窀穸（zhūn xī）：指墓穴。

刘郎：指刘伶。西晋沛国（即今安徽宿县）人，字伯伦。"竹林七贤"之一。曾为建威参军。嗜酒，作《酒德颂》。这里喻指雪芹。

这两句诗意为：谁能想到过去的玩笑话竟成了谶语（大约是与雪芹的死有关的话）——使得雪芹在本命年死去。但当时不知他将来的墓地会在哪里——可将此句诗与敦诚的"鹿车荷锸葬刘伶"诗句对看，即曹雪芹曾对家人讲将来他死在哪里便葬在哪里，不一定非要葬入祖坟。

上面几句诗都与雪芹属羊有关。查历书，曹雪芹生于康熙五十四年（乙未，1715年）——是羊年；死于乾隆二十八年除夕（癸未，1764年2月1日），也是羊年。

（五）"除夕"是个"绝日"，曹雪芹恰恰卒于此日，对此任何人也不会记错，脂砚斋所记是准确的

1. 脂砚斋在眉批中所记之雪芹的卒日为"除夕"是准确的

脂砚斋在第一回的眉批中，写曹雪芹卒于"除夕"，其所写纪年——

"壬午"是错的，前面已经详论，那么是否因此而否定所记之卒日——"除夕"也一定是错呢？

回答是否定的。对于曹雪芹死于何年何月何日——脂砚斋当然永远不会忘记，但是当时对于所发生的事件往往只记皇帝纪年，而非干支。干支是文人写文章时才使用的一种纪年方式。如果是在事件刚刚发生后，使用干支将其记录下来，当然不会有错，而若过了十来年，才将事件进行追记——就须将皇帝纪年换算成"干支"，这就需要推算。——在推算过程中，相差了一年，对于古人来说，是难免的。脂砚斋在推算过程中少计算一年，将卒于"癸未"误写成"壬午"——"癸未说"学者已用两件事实对此作出证明（见前面（二）、（三）两点论述）。

对于曹雪芹的卒日——"除夕"，不仅脂砚斋不可能忘记，也无须推算。就是香山当地居民对此也记忆深刻。香山一带至今还有曹雪芹及他的儿子死于两个"绝日"的传说——雪芹卒于"除夕"夜，其子夭折于中秋节。

"癸未除夕"即乾隆二十八年除夕，合公历1764年2月1日。

2. 按照"八旗丧葬"规定及雪芹家庭的具体情况，死后最大可能是在"一七"入土

曹雪芹属满八旗中的正白旗，因而在他去世后，应当按照满八旗的规定丧葬。徐珂的《清稗类钞·礼制类·满洲丧礼》云：

> 满俗丧礼：斩衰止百日，期服六十日，大功三十五日，小功一月，缌麻二十一日。然其居丧也，衰服不去身，不听乐，不兴宴，居室皆用素器、木几、素席，以终三年。期功各以其等降行之，无敢逾。①

在《清稗类钞·丧祭类·八旗丧葬》云：

> 八旗人死，停尸于正屋木架，曰太平床，不在炕。……既殓之三日，喇嘛诵经，曰接三，以死后之第三日必接煞也。接三者，近接

---

① 《清稗类钞》第501页，中华书局1984年版。

魂魄也。柩停于家，多则三十一日，少则五日。开吊发引，一如汉人。逢单七，辄招僧讽经，双七则否，五七有焚帛之举。至六十日，则烧船、轿。桥有二，一金色，一银色。船、桥，供其冥渡也。①

从当时的满族的丧葬来看，"停柩于家"，少则五日，多则三十一日。何时发丧，视各家情况，一般在"一七"、"三七"、"五七"。若是有爵位之家当以"五七"为多，而一般平民百姓，则多在"一七"。曹雪芹家较贫，最大可能他是在"一七"时被埋葬的。送葬的规格也较低，恐不会"招僧讽经"，也不会"至六十日"有"船、轿"供烧。

3. 依据敦诚的诗歌，曹雪芹的发丧之日节气还处于"荒天"

敦诚的《挽曹雪芹》诗中有"泪进荒天寡妇声"诗句。"荒天"当是指地上看不到青草，河水尚未解冻，举目望不见绿树，一片荒凉、萧索，没有生机。因而可以料定：敦诚的这首《挽曹雪芹》诗当写于甲申年早春时节，应在刚过"立春"之时。因为在河水解冻、树木生芽，野草吐绿后，便不能再称作"荒天"了。

"甲申"年的"立春"是正月初四日（1764年2月5日）。其后的几天（2月6日以后），仍像冬季那样处于"荒天"状态。

4. 总结

按照"八旗丧葬"规定和曹雪芹家的具体情况——为曹雪芹送葬最大可能是在"一七"。按照"癸未说"，曹雪芹卒于"癸未除夕"，即合公历1764年2月1日。"一七"即"甲申"年（乾隆二十九年）正月初六日，合公历为1764年2月7日。

按照敦诚的诗歌，送葬那天的天气尚处于"荒天"状态。"甲申"年（乾隆二十九年）正月初六日（1764年2月7日）的自然环境，完全可以用"荒天"二字来形容。

由此来看，不论按照"八旗丧葬"规定。还是敦诚诗中以"荒天"来形容送葬时的天气状况，都是对于"癸未说"的肯定。

因而，对上述论证的结论即：曹雪芹卒于"癸未除夕"，即乾隆

---

① 《清稗类钞》第 3549 页。

二十八年十二月三十日，合公历 1764 年 2 月 1 日。

三、"甲申说"是单文孤证，且主观性较强

（一）"甲申说"的基本观点

"甲申说"以梅挺秀为代表，徐恭时、蔡义江亦主张此说。此说认为应对甲戌本的那条批语重新标点和解释，即分成三段，是三个时期评批的：

1. 第一段："能解者方有辛酸泪，哭成此书。壬午除夕。"

写此批者为畸笏，而非脂砚。"壬午除夕"并不是曹雪芹卒年的记载，而是畸笏叟评批的日期。认为"当时曹雪芹还健在，《红楼梦》已基本成书。"

2. 第二段："书未成，芹为泪尽而逝，余尝哭芹，泪亦待尽。每意觅青埂峰再问石兄，奈不遇癞头和尚何，怅怅！"

认为："这是另一条批语。雪芹死后不久，畸笏叟又一次阅批《红楼梦》，看到前批，感慨万分，于是又续一批。前批谓'哭成此书'，此谓'书未成'；前批下笔时作者尚在，此时已'泪尽而逝'；不惟作者'泪尽'，即批者因哭作者'泪亦待尽'。此批是对前批的补充和订正。"

3. 第三段："今而后，惟愿造化主再出一芹一脂，是书何幸，余二人亦大快遂心于九泉矣！甲午八月泪笔。"

他认为："雪芹云亡，红楼梦断，痛定思痛，批者乃希再出一曹雪芹，得以续成此书。此批时间最晚，已在雪芹去世半年① 之后，它证实脂砚斋是当时最重要的评红专家，有可能先雪芹而亡。"

至于卒日，"甲申说"认为：既然敦诚《挽曹雪芹（甲申）》一诗，已注明曹雪芹是葬于"甲申"年，那么也就应将他的卒日定于"甲申"年。——这便是"甲申说"的基本内容。

---

① "夕葵书屋"所录之脂批的落款为"甲午"，故梅挺秀认为"能解者"这条批语写于曹雪芹去世半年之后。他没有依据写于"甲戌本"的脂批。

（二）"甲申说"的"证据"只是对"能解者"脂批的重新认识，属于单文孤证，而且这种孤证，因脱离了语言环境，所以主观性较强

首先，"甲申说"除掉对"能解者"脂批作出自己的重新理解外，并没有提供其他的证据，因而属于单文孤证。

其次，"甲申说"学者在阐述此批语时，脱离了它的语言环境——忽视了它是对于正文中"谁解其中味"的批示，将此批完全孤立起来理解，因而主观性较强。

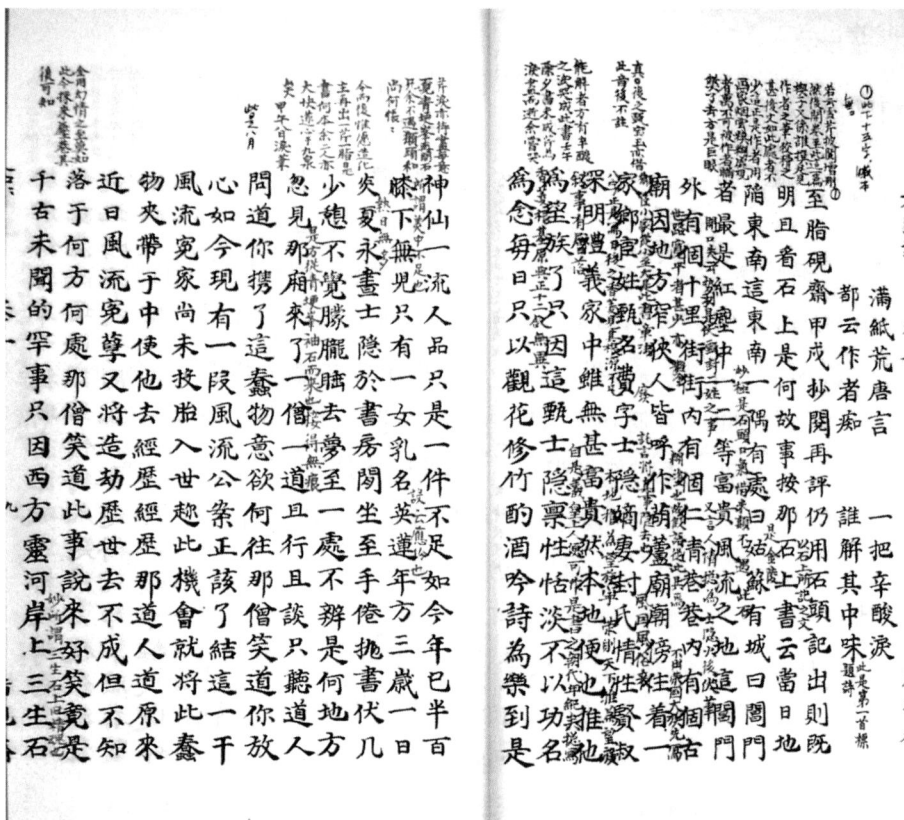

从内容上看，此批明显是针对《石头记》第一回"谁解其中味"诗作的批示。由于在此批的前面尚有两条批语，分别为："若云雪芹批阅增删，然后……"和"真。后甄宝玉亦借此音。后不注。"才没有写于"谁解其中味"诗句上端。

该批语从总的内容来看，可分为两部分：

前一部分核心是"泪"。

第一句是："能解者，方有辛酸之泪哭成此书"。——泛指能解"其中味"者必定有辛酸之"泪"。

第二句是："壬午除夕，书未成，芹为泪尽而逝。"——专指曹雪芹为著书，最终"泪尽而逝"。

第三句是："余尝哭芹，泪亦待尽。"——专指脂砚斋，因为经常哭雪芹，也将"泪"尽。

后一部分是讲脂砚斋与曹雪芹的关系。这时的"脂砚斋"专指许芳卿。①

按照曹雪芹的写作奇法、秘法之一——分身法，"石兄"、"癞头和尚"均指曹雪芹。由于雪芹已逝，脂砚斋再也不可能见到他了。于是想到如果来生"造化主再出一芹一脂"，该是多么"大快遂心于九泉"啊！

从批语的整体内容上看，是一气呵成的，不可能如"甲申说"所言，是分了三个时期写成。从批语的口气来看，批书人只能是脂砚斋。而且甲戌本中并没有畸笏叟的批语。"甲申说"认定"能解者"批语系由畸笏叟所写，只是一种没有根据的猜测。

现在我们再来看"壬午除夕"四字的位置。

"甲申说"认为"壬午除夕"是畸笏叟进行第一次评批时的"落款"。

但只要对落款稍作研究，便会找到一种规律：落款必定是另起一行。只有在一种情况下才可能放在批文最后一行的下端，即批语的最后一行已贴近下一页，不便另起一行，而且这批语最后一行的文字也较少，可以写下落款。

现在我们来看"壬午除夕"数字——不属于上面两种情况中的任何一种。这四个字写在了整个批语的中间，而且分为两行："壬午"二字在一行的下端，"除夕"二字在另外一行的上端。——这种形式只能说明"壬午除夕"是整个行文中的一部分，而绝不是落款。

---

① 关于此问题请参见《解开脂砚斋之谜》、《对〈解开脂砚斋之谜〉一文的评价、验证和补充》二文，载于《红楼解梦》第三集。

"甲申说"对于曹雪芹的卒日，所作出的结论是：既然敦诚的《挽曹雪芹·甲申》诗已在诗题中注明是"甲申"年所写，那么便断定曹雪芹必然去世于"甲申"年。

——这种说法的问题是：该诗所写的是为曹雪芹送葬，送葬的时间是早春，天气还处于"荒天"。而从曹雪芹去世到为他送葬，中间还有一段时间。这就存在着曹雪芹死于头一年年底，而葬于第二年年初的可能性。——"甲申说"在没有任何论证的情况下，便排除了曹雪芹逝于前一年大年三十的可能性，说明论证不严谨，存在着漏洞。其论证不能令人信服。

（三）"甲申说"学者对于曹雪芹卒日都有各自不同的看法

"甲申说"在曹雪芹卒日问题上观点很不统一。

1. 有人主张"可以笼统一点"

"甲申说"中有人认为："为了避免一些无谓的争执，尽量求得一致，可以笼统一点，把雪芹卒年定于乾隆二十九年（1764年）春天，也就可以了。"①

2. 有人主张曹雪芹逝于"春分"

"甲申说"中有人认为曹雪芹逝于"春分"。②

敦诚的诗中有"泪迸荒天寡妇声"诗句。"荒天"（立春时节）说明为雪芹送葬时，还处于早春。因此，雪芹卒于"春分"（1764年3月20日，系属仲春时节）的观点不能成立。

3. 有人主张曹雪芹逝于"正月初一"

甲申说中有人主张雪芹逝于"正月初一"（1764年2月2日），所依据的只是"晓风昨日拂铭旌"等语③，其卒日只是一种主观猜测，因而此观点不能成立。

---

① 见梅挺秀撰文《曹雪芹卒年新考》一文，载于《红楼梦学刊》1980年第三辑。
② 见徐恭时《文星陨落是何年?》一文，载于《红楼梦学刊》1981年第二辑。
③ 见蔡义江《红楼梦是怎样完成的》一书。该书中有一节，题为《"泪笔"批语的重新解读》。该书由北京图书馆出版社2004年版。

4. 有人主张曹雪芹逝于"三月初一"

甲申说中的雪芹逝于"三月初一"（1764 年 4 月 1 日，接近清明）的观点①，与为雪芹送葬时的"荒天"（立春时节）有矛盾，故此说不能成立。

此外，按照史料，"三月初一"实是敦诚的生日，将此日看作曹雪芹的卒日是一种误解。

从上述分析可以看出"甲申说"的观点，主观因素较多，不能正确地反映客观真实情况。而且即使连"甲申说"自己至今也没有拿出一个曹雪芹到底哪天去世的统一的意见，如何说服关心曹雪芹卒年问题的读者？

四、结 论

对于曹雪芹到底卒于何日，从 20 世纪五六十年代就开始争论，至今已半个多世纪，最早参与争论的学者，已经陆续作古。新的学者对此问题已难再提出新的证据。现在已有条件将各说观点，作个认真的述评、论证、辨析、总结，本文就是本着这个原则写的。

"壬午说"、"癸未说"、"甲申说"三种说法进行论证的基点相同，即均是《石头记》第一回"能解者"眉批。但对待此眉批所采取的研究方法却截然不同。这就形成了不同的观点，不同的结论。

"壬午说"将眉批中的"壬午除夕，书未成，芹为泪尽而逝"看作定论，以此作为出发点否定与此相关的事实。与此同时，又轻信了一些虚假的材料——诸如 1992 年张家湾一农民献出的"曹雪芹墓石"和夕葵书屋单页纸所录《石头记》中"能解者"批语（在落款的年代上与原文有出入）——致使钻进死胡同，而不能自拔。当抛开"壬午说"所依据的那些虚假材料之后，所剩下的便只是"能解者"那条眉批单文孤证了。与此同时，"壬午说"所面对的各种事实都证明曹雪芹第二年（"癸未"）尚活在世上，而且敦诚的《挽曹雪芹·甲申》又说明为曹雪芹送葬是在"癸未"

---

① 此为互联网中"微型风筝"的观点。

的第二年"甲申"年初……这一系列的事实就使得"壬午说"失去了存在的基础。

"甲申说"的突出特点是对于"能解者"那条眉批作出了不同于"壬午说"和"癸未说"的理解。即认为"能解者"眉批是分为三个时期批的，且批书人不是脂砚斋，而是畸笏叟。这种对该批语的理解，完全脱离了《石头记》正文（"谁解其中味"诗句），又无视"壬午除夕"四字在整个批语所处的位置（位于整个批语中间，且将"壬午"、"除夕"四字分成了两行），此外对于脂砚斋、畸笏叟是谁的新的科研成果也丝毫不了解——由此所得出的结论，也就难以令人信服。而且"甲申说"自身对于曹雪芹卒于何日问题上，也是各执己见，各自的主观性都较强。一个连自身都不能达成一致观点的说法，何以说服他人？

癸未说论证的出发点同"壬午说"和"甲申说"一样是《石头记》第一回"能解者"眉批。但对其中的"壬午除夕"四字，不是迷信，而是当发现与事实有矛盾时，采取尊重事实的态度。多个事实都证明：曹雪芹"癸未"年尚活在世上。这些事实包括：敦敏《小诗代简》中所记"东风吹杏雨，又早落花辰"的现象唯"癸未"年才有可能。曹雪芹爱子最大可能是死于"癸未"年北京地区流行的痘疹，而曹雪芹是在爱子夭折后，因过于悲痛染疾而亡的。曹雪芹遗孀的"乩诼玄羊重克伤"诗句亦说明他逝于癸未年。"癸未说"认为"壬午除夕"中的"除夕"二字是不可能记错的——因这是个"绝日"，是曹雪芹死的具体日期。关于曹雪芹的卒日，由于是个"绝日"，就连香山地区的居民，世代都有曹雪芹死于"除夕"的流传，这也是对于脂砚斋所记曹雪芹死亡具体日期是"除夕"的一种验证。再如敦诚《挽曹雪芹》诗歌中有对于送葬日"荒天"的记录，这种记录亦可作为曹雪芹卒于"癸未除夕"的另一个验证。

本文结论：曹雪芹逝于乾隆二十八年（癸未）除夕，合公历 1764 年 2 月 1 日。

紫　军

2012 年 8 月 19 日

［附件］　纪念曹雪芹，学习曹雪芹——纪念曹雪芹逝世 250 周年①

　　［说明］关于曹雪芹的卒年、卒日问题，不仅学术界已经过半个多世纪的讨论、辩论，而且亦挖掘出足够的史料，使得该问题早已在绝大多数学者中得到解决。——因为就卒年问题来说，"壬午"、"甲申"两说均为单文孤证，唯"癸未说"具有两个以上的证据，证明"癸未"年时曹雪芹确实还活在世上。而就卒日来说，曹雪芹死于"除夕"，不仅雪芹亲友不可能忘记，就是香山地区居民也有传说：他与其子都死于"绝日"，曹雪芹卒于"除夕"。——在这种情况下，只要开一次曹雪芹卒年、卒日研讨会，或像曹雪芹逝世 200 周年时那样，在一些报刊上（如《红楼梦学刊》和《曹雪芹研究》）再次就此问题进行一次讨论，必可作出总结。即使学界没有走这种形式，却并不影响曹雪芹逝于 1764 年 2 月 1 日这一客观事实。为此笔者在此忌日的 250 周年纪念日之际，写出此文，以作为对曹公的人间纪念。以使在天界的曹公，这一天不至于过于寂寞与冷清。本博主人微言虽轻，却仍可以写篇小文表达对这位文星的景仰、崇敬与悼念。

　　250 年前的今天（2014 年 2 月 1 日）从太空陨落了一颗世界级的耀眼文星——曹雪芹。

　　曹雪芹走了，给我们留下一部世代相传，百读不厌的"奇书"——《石头记》。说它"奇"，"奇"在两点：

一　"奇"：带有大量脂砚斋批语

　　在明清时期，流行着一种"评点风"——有些文学评论家在一些经典小说上进行评点，以作为对读者理解该书的指导。所有这些评点都是在作者去世若干年后才出现的。

---

① 此文刊于 2014 年 1 月 31 日笔者的博客（"霍国玲的博客"或"blog.sina.com.cn/hupguoling"）上，作为对曹雪芹逝世 250 周年的纪念。

　　但是《石头记》却不同，此书于曹雪芹在世时就带有脂砚斋批语，甚至还以《脂砚斋重评石头记》作为自己著作的书名。关于脂砚斋是谁的问题，经"石学"学者研究，"脂砚斋"系曹雪芹及其第二、三任妻子合用的批书笔名，其核心批语均出自曹雪芹本人之手。

　　任何作家进行创作，都会尽可能将自己的思想、感情倾注于作品本身。这些作品，对于读者来说，不会造成理解上的困难，从来没有过作家本人在自己的作品上添加评点的情况。那么，为什么偏偏《石头记》作者要在自己的书中添加批语呢？难道像曹雪芹这样一个大作家还有什么思想、感情表达不清，偏要添加批语来注明吗？请看：这种现象是不是很"奇"？

二"奇"：《石头记》仅有八十回，似是未竟之作

　　《石头记》到八十回便戛然结束了，似是未竟之作。如果说是因为作者生命短促，没有时间完成此书，倒也罢了。但在甲戌本《石头记》（乾隆十九年，1754 年）一书中，作者清清楚楚地写道："披阅十载，增删五次。"即到那时该书已修订了"十载"之久。此后至曹雪芹去世（乾隆二十八年除夕，1764 年 2 月 1 日）又大约十年，若作者欲在八十回后再补充"完整"，并非难事，也并非没有时间。但《石头记》一书始终最多只有八十回，这就只能是作者的有意所为了。而且当我们回过头来重读前八十回，特别是第五回时，便会了解八十回之后的大致情节及该书的结尾。——如此写书的方法，古今中外可曾见过？这样的书"奇"也不"奇"？

　　果然，《石头记》第二回中，在"智通寺"大门上挂有一副对联，点破了作者如此著书之目的：

　　　　身后有余忘缩手，
　　　　眼前无路想回头。

　　对于这副对联，贾雨村想到："这两句话，文虽浅近，其意则深。"在此处甲戌本有侧批曰："一部书之总批。"

　　请看：这副对联可是全书之"总批"啊！显然这是指该书的不完

整是作者有意所为。为了使人能够理解这点，在"智通寺"处甲戌本和靖藏本，均有批语：

谁为智者？又谁能通？一叹！（甲侧）

是智者，方能通。谁为智者？一叹！（靖眉）

何谓"通"？"通"，就是理解、懂得、领会。上述两段批语的意思是：谁能够领悟到："身后有余忘缩手，眼前无路想回头"这副对联，实指《石头记》这部书的基本结构，并据此给读者指出了方向。说得较透彻一些，便是：这部《石头记》虽然仅有八十回，但带有全部脂砚斋批语。这样一部书看似不完整，实则是一部由作者精心制作的十分完整的著作。很明显，作者利用批语已暗示了读者：不要因为看不到八十回后的著作而感到遗憾，而应当回过头来，在脂砚斋批语的指引下，认真地从头阅读此书。而且不厌其烦地一遍一遍地读，直到全部理解为止。

任何读者只要领悟了作者批语的深意，便会了解：这部书实是一部有正、反两面的书——正面是小说，背面是历史。只要全面地、认真地沿着脂砚斋所指引之路深究下去，便会像"风月宝鉴"那样，翻转到背面看到历史。

曹雪芹将小说与历史不可分割地在同一部著作中记述，对于西方文化来说不可思议，然而这却是中华文化的基本特点。中国古典文学的基本特点是"文史合一"。这一特点在中国古典诗歌上体现得比较明显。即使像李白所写的类似"飞流直下三千尺"的浪漫诗句，所记录的也必是实事——曾游庐山。中国古典散文，其基本特点同样是"文史合一"。比如司马迁所记载的人物，栩栩如生，既是"史"，也是"文"。但是随着社会的发展，人们需要更多的艺术享受，便出现"文"与"史"分流的现象——一方面有专门记录历史的"二十四史"等"正史"，另一方面也出现大量小说（或称作"野史"），即作家想象的内容逐渐增多，愈来愈多地突出其文艺性，发展成为章回小说及各种戏曲。但这种"文史分流"中之"文"，即使作家在内容上充满了想象，其核心仍然是"史"。哪怕像《西游记》这样的神话，其核心人物唐僧玄奘也确有其人，他曾去"西方""取经"也确有其事。

曹雪芹的《石头记》则与以往的任何文学作品不同。这部著作是彻底的"文史分流"——正面小说是纯粹的文学，背面则是精确的历史。但又是彻底的"文史合一"——不论是文学，还是历史，被统一于同一部著作中。

《石头记》作为正面小说，深刻地反映了社会现实，堪称中国封建社会的百科全书。从艺术上看则达到了中国文学的最高峰。其情节曲折、复杂；人物众多，且形象各异；语言丰富，且完全与人物和环境相适应，俗可以俗到"土得掉渣"，"雅"可以"雅"到骚体、骈文。《石头记》是完全的独创，又是完全的传统，比如从韵文角度看，已达到了文备众体的程度，不仅包含了古典诗歌各种诗体，而且将民间的对联、谜语、酒令等等也都涉猎。对作家底蕴的丰厚，横溢的才华，读者只能冠以"天才"，啧啧赞叹。

《石头记》的背面历史，恰恰是统治者从正史中刻意删削、篡改的部分。中国是一个有记史传统的国家，不仅皇家有史官记史，而且地方也有地方志，即使一些望族也多有族谱。流传下来的史料是世界罕见的文化宝库。这个文化宝库对人类了解自己的历史提供了极丰富的史料，比如丝绸之路的确立，古代东西方的文化、经济交流等等的研究，都离不开中国古代的史料。然而，正是由于中国是个太重视历史的国家，统治者为了美化自己，也就难免在关键的部分对历史档案、历史资料、历史记载，按照自己的需要加以歪曲、篡改、阉割，甚至删削，比如清代的八大谜案基本上都是统治者删削与篡改了重要史料造成的。有些统治者害怕自己的丑行被后人不齿，明明是窃权篡位，却偏要说成是合法继承；明明是残民以逞、男盗女娼，却偏要让御用文人将其打扮成爱民救国，清廉公正。并惧怕被正直的文人将真相记录下来，这便是"文字狱"的背景。《石头记》正是在中国历史上"文字狱"最残酷的时期创作的。当文人大都屈服于统治者的压力，提出并遵从所谓"朴学"时——这是一种诸如"有一分材料，说一分话"之类的学问，通俗些说，就是：凡史料中记载着的就是真实的，既然史料中将重要史实删去，那就不能承认曾存在过这种"史实"——总之，完全看着统治者的眼色行事，不敢逾越半步。然而曹雪芹却能在"文字狱"最猖獗的时期，将被统治者删削、篡改的历史，以巧妙的方法隐记于自己的著作《石头记》中，这需要何等的勇敢和智慧！

曹雪芹堪称中华民族勇敢、智慧、不屈不挠、真诚、正义、正直、善良……优秀品德的化身。

曹雪芹离开这个世界已 250 周年，愿他的英魂常在，仍能给我们以力量，一扫社会上的不正之风，使我们民族不愧为既有物质文明，又有精神文明的优秀民族，屹立于世界强国之林！

紫军、霍国玲

2014 年 1 月 30 日

2014 年 7 月 1 日修订

《石头记》作者的名、字、号辨析

　　人民文学出版社 1982 年 8 月出版的《红楼梦》前言中，有这样一段文字：

　　关于曹雪芹，目前还存在着不少有争议的问题。不仅他的生卒年一直存在着争议，甚至连他的"字"、"号"，也不能十分确定。按照曹雪芹的好友张宜泉的说法，应该是"姓曹名霑，字梦阮，号芹溪居士"；但有的研究者认为他的"字"是"芹圃"，号"雪芹"。

　　1988 年出版的《红楼梦鉴赏辞典》中，对于曹雪芹的名、字、号是这样论述的：

　　1. 谱名：曹天祐。……
　　2. 学名：曹霑。……
　　3. 字：雪芹。……
　　4. 一字："芹圃"，别号"芹溪"。……
　　5. 晚号"梦阮"。……①

　　1990 年出版的《红楼梦大辞典》中，关于曹雪芹的名、字、号写道：

　　名霑，字梦阮，号雪芹，又号芹溪、芹圃。②

---

① 见徐恭时《曹雪芹传略》，载于《红楼梦鉴赏辞典》第 714—715 页，上海古籍出版社 1988 年版。
② 见《红楼梦大辞典》第 834 页，文化艺术出版社 1990 年版。

1996 年同心出版社出版的《红楼梦》前言中，在"曹雪芹生平"部分介绍说：

曹雪芹，名霑，字芹圃，号芹溪、雪芹。

从上述情况看来，《石头记》作者的名、字、号，仍需作专题研究。

一、史料中对《石头记》作者名、字、号的记载

（一）《石头记》批语的记载
1. 靖藏本《石头记》第十三回回前批曰：

"秦可卿淫丧天香楼"，作者用史笔也。老朽因有魂托凤姐贾家后事二件，岂是安富尊荣坐享人能想得到者？其事虽未漏，其言其意，令人悲切感服，姑赦之，因命芹溪删去"遗簪"、"更衣"诸文，是以此回只十页，删去天香楼一节，少去四五页也。

2. 甲戌本《石头记》第十三回回后批曰：

"秦可卿淫丧天香楼"，作者用史笔也。老朽因有"魂托凤姐"、"贾家后事"二件，岂是安富尊荣坐享人能想得到处？其事虽未漏，其言其意则令人悲切感服，姑赦之。因命芹溪删去。

3. 靖藏本《石头记》第二十二回有眉批曰：

前批者寥寥。不数年，芹溪、脂砚、杏斋诸子皆相继别去。今丁亥夏只剩朽物一枚，宁不痛杀！

（二）史料中的记载

1.《氏族通谱》

曹頫，原任郎中。

曹天祐，现任州同。（《氏族通谱》于乾隆九年修成。"现任"应指乾隆九年。）

2.《五庆堂曹氏宗谱》

頫：寅长子，内务府郎中，督理江南织造。诰授中宪大夫，生子天佑。（"佑"、"祐"词义同）。

天佑：頫子，官州同。

3. 敦诚在《寄怀曹雪芹》① 诗题下，注有一个"霑"字。由此得知，曹雪芹又名"霑"

4. 敦诚在《四松堂集》卷上：有一首关于曹雪芹的诗，其题为《赠曹芹圃》

5. 敦敏在《懋斋诗抄》② 中一首有关曹雪芹的长诗，"题"为：《芹圃曹君霑别来已一载余矣。偶过明君琳养石轩，隔院闻高谈声，疑是曹君，急就相访，惊喜意外，因呼酒话旧事，感成长句》

6. 敦敏《懋斋诗抄》③ 中有一首诗的诗题为《题芹圃画石》

7. 张宜泉写有《和曹雪芹西郊信步憩废寺原韵》④ 诗

8. 张宜泉在《题雪芹居士》⑤ 的诗题注中写道：姓曹名霑，字梦阮，号芹溪居士

9. 张宜泉写有《伤芹溪居士》⑥

10. 张宜泉亦写过一首诗，题为《怀曹芹溪》⑦

至此，我们已知与《石头记》作者有关的名、字、号，有如下六种：

---

① 见敦诚《四松堂集》，上海古籍出版社 1984 年版。
② 见《懋斋诗抄》第 37—38 页，上海古籍出版社 1984 年版。
③ 同上。
④ 见张宜泉《春柳堂诗稿》，上海古籍出版社 1984 年版。
⑤ 同上。
⑥ 同上。
⑦ 同上。

曹雪芹、霑、天祐、芹溪（芹溪居士）、芹圃、梦阮。这诸多称呼中，何为名？何为字？何为号？需要认真辨析。

二、对《石头记》作者名、字、号的辨析

（一）何谓名、字、号及它们之间的关系

前面已说明曹雪芹的名、字、号共有六种。

我们在分辨曹雪芹的名、字、号之前，首先要说明的是：名、字、号有何区别，各自的含义是什么。

名：即一个人的名字。

字：所谓"字"，是指人的表字。通常是根据人名中的字义，另取的别名。如《史记·老子列传》："姓李氏，名耳，字伯阳。"又如岳飞，字鹏举。其意：大鹏鸟腾空而起，直上九霄，岂不正是高高飞翔之意吗？

关于"名"和"字"之间关系，在《颜氏家训·风操》中作了回答："古者，名以正体，字以表德。"如《宣和遗事·亨集》："此人是谁，此乃谏议大夫张商英，表字天德。"

号：所谓"号"，或"别号"，人的名字以外的自称。如陶潜《五柳先生传》："宅边有五柳树，因以为号焉。"

（二）曹雪芹一生的升沉起伏

下面我们再看为什么会形成这六种复杂的称呼？

名、字、号是中国古代文人习惯使用的称呼。对于这些称呼，极少产生什么疑问。曹雪芹是清代人，距离我们并不久远，怎么一与曹雪芹沾边，就乱了套，搞不清，弄不明，引得学界争论不休呢？

——原因就在于乾隆利用大搞文字狱之机，大肆删削、篡改了历史。其中以曹雪芹家最为明显。曹雪芹的母亲本是康熙的十六公主[①]。以曹家女儿身份进宫的曹香玉（即竺香玉），后做了雍正皇帝的皇贵妃、

---

① 可参见本书《曹雪芹的母亲马氏是康熙的公主》一文。

皇后①。两人都被乾隆从历史档案中删削。

曹家在第一次被抄没后，由于雪芹的母亲是康熙的公主，雍正帝的妹妹——因连她的财产也一并被抄没，她当然要求补偿对她利益的危害。这也就使曹家可能很快恢复元气，得到中兴。

香玉被迫进宫，先做公主郡主的陪读，后成为皇贵妃、皇后，更使得曹家如"烈火烹油，鲜花着锦"。

然而，乾隆十六年曹家第二次被抄没。这次抄没的原因是香玉自缢，后被查出她原是曹家的一个丫鬟——这相当于曹家犯了欺君罪，于是曹家第二次被抄没②。此时，雪芹的母亲早已去世，皇族中再没有人能给曹家以保护，因而此次抄家十分彻底，致使曹雪芹从社会宝塔的峰顶，一直跌到深谷。

由于曹雪芹的生活发生了翻天覆地的变化，这种变化也必然反映在他的名字上。

我们清楚了上述史实，也就有了辨析《石头记》作者名、字、号论题的基础。

（三）乾隆十六年之前的称呼——"霝"与"天祐"

曹雪芹生于康熙五十四年五月初三日（1715 年 6 月 4 日）。曹雪芹的祖父曹寅有两女并一独子曹颙。曹颙在康熙五十年曾生下一子，不幸早夭，雪芹是他的遗腹子。也就是说雪芹是曹家连续两代人的单传。因而雪芹的祖母在他一落地，便视他为掌上明珠。这种情况也必然反映在他的名字上。

雪芹的祖母、叔父曹頫为他起的名字叫做"霝"，别名"天祐"乳名"保祐"。这两个名字同出于《诗经·小雅·信南山》：

> 既霝既足，生我百谷。曾孙寿考，受天之祐。（祐与佑通用）

---

① 曹雪芹撰写《石头记》主要目的就是为竺香玉写传。关于这个问题在"石学论丛"多篇文章中均有论述。

② 请参见本书《曹雪芹与清皇族》等文。

"霶"作湿润解。"既霶既足，生我百谷。"意为：天降雨雪，充分润泽了大地，使百谷得以茁壮生长。百谷丰登，显然是受天之祐。由此可见，"天祐"是根据"霶"之字义，另取的别名。此名后来作了谱名。当天祐渐大，入学读书时，则用学名"霶"。这一组名字，是曹雪芹幼小时由祖母、母亲为他取的，意思是乞求上天护佑他逢凶化吉，遇难呈祥，长大成人。

1. 关于"霶"

在曹雪芹友人的诗中有三首诗提到他名为"霶"。分别是：

敦诚的诗《寄怀曹雪芹（霶）》；

张宜泉诗《题雪芹居士》，题下注曰："姓曹名霶。"

敦敏诗《芹圃曹君（霶）别来已一载余矣。偶过明君琳养石轩，隔院闻高谈声，疑是曹君，急就相访，惊喜意外，因呼酒话旧事，感成长句》。

称雪芹名"霶"时的共同特点：

①张宜泉、敦敏、敦诚都是曹雪芹晚年的朋友。他们的这几首诗都是赠给或怀念曹雪芹（曹芹圃）的。说明曹雪芹（曹芹圃）是当时通行的名字。

②三首诗虽都提到"霶"，但均在题注中。说明当时曹雪芹已不叫"曹霶"。"曹霶"是他过去曾用的名字。可以料想：曹雪芹在名叫"曹霶"时，已是人们熟知的风流才子。现在所写关于曹雪芹（曹芹圃）的诗，担心有人误认为是另外一个人，因而才特地注明曹雪芹（曹芹圃）即过去鼎鼎大名的曹霶。

2. 关于"天祐"

《五庆堂曹氏宗谱》明确记载：曹颙"生子天佑（祐）"。

关于曹天祐即曹霶的问题，可从两个方面来看：

①"霶"与"天祐"词义相近，且同出于《诗经·小雅·信南山》。

②按《石头记》中的隐写，曹雪芹系曹寅单传的孙子。[1] 这与史料记载相吻合。按照史料记载，曹寅的独子为曹颙，曹颙的独子为曹霶。

---

[1] 见本书《曹家的中兴与曹雪芹》一文。

按《五庆堂曹氏宗谱》曹顒是"寅长子，……生子天佑"。即天佑是曹寅的孙子。

既然曹霑与曹天祐记载为曹寅单传的孙子，因而曹霑与曹天祐必定是同一人才可解释得通。

③由于曹顒死后，曹頫过继给了曹寅之妻李氏，作为曹寅之子管理江宁织造。

曹頫实是曹宣之四子。曹寅在《楝亭诗抄别集·辛卯三月闻珍儿殇，书此忍恸，兼示四侄寄东轩诸友·其二》诗中云："世出难居长，多才在四三。承家赖犹子，努力作奇男。"诗中"四三"中的"四"即指曹頫。

曹頫过继给曹寅之妻时，年纪尚小，这从他于康熙五十四年三月初七日给康熙的奏折中可以看出：

　　　窃念奴才包衣下贱，黄口无知，伏蒙万岁天高地厚洪恩，特命奴才承袭父兄职衔，管理江宁织造。

何谓"黄口无知"？

"黄口"原指雏鸟。后也指儿童。如《淮南子·氾论训》："古之伐国，不杀黄口。"

曹頫说自己是"黄口"，是说自己还未到"弱冠"之年。"弱"，年少。古代男子二十岁行冠礼，所以以"弱冠"指二十岁左右的年龄。比如贾谊十八岁为博士，在《后汉书·胡广传》中，也称其为"亦在弱冠"。

从曹頫在奏折中"黄口无知"的口气看，可能他的年纪大约只有十五六岁。他在康熙五十四年三月初七日的另外一个代母李氏的陈情折中则写道："奴才之嫂马氏，因现怀妊孕已及七月，恐长途劳顿，未得北上奔丧，将来倘幸而生男，则奴才之兄嗣有在矣。"曹顒的这一遗腹子，与曹雪芹的生日十分吻合。由此来看，曹雪芹应是曹顒之子，而不可能是曹頫之子。

3. "霑"与"天祐"实为同一人在两种不同情况下所使用的名字

从"霑"与"天祐"上述三点情况可知：两个名字实为同一人，但用于不同场合。

"霑"：这是原来在府学和与朋友交往时所用之名。因此，敦敏、敦诚、张宜泉知他以前所用名为"曹霑"。

"天祐"：在《氏族通谱》中称作"天祐"。大概这与他在家的称呼有关。《石头记》中"宝玉"在"吴语"中正是"保祐"的谐言，其所反映的是雪芹在少年时，家里称他为"保祐"，即"天祐"的变称。待上学后，学名则叫做"曹霑"。

（四）乾隆十六年之后的称呼

1. "雪芹"名字的由来

乾隆十六年曹家第二次被抄没。这次抄没是由于香玉（皇太后）的自缢引发的，而曹雪芹的母亲马氏也已去世多年，清皇宫中没有了曹家的庇护者，因而乾隆恶治了曹家，使曹家一败涂地，正像《石头记》中所写："家亡人散各奔腾"，"忽喇喇如大厦倾"，"好一似食尽鸟投林，落了片白茫茫大地真干净"。在曹家被抄没后，曹雪芹先是逃禅，风声过后，回到位于北京香山地区的满正白旗曹家原来所在的旗营，过起了贫寒的生活。

一位波斯哲人曾说：一个人最痛苦之事不过三件：第一，原地位崇高，却突然跌落至卑贱；第二，原腰缠万贯，却突然一贫如洗；第三，本智慧博学，受人尊敬，却突然成为愚昧无知者的嘲弄对象。

——乾隆十六年曹家被抄没之后，曹雪芹便突然之间成为这样一个人间最痛苦之人。而他却被称呼为"霑"、"天祐"——这使得他的名字与现实状况形成鲜明反差。在这种情况下，他不愿再继续使用原来祖母、叔父为自己起的名字，而要使用依据自己的现实情况起新的名字。

乾隆十六年曹雪芹已三十七岁，他隐去原来的"名"和"字"，自己取名为雪芹。

首先"雪"是"霑"的延续。"霑"作湿润解。"既霑既足，生我百谷。"意为：天降雨雪，充分润泽了大地，使百谷得以苗壮生长。"雪"，实为寒冬所降之"雨"或寒冬之"霑"，只是形式不同，一为液态，一为固态。"雪芹"则意"雪"底之"芹"，是遭受积雪重压、严冬摧残之"芹"。"雪芹"二字亦有出处：

①苏轼《东坡八首》云：

泥芹有宿根，一寸嗟独在。
雪芽何时动，春鸠行可脍。

②苏辙《新春》云：

园父初挑雪底芹。

③范成大《田园》云：

玉雪芹芽拔薤长。

上面关于"雪芹"的三个出处，特别是苏轼"泥芹有宿根，一寸嗟独在"诗句，说明"芹"的顽强。"雪底之芹"虽然遭逢严寒侵袭（喻扫地出门），却仍然不屈不挠地存活着。它期待着春回大地，冰雪消融，再发生机。

2. 雪芹的"字"为"芹圃"

前面已说明"名"和"字"的关系，"字"依据"名"的字义推导而出。

"雪芹"之"芹"——在园圃中种植，因而"芹圃"应是"字"。

"雪芹"称作"芹圃"时，说明"芹"不仅存活下来，而且繁衍成一方园圃——喻他又创作、修订了大量作品：《石头记》、诗歌、绘画等多种艺术形式的作品及《废艺斋集稿》等。

在与人交往时，有时称"字"，是用以表示对其亲切并尊重。比如敦诚曾有诗题为《赠曹芹圃》；敦敏亦有诗题为《题芹圃画石》。

3. "芹溪"为"芹圃"的别"号"

"芹溪"意在他居住地附近有一条小溪。在清代乾隆年间，以"×溪"为"字"或"号"的人不在少数。如方苞称作"望溪"，程廷祚称作"青溪"，董得昶的"字"叫做"兰溪"等等。

畸笏叟在为《石头记》加批语时，有三条批语，提到"芹溪"："因命芹溪删去'遗簪'、'更衣'诸文"；"因命芹溪删去"；"不数年，芹溪、脂砚、杏斋诸子皆相继别去"。

张宜泉在《题雪芹居士》诗的题注中云："姓曹名霑，字梦阮，号芹溪居士。"他将"芹溪居士"或"芹溪"作为"号"写有《伤芹溪居士》、《怀曹芹溪》诗。

看来当"雪芹"为"名"时，可将"芹圃"看作"字"，"芹溪"视为其"别号"更恰当。

4. "梦阮"系雪芹的"号"

"号"指名和字之外，另起的别号，亦即名字之外的自称。以此观点来看，"梦阮"应是曹雪芹之"号"。

曹雪芹因何取"梦阮"为号？这就需要了解"阮"的含义。

表面来看"阮"指"阮籍"。

阮籍（210—263），三国魏诗人。字嗣宗。陈留尉氏（今属河南）人。曾任步兵校尉，世称阮步兵。崇奉老庄之学，政治上则采取明哲保身、谨慎避祸的态度——或者闭门读书，或者登山临水，或者酣醉不醒，或者缄口不言，与稽康、刘伶等七人为友，常集于竹林中肆意酣畅，世称"竹林七贤"。阮籍是"正始之音"的代表，其中以《咏怀》八十二首最为著名。阮籍透过不同的写作技巧，如比兴、象徵、寄托，借古讽今，寄寓情怀，形成了一种"悲愤哀怨，隐晦曲折"的诗风。除诗歌之外，阮籍还长于散文和辞赋。

但从深层次来看，雪芹的号"梦阮"，若理解为"梦""阮籍"，便不合情理了。所谓"梦"意睡眠中所见。如《庄子·齐物论》："昔者庄周梦为蝴蝶。"因而常以"梦"比喻虚幻、幻觉。追求不到的东西才以"梦"实现，如"梦中情人"。若将"阮"理解为"阮籍"，显然于情理不通。雪芹就自喻为阮籍式人物，并非梦之所求。由此可知，将"梦阮"理解为"梦""阮籍"，是一种误解。

我们应当再寻求新的解释。

"阮"何意？

"阮"，是一种拨弦乐器，以拨子或假指甲弹奏。相传为三国时期的阮咸所创造。长头十三柱，形似今日之月琴，其音韵清朗，难以为名，故以创造者之名谓之，称为"阮咸"，简称"阮"。

关于"阮"，除作为乐器解外，有时也以"阮"喻人。据《文苑英华》所记唐朝袁郊的《甘泽谣·红线》有云："红线，潞州节度使薛嵩青衣。善弹阮，又通经史。"——由此可知，优伶（戏子）红线以善弹阮与颇通经史闻名于世，以至人们只要一提到"阮"，便会立即想到那个善弹阮的红线。"阮"几乎成了红线的象征。

黛玉原型红玉（香玉）的情况与红线极为相似。她们的名字中都带"红"字，均做过优伶，又都颇谙音律、通经史。由此料及，雪芹之所以为自己起别号"梦阮"，是因其"阮"，实为"红玉"的代称；其"梦"，则与《石头记》相关，隐含之意即：在《石头记》中，为似"阮"者——红玉——写传的人。这同时表明，只有曹雪芹才拥有《石头记》的著作权。

（五）小结

1.《石头记》作者在乾隆十六年之前：

①学名叫做"霑"；

②谱名叫做"天祐"。

③乳名叫做"保祐"

2.《石头记》作者在乾隆十六年之后：

①名字叫做"雪芹"；

②字为"芹圃"；

③"芹溪"（"芹溪居士"）系"芹圃"（"雪芹"）的别号；

④号是"梦阮"。

霍国玲2000年5月2日于永乐家中

修订于2014年5月23日于香山

论曹雪芹对《石头记》的著作权

引子: 曹雪芹著作权问题的提出

在论述曹雪芹对《石头记》的著作权问题之前，有必要先说明两个问题：

第一个问题：为什么称曹雪芹的著作为《石头记》而非《红楼梦》?

曹雪芹留给后世的著作——早期手抄本叫做《石头记》或《脂砚斋重评石头记》。在甲戌本（二评本）第一回的正文中，提到该书有五个书名：《石头记》（"本名"）、《情僧录》、《红楼梦》、《风月宝鉴》、《金陵十二钗》。但到了庚辰本（四评本）时，正文中就将《红楼梦》之名删销了，却保留了其余的四个书名。其后的蒙府本和戚序本则与庚辰本相同，在五个书名中仅仅将《红楼梦》书名删去。说明这是作者深思熟虑的结果，绝非一时的疏忽。

曹雪芹称自己的著作为《石头记》，而非《红楼梦》，我们应当尊重作者。

第二个问题：对于一般书籍来说，其作者为谁，不会成为问题。为什么《石头记》连作者是谁，还不断有人提出疑问？

这是由于在曹雪芹生活的时代，恰是"文字狱"极严酷的时期。鉴于作者担心在《石头记》中隐写之史一旦暴露，会书毁人亡，还会连累整个家族，便不敢公然将自己的名字赫然写在书上。作者为了隐匿自己的名字，在第一回特地写了如下一段话：

空空道人听了此语，思忖半晌，将这《石头记》本名。再细阅

一遍①，因见上面虽有指奸责佞，贬恶诛邪之语②，亦非伤时骂世之
旨③；及至君仁臣良，父慈子孝，凡伦常所关之处，皆是称功颂德，
眷眷无穷，实非别书可比。虽其中大旨谈情，亦不过实录其事，又
非假拟妄称④，一味淫邀艳约、私订偷盟之可比。因毫不干涉时世⑤，
方从头至尾抄录回来，问世传奇。因空见色，由色生情，传情入色，
自色悟空，遂易名为情僧，改《石头记》为《情僧录》。东鲁孔梅溪
则题曰《风月宝鉴》⑥。后因曹雪芹于悼红轩中披阅十载，增删五次⑦，
纂成目录，分出章回，则题曰《金陵十二钗》。

在这段文字中，提到四个书名，三个人名：抄录《石头记》者，原叫
做"空空道人"，后叫做"情僧"。题书名《风月宝鉴》者，叫做"孔梅
溪"。"于悼红轩中披阅十载，增删五次，纂成目录，分出章回，则题曰
《金陵十二钗》"者，叫做曹雪芹。这段文字没有明确提出《石头记》这部
书的原作者是谁，这就使许多读者陷入迷宫。

其实只要结合脂砚斋批语来读，就会发现，有两段批语已暗示出谁
是此书的著作者了。这两段批语分别是：

> 甲眉：雪芹旧有《风月宝鉴》之书，乃其弟棠村序也。今棠村已
> 逝，余睹新怀旧，故仍因之。
> 甲眉：若云雪芹"披阅""增删"，然则开卷至此这一篇《楔子》
> 又系谁撰？足见作者之笔，狡猾之甚。后文如此处者不少。这正是

---

① 甲侧：这空空道人也太小心了，想亦世之一腐儒耳！
② 甲侧：亦断不可少。
③ 甲侧：要紧句。
④ 甲侧：要紧句。
⑤ 甲侧：要紧句。
⑥ 甲眉：雪芹旧有《风月宝鉴》之书，乃其弟棠村序也。今棠村已逝，余睹新怀旧，故
仍因之。
⑦ 甲眉：若云雪芹"披阅""增删"，然则（原作后）开卷至此这一篇《楔子》又系谁撰？
足见作者之笔，狡猾之甚。后文如此处者不少。这正是作者用画家"烟云模糊法（原
无）"处。观者万不可被作者瞒蔽（原作弊）了去，方是巨眼。

作者用画家"烟云模糊法"处。观者万不可被作者瞒蔽了去，方是巨眼。

只要认真思索，便会了解：这部书的作者，除曹雪芹外难道还可能是其他人吗？

一、脂砚斋评批说明：该书的作者为曹雪芹

（一）脂批指出："雪芹撰此书"。只有具备"巨眼"者，方不会被书中"狡猾"手法"瞒蔽"

《石头记》第一回中写道："雨村自那日见了甄家之婢，曾回头顾他两次，自为是个知己，便时刻放在心上。今又值中秋，不免对月有怀，因而口占五言一律云。"在此处甲戌本有侧批曰：

这是第一首诗。后文"香奁""闺情"皆不落空。余谓雪芹撰此书，中亦有传诗之意。

在这段批语中，脂砚斋明确告诉读者：书中有许多诗歌，均由雪芹所作，"雪芹撰此书"的重要目的便是将这些诗歌传于后代。——脂批中明确说明："此书"的撰写者是"雪芹"。

同是第一回，在"后因曹雪芹于悼红轩中披阅十载，增删五次，纂成目录，分出章回，则题曰《金陵十二钗》"处，甲戌本有眉批曰：

若云雪芹"披阅""增删"，然则开卷至此这一篇《楔子》又系谁撰？足见作者之笔，狡猾之甚。后文如此处者不少。这正是作者用画家"烟云模糊法"处。观者万不可被作者瞒蔽了去，方是巨眼。

这段批语是针对书中曹雪芹"于悼红轩中披阅十载，增删五次，纂成目录，分出章回"写的。这是向读者揭示：这部书的确是曹雪芹创作的，书中如此写法，是一种保护自己的"狡猾"手法。这种手法有如"画家'烟云模糊法'"。希望读者"万不可被作者瞒蔽了去"——只要有"巨

眼"，便不会被"瞒蔽"。

（二）脂批指出：《石头记》中的诗歌是曹雪芹写的

《石头记》正文是曹雪芹写的，书内的诗歌也是曹雪芹写的。

前面引了第一回中的一段脂批："余谓雪芹撰此书，中亦有传诗之意。"

传谁的诗呢？当然是传作者——即"撰此书"者——曹雪芹的诗。

第二回有回前诗曰：

> 一局输赢料不真，香销茶尽尚逡巡。
>
> 欲知目下兴衰兆，须问旁观冷眼人。

在这首诗处，甲戌本有批曰：

> 只此一诗便妙极！此等才情，自是雪芹平生所长。余自谓评书，非关评诗也。

这段批语的意思是：写诗是曹雪芹"平生所长"。就这一首诗来说，就写得"妙极"。再一次证明前面所说的，写这部《石头记》亦有传诗之意，主要是传雪芹之诗。——这些诗是曹雪芹历年积累下来的。浓缩了他一生的经历，尤其是隐记了他所亲身参与或经历的历史事件。

第七十五回庚辰本有回前批曰：

> 乾隆二十一年五月初七日对清。缺中秋诗，俟雪芹。

这段回前批。说的是"乾隆二十一年五月初七日对清"书稿时，发现"缺中秋诗"，需要补上，由谁补呢？当然由作者来补。作者是谁呢？——曹雪芹。这就是批语中"俟雪芹"的含义。

上述例子都说明：不仅书的正文是曹雪芹所作，而且书中的诗歌——不仅仅正文中的诗歌，而且回前诗、回后诗也大都由曹雪芹所写。

（三）脂批指出：删削、补充、修订《石头记》一书均有赖于作者曹雪芹

批书人与作者的关系，从本质来说，也是读者和作者的关系。不同的是批书人除读书以外，还须对该书加以评论——发表自己的意见，甚至向作者提出要求或希望，以供作者修订时参考。

第十三回甲戌本有回后批和眉批曰：

> "秦可卿淫丧天香楼"，作者用史笔也。老朽因有魂托凤姐贾家后事二件，岂是安富尊荣坐享人能想得到处？其事虽未漏，其言其意，则令人悲切感服，姑赦之，因命芹溪删去。
>
> 此回只十页，因删去天香楼一节，少却四五页也。

这两段话的意思是："秦可卿淫丧天香楼"这一回，作者写的是真实事件（意指："秦可卿"因淫乱被发现，悬梁自尽于天香楼）。批书人想到秦可卿原型（即竺香玉皇后）为曹家所做的贡献——让曹家做好两件后事——"令人悲切感服"。因而，对于她的一些缺点，就不应再计较了，因而要求作者——"雪芹"将有关部分（即"天香楼一节"）删去。在靖藏本眉批中还具体谈到删去的是："'遗簪'、'更衣'诸文"。这一回一共有10页，大约删去了"四五页"。（感兴趣的读者可以查一查：这一回比其他各回大约少三分之一多些。）

批语中所写的，让曹家做好的两件后事，即秦可卿向凤姐所托之梦："目今祖茔虽四时祭祀，只是无一定钱粮；第二，家塾虽立，无一定的供给。依我想来，如今盛时固不缺祭祀供给，但将来败落之时，此二项有何出处？莫若依我定见。趁今日富贵，将祖茔附近多置田庄、房舍、地亩，以备祭祀供给之费，皆出自此处。将家塾亦设于此。和同族中长幼，大家定了则例，日后按房掌管这一年的地亩、钱粮、祭祀、供给之事。如此周流，又无争竞，亦没有典卖诸弊。便是有了罪，凡物可入官，这祭祀产业连官也不入的。便败落下来，子孙回家读书务农，也有个退步，若今以为荣华不绝，不思后日，终非长策。……一时的欢乐，万不可忘了那'盛筵必散'的俗语。此时若不早为后虑，临期只恐后悔无益了。"

前面的两段批语向读者暗示：作者是曹雪芹，否则为什么批书人（大约是畸笏叟）自己不删，一定要曹雪芹删改呢？

我们再看庚辰本第二十二回。

这一回的最后一个谜是由惜春做的。此谜后，便戛然截住，显然此回尚未完成。果然在回后批中写了这样一段："暂记宝钗制谜云：'朝罢谁携两袖烟……'"其后还批曰：

　　　　此回未成而芹逝矣，叹叹！丁亥夏，畸笏叟。

从"此回未成而芹逝矣"来看，批书人畸笏叟感到十分遗憾——由于这回尚未结束，曹雪芹就去世了。

——这句话说明由于作者曹雪芹的去世，使得此回没有写完。

这里有一个问题需要顺便作个说明：

丁亥年即乾隆三十二年（公元 1767 年），即在曹雪芹去世 4 年后写的这段批语。按照现在所发现的《石头记》早期抄本情况，蒙府本，特别是戚序本八十回正文已完整，怎么批书人畸笏叟却说"此回未成而芹逝矣"？

关于畸笏叟有两点情况需要作个介绍：

其一，畸笏叟① 是曹雪芹的堂兄，应是曹頫胞兄之子，年纪比雪芹大二、三岁，两人关系较密切。但是他与雪芹的第二、三任两个妻子不同，雪芹的妻子是雪芹的合作者。两者的关系即雪芹著书，并添加必要的批语；妻子抄写兼评批②。而畸笏叟只是评批者，即在每一评整理誊清后，才将书稿交给他批阅。

其二，畸笏叟的批语基本上都是批于庚辰本上（此外靖藏本上畸笏叟只有 6 条批语为庚辰本所没有）。甲戌本、己卯本、蒙府本上没有他的批语。③

----

① 关于畸笏叟是谁的问题，见《畸笏叟辨析》一文，载于《红楼解梦》第三集。
② 关于脂砚斋是谁的问题，见《解开脂砚斋之谜》和《对〈解开脂砚斋之谜〉一文的评价、验证和补充》二文，均载于《红楼解梦》第三集。
③ 请参见《畸笏叟辩析》一文，载于《红楼解梦》第三集。

从上述两点情况可以说明："庚辰"即乾隆二十五年（1754 年），系《石头记》的四评。也就是说畸笏叟此后再没有评批过《石头记》，而从这一年到曹雪芹去世（乾隆二十八年初夕，1764 年 2 月 1 日），并没有停止对《石头记》的修订。但由于尚未完成这种修订，也就没有将书稿交予畸笏叟评阅。这就使得畸笏叟并不了解《石头记》后来的情况。所以当他在曹雪芹去世 4 年后重又拿出"庚辰本"审阅时，看到第二十二回尚未完成，而雪芹已离世，便十分感慨，于是便在这回的后面，写出了这段批语。

——如上所述，这段批语，一方面可以说明：曹雪芹确实是《石头记》的作者，当畸笏看到他已逝去，而庚辰本第二十二回尚未完成时，便感慨连连，写出如上批语；另一方面也说明他并不了解《石头记》的进展情况。

（四）脂批说明：《石头记》主要是为黛玉原型（主要分身）香玉皇后和作者本人作传

在第一回"何我堂堂须眉，诚不若彼裙钗女子？"处，蒙府本有侧批曰：

> 何非梦幻？何不灵通？作者托言，原当有自。受气清浊，本无男女别。

正文中的"何我堂堂须眉"中的"我"，即批语中的"作者"（均指曹雪芹，前几篇文章已对曹雪芹是"脂砚斋"的核心人物作了说明）。正文中的"彼裙钗女子"即指香玉皇后（关于香玉皇后，见"石学论丛"的考论。）

仍是在第一回，"万不可因我之不肖，自己护短，一并使其泯灭"处，蒙府本有脂批曰：

> 因为传他，并可传我。

这里的"他"指黛玉原型香玉皇后,"我"系指批者,也指作者——无论该段的批书人,还是作书人都是曹雪芹。

(五)脂批称:曹雪芹是"哭成此书"、"泪尽而逝"的作者

第一回,针对书中第一首标题诗"满纸荒唐言,一把辛酸泪!……"句,甲戌本有眉批曰:

> 能解者,方有辛酸之泪,哭成此书。壬午除夕,书未成,芹为泪尽而逝。余尝哭芹,泪亦待尽。每意觅青埂峰,再问石兄,奈不遇癞头和尚何?怅怅!
>
> 今而后,惟愿造化主再出一芹一脂,是书何幸!余二人亦大快遂心于九泉矣!甲午八月泪笔。

批语中透露:此书是作者哭成的。书未成,而此书作者雪芹却"因泪尽而逝"。——由此可知,雪芹是"哭成此书"的作者。由于"芹为泪尽而逝",致使此书仍然有些部分尚未补充、修订到尽如人意,欲去询问他,无奈,却不可能(脂批中的"石兄"、"癞头和尚"都隐写着曹雪芹,系曹雪芹的分身)。因此,批书人唯一的愿望就是希望"造化主再出一芹一脂",以便使他们有机会完成对此书的补充、修改、批注。只有这样,才能使作书人、批书人大快遂心于九泉。

这段批语十分隐晦地说明《石头记》的作者系曹雪芹。

(六)脂批反复说明:曹雪芹既是《石头记》的作者又是批书人

庚辰本第二十一回的回前批中收有一首诗歌:

> 自执金矛又执戈,自相戕戮自张罗。
> 茜纱公子情无限,脂砚先生恨几多。
> 是幻是真空历遍,闲风闲月枉吟哦。
> 情机转得情天破,情不情兮奈我何?

在这首诗的前两联隐喻着作者和批者系一人。

自执金矛又执戈，自相戕戮自张罗

这首诗将《石头记》一书比喻为一个人拿两件兵器——一手执矛，一手执戈。并且让自己的矛与自己的戈相斗。看起来打得十分热闹，实际上是自导自演的一出戏。

茜纱公子情无限，脂砚先生恨几多

前句已道出"自执金矛自执戈"，那么，一个人如何自执金矛又执戈呢？原来作者是以此喻指自己笔下的两个人物：一个是茜纱公子，即小说主人公贾宝玉；另一个是脂砚先生，即《石头记》的批书人脂砚斋。此二人一个情思绵绵，一个义愤填膺，而其背后，却掩盖着同一个人的感情。此人是谁？即贾宝玉原型的主要分身曹雪芹。——《石头记》即曹雪芹为香玉皇后写的传记，在传她的同时，也就传了自己（"因为传他，并可传我"）。曹雪芹既是《石头记》的作者，又是该书的主要批书人。

戚序本第四回的回前批中亦有一首诗曰：

请君着眼护官符，把笔悲伤说世途。

作者泪痕同我泪，燕山仍旧窦公无。

此批"作者泪痕同我泪"一句，明白告诉读者：作者与批者的关系——至少两人关系不比寻常，甚至可能二者同为一人。最后一句用了燕山窦公之典，这是何意呢？

燕山窦公即窦禹钧，南北朝时后周的渔阳人，以词学著名。唐天祐末年任幽州掾。入周以后，相继做太常少卿、右谏议大夫。史书上赞他为"高义笃行"，成为当时士大夫阶层的楷模。窦禹钧曾建义塾十几处，内藏图书万卷，聘请名儒为远近学子授课。有些学子天资聪颖，勤奋好学，却因家贫难以完成学业，他便免去他们的学费，还供给其衣食。在他任官时，曾推举"四方贤士"，一切都以国为重，成为佳话。

窦禹山有五个儿子，分别叫做仪、俨、侃、偁、僖。五子相继登科，被时人喻为"燕山五龙"。

我们了解了这个典故，再看这首诗的含义。

请君着眼护官符，把笔悲伤说世途

"护官符说"的是贾、王、薛、史四大家族。他们是社会上的特权阶层。从正面小说来看，这是四大贵族。在"四家皆连络有亲，一损皆损，一荣俱荣，扶持遮饰，皆有照应的"处，蒙府本有侧批曰：

　　此四家不相为结亲，则无门当户对者，亦理势之必然。既结亲之后，岂不照应，又人情之不可无。

试想四家彼此联亲，又强调相互"照应""人情"，不就成为一家了吗？国中哪一家控制着政军大权、经济命脉，除皇族外，岂能是他人？正因皇家控制着国家的政治、军事、经济大权，可以为所欲为，才使得民不聊生，世途才如此艰难、"悲伤"。

作者泪痕同我泪，燕山仍旧窦公无

前面两句诗是为这两句诗作的铺垫。这首诗的关键一句是"作者泪痕同我泪"——所反映的是作者，或者批者家庭（曹雪芹家）的悲惨结局。

曹氏家族在鼎盛时期，曾建有"省亲别墅"，别称"十笏园"（北京大学"燕园"的前身）。笏（hù），或称笏板，用竹子或象牙制作。笏是封建时代大臣朝见皇帝时，将要事记于上面，拿在手中，以备遗忘用的。"十笏园"顾名思义，曹家曾有十人做到高官，有资格朝见皇帝（笔者曾做过统计，果然有十人之多）。《石头记》中还特别提及戏曲《满床笏》，所隐喻的便是此事。

然而，转眼之间，曹家竟遭第二次抄没，一贫如洗，能不令人悲哀！《石头记》的作书人和批书人，在撰写这段历史时，怎能不感慨万千，一字一泪地写书、批书？

——在了解了上述历史后，我们便理解了最后一个诗句的含义：诗人为什么要将曹家比喻为"燕山窦公"？窦公曾有"五子登科"，曹家则有高官十位。燕山尚在，而窦公早已成为历史。同样，"十笏园"依旧，却已不再属于曹家。曹雪芹在记录这段历史时，是一字一泪写成的。当为此书添加批语时，自然又想起曹家的败落，禁不住泪流满面。

小结：脂砚斋批语说明：《石头记》的著作人是曹雪芹。曹雪芹的著作权不容置疑

《石头记》的作者系曹雪芹，脂砚斋从各个角度都作出了说明：

《石头记》一书是由曹雪芹撰写；

《石头记》中的诗歌是由曹雪芹所写；

《石头记》的删削、补充、修订者是曹雪芹

《石头记》主要是为香玉皇后作传，为传香玉，也就同时传了作者自己——此作者只能是曹雪芹无疑；

《石头记》的作者是一边哭着，一边为香玉皇后写传的。该书是"哭成"的，作者因"泪尽而逝"，脂批中说作者是"芹"，即曹雪芹。

《石头记》作者及批书人均是曹雪芹。

从本文一系列论述可以了解到：表面看，《石头记》中只有一句提及曹雪芹——"后因曹雪芹于悼红轩中披阅十载，增删五次，纂成目录，分出章回，则题曰《金陵十二钗》。"并没有标明他是该书作者。但是脂砚斋批语却从各个角度引导读者：如何理解作者的"狡猾"之笔——所用的是"画家'烟云模糊法'"——其作者正是曹雪芹。

正由于作者与主要批者都是同一人，因而到《石头记》修订的最后阶段，曹雪芹当看到自己在书中的隐写很难有人探索到，便删去了脂砚斋的名字，只称其为《石头记》。

上面所阐释的脂砚斋批语说明：《石头记》的著作人是曹雪芹。

二、曹雪芹在《石头记》正文中对自己著作权问题所做的隐写

（一）李纨、李绮和李纹的四个谜语

《石头记》第五十回，李纨向众人讲了自己和李绮作的谜语。书中写道：

> 李纨因笑向众人道："……昨日老太太只叫作灯谜儿，回了家和

绮儿、纹儿睡不着，我就编了两个《四书》的。他两个每人也编了一个。"众人听了，都笑道："这倒该作的。先说了，我们猜猜。"李纨笑道："'观音未有世家传'，打《四书》一句。"湘云接着说："就是在'止于至善'。"宝钗笑道："你也想一想'世家传'三个字的意思再猜。"李纨笑道："再想。"黛玉笑道："哦，是了。是'虽善无征'。"众人都笑道："这句是了。"李纨又道："一池青草草何名。"湘云又忙道："这一定是'蒲芦'也。再不是不成?"李纨笑道："这难为你猜。纹儿的是'水向石边流出冷'，打一古人名。"探春看着他，笑问道："可是山涛?"李纨道："是。"又道："绮儿的是'萤'字，打一个字。"众人猜了半日，宝琴笑道："这个意思却深，不知可是花草的'花'字?"李绮笑道："恰是了。"众人道："萤与花何干?"黛玉笑道："妙得很! 萤可不是草化的?"众人会意，都笑了说："妙!"

我们在这里需要强调的是:《石头记》是一部有正（小说）、反（历史）两面的奇书。这部书是曹雪芹"一字一泪，一泪化一血珠"哭成的。他绝不会在这样一部书中，写进与隐史无关的无聊的谜语。这组谜语必然隐喻着某一主题。其主题便是:曹雪芹既是《石头记》的作者，又是《石头记》的批书人。下面我们就这个问题进行解析。

（二）对李纨、李绮和李纹所作之谜的解析

对于李纨、李绮和李纹所作之谜有不同的解析。在这些解析中，我们选择一位农民"石迷"的解析。这位"石迷"名叫刘仕魁，在新疆务农，上过五年学，原籍山东，现今年已古稀。他二十年前，曾读过《红楼解梦》（1989 年版），受到启发，便努力挖掘《石头记》背后之隐秘，对该书有许多独到见解。在 20 世纪 90 年代曾与笔者有很多书信来往，少数几封信刊于《红楼解梦》第五集的"读者对'解梦'学说的理解、思考和补充"部分。下面对这组谜语的阐释，就是参考了刘仕魁先生的书信。

1. 贾家四代人名字的排列带有一定规律

贾家四代人名字的排列带有一定规律即按人（偏旁为"亻"，如贾代善）、文（偏旁为"攵"，如贾敬）、玉（偏旁为"玉"，如贾琏）、草

（字头为"艹"，如贾蓉）的顺序。"人、文、玉、草"的喻意即：《石头记》一书中的人物和文字都隐喻着曹雪芹之人之事。其中"玉"谐"喻"，"草"谐"曹"。有了这种理解之后，我们再看灯谜中的隐喻。

2."'观音未有世家传'，打'四书'一句。"

李纨等人的谜语都有正、反两面之喻。下面先看"观音未有世家传"这一谜语。

正面之喻

"观音未有世家传"。"世家传"意指《史记》中为诸侯写的传记，按着诸侯的世代编排。此谜是借用《史记》中的这种说法。

如书中所说：

一是"在止于至善"，即达到最完美的境界。源于《礼记·大学》："大学之道，在明明德，在亲民，在止于至善。"

明德：美德。明明德：彰明美德。至：极，顶峰。此句意为：《大学》的道理，在于彰明美德，在于关爱百姓，在于将此二事做到至善至美。

二是"虽善无征"。语出《礼记·中庸》意谓先王的礼制虽好，但无从证实。此处"征"字系双关语。其一，意证验，证实；其二，意"纳征"、"纳彩"，以成婚礼，见《仪礼·士婚礼》。"虽善无征"意即：观音虽善，但无人向她纳彩定亲，故不能传宗接代，与谜面"未有世家传"暗相关合。

反面之喻

"四书"一句，谐："是书"一句，即指《石头记》一书。（东北人发音，"四"、"是"不分。）

其谜底"在止于至善"，比喻的是带脂批的八十回本《石头记》，已至善至美。

"虽善无征"，按会意法，即虽然至善，但却"绝后"，即喻八十回以后并无续书。

综合起来看，这段谜语的意思是：是书（指《石头记》）虽然只有八十回，表面看没有完结，但曹雪芹写《石头记》的目的是为了记"史"——记被乾隆皇帝删削的关于香玉皇后的历史。从《石头记》的背面历史来看，由于其史已经完结，所以谜语用"在止于至善"作谜底，以此来说明至八十回已经尽善尽美。或者说，八十回以后不再有续书，即已"绝后"，这就是"虽善无征"的含义。

3."一池青草草何名"

正面之喻：谜底为"蒲芦"。

反面之喻：此处的"蒲芦"意为：占立于水中（沾）之草。"草"谐音"曹"；"沾"即"霑"，合在一起即"曹霑"，作者之名也。——喻指这部《石头记》是由曹雪芹所著。

4."水向石边流出冷"

正面之喻：谜底为"山涛"。

反面之喻：水倾泻石上，冲刷、浇注石头，不是"注石"吗？这里可作出两种解释：

其一，"注石"可谐音"著石"，即曹雪芹著作了《石头记》（"著作"的"著"是"注"的谐音）。

其二，"注石"又可理解为批注了《石头记》。由此得出的结论便是：曹雪芹既是《石头记》的作者，又是《石头记》的批书人。

5."萤"打一个字

正面之喻：

谜底为"花"，因为萤是从草化来的。

为什么书中说"萤可不是草化的"？

——萤于夏季将卵产在腐草中，然后孵化而成，因而古人误认为萤是由腐草变成的。在"四书"中的《礼记·月令》中写道："季夏之月，……温风始至，蟋蟀居壁，鹰乃学习，腐草为萤。"

正是这个原因，古人认为萤是草化来的。"草"可以草字头（即"艹"）代。"艹"下加"化"，即"花"。因此谜底为"花"。

关于"萤"的谜底为什么是"花"？书中借林黛玉的话告诉读者道：这是由于"萤是草化"的。

反面之喻：

前面提到湘云"咬舌"，黛玉也学她"咬舌"，"宝玉笑道：'你学惯了他，明儿连你还咬起来呢。'""萤可不是草化的？"这句话恰恰是黛玉说出的。黛玉若咬舌，所说出的"是"可理解为"四"，谐音为"思"。

"萤可不是草化的?"意即"萤是草化",可谐音为"应思曹话"。亦即这些脂砚斋批语的核心内容是出自作者曹雪芹之手。告诫读者:应当按照曹雪芹注释的指引来阅读《石头记》。换句话来说便是:应将脂砚斋批语看作阅读《石头记》的向导。

(三)李纨、李绮和李纹所作灯谜隐写着曹雪芹的《石头记》是"奇文"

网友"微型风筝说":绮儿、纹儿,是曹雪芹专门为这组谜语'信手拈来'的名字。""绮"、"纹"两字谐音为"奇"、"文"。意指《石头记》为"奇文"。

"微型风筝"注意到作这组谜语之"绮"、之"纹"是"信手拈来"的名字,这很重要。我们查阅了一下《石头记》。在全书中,"纹儿"只出现过这一次。而"绮儿"的名字虽然看起来除这次外,在此前还出现过一次,同样是在第五十回。这是在芦雪庵争联即景诗后,因宝玉从妙玉那里讨回一枝梅花,于是便商议:怎样以"红梅"为主题吟诗。

> ……宝钗笑道:"这话是极。方才邢、李三位屈才,又且是客。琴儿和颦儿、云儿三个人也抢了许多了,我们一概都不作,只让他三个作才是。"李纨因说:"绮儿也不大会作,还是让琴妹妹罢。"宝钗只得依允。

作《咏红梅花》后,接着便是作灯谜、解灯谜了。如此看来,绮儿、纹儿只是为了解谜才出现,而且他们的谜并不由自己说出,完全由李纨代理。由此来看,作者写"绮儿"、"纹儿"的名字,不是为了写这两个人,完全是为了利用他们的名字,达到寓意的目的。正是这个原因,我们完全赞同"微型风筝"的看法:他认为"绮儿、纹儿是曹雪芹专门为这组谜语'信手拈来'的名字",暗示这组谜语是"奇文"。

"绮儿"、"纹儿"两人的名字合在一起隐写着"奇文"二字,印证了脂批的揭示:"从起名上设色,别有可玩。"(第七十九回回后批)

按脂砚斋的指引,我们对下面这段话作了进一步思索:

李纨因笑向众人道："让他自己想去，咱们且说话儿。昨日老太太只叫作灯谜儿，回了家和绮儿、纹儿睡不着，我就编了两个'四书'的。他两个每人也编了一个。"

在这段话中，既然"绮儿、纹儿"的名字有隐意，那么"李纨"的名字是否也应当有隐意呢？

关于"四书"，宝玉及其小姐们都比李纨熟悉，曹雪芹为什么不让宝玉、宝钗、湘云、黛玉、探春等人来编此谜，偏偏选定李纨等人呢？这使我们又作了进一步的思考。

按照小说背后所隐写的历史，李纨隐写着曹雪芹的母亲（见本书《曹雪芹的母亲马氏是康熙的公主》一文）。

曹雪芹将自己的母亲隐写进小说时，为什么让她姓"李"，而非"张""王"……？

——原来"李"，若用拆字法，可拆出"木"和"子"。用会意法，"木"的儿子当然也是"木"。

——"李"包含一个"木"，再加上她的儿子，是不是两个"木"呢？双"木"为"林"。

清代周春在《阅红楼梦随笔·红楼梦约评》中写道：

我闻柳敬亭本姓曹，曹既可为柳，又可为林，此皆作者触手生姿，笔端狡狯耳。

"曹既可为柳，又可为林"，意即"曹"、"柳"、"林"三个姓可以互换。由此来看，李姓者编了这组谜语，亦即林姓者编了这组谜语，也就是曹姓者编了这组谜语。

"曹"姓者所编的谜语是关于"四书"——谐"是书"（《石头记》）的。

《石头记》是怎样一部书呢？

李绮、李纹各编一个，其名字连在一起，即"绮纹"，按谐音法即"奇文"。意即《石头记》一书乃"奇文"也。

那么此"奇文"的著者为谁？

李纨原型（马氏公主）之子，曹某也。

将上面的阐释综合来看，即"李"寓意"曹"。"绮"、"纹"寓意"奇文"。"四书"，若咬舌便读成"是书"，意即"这部书"——指《石头记》。意即：曹某（雪芹）所著之书《石头记》是一部"奇书"。

（四）一个与李纨等人的灯谜紧密相连的谜语——湘云的《点绛唇》

《石头记》第五十回在大家猜完李纨的谜以后，接着写道：

> 宝钗道："这些虽好，不合老太太的意，不如作些浅近的物儿，大家雅俗共赏才好。"众人都道："也要作些浅的俗物才是。"湘云想了一想，道："我编了一枝《点绛唇》，却真是个俗物，你们猜猜。"说着念道：

> 溪壑分离，红尘游戏，真何趣？名利犹虚，后事终难继。

> 众人都不解，想了半日，也有猜是和尚的，也有猜是道士的，也有猜是偶戏人的"。宝玉笑了半日，道："都不是，我猜着了，必定是耍的猴儿。"湘云笑道："这正是这个了。"众人道："前头却好，末后一句怎么解？"湘云道："那个耍的猴儿不是剁了尾巴去的？"众人听了，都笑起来，说："偏他编个谜儿也是刁钻古怪的。"

此谜与李纨等人的谜，都是春灯谜，它们彼此是否相关呢？

（五）解析《点绛唇》

对于湘云的《点绛唇》，书中写道："有猜是和尚的，也有猜是道士的，也有猜是偶戏人的"。宝玉笑了半日，道："都不是，我猜着了，必定是耍的猴儿。"湘云肯定了宝玉的看法——这正是此谜的谜底。

为什么是"耍的猴儿"呢？

猴子本来生活于涧溪谷壑之中。一些人将其生擒后，带出山林，来到闹市，用作娱乐工具，让猴儿演"戏"，故称"耍猴戏"。

下面对《点绛唇》作正、反两面的解析。

正面之喻：

溪壑分离：意使猴子离开谷壑山溪。

红尘游戏："红尘"，旧时指繁华的社会，可泛指人世间。红尘游戏，即"耍猴儿"已成为人世间的一种游戏。

真何趣：有什么趣味？

名利犹虚：猴戏往往让猴儿身穿官服，头戴官帽，扮作文官武将的模样。《燕京岁时记》："耍猴儿者，木箱之内，藏有羽帽乌纱，猴手自启箱，戴而坐之，俨如官之排衙。"然而，猴子所扮的文官武将，终与名利无缘，因而说它"名利犹虚"。

后事终难继：湘云对此作了解释："那个耍的猴儿不是剁了尾巴去的?"——因为"猴戏"是让猴扮演"人"，"人"是无尾的，所以也就将猴尾剁去。

背面之隐：

关于《石头记》一书的形成书中写道：

> 作者自云：因曾历过一番梦幻之后，故将真事隐去，而借"通灵"之说，撰此《石头记》一书也，故曰"甄士隐"云云。

"通灵"之说是怎么回事呢？

原来女娲氏炼石补天之时，剩下一块未用，丢弃于大荒山无稽崖青埂峰下。后来此石幻化为"通灵宝玉"，到人世间经历了一番，又回归青埂峰下，复还原型——一块高经十二丈，周经二十四丈的巨石——其上"字迹分明，编述历历"，记载了此"玉"在人世间的经历。

此即《石头记》的来由。

《石头记》一书与《点绛唇》的谜面完全相合。

溪壑分离："石头"原在荒山谷壑涧溪之中，一僧一道看到后，那僧人将此石幻化成通灵玉，之后袖笼了此玉，同那道人飘然而去，来到人世间。

红尘游戏："石头"来到人世间后，经历了从富贵到贫穷的一生，如同一场梦幻。可称作"红尘游戏"。

真何趣：这有什么趣味呢？

名利犹虚:《石头记》的最终结局是"好一似食尽鸟投林,落了片白茫茫大地真干净"——名利不过是虚幻之物。

后事终难继:前面几句写的是《石头记》的内容,这一句写的是《石头记》的形式——只剩下八十回。作者亲自将后三十回砍掉了,如同"耍的猴儿"被剁去尾巴那样。

(六)将李纨等人的谜语和湘云《点绛唇》谜合在一起作个小结

上述谜语共同隐写了《石头记》一书,其隐写涉及不同的角度。

1. 涉及了《石头记》的基本特点

——《石头记》的基本特点是"奇文"。不仅有正面之喻,还有背面之隐("奇文"是"绮"和"纹"的谐音)。作者在这里使用了"谐音法"。此外,也可认为作者使用了"拆字法",因为"绮"中可拆出"奇"字,"纹"则可拆出"文"来。

2. 涉及了《石头记》的结构

——《石头记》只有八十回,作者已将后三十回砍去,就像"被剁去尾巴的猴子"(见对《点绛唇》的解析)。

——《石头记》既有正文,又有注释("'水向石边流出冷',打一古人名。"——"山涛")。——见对"山涛"的解释。

3. 涉及了《石头记》的主旨

——《石头记》的主旨在于彰明美德,在于关爱百姓,在于将此二事做到完美的程度(见对"止于至善"的解析),因此说,这是一部治风俗,理朝政之书,而非言情小说。

4. 这些谜语隐写了《石头记》的内容

《石头记》这部书即使十分完美,但人们若不理解(不能证实其完美),便不会认识其价值(见对"虽善无征"的解析)。

5. 涉及了《石头记》作者的名字

《石头记》作者姓"曹",名"霑"(雪芹)(见对"一池青草草何名"的解析)。

曹雪芹既是《石头记》的著作者;又是《石头记》的注释者(见"水向石边流出冷"的解析)。

6.这些谜语隐写了《石头记》作者对读者的要求

《石头记》作者希望读者："应思曹话"。既应当理解曹雪芹的著作，又应当理解曹雪芹的注释；既应当理解曹雪芹著作的表面之喻，又应当理解其背后的隐义（见对"'萤'打一个字"——谜底是"花"——的解析）。

综上所述，春灯谜要传递给读者的意思是：曹霑著作并注释了《石头记》。这是一部"奇书"虽似剁去尾巴的猴只有八十回，但却已至善至美，读者应思曹话。

三、历史资料的考证说明：《石头记》作者是曹雪芹

自乾隆五十六年（1791年）刊印程甲本《红楼梦》以后，直至清代灭亡，由于书上没有明确写出著者是谁，便引起了人们的探讨。

古代的章回小说是在评话基础上形成的，因而许多小说——包括《三国演义》、《水浒传》在内，刊印后，没有作者的姓名。现在这些书上印出的作者名字，是后来研究者考证出来的。《石头记》（《红楼梦》）的情况与此相似。

关于《石头记》（《红楼梦》）作者是谁的问题，首先进行史料考证的是胡适。在他之后，不断有学者（如周汝昌等）在他的基础上进行补充。至今已考证出多种图书中都有关于《石头记》（《红楼梦》）作者系曹雪芹的记载。下面列举10项以飨读者：

（一）永忠的诗歌

永忠写有《因墨香得观红楼梦小说吊雪芹（姓曹）》诗三首。其第一首是：

> 传神文笔足千秋，不是情人不泪流。
> 可恨同时不相识，几回掩卷哭曹侯。

这三首诗写于乾隆三十三年（1768年）诗上有弘旿的眉批。弘旿号

瑶华道人，字醉迁，永忠的堂叔，乾隆的堂兄弟。

墨香名额尔赫宜，敦敏的叔父乾隆的侍卫，是《红楼梦》早期抄本的传阅或收藏者之一。

永忠（1735—1793）仅较曹雪芹小 20 岁。出身于清宗室，著有《延芬室集》。他是雍正的政敌胤禵的孙子。心情长期受到压抑。这首诗是在曹雪芹去世后 5 年写的，因而才有"可恨同时不相识，几回掩卷哭曹侯"诗句。"曹侯"指曹雪芹。从书名可知："曹侯"即曹雪芹，为《红楼梦》作者。

（二）富察·明义的诗歌

富察·明义写有《题〈红楼梦〉》诗二十首，原载《绿烟琐窗集》抄本。约作于曹雪芹逝世前一二年。

诗前有小序，云：

> 曹子雪芹出所撰《红楼梦》一部，备记风月繁华之盛。……惜其书未传，世鲜知者，余见其抄本焉。

书中明确写出："曹雪芹""撰《红楼梦》"。

（三）袁枚的《随园诗话》

该书于乾隆五十七年（1792 年）刊印。在卷二中写道：

> 康熙间，曹楝亭为江宁织造，……其子雪芹撰《红楼梦》，备记风月繁华之盛。明我斋读而美之。

书中明确写出"曹"姓"雪芹撰《红楼梦》"。

（四）西清的《桦叶述闻》

西清的这篇文章载于邓之诚《骨董琐记》卷八引。文中写道：

《红楼梦》始出，家置一编，皆曰此曹雪芹书。

书中并记述了曹雪芹与敦敏、敦诚的关系，写道：

宗室懋斋（名敦敏）、敬亭与雪芹善。懋斋诗："燕市哭歌悲遇合，秦淮风月忆繁华。"敬亭诗："劝君莫弹食客铗，劝君莫扣富儿门。残杯冷炙有德色，不如著书黄叶村。"两诗画出雪芹矣。

西清认为上面两首诗描绘了雪芹的境况。他是在"黄叶村"（指香山正白旗村）"著书"的（指《红楼梦》或《石头记》）。

（五）裕瑞的《枣窗闲笔》

裕瑞系满族人，号思元斋主人，努尔哈赤第十五子多铎之五世孙，生于乾隆三十六年（1771 年）。其母为傅文之女，傅恒的侄女，其舅辈明义、明仁、明琳等"前辈姻亲"，都与曹雪芹有过直接或间接的交往，所以在他的书中记叙了曹雪芹的品貌、为人等。

裕瑞在《枣窗闲笔》中收入了续《红楼梦》的七种"书后"。这七种续《红楼梦》"书后"，包括《程伟元续〈红楼梦〉自九十回至百二十回书后》、《〈后红楼梦〉书后》、《雪坞续〈红楼梦〉书后》等，书中搜集了曹雪芹与《红楼梦》的一些早期述评。其中有不少对曹雪芹著述的评论。

裕瑞在《〈后红楼梦〉书后》写道：

雪芹二字，想系其字与号耳，其名不得而知。曹姓。……闻前辈姻戚有与之交好者。其人身胖头广而色黑，善谈吐，风雅游戏，触境生春。闻其奇谈娓娓然，令人终日不倦，是以其书绝妙尽致。

他还写道：

《红楼梦》一书，曹雪芹虽有志于作百二十回，书未告成即逝矣。

殊不知雪芹原因托写其家事，感慨不胜，呕心始成此书，原非局外旁观人也。若局外人徒以他人甘苦浇己块垒，泛泛之言，必不恳切逼真，如其书者。

（六）陈其元的《庸闲斋笔记》

《庸闲斋笔记》刊印于同治十三年，在该书的卷八写道：

此书（指《红楼梦》或《石头记》）乃康熙年间江宁织造曹棟亭之子雪芹所撰。

（七）梦痴学人的《梦痴说梦》

这部书刊印于光绪十三年。书中写道：

《红楼梦》一书，作自曹雪芹先生。先生系内务府汉军正白旗人，江宁织造曹棟亭公子。嘉庆初年，此书始盛行。嗣后遍于海内，家家喜闻，处处争购。

（八）伊园主人的《谈异》

该书刊印于光绪十五年。在其卷二中写道：

作《红楼梦》之曹雪芹真有其人。……

（九）英浩的《长白艺文志》

在这部书的"小说部集类"中写道：

曹雪芹……编。或云内务府旗人，堂主事。

该书是《红楼梦资料汇编》（南开大学出版社 1985 年版）的编者朱一玄教授直接从"稿本"摘录，并收入《红楼梦资料汇编》的。

（十）**李放的《八旗画录》**

该书是"云在山房丛书"中的一部。在其"后编卷中曹霑"部分写道：

> 曹霑，号雪芹，宜从孙。《绘境轩读画记》云："工诗画。为荔轩通政文孙。"所著《红楼梦》小说，称古今平话第一。

四、内、外证相结合进行考证的结论：曹雪芹 对《石头记》的著作权不容置疑

经过内证与外证相结合进行论证的结果，我们得出的结论只有一个：《石头记》的作者是曹雪芹。这部著作只有八十回，看似不完整，实则像"秃尾巴猴"那样，是作者有意所为。这部著作中带有脂砚斋批语，该批语是这部著作不可分割的有机组成，都是作者的心血之作。

曹雪芹是《石头记》的作者——事实如此，不容置疑。

紫　军
2013 年 12 月 14 日

［附件］　　　关于曹雪芹著作权的通信

［说明］这封关于曹雪芹著作权的信写于 2002 年。当时刮起一股否定曹雪芹著作权的风，认为《石头记》（《红楼梦》）作者不是曹雪芹，而是他的叔父曹𫖯。自那以后，否定曹雪芹著作权的"风"不断掀起，一股接着一股。为什么会出现这种现象呢？既有客观原因，也有主观原因。

就出现这种现象的客观原因来说，《石头记》这部书是特殊历史条件下的产物。"特殊"就"特殊"在乾隆皇帝将一位杰出的皇后——竺香玉从史料中删削、篡改掉了，由于这位皇后与曹雪芹的密切关系，而且曹雪

芹也有能力将被删削、篡改的这段历史再如实地隐记下来。为了使这种隐记能够躲过残酷的文字狱，不仅不能直截了当地写明著作者的姓名，而且还使用了大量障眼法。但事物往往有正反两个方面——目的是为了迷惑统治阶级的视线，但结果不仅迷惑了统治阶级，也迷惑了某些研究者，使得某些研究者也乱了方寸，不认为曹雪芹是原作者。

否定曹雪芹著作权的研究者的主观原因则是看问题的主观性、片面性和表面性。当他们看到书中在写到该书是由谁所著时，提到的人名有："空空道人"（后改名"情僧"）、"吴玉峰"、"东鲁孔梅溪"等，对于曹雪芹，只是说他"于悼红轩中披阅十载，增删五次"，便误认为曹雪芹只是一个"增删"者，而不是原作者。这种看法，反映了这些研究者看问题的"表面性"。在没有对脂批中有关曹雪芹著作权的披露，以及对各种历史材料作充分的分析研究之前，便主观地认定原始作者不是曹雪芹，并以此观点去找各种历史材料，而这些历史材料有许多并不是第一手资料，甚至有的只是道听途说，便对曹雪芹的著作权加以否定。与此同时，却又将所有能够说明作者实为曹雪芹的材料，一律视而不见，不予采纳，便匆匆得出结论。——这种做法反映出研究者的主观性和片面性。之后，这些研究者又以此结论去从小说中找根据，著书立说，去证明依靠主观判断得出的结论是"正确"的。这种做法由于并不是基于客观、全面、深入的基础上进行研究得出的结论，不会有什么生命力，因而这种否定浪潮会很快地过去。

然而，并非所有研究者都重视前人的研究成果，而且其中又有一些人想别出心裁，在研究中走捷径。主观唯心的方法，因不必花费很大精力，是最容易做的。因而，几年之后，又会有人沿着他人曾走过的失败之路，再走一遍。——可以设想，否定曹雪芹著作权的思潮，不仅现在有，而且过去也曾多次出现，将来也还有可以多次重复。因而，下面这封信，虽然是数年前写的，现在看来仍有现实意义。

×××先生：

您来信说：《北京青年报》刊出一则消息说：有人论证出《石头记》（《红楼梦》）作者不是曹雪芹，而是曹頫。持此论者名叫孔祥贤，已76岁，为提出此说，经过了20多年的考证。为此他即将出版《红楼梦破译》，详加论证。对于此消息，我们也听朋友讲过。完全否定，或部分否定曹雪芹《石头记》著作权的言论，自 20 世纪 80 年代以后，每隔几年就有人提出一次。尤其自 20 世纪 90 年代以来，妄图全部或部分地剥夺曹雪芹著作权的言论，已有三四起了，孔祥贤的"作者曹頫说"，不过是这种思潮的延续罢了，并不新鲜。一些小报记者，由于不了解红学情况，以为这是什么新的学术思想，特别加以介绍；或者明知这是谬说，但为哗众取宠，增加报纸的销路，故意作出耸人听闻的报道。上述两种情况，不论那一种都是不可取的。

曹雪芹的著作权是无法否定的。理由有五：

（一）从书中的内容，尤其是背后所隐写的历史来看，唯曹雪芹才可能写得出，其他任何人都没有，也不可能有这种经历。

（二）从书中的感情，尤其是其中的诗词，都具有"一声二歌"的特点看，唯曹雪芹才可能写得出，其他任何人都不可能具备与此相同的感情和才华。

（三）《石头记》是"一字一泪，一泪化一血珠"写成的，甚至"书未成，芹为泪尽而逝"（脂砚斋语）。这已明确说明：该书作者为曹雪芹，他的这部书是哭成的。如果作者是另外的人（如曹頫），写的是与曹雪芹无关的事情，哭死的为什么是曹雪芹，而不是另外的人（如曹頫）呢？

（四）书中多次提到：该书由"石头"或"石兄"所著，而"石头"或"石兄"就是曹雪芹。这种透露已相当明显，即：该书作者就是曹雪芹。

（五）从多少了解一些曹家情况的人所留下来的诗文来看，大都认为《石头记》作者系曹雪芹。如永忠《因墨香得观红楼梦小说吊雪芹》中写道："几回掩卷哭曹侯。"如果"《红楼梦》小说"不是曹雪芹所著，为何不"哭"别人，偏偏要"吊"曹雪芹，"哭"曹雪芹呢？

否定曹雪芹著作权的思潮，之所以不时地兴起，原因有三：

其一，《石头记》没有公开标明作者为谁。

在曹雪芹写作《石头记》的时代，文字狱极为严酷。在这样的背景下，他既要将被乾隆删削、篡改的重大的历史事件隐写于《石头记》中，当然就不能不考虑如何保护自身问题。这使得他不能，也不敢公开承认自己是该书作者。这便是在他活着的时期，不定名为《曹雪芹著石头记》，而定名为《脂砚斋重评石头记》的根本原因。

其二，曹雪芹为了自身的安全，在著作权上放出了许多"烟幕"，目的是为了迷惑当时的统治者。但既是"烟幕"，当然也会迷惑其他人。曹雪芹因未写明自己是《石头记》作者，必然造成其他不甚了解情况的人，去猜测，去道听途说，这就难免产生以讹传讹的现象。其中便不乏有人将这些不确切的传说记入书中。而这些又成为后世否定曹雪芹著作权的根据。

其三，如上所述，由于历史遗留下来的史料比较复杂，为了能够从中得出正确结论，就要求现代研究者，具备一种实事求是，去粗取精，去伪存真的能力。要作到这一点，只有掌握唯物论和辩证法，才有可能。但真正掌握唯物论和辩证法并不是一件容易的事，倒是采用唯心论和形而上学思维方式更容易一些。因为唯心主义和形而上学，不要求全面掌握历史资料，不要求客观地分析问题，而是一种"只见树木，不见森林"，"抓住一点，不及其余"的思维方式。研究者在立论之后，只要能搜集对自己观点有利的一些材料，而舍去对自己不利的有关资料，能够写出"自圆其说"的论文、论著，就行了。这样作的结果，舍去的难免不是"精"，而留存着的又难免不是"伪"。这就是有关《红楼梦》著作权问题，虽然红学界不时出现观点新异的论文、论著，也能"自圆其说"，但有历史价值，能留存后世的却微乎其微的原因。因为这种论文、论著是经不住验证的，只要一验证，便会露出谬误的原形。这也正是隔几年便出现一次否定曹雪芹著作权的思想根源。

其实，雪芹没有公开承认自己是《石头记》作者，不等于他放弃了著作权。他把自己的著作权，巧妙地隐写在了《石头记》书中。尤其是他为该书设置了五个书名，其中之一便是《情僧录》。其背面之隐，实际就是"雪芹著"。我们曾写有一文题为《〈红楼梦〉的五个书名释义》，其中一节为"《情僧录》实隐'雪芹著'"，概括地阐明了这一问题。此文原刊于《红楼》1998 年第三期，已收入《红楼解梦》第五集中。该书即将出版，① 我们将此推荐给你们。以供你们在思考与研究《红楼梦》著作权时

---

① 《红楼解梦》第五集，新世界出版社 2003 年版。

作为参考。

　　此外，批书人利用写批语之机，多次透露《红楼梦》著作权属于曹雪芹。我们在《红楼解梦》第三集《脂砚斋批语与石头记》一文中第一部分——"利用批语暗透著作权之归属"（第365—370页）中作了阐述。

　　上面所论，只是我们的看法，仅供参考吧！

霍国玲、紫军

2002年10月5日

曹雪芹与清皇族

一、曹寅的三个儿女均与皇族联姻

（一）曹寅的大女儿被指婚为一个"王子"的"福晋"

康熙四十五年八月初四日在《江宁织造曹寅奏谢复点巡盐并奉女北上及请假葬亲折》中写道：

> 八月初四日接邸抄，蒙恩复点曹寅巡视两淮盐课。……
>
> 今年正月太监梁九功传旨，著臣妻于八月上船奉女北上，命臣由陆路九月间接敕印，再行启奏。钦此钦遵。窃思王子婚礼，已蒙恩命尚之杰备办，无误筵宴之典，臣已坚辞。惟是臣母冬期营葬，须臣料理，伏乞圣恩准假，容臣办完水陆二运及各院司差务，捧接敕印，由陆路暂归，少尽下贱乌哺之私。
>
> ……
>
> 朱批：知道了。①

由这个奏折得知：康熙皇帝命曹寅之妻"于八月上船奉女北上"。

康熙四十五年九月十五日在《江宁织造曹寅奏报起程日期并进刻对完全唐诗折》中写道：

> 江宁织造·通政使司通政使曹寅谨奏：恭请圣安。

---

① 《关于江宁织造曹家档案史料》第42页，中华书局1975年版。

　　臣寅前具折请假，蒙御批：知道了。又奏事傻子传旨：著曹寅十月内来，敕印交与李煦。钦此。臣闻命之下，感激涕零。臣谨候敕印到时，俟十月十三日李煦钱粮报满，交付明白，即从扬州拜本起程。今有刻对完全唐诗九十套，进呈御览。其余俱已刻完，月内对完，即行刷印进呈，合并奏闻。

　　朱批：知道了。①

　　奏事傻子向曹寅传旨，可于十月内来京。然后曹寅便写道："臣闻命之下，感激涕零。"曹寅听到什么圣旨会"感激涕零"呢？本奏折没有明确交待，但与八月初四日奏折联系起来看，可知：这个圣旨应与曹寅请假葬母，皇上准假有关。

　　从曹寅的奏折中，我们还知：康熙皇帝让曹寅将"敕印交与李煦"。就是说曹寅将在京城滞留较长时间，因而来京前，须将工作暂交李煦代管。接着于康熙四十五年十一月初七日在《苏州织造李煦奏俟曹寅回任即进京折》中写道：

　　……

　　切臣煦荷蒙圣恩，授以两淮盐差，于十月十二日任满，即欲进京叩谢天恩。因臣曹寅到任之后，即有事进京，奉旨将敕印交与臣煦署理，现在办事。俟曹寅事竣回任，交代明白，即星驰进京，恭请圣安，叩谢高厚之洪恩也。

　　……②

　　从李煦的奏折可知：曹寅进京有事只是暂时的，办完事后即回南方，继续任江宁织造之职，并兼任巡盐御使。

　　康熙四十五年十二月初五日在《江宁织造曹寅奏王子迎娶情形折》中写道：

---

① 《关于江宁织造曹家档案史料》第43页。
② 《关于江宁织造曹家档案史料》第43—44页。

……

前月二十六日，王子已经迎娶福金过门。上赖皇恩，诸事平顺，并无缺误。随于本日重蒙赐宴，九族普沾，臣寅身荷天庥，感沦心随，报称无地，思维惝恍，不知所以。

伏念皇上为天下苍生，当此严寒，远巡边塞，臣不能追随扈跸，仰奉清尘，泥首瞻云，实深惭汗。臣谨旨于明日初六日起程赴扬办事。所有王子礼数隆重，庭闱恭和之事，理应奏闻，伏乞睿鉴。

朱批：知道了。①

"福金"，亦称"福晋"，满文音译，意妻子。奏折说明：王子已经娶曹寅的女儿为妻，婚礼之后康熙便举行了大规模的宴请，以庆贺这桩婚事。

（二）曹寅的大女儿所嫁的"王子"是平郡王纳尔苏

康熙四十七年七月十五日奏折云：

再臣接家信，知镶红旗王子已育世子，过蒙圣恩优渥，皇上覆载生成之德，不知何幸躬逢值此。臣全家闻信，惟有设案焚香，叩首仰祝而已。所有应备金银缎匹，鞍马、摇车等物，已经照例送讫。②

直到此时才明确原来曹寅的大女儿，曹雪芹的大姑，所嫁之王子是铁帽子王镶红旗平郡王纳尔苏。奏折中所云之"世子"，即福彭。

福彭出世后，康熙谕翟霖云：

……平郡王得了儿子，朕甚喜欢，总管同凌浦酌议送东西去。③

圣旨中所指的"东西"，是指按满族的习俗，在生子后，给孩子所送之

---

① 《关于江宁织造曹家档案史料》第 44 页。
② 转自周汝昌《红楼梦新证》第 469 页，人民文学出版社 1985 年版。
③ 原载《掌故丛编》第二辑，转引自周汝昌《红楼梦新证》第 469 页。

礼，包括金、银、绸、缎、鞍马、摇车等。摇车流行于东北，《石头记》第二十四回中所说的"俗语"："摇车里的爷爷，拄拐的孙孙"，即是东北谚语。

（三）曹寅的二女儿和儿子亦均由康熙皇帝指婚

康熙四十八年二月初八日在《江宁织造曹寅奏为婿移居并报米价折》中写道：

……

再，梁九功传旨，伏蒙圣谕谆切，臣钦此钦遵。

臣愚以为皇上左右侍卫，朝夕出入，住家恐其稍远，拟于东华门外置房移居臣婿，并置庄田奴仆，为永远之计。臣有一子，今年即令上京当差，送女同往，则臣男女之事毕矣。兴言及此，皆蒙主恩浩荡所至，不胜感仰涕零。但臣系奉差，不敢脱身，泥首阙下，惟有翘望天云，抚心激切，叩谢皇恩而已。

……

曹寅这一段奏折中，谈了三件事情：

1. 为"臣婿"置房移居

此处的"臣婿"，不像是指大女儿的夫婿——平郡王纳尔苏，因为他年俸为 5000 两银，也有自己的房屋、庄田、奴仆，用不着曹寅为此操心。此处所说应当是二女婿。关于二女婿，其身份是"皇上左右侍卫"。从"拟于东华门外置房移居臣婿，并置庄田奴仆"一句来看，其家不在京城，否则，这些房产、地亩、奴仆之事，女婿之父母自会为之办妥，而用不着岳父大人曹寅操心了。关于曹寅的二女婿是谁的问题，学术界虽然有猜测，但至今尚无确切的结论。业余红学家韩旭著文认为：最大可能是蒙古王之子，蒙府本《石头记》得以在蒙古王后代手中保存下来，绝非偶然。我们认为此推测颇有道理。

2. 曹寅将独子送京当差

此子即曹颙，后来由康熙指婚，迎娶了康熙的十六皇女。

3. 曹寅将二女儿同时送京

曹寅将二女儿送京的目的，从"则臣男女之事毕矣"句看，亦为出嫁。

从"梁九功传旨，伏蒙圣谕谆切，臣钦此钦遵"和"兴言及此，皆蒙主恩浩荡所至，不胜感仰涕零"等句来看，其二女儿，亦由康熙皇帝指婚。

（四）曹雪芹的母亲是康熙的十六皇女

曹雪芹的母亲马氏，是康熙的公主。在《曹雪芹的母亲马氏是康熙的公主》（载于《红楼解梦》第四集）一文中已作出论述。在《红楼梦》中曹雪芹母亲马氏的身份隐写在李纨身上，第四十五回，凤姐有这样一段话：

> "……老太太、太太罢了，原是老封君，你一个月十两银子的月银，比我们多两倍银子。老太太、太太还是说你寡妇失业的，可怜，不够用，因有个小子，又添了十两，和老太太、太太平等。又给你园子地，各人取租钱。年终分年例，又是上上份儿。你娘儿们，主子奴才共总没十个人，吃的穿的仍旧是官中的，一年通共算起来，也有四五百两银子。……"

从文中可知：李纨的月银是二十两，一年二百四十两。查寻当时的清史资料，公主的年例为：

> 银二百四十两按月支给。[①]

这种情况与李纨完全相符。

上面的引文中，还写道："又给你园子地，各人取租钱。"

《石头记》中，如邢夫人、王夫人等，按在贾家的地位来说，远远高于李纨，却都没有像李纨那样个人取租的"园子地"。李纨不过是王夫人的儿媳妇，而且不像凤姐那样管家，为什么其他任何人都没有的"园子地"，唯独李纨才有呢？这是由于李纨隐写着康熙的公主马氏的缘故。赐

---

① 清·鄂尔泰、张廷玉等编纂《国朝宫史》第397页，北京古籍出版社1994年版。

给"园子地",即"庄园"（史书上的称谓），或"旗地"（民间的称谓），是清皇族的特殊待遇。

清太宗皇太极时，曾制定了一整套"宫闱之制"：凡中宫皇后所生的女儿封为"固伦公主"，品级相当于亲王；妃、嫔所出之女则封为"和硕公主"，品级相当于郡王。亲王赐地一万亩，郡王五千亩。

皇子、皇女封爵后，除年例和得赐宅邸外，还能得赐大片土地和庄园。庄园，满语称作"拖克索"，是一种在建州女真奴隶制时期就已存在的农业组织形式。在庄园劳动的农奴，须每年向农奴主交纳贡赋。曹雪芹的母亲马氏若是康熙的公主，必然能得到赐地，也就是《红楼梦》中提到的"园子地"。亦即：每年她能够从赐地中得到相当多的贡赋。

《石头记》中继续写到："（李纨）一年通共算起来，也有四五百两银子。……"这隐写着马氏公主每年能有四五百两银子的收入，若减去她二百四十两年银，其余的一百六十两至二百六十两银子，便应是租赋所得。从这些银子可知，马氏公主大约有"园子地"12.8顷—19.8顷、符合康熙赐予婚后公主庄园12顷—20顷的典制（见本书《曹雪芹的母亲马氏是康熙的公主》一文）。

《石头记》中在贾母以下的女眷中，没有任何人有自己取租的园子地，只有李纨特殊。何况曹家在第一次被抄没时，全家只有1967亩地，因而这地，不可能属于曹家，而必然是宫中的赐地。

从上面的考论可知：康熙皇帝将自己的一个公主指婚给曹頫，这样曹雪芹本人便有了皇族的血脉，康熙即他的外祖父。

二、曹雪芹既有皇族血缘，又是国戚

曹雪芹的母亲马氏是康熙的十六公主①，他实是康熙的外孙②。竺香玉

---

① 见《曹雪芹的母亲马氏是康熙的公主》和《马氏公主的名字及生卒年月日》二文，均载于《红楼解梦》第四集。

② 参见《黛玉原型姓竺不姓林》一文，载于《红楼解梦》第二集贾家于雍正六年被抄时，有地一千九百六十亩。李纨的地与此相比，比上限还多出20亩，即1980亩。

是以曹家女儿的名义代李煦的孙女李香玉进宫的，进宫后的名字为曹香玉①。但由于她本人姓竺，从在她的几个住处都种有竹来看，遗留下来的十二幅行乐图中，每幅图都绘有竹，说明她念念不忘她本人的姓氏，因而为表示对她的尊重，在"解梦"论丛中都是称她为竺香玉。竺香玉后来做了皇贵妃，生子弘曕后册封为皇后。曹雪芹在名义上是香玉的兄长，因而也就成了国舅。这反映在《红楼梦》第十六回，贾琏从南方接黛玉回来，回到房中之后的一段正文中：

> 房内无外人，（凤姐）便笑道："国舅老爷大喜！国舅老爷一路风尘辛苦！小的听见昨日的马报来说今日大驾归府，略预备了一杯水酒掸尘。不知赐光谬领否？"

在"风尘辛苦"处，庚辰本有侧批曰：

> 娇音如闻，俏态如见，少年好夫妻有是事。

上面所写是正面小说的叙述。背面所隐写的真事是怎样的呢？

脂批强调"有是事"。就谈话的内容来说，强调"国舅老爷大喜！国舅老爷一路风尘辛苦！"也是"有是事"的。这看来是一句玩笑话，却隐写着真实情况。

由此看来，曹雪芹既有皇族血缘，又是"国舅"，是双重身份。

三、曹家第一次被抄没后与皇族的关系

（一）《红楼梦》中对曹家与皇族关系的描写

《红楼梦》中对曹家与皇族关系的描写，集中体现在第十四回为秦可卿送殡的情景中：

---

① 参见《曹雪芹祖母的侄孙女——李大姑娘》一文，载于《红楼解梦》第五集。

那时官客送殡的，有镇国公牛清之孙、现袭一等伯牛继宗，理国公柳彪之孙、现袭一等子柳芳，齐国公陈翼之孙、世袭三品威镇将军陈瑞文，治国公马魁之孙、世袭三品威远将军马尚，修国公侯晓明之孙、世袭一等子侯孝康；缮国公诰命亡故，故其孙石光珠守孝，不曾来得。这六家与宁、荣二家，当日所称"八公"的便是。余者更有南安郡王之孙，西宁郡王之孙，忠靖侯史鼎，平原侯之孙、世袭二等男蒋子宁，定城侯之孙、世袭二等男兼京营游击谢鲸，襄阳侯之孙、世袭二等男戚建辉，景田侯之孙、五城兵马司裘良。余者锦卿伯公子韩奇，神武将军公子冯紫英，陈也俊、卫若兰等诸王孙公子，不可枚数。堂客算来亦有十来顶大轿，三四十顶小轿，连家下大小轿车辆，不下百余十乘。连前面各色执事、陈设、百耍，浩浩荡荡，一带摆三四里远。

走不多时，路旁彩棚高搭，设席张筵，和音奏乐，俱是各家路祭：第一座是东平王府祭棚，第二座是南安郡王祭棚，第三座是西宁郡王，第四座是北静郡王的。原来这四王，当日惟北静王功高，及今子孙犹袭王爵。现今北静王水溶，年未弱冠，生得形容秀美，情性谦和。近闻宁国公家孙妇告殂，因想当日彼此祖父相与之情，同难同荣，难以异姓相视，因此不以王位自居，前日已曾探丧上祭，如今又设路奠，命麾下各官，在此伺候。自己五更入朝，公事一毕，便换了素服，坐大轿，鸣锣张伞而来，至棚前落轿。手下各官，两旁拥侍；军民人众，不得往还。

一时只见宁府大殡浩浩荡荡、压地银山一般从北而至。早有宁府开路传事人看见，连忙回去报与贾珍。贾珍急命前面驻扎，同贾赦、贾政三人连忙迎来，以国礼相见。水溶在轿内欠身含笑答礼，仍以世交称呼接待，并不妄自尊大。贾珍道："犬妇之丧，累蒙郡驾下临，荫生辈何以克当。"水溶道："世交之谊，何出此言？"遂回头命长府官主祭代奠。贾赦等在旁还礼毕，复身又来谢恩。

上面是正面小说，其背后所隐写的历史是怎样的呢？

1. 当把贾家看作隐写的曹家时，皇亲国戚与贾家的来往，便隐写着皇亲国戚与曹家的来往。这些皇亲国戚包括：东西南北王；公侯伯子男各种等级的贵族。

2.北静王说："因想当日彼此祖父相与之情，同难同荣，难以异姓相视，因此不以王位自居……"

"彼此祖父"所隐写的是谁呢？当贾家祖父所隐写的是曹寅时，北静王祖父所隐写的便是康熙皇帝。康熙皇帝与曹寅若仅仅是主奴关系，是谈不到"相与之情"、"难以异性相视"的。但当康熙的十六公主嫁给曹頫之后，他们便结为了亲家，他们之间的关系便发生了变化，皇族才可能对曹家有"相与之情"、"难以异性相视"。即使皇族中的王爷，在曹家面前也"不以王位自居"，何也？因为曹家既有额驸（曹頫），又是皇后（或皇太后）的娘家。

从上述分析可以看出，继康熙五十年康熙的十六公主嫁给曹頫后，又在雍正十一年香玉被册封为皇后，此后曹家的地位发生了根本性的变化，从皇家奴仆的地位，跃升至与主人（皇族）平起平坐的地位。这种情况集中反映在曹雪芹身上。一方面，他既有皇族血统，又是国舅，再加上他才华出众，因此即使他在贫困之后，在皇子皇孙们面前，也显得十分高傲，仍被视为犹如野鹤在鸡群。另一方面，他的著作因背后所隐之事与皇家有关系，所以一问世，便引起皇亲国戚们对其著作的关心。下面就此问题作个简介。

（二）曹雪芹曾在宗学任教

雍正二年（1724年）时始建"宗学"。"宗学"即专门教育皇族子孙的学校。对此，果亲王允礼说：

> "念我宗室子弟，尤教育所宜先，特谕立东西二学于（紫）禁城之左右，自王公、庶位以及凡有属籍者，其子弟愿学则入焉。即《周官》'立学于虎门之外以教国子弟'之义也。"①

---

① 见《皇八旗文经．宗学记》，转自《红楼梦研究集刊》第五辑第353页。

允礼所说的"自王公、庶位以及凡有属籍者，其子弟愿学则入焉"，即是入学者的范围。所谓"有属籍者"，即具备在宗人府有属籍（即清王朝宗室）资格（身份）者。在校学习内容包括满文、汉文及骑射。对于学生按月发给银、米、纸、笔等项。

学生须是宗室的后代，"宗学"的领导和教师当然更应是皇族中人。其制明文规定："拣选宗室四人为正教长，十六人为副教长。"担任"领宗学事（稽查）"和"业师"等实职者，也都必须是有"功名、德望"的高官或名流宿学。

曹雪芹既有皇族血统，又是国戚，在宗学中任"业师"（满语称作"啬夫"或"塞傅"）是很有资格的。

宗室后代中，与曹雪芹交往最多的是敦敏、敦诚。他们姓爱新觉罗氏，是清太祖努尔哈赤第十二子英亲王阿济格的五世孙，请看下表：

$$\text{努尔哈赤—阿济格—傅赫勒—绰克都—祜图札—瑚玖} \begin{cases} \text{敦敏} \\ \text{敦诚} \end{cases}$$

在二敦的诗中，有一些涉及曹雪芹在右翼宗学任教的情景。

敦诚写有一首《寄怀曹雪芹霑》的古今体诗。其中有四句为：

> 当时虎门数晨夕，
> 西窗剪烛风雨昏。
> 接䍦倒著容君傲，
> 高谈雄辩虱手扪。

这首诗的内容是回忆雪芹与敦敏、敦诚在"右翼宗学"（在西单牌楼石虎胡同内）时，朝夕频繁相见的情景，特别写出了他们在风雨之夜剪烛聚谈的深厚情意。后两句诗中的"接䍦倒著"意倒戴着帽子。"虱手扪"意摸捉虱子。其诗是写雪芹当时何等骄傲：倒戴着帽子，表现得傲世不羁；高谈雄辩时从不拘细节，就像古人"扪虱而言，旁若无人"那样。（对此四句诗的详细解释请参阅《红楼解梦》第四集《曹雪芹的母亲马氏是康熙的公主》一文）。

这里有两个问题需要解决：其一，曹雪芹与二敦是什么关系？其二，曹雪芹为什么能在宗学如此傲视一切？

先谈第一个问题。曹雪芹与二敦是什么关系？

曹雪芹生于康熙五十四年（1715年），敦敏生于雍正七年（1729年），敦诚生于雍正十二年（1734年）。也就是说雪芹长敦敏14岁，长敦诚19岁。他们得以在"右翼宗学"朝夕相见，并在风雨交加之夜剪烛聚谈，二敦及其他人都倾耳静听曹雪芹无视一切地高谈阔论——诗中的如此描绘，已明确地写出他们之间的关系——师生关系。曹雪芹是二敦的老师，即"业师"。

第二个问题，曹雪芹为什么能在宗学如此傲视一切呢？

曹雪芹既然在宗学中能够无所顾忌，十分狂傲，在清代等级制度极为严格的时代，他若没有"资本"是不可能的。他有了两个他的先辈所没有的"资本"：其一，他的母亲是康熙的公主，这样他便成为康熙的外孙。其二，曹雪芹与香玉是以"兄妹"相称的，香玉既成为皇后，雪芹就成了"国舅"；香玉成为皇太后以后，雪芹便是皇太后的兄长；再加上才华出众，知识渊博的自身条件，宗学中所有师生哪一个可同他相比？

（三）雪芹与二敦之间既是师生，又是朋友关系

前面已述，雪芹与二敦之间是师生关系。但这不是一般的师生关系，他们通过逐渐的交往与接触，又建立起一种挚友关系，成为一种忘年交。

敦敏在《四松堂集·敬亭小传》中写道：

> 敬亭余仲弟也。名敦诚，别号松堂，生而秀异，性灵警，素为慈所钟爱。五岁入家塾，即解诵读。十一岁入宗学，执经问难，为师长所期许。……乙亥二十二宗学岁试考入优等。

敦诚11岁入宗学时，是乾隆十年；22岁宗学岁试时，是乾隆二十一年。这次岁试，他以优异成绩通过。然而此前他曾考过三次，均未通过。这反映在他的《挽曹雪芹》诗中：

> 三年下第曾怜我，
> 一病无医竟负君。

　　"三年下第"是指他曾考过三次，但都落第了。"曾怜我"，若结合下面一句思考，"怜"不仅仅指可怜，而是指曹雪芹曾帮助过他，这才使他能在再一次的岁试中取得优异成绩，一举通过。"一病无医竟负君"，则指他没有像曹雪芹帮助他那样帮助曹雪芹，即在曹雪芹有病后，没有将他送去看医生，以致病故，因而，深感愧疚。从诗句中的"怜"来看，曹雪芹并不是以教师的身份来帮助他的，而是以挚友的身份。

　　曹雪芹和二敦在宗学时，如何建立起超过一般师生关系的挚友关系的呢？这个纽带即诗歌。

　　敦敏在《吊卜宅三孝廉》一诗中写道："昔年同虎门，联吟共结社。"诗里夹有注曰："宅三因会试驰赴京师，入闱前三日而卒。"敦敏在吊唁他时，回忆起他们在"右翼宗学"求学时，业余组织诗社，相互唱和联吟的雅事。

　　诗社是宗学中的学生组织，二敦、卜宅三等都是这诗社中的成员。曹雪芹是教师，虽没有亦是诗社成员的记载，但二敦多有对他杰出诗才的回忆。如敦诚《寄怀曹雪芹霑》中写道：

> 爱君诗笔有奇气，
> 直追昌谷披篱樊。

　　第一句诗是说敦诚喜欢雪芹诗才超群，奇险新颖。第二句中的"昌谷"指唐代诗人李贺，他是福昌（今河南省宜阳县）人士，因居县西之昌谷而名。"披"，披开。"篱樊"，亦作樊篱，即篱笆。此句诗意为：雪芹的诗歌很像李贺的诗风，恣肆不拘，意格新奇，能够突破前人的局限，而予创新。

　　敦敏对曹雪芹诗歌的评价是"诗才忆曹植"（《小诗代简寄曹雪芹》）。南朝·宋谢灵运云："天下才有一石，曹子建独占八斗。"敦敏诗句意即：曹雪芹的诗才之高，堪与才高八斗的曹植相比。

　　从二敦对曹雪芹诗歌评价来看，在右翼宗学时，曹雪芹是受诗社成员崇拜的极有才华的诗人，敦诚曾说：

> "曹雪芹诗末云：'白傅诗灵应喜甚，定教蛮素鬼排场'，亦新奇可诵。曹生平为诗，大类如此。"①

他还在《佩刀质酒歌》中说：

> 知君诗胆昔如铁，
> 堪与刀颖交寒光。

这些都说明他们对曹雪芹的诗歌风格十分熟悉，并给予高度赞扬。有文献记载道：

> 在乾隆十五年庚午即 1750 年八月十四日夜间，敦敏、敦诚曾经到宗学内与曹雪芹、卜宅三饮酒夜话。②

曹家二次被抄是在乾隆十六年，因而乾隆十五年，曹雪芹在右翼宗学任教是可信的。是年中秋节前夕，几位爱好诗歌的师生聚会于宗学内饮酒夜话，不论从逻辑，还是情理上看，也是可信的。从上述诗歌、史料中可以看出：曹雪芹与二敦之间，除却师生关系外，还以诗歌为纽带建立了深厚的情谊。

四、曹家第二次被抄没后与皇族的关系

（一）《红楼梦》中对曹雪芹败落后的描写

《红楼梦》第二十四回，写道："倪二听见是熟人的声音，将醉眼睁开

---

① 见《四松堂集》卷五《鹪鹩庵笔麈》。
② 见《南师〈红楼梦〉研究专辑·曹雪芹年表草稿》，南师图书馆、中文系资料室编《文教资料简报》1974 年 8—9 月号曾予辑入。转自《红楼梦研究集刊》第五集第 360 页。

看时，见是贾芸，忙把手松了，趔趄着笑道："原来是贾二爷……"在此处庚辰本有侧批曰：

> 如此称呼，可知芸哥素日行止，是"金盆虽破分量在"也。

在小说中，贾芸是贾府本家的爷们儿，是"草"字辈，与李纨之子贾兰（繁体"蘭"）同辈。贾兰隐写着雪芹，贾芸亦隐写着雪芹。"草"字辈是在"玉"字辈之下，故贾芸称宝玉为叔。他是"后廊上住的五嫂的儿子"，是个独生子。贾芸灵巧乘觉，虽比宝玉大四五岁，却甘愿做宝玉的儿子。以贾芸的这种身份来对照《石头记》原文，书中并未介绍贾芸还有兄长，倪二却称贾芸为"二爷"，毫无道理。至于批语，更令人费解，贾芸家很穷，为了置办端阳节礼，孝敬奉承凤姐，不惜到处借钱，怎么成了"金盆"？如果说曾经是"金盆"，现在破落了下来，书中也从未作过介绍。显然，这一系列问题，都是脂批中所说的"误谬"，而"误谬"背后必隐有真史。那么这些"误谬"背后的真实历史是怎样的呢？

宝玉是"二爷"，贾芸也是"二爷"。按照《石头记》里的分身法，以"二爷"为纽带，宝玉和贾芸均为曹雪芹的分身，即他们身上都隐写着曹雪芹——为了点破这一点，《石头记》中写贾芸与林红玉相恋，林红玉即黛玉原型竺香玉的一个分身。所谓"金盆虽破分量在"，喻指曹雪芹败落之后，虽然十分贫困，但身份仍然很高贵，就像摔破的"金盆"，仍保持着黄金的"分量"。

（二）曹雪芹家二次被抄后他仍如"鸡群"中的"野鹤"

敦敏在《芹圃曹君（霑）别来已一载余矣》[①]诗中写道：

> 可知野鹤在鸡群，
> 隔院惊呼意倍殷。

---

① 敦敏《懋斋诗钞》第37—38页，上海古籍出版社1984年版。

这首诗写于乾隆二十五年庚辰（1760 年），诗题全名为：《芹圃曹君（霑）别来已一载余矣，偶过明君琳养石轩，隔院闻高谈声，疑是曹君，急就相访，惊喜意外，因呼酒话旧事，感成长句》。

诗题中的明琳，是镶黄旗人，姓富察氏，明义的堂兄。"养石轩"是他的书斋名。

"可知"句，典自《晋书·嵇绍传》："或谓王戎曰：'昨于稠人中始见嵇绍，昂昂然如野鹤之在鸡群。'"该诗显然欲以"野鹤"作喻，赞扬曹雪芹气宇轩昂，才德人品卓然出众。那么"鸡群"指那些人呢？从诗中看，"鸡群"并非比喻一般百姓，因为当时"呼酒话旧事"的地点在明琳的书斋——养石轩中，在座的当然都是如敦敏那样的皇族后裔，或与皇族来往密切的贵胄，所谓"鸡群"正是指这群人。在等级森严的时代，敦敏将曹雪芹比作"野鹤"，在他面前，其他皇族后裔不过如同一群"鸡"而已。由此亦可见雪芹出身高贵。

曹雪芹二次被抄没后，居住香山正白旗旗营内。这里有祖父遗留下的一所院落，即后来的北京香山正白旗村 39 号院。1971 年在北房西边的一间西墙壁上，留有题壁诗。在西墙北下角有两句诗，分别是：

> 蒿中自有灵芝草。
> 污泥陷着紫金盆。

这两句诗与"可知野鹤在鸡群"句有异曲同工之妙。请看：

第一句诗，"灵芝草"是用来比喻曹雪芹的，"蒿"则喻指曹雪芹周围的那些人。在曹雪芹周围的那些人当中，至少包括了像明琳、敦敏、敦诚等皇族的后裔。

第二句诗，"紫金盆"系喻指曹雪芹，"污泥"所指的是当时的社会环境，如污泥一样的黑暗。

题壁诗中，还有一个诗句，甚至把曹雪芹比喻为"龙"：

> 困龙也有上天时，
> 甘罗发早子牙迟。

此诗称赞曹雪芹虽经二次抄家后，生活贫困，但也仍有皇族血统，不失为"龙"种，尽管是"困龙"，然而迟早有一天会飞黄腾达。

从上面一些诗句看，曹雪芹即使家被抄没，从有爵位的贵胄，降为居住旗营的平民，然而在那些皇族后裔及周围朋友们眼里，并未失去高贵的身份，亦未减弱对他的尊崇。

上面两联诗，从内容上看，无疑写于曹雪芹于乾隆十六年第二次抄家之后，那么在题壁诗中有"岁在丙寅清和月下旬"字样，其中"丙寅"即乾隆十一年（1746 年）①——当时曹家尚未遭到第二次被抄没，而上面两联诗歌所反映的是：曹家第二次被抄没后，人们对曹雪芹的看法，对此该怎样理解？

——看来这些诗歌是分两个阶段题于壁上的：大部分是在第二次被抄家前题的，另外一小部分则是在第二次被抄家后。除上面两联诗歌外，如题壁诗中，有一副菱形对联：

> 远富近贫以礼相交天下少
> 疏亲慢友因财而散世间多
> 真不错

这副对联应是拙笔于曹雪芹第二次被抄家后，题写于墙壁上的，而并非题于乾隆十一年。

（三）雪芹家被抄后，在清王朝面前，始终傲世不屈

敦敏在乾隆二十五年写有《题芹圃画石》一诗：

> 傲骨如君世已奇，嶙峋更见此支离。
> 醉余奋扫如椽笔，写出胸中块垒时。

第一句诗中的"傲骨"一词：唐代李白因不肯屈身奉侍权贵，宋人戴

---

① 参见《曹雪芹故居考论》一文，载于《红楼圆明隐秘》一书。

埴在《鼠璞·傲骨》中说："唐人言李白不能屈身逢世，以腰间有傲骨。"这里以"傲骨"形容曹雪芹，是说曹雪芹也如李白那样，有傲骨。

第二句诗中的"支离"一词：指所画之石形态奇峭。这两句是说：你本人因有傲骨而著名于世，现你所画之石，也是突兀重叠，奇峭昂立，就像你本人那样伟岸傲世。

第三、四句："如椽笔"：椽（chuān），或椽子，建筑中指放在檩上架着屋面板和瓦的木条。木条截面可圆可方，粗者达二三寸，长约三四尺。如椽笔，用以比喻大手笔。《晋书·王珣传》："珣梦人以大笔如椽与之。既觉，语人云：'此当有大手笔事。'俄而帝崩，哀册谥议，皆珣起草。"《题芹圃画石》一诗最后两句意为：你酒后挥舞如椽的大笔，将抑郁心中的不平之气，倾吐一尽。

这首诗写出了雪芹的孤标傲世，不为贫困所累的性格。在张宜泉的《题芹溪居士》诗中，亦有表现，诗中写道：

> 羹调未羡青莲宠，苑召难忘立本羞。
> 借问古来谁得似，野心应被白云留。

第一句诗，"青莲"指李白。因他曾居住在绵州彰明县（今四川江油县）青莲乡，自号青莲居士。"羹调"，即调羹。唐代李阳冰在李白《草堂集序》中说：天宝中，李白受召到长安，唐玄宗"以七宝床赐食，御手调羹以饭之。"即皇帝亲自调羹，之后赐给李白吃。从中可见李白受宠的程度。

第二句诗，"立本羞"，立本，指唐代画家阎立本，在《旧唐书·阎立德传》附《阎立本传》中写道："太宗尝与侍臣学士泛舟于春苑。池中有异鸟，随波容与，太宗击赏。……召立本写焉。时，阁外传呼：'画师阎立本！'时已为主爵郎中，奔走流汗，俛伏池侧，手挥丹粉，瞻望宾座，不胜愧报！退戒其子曰：'吾少好读书，……唯以丹青见知，躬斯役之务，辱莫大焉！汝宜深戒，勿习此末技'。"

这两句诗的大意即：曹雪芹不羡慕曾得到皇帝赐羹的诗人李白，却牢记被召到宫中作画，而感到羞辱的画家阎立本。

第四句诗：这句诗有个典故。元代辛文房《唐才子书》卷十写道：五代时陈抟举进士未中。先后隐居武当山、华山。入宋后，数召不出。其谢表云："数行丹诏，徒教彩凤衔来，一片野心，已被白云留住。"第三、四句诗意即：若问曹雪芹同古代的哪一个人相似呢？他很像五代时隐居深山的陈抟，数次召请，也不出山，好似白云留住了他的自由之心。

上面这四句诗写了他在贫穷后，与清皇宫的关系。大约清皇宫曾邀聘他做宫廷诗人或宫廷画家，但他均予拒绝，宁愿隐居旗营，撰写自己的著作。

五、曹雪芹去世后，《石头记》在皇族中的流传

（一）从皇族中流传出的抄本

现在能够发现的早期《石头记》抄本只有：甲戌本、己卯本、庚辰本、戚序本、戚宁本、蒙府本、靖藏本、列藏本八种。这些抄本大都是过录本，然而竟有两个抄本自清代王府中流传出，即己卯本和蒙府本。

己卯本：

己卯本系"脂砚斋凡四阅评过"、"己卯冬月定本"的简称。

此本用纸为乾隆时的竹纸。

此本每10回有一个总目，回首行写"脂砚斋重评石头记卷之"，第二行写回数，第三行写回目。

此本在第三十一回至四十回的总目上，写有"己卯冬月定本"。"己卯"即乾隆二十四年（1759年）（此乃成书时间）。该抄本是过录本。

在此过录本上，因对"祥"和"晓"两字均避讳，经吴恩裕等红学家研究后，认为此本系乾隆时怡亲王允祥、弘晓府上的藏抄本。

蒙府本：

蒙府本系"蒙古王府本"的简称。因第七十一回回末总批后，有"柒爷王爷"字样，推断原为清代某王府旧藏。据说北京图书馆（国家图书馆前身）自蒙古王府购得此本，故名。

该本虽不能断定"柒爷王爷"是哪位王爷，但系由某王府收藏却是

无疑的。

（二）明义的《题〈红楼梦〉》

明义（1740—?），字我斋，满洲镶黄旗人，善于工诗，写有《绿烟琐窗集》。书中收有《题〈红楼梦〉》七绝二十首。据笔者对明义《题〈红楼梦〉》的分析，明义所阅读的是一种百十回，书名叫做《红楼梦》的抄本，是一部有头有尾的小说。这是乾隆十六年曹雪芹第二次被抄家之前流行的一种抄本。当时书中尚无添加脂砚斋批语。① 从明义的二十首诗可看出，尽管曹雪芹在小说背后隐进了历史，但明义只把它作为小说欣赏，不认为其背后含有隐史。这从一个侧面说明：不带脂批的百十回《红楼梦》，读者是看不到此书背后之隐史的。这也正是曹雪芹删去后三十回，又添加了大量批语之原因所在。

（三）永忠的吊雪芹三绝句

永忠著有《延芬室稿》，书中刊有《因墨香得观〈红楼梦〉小说吊雪芹三绝句（姓曹）》②，诗中对曹雪芹表现出崇敬与赞美。诗的眉端还有批语，为弘旿所写。在本书《曹雪芹是侯爵》一文中已对永忠、墨香和弘旿作了简单介绍，这里就不再赘述。

永忠的三首绝句如下：

第一首诗：

> 传神文笔足千秋，不是情人不泪流。
>
> 可恨同时不相识，几回掩卷哭曹侯。

此诗已在《曹雪芹是侯爵》一文中作出阐释，这里就不再重复。

第二首诗：

---

① 此文将载于笔者以后的论文集中，文题暂定为《释明义〈题《红楼梦》〉——兼论百十回〈红楼梦〉抄本》。

② 见《延芬室稿》稿本第十五册。

> 颦颦宝玉两情痴，儿女闺房语笑私。
> 三寸柔毫能写尽，欲呼才鬼一中之。

　　"颦颦"指林黛玉。《红楼梦》第三回，贾宝玉笑对林黛玉说："我送妹妹一个妙字，莫若'颦颦'二字。"因而，在书中也有时称黛玉为"颦儿"。"情痴"，因爱情而痴迷。"三寸柔毫"指毛笔。"才鬼"，雪芹已逝，故称之为"才鬼"。"中"，意中酒、酒酣。"一中之"，意：一起饮酒至酣醉。关键是最后一句"欲呼才鬼一中之"，诗人为何欲将曹侯唤醒，两人一起饮酒至醉？是由于曹侯编造出了一个黛玉和宝玉"情痴"的故事吗？不。中国古代文学的特点是"文史合一"，在这小说故事背后必隐写着真实的人物和事件。曹侯将此写得淋漓尽致，而诗人理解了曹侯的真实用意，这才欲唤醒曹侯，一起饮酒到酣。

　　从这首诗来看，永忠似听说过雪芹与香玉的爱情传闻，并领悟出宝玉与黛玉的"情痴"，所反映的即是雪芹与香玉的情痴。

　　第三首诗：

> 都来眼底复心头，辛苦才人用意搜。
> 混沌一时七窍凿，争教天不赋穷愁。

　　第一句"都来眼底复心头"，意即：我看完书中所写的一切，深深地打动了我的心。

　　第二句"辛苦才人用意搜"，意即：这部书是才华横溢的曹雪芹耗尽心血写成的。

　　第三句"混沌一时七窍凿"是个典故。"混沌"是个天神，被"倏"和"忽"两天神凿开七窍后而死。此典出自《庄子·应帝王》："南海之帝为倏，北海之帝为忽，中央之帝为混沌。倏与忽时相遇于混沌之地，混沌待之甚善。倏与忽谋报混沌之德曰：'人皆有七窍，以视听食息，此独无有，尝试凿之。'日凿一窍而混沌死。"混沌本来胡涂，因凿开了七窍变得聪明后，生命却完结了。

　　第四句"争教天不赋穷愁"中的"争"作"怎"解。"赋"意给予。

连混沌这样的天神，一旦变得聪明后，便死去，曹雪芹只是个人，在变得聪明后，最高统治者怎能不给予他无穷无尽的愁苦呢？此处的"天"可理解为"天子"，即最高统治者。

这首诗该怎样理解？关键在最后一句，为什么一个人变得聪明（将世界看透）后，就必然伴随着"穷愁"呢？假若《红楼梦》（《石头记》）仅仅是一部小说，在古代，小说往往与"无稽"连在一起，称作"无稽小说"，其作者是不会变得"穷愁"的；而正由于《红楼梦》（《石头记》）并非单纯的小说，聪明的作者将历史隐写于其中，最高统治者才使他贫穷潦倒。我们以这种观点再回过头来看前面两句诗，就会理解其含义：这部书尽管表面看是一部小说，实则包含着历史。正是这种历史才使诗人（永忠）"都来眼底"，并且"复心头"——使诗人备受感动。——永忠之所以能对此书有这种理解，是由于永忠与曹雪芹都属于皇族中的人，大约曾听说过曹雪芹的经历，这样才会在阅读《红楼梦》（《石头记》）的过程中，体会到书中曹雪芹将自己的经历隐写在了书中。也才可能在阅读该书时，"几次掩卷哭曹侯"。

从永忠的三首绝句，我们可知，永忠对曹雪芹至少了解如下的情况：

1. 诗人了解曹雪芹曾被封为"侯"，故称雪芹为"曹侯"。

2. 诗人听到过曹雪芹（被封为侯）与竺香玉（成为雍正的皇后）幼时曾有过深深爱情，曹雪芹将此事隐写进了书中，为此诗人才哭雪芹，赞叹雪芹，并欲与雪芹一起饮酒至酣醉。

3. 诗人认为自己是曹雪芹所写历史的知情人（"情人"），曹雪芹详尽地隐写了这段历史（"辛苦才人用意搜"），他正因这段经历才变得"穷愁"，而这些又深深地打动了诗人。

永忠的诗题为《因墨香得观〈红楼梦〉小说吊雪芹三绝句（姓曹）》。从中可以看出，永忠不是就小说谈小说中的人物，而是通过看小说，谈及小说中所隐写的历史人物——曹雪芹。

我们再看弘旿的批语。

弘旿的批语为：

此三章诗极妙！第《红楼梦》非传世小说，余闻之久矣，而终不欲一见，恐其中有碍语也。

这段批语存在着矛盾："余闻之久矣"，一语，应是真实的，但"终不欲一见"，却难使人相信，因为：

第一，批语说："此三章诗极妙！"——如此批语，唯有看过《红楼梦》（《石头记》）后，才可能批得出。若根本不了解《红楼梦》的内容，如何判定此三章诗写得"妙"还是不妙呢？何况弘旿的批语是"极妙"！

第二，为什么批书人一方面将《红楼梦》（《石头记》）的诗评论为"极妙"，另一方面却又不敢承认看过此书，"恐其中有碍语"呢？对于这个问题，只要了解《红楼梦》（《石头记》）流传——禁毁——流传三个阶段的大致情况者，便能较容易理解：

乾隆四十二年（1777 年）以前：乾隆十六年曹家二次抄没之前，百十回本《红楼梦》开始流传；乾隆二十八年曹雪芹去世后，带脂批的八十回本《石头记》开始流传。

乾隆四十二年——乾隆四十七年（1782 年）：《石头记》（《红楼梦》）被禁毁（主要禁毁的是《石头记》，因书中带有脂砚斋批语，读者可能通过脂批看到其背后的历史。

乾隆四十八年（1783 年）以后：不带脂批的前八十回《红楼梦》（《石头记》）抄本流传时期。

从弘旿的批语可知，他看到永忠的诗，并添加批语的时间，至少要在此诗写成十五年之后（乾隆四十八年之后）：

1. 永忠此诗写于乾隆三十三年。他所阅读的是不带脂批的《红楼梦》，同明义所阅读之《红楼梦》底本相同。因他听说过曹雪芹的一些经历，并能够与小说相联系进行思考，因而书中虽没有脂批，仍在一定程度上看懂了该书，这才写出了三首咏雪芹的诗。

2. 弘旿并不是在永忠刚刚写出此诗后，便看到其诗，并添加批语的。他必然经历过乾隆四十二年至四十七年《石头记》禁毁阶段，否则不会有"碍语"之说。

（四）睿亲王淳颖《读〈石头记〉偶成》绝句

《红楼梦研究集刊》第十四辑刊出一篇文章《一首新发现的早期题红诗》，作者路工、胡小伟。文章介绍说，20世纪50年代初路工先生收藏着一幅诗稿长卷，该卷长约410厘米，高约31厘米。纸装粗裱，共计存诗八十四首，曲一支。其中有一首诗题为《读〈石头记〉偶成》，全诗如下：

> 满纸喁喁语不休，英雄血泪几难收。
>
> 痴情尽处灰同冷，幻境传来石也愁。
>
> 怕见春归人易老，岂知花落水仍流。
>
> 红颜黄土梦凄切，麦饭啼鹃认故丘。

经路、胡二位先生考证，此诗系由睿亲王淳颖所作，时间是在乾隆辛亥（乾隆五十六年，1791年）暮春。程伟元、高鹗开始阉割、篡改《石头记》的时间是在辛亥春，刻印、发行是在辛亥冬，即程甲本。因而，可以断定《读〈石头记〉偶成》写于程甲本之前。

睿亲王室号"身云室"；号"玉盈主人"、"又次道人"。存有刻本《虚白亭诗钞》和《淡香吟稿》（系与夫人的合集）。

路、胡二人对睿亲王淳颖作了考证。淳颖是清初摄政王多尔衮之后。多尔衮无嗣，将弟弟多铎的第五子多尔博过继为子。淳颖即多尔博的六世孙。因而，为了了解淳颖，须先了解他的先祖。

清初，宫廷斗争十分尖锐、复杂。多尔衮身为摄政王，权倾一时。但到顺治八年（1651年）以"谋篡大位"罪名，追夺封爵，籍没家产，黜出宗室，其养子多尔博，女儿东莪给信王。信王即多铎二子多尼，亦受到牵连而降为郡王。直到127年之后乾隆四十三年（1778年），才诏令"追复睿亲王封爵及豫亲王多铎、礼亲王代善、郑亲王济尔哈朗、肃亲王豪格、克勤郡王岳托原爵，并配享太庙。"[①] 与此同时，淳颖也被袭封睿

---

① 《清史稿·高宗本记》，转自路工、胡小伟《一首新发现的早期题红诗》，《红楼梦研究集刊》第十四辑第501页。

亲王。

淳颖父亲如松仅活了 34 岁，当时淳颖才 9 岁（乾隆三十四年）。由于"太福晋佟焦氏节而能文，教养有法，盖以母兼师道焉。"①10 岁袭奉恩辅国公（乾隆三十五年），14 岁（乾隆三十九年）在乾清门行走，18 岁（乾隆四十三年）承袭睿亲王，24 岁（乾隆四十九年）总理正红旗觉罗宗学，26 岁（乾隆五十一年）先后授宗人府宗令、充玉牒馆副总裁。32 岁（乾隆五十七年），管理正黄旗汉军都统，33 岁（乾隆五十八年）授盟长，34 岁（乾隆五十九年）署正黄旗领侍卫大臣，调宗人府左、右宗正。36 岁（嘉庆元年）授正黄旗领侍卫大臣，领补正白旗侍卫内大臣。37 岁（嘉庆二年）调补镶红旗满洲都统，39 岁（嘉庆四年）总理理藩院事务，授御前大臣，调补正黄满洲都统。（嘉庆五年）十一月去世，年仅 40 岁。从他的一生来看，年青时便恢复了"铁帽子王"的世袭，而且受到乾隆的爱重。

淳颖与敦敏、敦诚、裕丰、裕瑞都为同一祖先努尔哈赤的后代。为使读者一目了然，请看下面表格②：

```
                                         ┌── 敦敏
                          ┌── 瑚玢 ──────┤
                          │              └── 敦诚
      阿济格─傅赫勒─绰克都─祜图札┤
      │                   └── 额尔赫宜
努尔哈赤┤
      │ 多尔衮─多尔博─苏尔发─塞勒─功宜布─如松─淳颖
      │                           ┌── 裕丰
      └ 多铎─多尼─鄂扎─德昭─修龄 ┤
                                  └── 裕瑞
```

下面对上表再作两点说明：

1. 淳颖与裕瑞关系

裕瑞是《枣窗闲笔·后红楼梦书后》作者，其中记录了一些有关曹雪芹的事情（如言"其人身胖头广而色黑"等）。书有"闻前辈姻戚有与

---

① 《虚白亭诗钞》英和"序"；转自《红楼梦研究集刊》第十四辑第 502 页。
② 此表参见《红楼梦研究集刊》第十四辑第 501 页。

之交好者"之语。裕瑞之父修龄与淳颖是同承复亲王爵的。修龄嫡妻系傅文之女，淳颖之妻系傅恒之女，她们是堂姐妹关系。即他们之间是姨丈与外甥的关系。裕瑞能读到的本子，淳颖也应可以读到。

2. 淳颖与明义关系

明义之父是傅清。他与淳颖之妻、裕瑞之母为堂兄妹关系。借给永忠《红楼梦》的墨香，是明义的"堂姊丈"。

英和在《虚白亭诗钞·序》中说：淳颖"天才高秀，誉望早崇"，其母佟焦氏于"骑射之暇，每为讲论诗学源流甚备，有作命王属和，业稍进辄有愉色。王尝扈跸出塞，犹手书纨扇寄以勖之"。① 这两段是说淳颖幼时十分聪颖，母亲对他的期望甚大，不仅为他讲诗，而且往往亲自作诗，命他酬和，有了进步便非常高兴。而且还为淳颖在纨扇上写上勉励的话，让他外出时带在身上，以随时观看。勖（xù）：勉励，如勖勉。由于他受到母亲的影响，诗歌写得极好。幕僚王苣孙赞扬他"才量子建奢"②，"诗赋一家谁得似？翩翩才子又黄书。"③ 关于淳颖诗歌的特点，英和写道：

> 王既清修笃学，又以其余力博涉内典，故其诗体物言情，皆有寄托，而识解尤超群异常。使天假以年，正不能测其所至。

从这段话可知淳颖的知识及诗歌有如下特点：

第一，知识面很宽，"博涉内典"。

第二，对事物认识深刻，"超群异常"。

第三，他的诗歌"体物言情，皆有寄托"，即其诗均有内指，非常含蓄。

这些特点对理解他的《读〈石头记〉偶成》诗十分重要。下面我们就来阐释这首诗。

---

① 《虚白亭诗钞》英和"序"；转自《红楼梦研究集刊》第十四辑，第 502—503 页。

② 《渊雅堂编年诗稿》卷六《昭信李伯招集松轩奉陪睿亲王及王之客蔡方平与家弟听夫即席联句十韵》。此句后注"谓睿王"。转自《红楼梦研究集刊》第十四辑第 503 页。

③ 同上书，《读睿邸太福晋诗集题后四首》。此句后注"谓玉盈主人"。转自《红楼梦研究集刊》第十四辑第 503 页。

"满纸喁喁语不休，英雄血泪几难收"：喁喁（yóng）：对低声说话的形容，如喁喁私语。这两句诗意：《石头记》一书，虽然表面看来通篇都是儿女情长、喁喁私语，而其背后，"英雄"却流淌着难以止住的血泪，诗中的"英雄"即指《石头记》作者。

对于上面两句诗，可以结合《石头记》（甲戌本）的"凡例"及脂批，如："字字看来皆是血，十年辛苦不寻常"；"能解者方有辛酸之泪，哭成此书。壬午除夕，书未成，芹为泪尽而逝。余尝哭芹，泪亦待尽。"（甲戌本第一回眉批）"一句一滴血，一句一滴血之文"（甲戌本第三回侧批）；"四字（"孽根祸胎"）是作者痛哭"（戚序本第三回夹批）；"天下同患难者（指英莲）同来一哭"（蒙府本第四回侧批）；"一字化一泪，一泪化一血珠"（甲戌本第七回侧批）；"三十年前事见书于三十年后，令余悲恸，血泪盈面"（甲戌本第十三回眉批）……，结合起来进行理解。

此诗的头两句，显然是对曹雪芹著《石头记》所发的议论——表面看这部《石头记》是"满纸喁喁语不休"，而实际是英雄用血泪写成的。

诗作者是皇族成员，他称雪芹为"英雄"，说明他在相当程度上看到了《石头记》小说背后所隐写的历史，并对雪芹的英雄壮举有所了解。——这点对理解后面的诗句十分重要。

"痴情尽处灰同冷，幻境传来石也愁"："痴情"，在小说中指宝玉和黛玉的痴情，但联系前两句诗，此"痴情"乃指作者——作者对自己的恋人"痴情"。诗的前一句是说作者在有生之年始终痴情于他的恋人，直到死去，他的尸体化为灰后，他的情方尽，后一句中的"幻境"不是指太虚幻境，"石"也不是指女娲石那块石头。"幻境"即"梦境"，由于《红楼梦》（《石头记》）是作者以梦幻的笔法，记录的一段经历。因而诗中的"幻境"实指《红楼梦》（《石头记》）背后所隐写的历史。"幻境传来石也愁"意指当《红楼梦》（《石头记》）中的隐史被解破、传出后，即使石头也会受到感动，悲伤忧愁。

"怕见春归人易老，岂知花落水仍流"：这两句诗将《石头记》作者的恋人比作春花。意即：作者害怕春天的归去，春天归去，便会引起作者联想自己的恋人，恐催他衰老。"花落"指作者所爱恋之人的亡故。恋人虽然亡故，但生活还须继续下去。

"红颜黄土梦凄切，麦饭啼鹃认故丘"："麦饭"：粗粝之饭，如苏轼诗《和子由送梁左藏》："急扫风轩炊麦饭。""啼鹃"：指蜀国望帝化鹃啼血的典故，如白居易《琵琶行》："其间旦暮闻何物？杜鹃啼血猿哀鸣。""故丘"：旧墓。这两句诗意为：作者的恋人（红颜）被葬入黄土后，仍在作着凄切的梦。作者虽然生活贫窘，但仍以粗粝之饭为食，哭哭啼啼地为她祭扫旧坟。

这首诗基本内容是什么呢？综合起来看，写的是：《石头记》表面看是情人之间的喁喁私语，实则是作者以一字一泪写成，作者是位"英雄"。作者与其恋人都痴情缱绻，但到头来恋人先他而死，他也极为贫困。然而他却始终怀念着恋人，为此而悲凄痛苦，经常到她的坟上祭奠。

从这首诗的内容来看，淳颖所读的抄本，与明义和永忠所读到的抄本不同，明义与永忠读的是百十回本《红楼梦》小说，而淳颖读的是带有脂批的八十回《石头记》抄本。这种抄本在皇族中仍有流传，后来发现的己卯本、蒙府本即可证明。

六、曹雪芹在清皇族中的地位

曹雪芹有着双重身份：既是康熙的外孙，又是国舅。由于是国舅，被封为侯爵。这使得他曾在短暂的时间（雍正十一年六月香玉封为皇后至雍正十三年八月雍正暴亡，两年多时间）里，成为显赫的新闻人物。他在城里的豪宅（现恭王府及其后花园）和西郊别墅（后燕京大学校园）便是此时建成的。但在乾隆继位后，曹雪芹便随之沉寂下来，但家境仍保持着原来的豪华繁盛。然而，乾隆十六年随着香玉皇太后的死亡，曹家被二次抄没，曹雪芹回到香山正白旗旗营，过起了下层旗民的贫困生活。

曹雪芹的上述经历，再加上他是位著名的才子，使得他与清皇族中的成员建立了一定程度的联系，这是一方面；另一方面，由于香玉做皇后的时间和他做国舅的时间极短，此后虽然在右翼宗学做过几年的"业师"，但真正与皇族的联系终是十分有限。从与他有过联系，以及读过他的作品《红楼梦》（《石头记》）的皇族成员分析，大体有如下特点：

1. 与曹雪芹是师生关系：如与敦敏、敦诚，以及他们的朋友。

2. 与曹雪芹有共同的经历：先辈都曾被抄没过。

3. 与曹雪芹有共同爱好：如都擅长赋诗。

这些皇族成员愿与曹雪芹来往，或愿读曹雪芹的作品，正由于他们有共同之处。这些共同之处，反过来又证明了下面两点：

其一，曹雪芹亦属于皇族圈子内的人物；

其二，《红楼梦》（《石头记》）所写内容与皇家有关联。

须知：前清是一个等级制度十分严格的社会。如果曹雪芹不属于皇族圈子，皇族人员如何会与他密切交往？如果《红楼梦》（《石头记》）所写内容与皇家无关，为何皇族人员那么热衷于传抄与收存他的作品？而其中有些人（如敦诚、敦敏、永忠、淳颖）如果与雪芹没有感情的共鸣，如何能够写出如此生动的诗歌？

紫　军

2004 年 8 月 12 日

于香山月地云居

曹雪芹被封侯爵考

一、竺香玉被册封为皇后以后，按照清代"推恩"外戚制度，曹頫应被封为"公"

（一）竺香玉于雍正十一年六月十一日生皇子弘曕后，第二天便被册封为皇后

雍正的皇后乌拉那拉氏薨后，雍正于十年春纳竺香玉为皇贵妃，管理后宫，作为后宫之主。竺香玉于十一年六月十一日生下皇子，第二天雍正便册封她为皇后。之后，曹家为她修建了省亲别院及省亲别墅。

关于竺香玉的上述经历，由于清宫档案遭到乾隆的删削与篡改。史料中找不到明确的记载，但曹雪芹将其隐记在《石头记》中。《红楼解梦》作者按照脂砚斋批语的指引，通过对《石头记》的研究，揭示出了隐写在《石头记》背后的竺香玉的这段历史，与此同时亦进行了历史考证和验证，证明《石头记》所隐记之史是准确的。关于这个问题的具体论述，读者可参见如下文章，这里就不再赘述：

1. 《曹雪芹把乾隆皇帝钉上了篡改历史的耻辱往》（载于《红楼解梦》第三集）：文中论辩了"雍正死时身边有无皇后？"、"雍正死后及乾隆元年，清宫有一位皇太后还是两位皇太后？"、"弘曕是谦嫔之子，还是香玉皇后之子？"等五个问题。

2. 《黛玉原型竺香玉采花图考》（载于《红楼解梦》第八集）。

3. 《香玉皇后的十二幅画像》（载于《红楼解梦》第三集）。

4. 《〈香玉皇后行乐图〉绘画性质及绘制时间的再考论》（载于《红楼解梦》编外集《红楼圆明隐秘》）。

5.《三论〈香玉皇后行乐图〉——兼驳杨启樵〈故宫果真有香玉皇后肖像?〉和朱家溍〈关于雍正时期十二幅美人图〉两文》(载于《红楼解梦》第五集)。

6.《曹雪芹在京城内的故居——"恭王府"前身》(载于《红楼解梦》第五集):"恭王府"的前身系曹雪芹母亲,康熙的十六皇女结婚时得到的赐府,竺香玉被册封为皇后之后进行了改建并扩建,其中锡晋斋(天香庭院),即为皇后"省亲"所建之"别院"。

7.《燕京大学校园前身是雪芹的故居》(载于《红楼解梦》第五集):燕京大学校园前身名叫"淑春园",又名"十笏园"。此园即竺香玉被册封为皇后以后,为她省亲而在圆明园附近修建的"省亲别墅"。《石头记》第十八回所描述的元春省亲之背后隐史,即香玉皇后的一次省亲。

8.《红楼诗史——〈芦雪庵争联即景诗〉解析》(载于《红楼解梦》第六集):《芦雪庵争联即景诗》中隐记了竺香玉被迫入宫,直到薨逝的一段历史,堪称"史诗"。

9.《〈红楼解梦〉的结论经得住史料验证——答张书才先生的"平议"》(载于《红楼解梦》第三集):文中论辩了"弘曕的生母是刘氏,还是香玉?"、"历史上的竺香玉皇后是否定不了的!"等七个问题。

上述文章揭示了有关竺香玉及弘曕的史证、物证,其中包括她做皇后时的省亲之地等等,这些证据足以证明:雍正确有第二位皇后——她就是竺香玉皇后。她被册封为皇后是在雍正十一年六月十一日生子弘曕后的第二天。

(二)按清代"推恩"外戚制度,曹頫被封为"一等公"

古代的婚姻都讲"门当户对",如果皇帝所册封的皇后,娘家地位不高怎么办呢?于是制定了"推恩"外戚制度。即在皇后被册封后,其直系亲属,也将授与贵族爵位。如授与其父为"公"等。《大清会典》载:

> 凡外戚推恩,皇太后、皇后之父封一等公,殁者追赠。其子孙世袭罔替,由该旗具奏承袭咨部。[1]

---

[1] 见《大清会典》卷七《吏部·世爵》。

这个制度包括三点：

其一，皇太后、皇后的父亲封一等公①；相应地，皇太后、皇后的母亲也被封为诰命夫人。

其二，"殁者追赠"，实际是追封三代。

其三，这一公爵之位，可以"世袭罔替"。

竺香玉是冒李香玉之名进宫的。而李大姑娘被曹家收养后，是作为曹𫖯女儿身份"曹香玉"亲名达部的。因而，当竺香玉被册封为皇后以后，曹𫖯也就以皇后之父的身份被封为"一等公"，曹𫖯夫人被封为一品诰命夫人。可以设想，如果后来没有变故的话，曹𫖯这个"公爵"必将"子孙世袭罔替"下去。

关于曹𫖯被封爵之事，曹雪芹如何将其反映在《石头记》中呢？——《石头记》书中，曾反复提到贾家为"公府"之家。如第六回，刘姥姥对女婿狗儿道：

> "我也知道他的。只是许多时不曾往他家去走了一趟儿过，又知道他如今是怎样？这也说不得了，你又是个男人，又这样个嘴脸，自然去不得。我们姑娘年轻媳妇子，也难卖头卖脚的。倒还是舍着我这副老脸去碰一碰。果然有些好处，大家都有益。便是没银子拿来，我也到那公府侯门见一见世面，也不枉我一生。"

在刘姥姥眼里，贾家是"公府"。

第十八回，谈到妙玉时，林之孝家的回道：

> "请他，他说：'侯门公府，必以贵势压人，我再不去的。'"

从妙玉的话里可知：贾家确实是"公府"。

贾府之宝玉，也说自己是生在"公府"、"侯门"。如第七回，宝玉见

---

① 乾隆十三年以后，所封外戚降为"三等公"。乾隆认为："后族承恩，与佐命功臣栉风沐雨、拓土开疆者实难并论，俱改为三等公。"（《清史稿》卷一六七《外戚表序》）到道光、同治时期情况又有变化。但在雍正时代。对外戚的推恩仍是封一等公。

到秦钟后，乃自思道：

> "天下竟有这等的人物！如今看了，我竟成了泥猪癞狗了。可恨
> 我为什么生在这侯门公府之家？若生在寒儒薄宦之家，早得与他交
> 结了，不枉生了一世。……"

书中谈到宝玉的其他姐妹时，同样是说生在"公府"，如第五回，第
八支曲子"喜冤家"写道：

> 中山狼，无情兽，全不念当日根由。一味的骄奢淫荡贪欢媾。
> 觑着那，侯门艳质同蒲柳；作践的，公府千金似下流。叹芳魂艳魄，
> 一载荡悠悠。

书中将迎春说成是"公府千金"。
又如，第二十二回，惜春的谜语是：

> 前身色相总无成，不听菱歌听佛经。
> 莫道此生沉墨海，性中自有大光明。

这诗的谜底是"海灯"。戚序本有夹批曰：

> 此惜春为尼之谶也。公府千金至缁衣乞食，宁不悲夫！

批语将惜春、迎春，均称作"公府千金"。
按照小说，贾家被称作"公府"，是由于贾府祖先贾演被封为宁国
公，贾源被封为荣国公。但他们的爵位并不"世袭罔替"，而是每降一代，
爵位便降一级。比如到贾赦——荣国公的孙子时，便成了"一等将军"。
第二回，冷子兴说：

> 若论舍亲，与尊兄系同谱，乃荣公之孙：大内兄现袭一等将军之

职，名赦，字恩侯。

再如，第十三回，贾珍为贾蓉买官时，在"一张红纸"上写道：

> 江南江宁府江宁县监生贾蓉，年二十岁。曾祖，原任京营节度使世袭一等神威将军贾代化；祖，乙卯科进士贾敬；父，世袭三品爵威烈将军贾珍。

由此来看，到宝玉——荣国公的四世孙生活的时代，最多称作将军府，而不应称作"公府"了。显然这便是脂砚斋所说的"误谬"。当把小说反过来看其背后所隐写的历史时，并非曹雪芹的曾祖父被封过"公"，而是在曹雪芹生活的时代便有人封"公"，曹家才可称作"公府"。这个被封的人，便是曹頫。他是因"女儿"（竺香玉）被册封为皇后，按推恩制得到的封号。按当时的推恩外戚的制度，曹頫受封的称号应是"一等承恩公"。

（三）《石头记》中隐写着曹頫的妻子和曹雪芹的祖母都被封为"诰命夫人"

前面说明：当竺香玉被册封为皇后以后，曹頫也就以皇后之父的身份被封为"一等公"，相应地，曹頫的夫人也就以皇后之母的身份被封为"诰命夫人"。

由于按推恩制，是上推三代，即祖父母、曾祖父母也都能得到封爵。曹雪芹的祖母在名义上是曹頫的母亲，皇后的祖母，当然也就会与曹頫夫人一样，也能得到相同的封号。

曹頫的夫人和曹雪芹的祖母被加封之事，亦被隐写在《石头记》中。第四十五回，凤姐对李纨笑道：

> "亏你是个大嫂子呢！把姑娘们原交给你带着念书学规矩针线的，他们不好，你还要劝。这会子他们起诗社，能用几个钱，你就不管？老太太、太太罢了，原是老封君。你一个月十两银子的月

钱，比我们多两倍子。老太太、太太还是说你寡妇失业的，可怜，不够用，因有个小子，又添了十两，和老太太、太太平等。……"

文中说"老太太、太太罢了，原是老封君"。这里的"老太太"，即宝玉的祖母，实隐写着曹雪芹的祖母。"太太"，即贾政的妻子王夫人，所隐写的是曹頫的夫人。他们都是"老封君"，意即都是被加封者，所隐写的是被封了"诰命夫人"。

曹雪芹的祖母和曹頫的夫人，被封后，一个月能得到多少银子呢？从凤姐的这段话中，也可得到答案。

文中说李纨每月的钱，"和老太太、太太平等"。那么，李纨一个月多少钱呢？凤姐给她算了算："你一个月十两银子的月钱"，此外，"因有个小子，又添了十两"。两项相加，共二十两。——每月二十两银子，全年二百四十两。在本书《曹雪芹的母亲马氏是康熙的公主》一文中，说明清代公主的年例为：

银二百四十两按月支给。①

全年二百四十两银——这也是曹雪芹的祖母和曹頫的夫人在被封后，全年所能得到的银两。

二、竺香玉被册封为皇后以后，李鼎也属外戚推恩

（一）李香玉是由李鼎抚养大的

竺香玉是以"曹香玉"之名冒李香玉入宫的，做皇后的是竺香玉，但是皇宫误认为她就是李煦的孙女李香玉。

李香玉名义上是曹頫之女，但她幼时是由李家抚养的，她的情况是怎样的呢？

---

① 清·鄂尔泰、张廷玉等编纂《国朝宫史》第 397 页，北京古籍出版社 1994 年版。

李香玉是小说中史湘云的原型。她自幼便失去了父母，这一情况隐写在第五回史湘云的判词中：

> 富贵又何为，襁褓之间父母违

即是说她虽生于富贵之家，但在幼时父母便双亡了。在"红楼梦曲"的第六支《乐中悲》中也写道：

> 襁褓中，父母叹双亡。
> 纵居那绮罗丛，谁知娇养。

李香玉自幼就没有了父母，她是由叔父与婶母养大的。

李煦有两个儿子：李鼐和李鼎。

雍正二年七月二十四日隆科多为审治李煦题本云："……李鼎称郭茂之子郭苍书现住京城，问我的父亲李煦就知现住何处。……"可知李煦有一儿子名李鼎。[1]

在施剑青的《苏州老人谈林黛玉真有其人》一文中，则曾谈到李煦有一子名李鼐，"曾经代其父掌管两淮盐课职务"。[2]

由此来看，小说中史鼎的生活原型是李鼎，史鼐则应为李鼐，李鼐是老大。李鼐夫妇去世后，李香玉便由叔父李鼎抚养。在雍正元年，李煦家遭到抄没后，二年李煦全家被调往北京时，曹雪芹的祖母——李香玉的姑奶奶，便趁机收养了她，名义上将她过继给曹頫，改姓曹。[3]

那么，由于曹頫在名义上是曹香玉（即李香玉）的父亲，便封他为"公"。但她来曹家之前，约10岁之前，是由李鼎抚养的。

（二）李鼎受封了吗？若受封，是什么爵位？

曹頫既然只是名义上的父亲，皇宫在了解到：皇后（竺香玉是代李香

---

① 转引自周汝昌《红楼梦新证》第598页，人民文学出版社1985年版

② 转引自蔡义江《论红楼梦佚稿》第239页。浙江古籍出版社1989年版。

③ 详细论证请参见《曹雪芹祖母的侄孙女——李大姑娘》，载于《红楼解梦》第五集。

玉进的宫）原来并不姓"曹"而姓"李"，在其父去世后，是由叔父李鼎将她抚养大的。现在曹頫作为名义上的父亲已经受封为"公"，那么她的实际抚养人李鼎是否应当受封呢？若也予封爵，那么爵位是什么？

对此问题没有留下任何史料记载（很大可能被乾隆删削了），但曹雪芹却将其隐写在了《石头记》中。在《石头记》中谈到史湘云时，多次点明她是在"侯门"中长大的，称她是"侯门小姐"：

第二十一回，"宝玉道：（辫子上的珠子）'丢了一颗。'湘云道：'必定是外头去掉下来，不防被人拣了去，到便宜他。'"此时，庚辰本眉批道：

> "倒便宜他"四字与"忘了"二字是一气而来，将一侯门千金白描矣。畸笏。

此处批语说湘云是"一侯门千金"，实是指其原型李香玉是"一侯门千金"。"侯门"即指李家有人被封为"侯"。

同样，第五十七回，也写到湘云家是"侯门"：

> 薛姨妈叹道："怨不得他，真真是侯门千金，而且又小，那里知道这个？那里去看这个？便是家下人有这个，他如何得见？别笑话他是呆子，若给你们家姑娘们见了，也都成了呆子了。"

第四回，门子向贾雨村说：贾、史、王、薛"四家皆连络有亲，一损皆损，一荣俱荣，扶持遮饰，皆有照应的"。从小说中看，贾家繁荣，也使得史家兴盛。所隐写的则是曹家中兴后，李家也相应地兴盛起来。因而，当曹家有人做了皇后以后，李鼎很有可能也被封爵，使李家随之东山再起。书中总是写史家是"侯门"，李鼎有可能受封为侯爵。

在《石头记》中多次提到史家有被封"侯"者，如：

第十三回，在秦可卿死后，来祭吊的有"忠靖侯史鼎的夫人"。此处戚序本有夹批曰：

> 伏史湘云一笔。

甲戌本有侧批曰：

> 史小姐湘云消息也。

此两批说明了湘云原型李香玉与忠靖侯史鼎原型李鼎的关系。

第二十五回，在凤姐、宝玉遭受魔魔法镇压后，亲友都来看望，其中便有"小史侯家"。

"小史侯"家背后所隐写的是李鼎家。

小说中在写贾家为公府时，是写在贾演、贾源身上，他们受封为"公"，而不写在贾政身上。与此相应地，谈到史家受封时，也是写在祖先身上，如第四回护身符"阿房宫，三百里，住不下金陵一个史"的小注，所写的是：史家原封保龄侯。又如，第二回，冷子兴谈到贾母时说："娶的也是金陵世勋史侯家的小姐为妻。"本来一般的"侯"并不"世袭罔替"，但书中却以"小史侯家"说明直到现在史家仍称作"侯门"，并以此达知读者：史家背后所隐写的是李家主人被封为侯爵，可称作"小李侯家"。从这种推断看，李鼎极大可能被封了"侯"。

三、竺香玉被册封为皇后以后，曹雪芹作为特殊情况也被封了"侯"

（一）曹雪芹有可能被封"侯"吗？

永忠著有《延芬室稿》，书中刊有《因墨香得观〈红楼梦〉小说吊雪芹三绝句（姓曹）》①，诗中对曹雪芹表现出了崇敬与赞美。诗的眉端还有批语，为弘旿所写。其第一首为：

> 传神文笔足千秋，不是情人不泪流。
> 可恨同时不相识，几回掩卷哭曹侯。

---

① 见《延芬室稿》稿本第十五册。

这三首诗有两点值得特别注意：

其一，写于乾隆三十三年，即曹雪芹逝后仅五年。

其二，该诗涉及三人——借书人墨香、诗人永忠、批书人弘旿，均是皇族中人。

借给永忠书的墨香名额尔赫宜，系敦敏、敦诚的叔父，而二敦为雪芹的生前好友。他们同是努尔哈赤的后代。

永忠，号臞仙，善于写诗、书法，著有"延芬室集"。他是康熙的十四皇子允禵的孙子。允禵虽与雍正是同母兄弟，但两人却是政敌，康熙崩后，允禵长期被监禁。乾隆时虽被释放，但他遭受的打击，严重地影响着他的子孙。永忠虽被乾隆封为镇国将军，却仍精神消极，甚至"常不衫不履，散步市衢"。

为永忠诗写批语的弘旿（wǔ），生年不详，卒于嘉庆十六年（1811年），字恕斋，号瑶华道人，又号一如居士。他是允祕的儿子，乾隆的堂兄弟，永忠的堂叔。他工诗词，有《恕斋集》，善画山水花木。曾封固山贝子、奉恩将军，随乾隆至无锡惠山竹罏山房观看王绂的《竹罏图》。后图毁于火，乾隆命其重绘。为乾隆近臣，对乾隆甚了解。

从上述几人的关系来看，此书很可能是由二敦流传到墨香，再由墨香借书予永忠的。看来此抄本在清皇族中已有相当的流传。

下面就来阐释一下前面所引的诗歌：

诗中的"情人"，包含两种含义：1. 知情的人，即了解曹雪芹及曹家兴衰际遇的人。2. "情"指爱情，即理解曹雪芹的痴恋，或在情恋方面与曹雪芹有共鸣的人。该诗意为：雪芹的著作文笔维妙维肖，艺术性极高，足可千秋万代流传。我与曹雪芹虽生于同时，可恨却未能相识。我在阅读该书的过程中，曾几次掩卷哭这位"曹侯"。

此诗可说明两个问题：

（一）永忠读《红楼梦》时，几次止不住流泪，说明他是知情人。而他只是皇族中的一般成员，由此可知，曹家之事可能在皇族中流传很广，很多人都有所了解。

（二）永忠读的是《红楼梦》小说，却不是哭小说中的宝玉、黛玉，而是哭作者曹雪芹。而且诗中明确称雪芹为"曹侯"。那么，这里的"侯"

是什么含义呢？

关于"侯"，《辞海》的解释中有两条值得重视：

②古爵位名。为五等爵的第二等。直至清代仍沿用。《礼记·王制》："王者之制禄爵，公、侯、伯、子、男，凡五等。"

⑤古时也用作士大夫之间的尊称，犹言"君"。杜甫《与李十二白同寻范十隐居》诗："李侯有佳句，往往似阴铿。余亦东蒙客，怜君如弟兄。"

曹雪芹属于上面两种情况中的哪一种？一般认为属于第二种，即永忠诗中的"侯"，不过是对曹雪芹的一种尊称。为了说明这里的"曹侯"实指"曹君"，不仅引证杜甫那首诗外，有人还引证宋孙光宪《北梦琐言》卷五："唐大中初，绵州魏城县人王助举进士，有奇文，蜀自李白、陈子昂后，继之者乃此侯也。"其中"侯"，即指"君"。

但仔细研究这种尊称，是指一定范围的，即"士大夫之间"。永忠是属于士大夫的。他不仅是皇族，被封为镇国将军，并善于写诗、书法，著有"延芬室集"。雪芹与他相比较，有与他相似之处，如雪芹的母亲是康熙的公主，也是皇族的后代，并擅长书画、诗文，那么他是否还有封号呢？

"侯"的另一种含义是爵位名。如果曹雪芹有封号的话，难道果真是"侯"吗？

（二）《红楼梦》中关于"侯"的描写

《红楼梦》中有许多关于"侯"的描述。

第六回，刘姥姥道：

"哎哟！可是说的，'侯门似海'，我是个什么东西，他家人又不认得我，我去了也是白去的。"

此处提到"侯门似海"。

有些地方将"侯门"与"公府"合起来用，如：

仍是第六回，刘姥姥说道：

> "……便是没银子拿来，我也到那公府侯门见一见世面，也不枉我一生。"

第七回，宝玉见到秦钟后，自思道：

> "天下竟有这等的人物！如今看了，我竟成了泥猪癞狗了。可恨我为什么生在这侯门公府之家？若生在寒儒薄宦之家，早得与他交结了，不枉生了一世。……"

此处再一次将"侯门"与"公府"一起合用。

再有，如第十八回，林之孝家的回道：

> "请他（妙玉），他说：'侯门公府，必以贵势压人，我再不去的。'"

此处再一次出现"侯门公府"的字样。

但是《石头记》中，更多的是单独使用"侯门"一词，如：

第五回，宝玉听说秦可卿还有一个弟弟，和宝玉同年，宝玉一听便说道："我怎么没见过？你带他来我瞧瞧。"此处戚序本有夹批曰：

> 侯门少年纨袴活跳下来。

宁、荣二府的先祖是宁国公、荣国公。即他们都是公爵，他们的爵位传到贾赦、贾珍时，因每代降一级的缘故，都成了将军，书中从未提及过谁被封了"侯"，然而在此处却批出了"侯门"。

不仅脂砚斋批语有这种情况，在正文中同样有时也是不写"公府"，而只写"侯门"。同样是在第五回，贾惜春的判词云：

勘破三春景不长，缁衣顿改昔年妆。

可怜绣户侯门女，独卧青灯古佛旁。

惜春系宁国公贾演的四世孙女，但判词中为何要说惜春是"侯门女"？

第五回正文中，"侯门"还不只这一处。贾迎春曲子为：

中山狼，无情兽，全不念当日根由。一味的，骄奢淫荡贪欢媾。觑着那，侯门艳质同蒲柳；作践的，公府千金似下流。叹芳魂艳魄，一载荡悠悠。

在这首曲子中，再一次提到"侯门"。

第六回，刘姥姥到了贾府后，"蹭到角门前。只见几个挺胸叠肚、指手画脚的人，坐在大凳上，说东谈西的。"此处甲戌本有夹批曰：

不知如何想来！又为侯门三等豪奴写照。

再如，第二十二回写道："至二十一日，就贾母内院中搭了家常小巧戏台……"此处戚序本有夹批曰：

另有大礼所用之戏台也，侯门风俗断不可少。

这里强调"侯门风俗"。

第七十五回，贾赦看了贾环的诗后，连声赞道：

好！这诗据我看去，甚有气骨。想来咱们这样人家，原不比那起寒酸，定要"雪窗荧火"，一日蟾宫折桂，方得扬眉吐气。咱们的子弟都原该读些书，不过比别人略明白些，可以看得过时就跑不了一个官的，何必多费了工夫，反弄出呆子来！所以爱他这诗，不失咱们侯门的气慨。

贾赦将自己的家——宁、荣二府，不说成"公府"，却说成"侯门"。

《红楼梦》中有如此多的地方提到"侯"，那么，这些地方的"侯"都作何解呢？是作"君"解，还是特指侯爵之"侯"呢？"侯门"是指一般的显贵之家，还是指主人是被封为侯爵的府邸呢？

（三）曹家定有一人被封作"侯"

综合前一部分提到"侯门"的情况，可分三种：

其一，写到"侯门"时，便与"似海"一词连用，形成成语"侯门似海"。

其二，在提"侯门"时，同时提"公府"，如"公府侯门"或"侯门公府"。

其三，只提"侯门"，不提"公府"，如"侯门少年"、"侯门女"、"侯门艳质"、"侯门三等豪奴"、"侯门风俗"、"侯门的气概"等。

下面我们对上述三种情况，分别作个分析：

首先，我们先看"侯门似海"一词。"侯门似海"亦即"侯门如海"，这个成语有个典故。

相传崔郊的姑姑有一个侍婢端庄秀丽，崔郊与她产生恋情，后来这个侍婢被卖给连帅。有一天，崔郊在路上与她邂逅，却不能相认，感慨万千，因而吟诗一首，题为《赠去婢》。该故事见唐朝范摅《云溪友议·襄阳杰》。崔郊的《赠去婢》诗，亦载入尤袤《全唐诗话》卷四，其中有诗句云："侯门一入深如海，从此萧郎是路人。"这里"侯门"指显贵之家。后来用此比喻旧日的相识，因权势地位的悬殊而疏远隔绝。

在《石头记》中，此成语是刘姥姥说出的。此处的"侯门"作"显贵之家"解，即刘姥姥要去的是一个与自己十分疏远隔绝的贵族之家。

其次，当"公府"与"侯门"同时说出时，"侯门"之"侯"应是指爵位。因为"公府"在这里若是泛指显贵之家，就不必再提"侯门"；而若对于公爵之家，在"公府"后面再加上一个"侯门"，便成了不伦不类，使读者不明白，此府主人到底是公爵，还是侯爵。因而，当"公府"与"侯门"两词合在一起用时，只有在一种情况下才是合乎逻辑的，即必定是该府中有人被封了"公"，另外还有一人被封了"侯"。

再次，《石头记》中凡是不提"公府"，而只提"侯门"，并在后面加上一个词汇的时候，如"侯门少年"、"侯门女"、"侯门艳质"……，此时的"侯门"，虽然有时也可泛指显贵之家，但有些情况只能理解成这是被封为"侯"的府第。举例来说：

第二十二回，针对"至二十一日，就贾母内院中搭了家常小巧戏台……"一句，戚序本所加的批语是："另有大礼所用之戏台也，侯门风俗断不可少。"

从这段话来看，贾府本来就有一个"戏台"，但这只是在"大礼"时才使用，在平日娱乐时，不能随意使用，只好又在"贾母内院中搭了家常小巧戏台"。批语中特别指出，这是"侯门风俗"。难道这是所有显贵人家的"风俗"吗？并非如此：

其一，在清代，受封之家多是满族人。满族是一个马上民族。在大清国建立之后，其贵族之家才开始享受生活，因而喜好戏曲，并非成为所有贵族的习俗，甚至直到清末也并非所有王公的府邸都建有戏台便是证明。

其二，有的王公假若在自己的府邸建造了戏台，便是为了自己享受用的，不可能仅供"大礼"才用。

但是第二十二回所谈到的情况，却与曹家的情况完全符合。

首先，曹家自曹寅时便喜欢戏曲，甚至在家中演出过《长生殿》。到曹頫时，曾买过一个小戏班，竺红玉（后来的竺香玉）便是这个小戏班的小戏子。因而曹雪芹和竺香玉对戏曲都十分熟悉。

其次，雍正六年，南京曹家被抄没，回到北京后，只在崇文门外蒜市口有房17间半的院落中居住了很短时间，便迁到了曹雪芹母亲的赐府——恭王府前身中。在竺香玉册封为皇后以后，此府邸经过了改建、扩建。此府在花园中专门建了一个戏楼，其地面为金砖铺就，专为皇后省亲时演出使用。[①] 曹家需要演戏时，只好临时"搭了家常小巧戏台"。因此小说中所写的"贾母内院中搭了家常小巧戏台"，"另有大礼所用之戏台"，其所隐写的历史，只能是出了一个皇后的曹家，而不可能泛指一般的贵族之家。

基于上述两点，脂批中所说的"侯门风俗"，只是曹家独有的"风俗"。因而此处的"侯门"之"侯"，即此"门"中之主人被封为侯爵。也

---

① 参见《曹雪芹在京城内的故居——"恭王府"前身》，载于《红楼解梦》第五集。

就是说曹家必有一人被封了"侯"。

（四）曹雪芹被封为"侯"

曹家除曹頫被封了"公"外，必定有一人被封了"侯"，此人是谁呢？

——只能是曹雪芹。理由如下：

第一，在曹頫的后辈人中，曹雪芹最为年长：

曹雪芹系曹顒的遗腹子，生于康熙五十四年五月初三日。曹頫是在康熙五十四年元月曹顒病逝后，才过继给曹雪芹的祖母李氏的，当时还未结婚。从当时的奏折看，他有可能是该年后半年结婚的。曹頫第二年生子，即脂批中提到的棠村，他是雪芹的堂弟。因而，曹家男子除曹頫外以雪芹最为年长。

第二，曹雪芹有皇族血统：

曹雪芹的母亲是康熙的十六皇女，因而他是康熙的外孙。

第三，雪芹从南京回北京后，因有皇族血统，曾进入右翼宗学就读，由于后来在宗学中结识了敦诚、敦敏兄弟二人，说明他曾在府学中做"瑟夫"（教师），亦说明他在学习期间成绩优异。

第四，竺香玉是雍正的宠后。

曹雪芹在名义上是竺香玉（以曹香玉之名，代李香玉进的宫）的兄长。本来在外戚推恩中并不推及兄弟，但却有"其子孙世袭罔替"规定。即是说皇后的父亲去世后，便可将此爵位传给皇后的兄弟。但鉴于所列之曹雪芹上述之优越条件，不排除作为特殊情况，在皇后父亲（指曹頫）还在世的时候，便封给皇后之兄长一个爵位，即侯爵。从《石头记》中所隐写的历史来看，曹家也确实被封了一个侯爵。

从上述分析得知：在竺香玉做皇后以后，除曹頫被封为"一等承恩公"外，曹雪芹也被封了侯爵。

（五）曹雪芹被封为"侯"在清代有相似之例

曹雪芹是作为皇后兄长被封"侯"的。在清代是否有类似的情况呢？

——有。

关于这个问题我们曾求教于清史专家王道成教授，现将他于 2007 年 3 月 4 日给予的答复转记于下：

> 张晖（即紫军）来信中问及清代皇后之家，除根据推恩对父母、祖父母加封外，对皇后的兄长是否有加封爵位的？现将有关情况奉告如下：
>
> 在清代，推恩外戚，始于康熙年间。最初，推恩的对象只限于皇后的父母，后来才扩大到皇后的祖父母、曾祖父母。由于追封的爵位是世袭的，皇后的弟兄自然可以承袭。如果皇帝和皇后的关系很好，皇后的弟兄就会得到更多的封赏。孝贤皇后的母家就是很好的例子。
>
> 乾隆二年（公元 1737 年）十二月初四日富察氏以嫡妃册立为皇后。十二月十五日皇后的父亲李荣保就被追封为一等承恩公，其母为公妻一品夫人，乾隆十三年（公元 1748 年）五月，皇后的祖父米思翰、曾祖哈世屯也被追封为一等承恩公，祖母、曾祖母被封为公妻一品夫人。皇后之兄富文，于乾隆二年（公元 1737 年）四月二十五日，晋一等承恩公。皇后之兄傅清、弟傅恒、侄明福康安等都身居要职。乾隆十四年（公元 1749 年）正月十五日，乾隆谕军机大臣等曰："孝贤皇后念经略大学士（按：即傅恒）手足至亲教导成就，恩意笃挚，即朕亦因孝贤皇后诸弟中能如此忠诚任事，殊不易得，是以优加眷遇。"（《清实录》乾隆十四年正月甲子）同年十月二十八日，乾隆又谕军机大臣等曰："朕之加恩傅谦兄弟者，乃因皇后加恩，并不因其为大学士公傅恒之兄弟也。即大学士公傅恒之加恩亦由于皇后，而况具兄弟乎？（《清实录》，乾隆十四年十月癸卯）乾隆这两段话，真是说得再明白不过了。①

王道成

2007 年 3 月 4 日

---

① 摘于王道成先生于 2007 年 3 月 4 日给霍国玲、张晖的信。

从上面王教授所举之例可看出，在清代，对于皇后之家的推恩，虽有规定，但往往也有特殊情况。乾隆的孝贤皇后如此，雍正的竺香玉更是一个宠后，更会如此。因而，《石头记》中所隐写之曹家既有"公"（曹頫），又有"侯"（曹雪芹），系公府侯门，与史料并不相悖。

四、考证出曹雪芹被封侯爵的意义

（一）考证出曹雪芹被封侯爵，解决了《石头记》中相关的疑点

考证出曹雪芹被封"侯"以后，对《石头记》加深了认识，解决了书中许多相关的疑点。举例来说：

1. 第三十三回有"回前诗"曰：

> 富贵公子，侯王应袭，容易在红粉场中作罪。风流情性，诗赋文词，偏只为莺花路间留滞。笑嘻嘻，哭啼啼，总是一般情事。

这首词并不难理解，但是头两句诗"富贵公子，侯王应袭"，令人不解，"富贵公子"当指宝玉，怎么接着便写"侯王应袭"？

现在考证出曹雪芹曾被封"侯"，这首词便容易理解了。原来这首词写的是小说背面隐史。此二句意即：曹雪芹少年时，是个富贵公子，后来被封为"侯"。他善诗能文，但却陷入情事。爱情既给他带来欢愉，又给他带来悲哀。

2. 第五回，贾迎春曲子为：

> 中山狼，无情兽，全不念当日根由。一味的，骄奢淫贪欢媾。觑着那，侯门艳质同蒲柳；作践的，公府千金似下流。叹芳魂艳魄，一载荡悠悠。

在这首曲子中，"侯门艳质"与"公府千金"两者似乎是矛盾的，迎春的家庭到底是属于"侯"还是属于"公"呢？而严格来说，从小说来

看，她既不是"侯门艳质"，也不是"公府千金"，因为其父贾赦只是个一等将军。现在既考证出曹頫曾被封为一等承恩公，曹雪芹亦被封为"侯"，迎春则是竺香玉的一个分身，因而可以说她既是"侯门艳质"，也是"公府千金"。

3. 第七十五回，贾赦说："所以爱他这诗，不失咱们侯门的气慨。"

按照字面含义，"咱们侯门"应解释为：因有"咱们"这个定语，使得这里的"侯门"，便成为定指，而不应泛泛地解释为显贵，而应解释为这是一个被封为"侯"的家庭。但从小说看，贾家的祖先——宁国公和荣国公被封为"公"，贾代化是"世袭一等神威将军"，贾敬是"乙卯科进士"，贾赦是"袭一等将军之职"；贾珍是"世袭三品爵威烈将军"。并没有人被封为"侯"。怎么能说是"不失咱们侯门的气慨"呢？显然这是脂砚斋所说的"误谬"。

现在考证出曹雪芹曾被封为"侯"，"咱们侯门"这句话便落实了。原来这句话并非指小说，而是其背后所隐写的历史。从隐史看既然曹家有人（曹雪芹）被封为"侯"，当然此家可称作"侯门"了。

（二）考证出曹雪芹被封侯爵，将推动曹雪芹生平的考证

就现在遗留下来的史料来看，曹雪芹由于是曹寅之孙，史料中关于曹寅的情况较多些，因而我们也就对他14岁之前在南京生活的情况了解得多些。但是雍正六年（1728年）曹家被抄没以后，直到乾隆十六年（1751年）曹家第二次被抄没，在这长达23年期间内，即有关曹雪芹14—37岁之间经历的史料，却几乎等于零，而到乾隆十六年（1751年），曹家遭到第二次抄没，雪芹来香山居住以后，史料（如敦敏、敦诚的诗歌等）才又稍多了些。这种现象显然很不正常。

现在既考证出曹雪芹曾被封过侯，便可使我们对于曹雪芹成年以后，直至37岁之前的经历，有了一个大概的了解：

1. 曹雪芹曾去全国各地旅游

曹雪芹既被封为"侯"，他就有了两大"优势"：一有了钱，二有了闲。这就使他有可能到全国各地游览六朝遗迹，以及名山大川。《石头记》对此亦有隐写。如第四十五回，赖嬷嬷笑道：

"我那里管他，由他们去罢！前儿在家里给我磕头，我没好话，我说：'哥儿，你别说你是官儿了，就横行霸道起来！你今年活了三十岁，虽然是人家的奴才，一落娘胎胞，主子的恩典，放你出来，上托着主子的洪福，下托着你老子娘，也是公子哥儿似的读书认字，也是丫头、老婆、奶子捧凤凰似的，长了这么大。你那里知道那'奴才'两字是怎么写！只知道享福，也不知你爷爷和你老子受的那苦恼，熬了三辈子，好容易挣出你这么个东西来。从小儿三灾八难，花的银子也照样打出你这么个银人来了。到二十岁上，又蒙主子的恩典，许你捐了前程在身上。你看那正根正苗的忍饥挨饿的要多少？你一个奴才秧子，仔细折了福！如今乐了十年，不知怎么弄神弄鬼的，求了主子，又选了出来。州县官儿虽小，事情却大，为那一州的州官，就是那一方的父母。你不安分守己，尽忠报国，孝敬主子。只怕天地不容你。"

当宁荣二府隐写着清皇宫时，作为管家的赖大和赖二就隐写着在内务府当差的曹頫，赖嬷嬷所隐写的便是曹雪芹的祖母，赖尚荣则隐写着曹雪芹。因而：

①赖尚荣"上托着主子的洪福，下托着你老子娘"——"主子"所隐写的是康熙皇帝，"老子娘"是隐指曹雪芹的母亲——康熙的十六皇女。

②赖嬷嬷说赖尚荣："你爷爷和你老子受的那苦恼，熬了三辈子"一句中的"爷爷"、"老子"、"三辈子"，指曹雪芹的曾祖曹玺、祖父曹寅、父亲曹頫。

③赖尚荣"到二十岁上，又蒙主子的恩典，许你捐了前程在身上"一句中的"前程"，隐指曹雪芹"二十岁上"（雍正十二年，恰恰是竺香玉被册封为皇后的那一年）被封了"侯"。

④赖尚荣"乐了十年"，指曹雪芹20—30岁期间，即雍正十二年（1734年）至乾隆九年（1744年）期间。所谓"乐了十年"，特别是乾隆元年以后，曹雪芹到全国各地旅游去了。《红楼梦》中所隐记的许多地名，如长白山（小说中写为"大荒山"）、玉田、苏州、南京、扬州、瓜州渡口、成都等，香山正白旗村39号院的题壁诗中的地名，如杭州等地，曹

雪芹都应实地考察过。

2. 曹雪芹被封侯以后，使他具备了参与上层集团政治活动的可能性

由于他被封为"侯"，如果按照他预想的在毒杀雍正帝、由弘曕继位后，他便有可能被晋封为"公"，以国舅的身份辅佐小皇帝。不料皇权被乾隆篡夺，由于乾隆未追究父皇死因，仍保持着雪芹的侯爵，使雪芹仍有可能在皇族中进行反乾隆活动，再酝酿一次宫廷政变，协助弘曕将皇权夺回。（后来由于他陷入情网，中了李香玉的奸计，使得香玉被逼自缢，再一次使政变流产。）

3. 曹雪芹应当与皇族的一些人有过交往

我们写有《曹雪芹与清皇族》一文（载于本书），读者可参考。需要指出的是：曹家第二次被抄没后，曹雪芹与这些皇族中绝大多数人的交往便中断了。这从鄂比给曹雪芹的对联中，也可得到反映："远富近贫以礼相交天下少，疏亲慢友因财而散世间多。"

4. 曹雪芹为自己的过失而哭泣、呜咽

《红楼梦》第一回写道：

后来，又不知过了几世几劫，因有个空空道人访道求仙，忽从这大荒山无稽崖青埂峰下经过，忽见一大石上字迹分明，编述历历。空空道人乃从头一看，原来就是无材补天，幻形入世，蒙茫茫大士、渺渺真人携入红尘，历尽离合悲欢炎凉世态的一段故事。后面又有一首偈云：

无材可去补苍天，枉入红尘若许年。

此系身前身后事，倩谁记去作奇传？

在"无材补天，幻形入世"处，戚序本有夹批曰："八字便是作者一生惭恨。"在"无材可去补苍天"处，甲戌本有侧批曰："书之本旨。"在"枉入红尘若许年"处，甲戌本亦有侧批曰："惭愧之言，呜咽如闻。"

"补苍天"所隐指的便是欲进行的宫廷政变。"无材可去补苍天"，所比喻的是这场宫廷政变最终未能实现，并且在曹家遭到第二次抄没后，不仅"侯爵"被褫夺，而且被打到社会最下层，这就是"无材补天，幻形入

世"的隐意，也正因如此，才使作者一生都感到"惭恨"。当出现"枉入红尘若许年"时，脂砚斋批出："惭愧之言，呜咽如闻。"

我们相信：曹雪芹被封侯爵一事，将使我们进一步加深对曹雪芹的认识。

紫　军

2007 年 1 月 14 日

曹家的中兴与曹雪芹

一、曹雪芹幼年时的生活环境

曹雪芹于康熙五十四年五月初三日（1715年6月4日）生于南京。雍正皇帝下达抄没南京曹家的时间是雍正五年十二月二十四日（1728年2月3日），御旨传到南京，曹家被抄的具体时间，则是雍正六年正月，当时曹雪芹14岁（虚龄）。若欲真正了解曹雪芹，首先要了解的便是当时曹家的政治地位和经济情况；曹雪芹在幼年时期生活在怎样的家庭环境中。

（一）曹家到雪芹这一代已改变了"包衣"身份

曹雪芹的始祖（五世祖）锡远（或世选）在明末时，任沈阳中卫指挥使之职。后金天命六年（1621年，明天启元年），努尔哈赤攻破沈阳，曹锡选及其子振彦被俘，从此成为清皇族的"包衣"，即家奴。自那时起，曹振彦便为清庭效力。

曹雪芹的高祖曹振彦入关前已升至旗鼓佐领，跟随多尔衮转战沙场，曾救过主子，立过军功，堪称大清天下的"从龙勋佐"。《石头记》中的焦大，正是隐写着曹振彦的某些史实。曹振彦于顺治七年任山西平阳府吉州知州，九年调任山西阳和府知府，十二年升任两浙都转运盐司运使，十五年离任时为三品文官。

曹雪芹的曾祖曹玺于顺治六年（1649年）二月，随多尔衮出征山西，平乱有功，被"拨入内廷任二等侍卫，管銮仪事，升内工部"。康熙二年，"特监督理江宁织造"。[①] 从此曹家开始定居江南。曹玺于康熙二十三年六

---

① 见康熙六十年刊《上元县志》卷十六《曹玺传》。

月病逝，五个月后被授予"工部尚书"衔。

曹雪芹的曾祖母孙氏，系玄烨（康熙）的保母或乳母。玄烨幼时曾患天花，由于孙氏的悉心照料，使他顺利地闯过了鬼门关。

曹雪芹的祖父曹寅因资质优异，被选为少年康熙的伴读。十二岁时，即被挑选为御前佩笔侍卫①。到十五六岁以后已深得康熙的信任，被提升为銮仪卫侍卫，接着又提升为治仪正，其官职达正四品。② 二十岁之前，已就任御前二等侍卫兼正白旗旗鼓佐领。曹寅于康熙二十九年任苏州织造，三十一年调任江宁织造。苏州织造由其内兄李煦接任。两人轮流办理盐政事务。

曹寅作为康熙的亲信在团结汉族士大夫阶层、为康熙监视官场、密报民情、接驾康熙南巡等多方面都表现出对康熙的忠诚。联系到自他的前两代人——曹玺、曹振彦也都极其忠于清皇族，特别是曹寅之母孙氏在康熙幼年时对他的悉心照顾，康熙自然产生一种感激心情。按照清代的规定，一旦成为"包衣"，将世代为奴。但是康熙与孙氏的关系实同母子，与曹寅关系如同兄弟。便不忍心让他的后代再继续为奴，便欲采用联姻的办法改变曹家的命运。

曹寅有两个女儿，一个儿子。康熙便亲自指婚，让曹寅的大女儿嫁给镶红旗平郡王纳尔苏；二女儿嫁给另一个王子；将十六皇女下嫁给曹寅的儿子曹頫，这样曹寅的第三代便都具有了皇家血统，他们也就由此而改变了身份。曹雪芹既是曹頫的儿子，曹寅的孙子，同时也是康熙的外孙，由此也就脱离了奴籍，并与清皇族有了血统的联系。自此曹頫的后代便摆脱了奴籍。对此在《石头记》中亦有隐写。第四十五回，作者借着赖嬷嬷数落赖尚荣时说道：

> "我那里管他，由他们去罢！前儿在家里给我磕头，我没好话，我说：'哥儿，你别说你是官儿了，就横行霸道起来！你今年活了三十岁，虽然是人家的奴才，一落娘胎胞，主子的恩典，放你出来，

① 见邓之诚《清诗纪事初编》卷六。
② 张伯行《正谊堂文集》卷二十三《祭织造曹荔轩文》。有文曰："比冠而书法精工，骑射娴习。擢仪尉，迁仪正。"

上托着主子的洪福，下托着你老子娘，也是公子哥儿似的读书认字，也是丫头、老婆、奶子捧凤凰似的，长了这么大。你那里知道那'奴才'两字是怎么写！只知道享福，也不知你爷爷和你老子受的那苦恼，熬了三辈子，好容易挣出你这么个东西来。……"

对于这段话，当宁国府、荣国府隐写着清皇宫时，赖家便隐写着曹家，赖嬷嬷隐写着曹雪芹的祖母，赖嬷嬷的孙子隐写着曹雪芹。

"虽然是人家的奴才，一落娘胎胞，主子的恩典，放你出来，上托着主子的洪福，下托着你老子娘"这段话便形象地说明了曹雪芹身份的转变。在这里"主子"隐写着康熙皇帝，"老子娘"隐写着康熙的十六皇女，曹雪芹的母亲桥公主。

曹雪芹这种身份的转变，对我们理解曹雪芹的生活环境至关重要。就是说我们不但要看到他的父系是"包衣"的一面，还要看到他的母系是清皇族的另一面。

（二）曹雪芹幼年时，生活优裕，受到良好教育

曹寅于康熙五十一年病逝于南京。他死后由曹雪芹的父亲曹頫继任江宁织造职务，但只干了三年。到康熙五十三年年底，押运进贡的供品（年货、丝绸等）进京，于五十四年正月病逝于京城。曹雪芹在此后几个月才出生。曹頫死后，康熙命曹寅之弟曹宣（曹荃）的四子曹頫入嗣给曹寅之妻李氏夫人，并命其继任江宁织造，以便养赡孤寡，保全身家。

尽管曹頫从名义上说是李氏夫人的儿子，但与他们之间毕竟是两条血统。

一条血统是：李氏（曹寅之妻，雪芹的祖母）——曹頫的妻子马氏公主——雪芹。

另一条血统是：曹頫及其妻子王氏——他们的后代。

曹頫在康熙五十四年三月七日的奏折中写道：

　　……奴才之嫂马氏，因现怀妊孕已及七月，恐长途劳顿，未得

　　　　北上奔丧，将来尚幸而生男，则奴才之兄嗣有在矣。……①

　　虽然曹頫说："将来尚幸而生男，则奴才之兄嗣有在矣"，意思是曹家的这些家产将来还应由兄长的儿子继承。但当他结婚生子之后，其妻王氏便有了另外的打算：由于实际当家人是曹頫，便欲将自己的儿子定为曹家的继承人。这样就必然与"婆婆"李氏产生矛盾。

　　曹雪芹的母亲原是公主，自幼过着饭来张口，衣来伸手的生活，对于管理家务、教育子女完全生疏，这些便都由婆婆李氏承担了，因而雪芹的祖母便成了雪芹的实际监护人。在小说中所描写的贾母溺爱宝玉的情景，隐写的便是雪芹的祖母对他的溺爱。而贾母对贾环从来不闻不问，由此可见一斑。从中也可看出：曹雪芹在幼年时生活条件十分优裕。前面所引的《石头记》第四十五回中的话"也是丫头、老婆、奶子捧凤凰似的"，正是曹雪芹幼时生活的写照。

　　曹家是书香门第，曹寅有很高的学识，被称作"才子"、曹顒亦聪明好学，康熙称赞他"能文能武"，雪芹的叔父曹頫也是个读书人，这就促使贾母同样关心对雪芹的教育，为他请最好的教师。此外曹寅时曹家藏书多达十余万卷，使曹雪芹在成长过程中能畅游于书林诗海之中，造就了这位世界级的顶级文豪。

（三）曹雪芹幼年的朋友

　　在康熙六十年时，曹家从苏州买来一个小戏班，其中有一个年仅六、七岁的女孩子，姓竺名红玉，十分聪明伶俐，两人非常投缘，雪芹经常找她一起玩耍。《石头记》第三十六回，写贾蔷为龄官买了一只叫做玉顶金豆的会衔旗串戏台的雀儿，后来看龄官不高兴，贾蔷便放生了；第三十回所写龄官痴情画蔷，便隐写着雪芹与幼年时的朋友红玉交往。

　　雍正元年雍正的母亲薨后，因上谕有爵之家一年内停止筵宴音乐，曹家便遣散了小戏班。这段历史隐写在《石头记》第五十八回：

---

① 　见《关于江宁织造曹家档案史料》第128—129页，中华书局1975年版。

谁知上回所说的那位老太妃已薨，凡诰命等皆入朝随班按爵守制，敕谕天下：凡有爵之家，一年内不得筵宴音乐，庶民皆三月不许嫁娶。……

……

又见各官宦家，凡有优伶男女者，一概蠲免遣发，尤氏等便议定，待王夫人回家回明，也欲遣发十二个女孩子，……

后来曹家便解散了小戏班。小优伶中有家可回的便回家了，无家可归的便分到各房做丫鬟。曹雪芹的祖母看到雪芹很喜欢竺红玉，便将她留在了自己的身边，这件事在小说中写在了晴雯身上。

雍正元年腊月曹家办了一个家塾，反映在小说中便是贾家办了一个家塾。当时竺红玉和曹雪芹的另一个丫鬟柳蕙兰成了雪芹的伴读。这件事写在了甄宝玉的身上，甄宝玉："必得两个女儿伴着我读书，我方能认得字，心里也明白，不然，我自己心里糊涂。"（第二回）

雍正元年李煦家被抄没，二年其孙女李大姑娘李香玉因父母双亡，无人照料，雪芹的祖母将她要来曹家，改名曹香玉。她与红玉的年龄相仿，于是四人就在一起读书，一起玩耍，过着无忧无虑的生活。反映在小说中，便是宝玉与黛玉、宝钗、湘云一起捕蝶斗草，踏雪寻梅，读书下棋，作诗猜谜……丰富多彩的生活。

二、曹家第一次被抄没后，曹雪芹随全家从南京回到北京

（一）南京曹家被抄没

雍正于五年十二月二十四日降下抄没曹頫家的谕旨：

奉旨：江宁织造曹頫，行为不端，织造款项亏空甚多。朕屡次施恩宽限，令其赔补。伊倘感激成全之恩，理应尽心效力；然伊不但不感恩图报，反而将家中财物暗移他处，企图隐蔽，有违朕恩！著

行文江南总督促范时绎，将曹頫家中财物固封看守，并将重要家人立即严拿；家人之财产，亦著固封看守，俟新任织造官员绥赫德到彼之后办理。伊闻知织造官员易人时，说不定要暗派家人到江南送信，转移家财。倘有差遣之人到彼处，著范时绎严拿，审问该人前去的缘故，不得怠忽！钦此。①

由于当时交通不便，自北京到南京约有二十天的路程，因而执行此谕旨大约在六年（1728 年）元月十三四日，即元宵节前夕。

绥赫德接替曹頫任江宁织造，上任后，在奏折中谈及曹家的家产：

> 及奴才到后，细查其房屋并家人住房十三处，共计四百八十三间。地八处，共十九顷零六十七亩。家人大小男女共一百十四口。余则桌椅、床杌、旧衣零星等件及当票百余张外，并无别项，与总督所查册内仿佛。又家人供出外有所欠曹頫银，连本利共计三万二千余两。②

曹家被抄没后，雍正将曹家的所有房地产，全部赏赐绥赫德，曹家被调取进京领罪。曹家从此结束了自康熙二年（1663 年）曹玺开始任江宁织造，长达 65 年在南京的优裕生活。

曹家来京后，住在蒜市口地区一个有房屋 17 间半的院落中。此事在雍正七年（1729 年）五月初七日准总管内务府咨文中有记载：

> ……后因隋（或"绥"）赫德见曹寅之妻孀妇无力，不能度日，将赏伊之家产人口内，于京城崇文门外蒜市口地方房十七间半、家仆三对，给与曹寅之妻孀妇度命。……③

---

① 见《关于江宁织造曹家档案史料》第 185 页，中华书局 1975 年版。
② 见《关于江宁织造曹家档案史料》第 187—188 页，中华书局 1975 年版。
③ 《红楼梦学刊》1991 年第二辑第 244 页，原载《历史档案》1983 年第 1 期。

（二）曹雪芹的母亲（康熙的十六皇女）进宫质问后退还府邸

曹雪芹的母亲马氏是康熙皇帝的十六皇女①。因她是公主，每年专有二百四十两银子年例，又有庄园可收租，所以有积蓄。曹家被抄时，把她的积蓄和财产也一并抄没，侵犯了她及其子曹雪芹的合法权益，因此不得不到皇宫去向孝敬宪皇后乌拉那拉氏哭诉。这一史实，在小说中隐写在凤姐大闹宁国府事件中。第六十八回回后批曰：

> 人谓：闹宁国府一节，极凶猛。……吾谓：闹宁国府情有可恕，……闹宁国府声声是泪。

笔者的《宁国府实隐清皇宫》②一文已对宁国府的真正所隐作了论证。在这种情况下，宁国府族长贾珍隐写的是雍正皇帝胤禛，其妻尤氏隐写的便应该是孝敬宪皇后乌拉那拉氏，凤姐隐写着康熙的十六公主马氏，贾蓉则隐写着弘历。

"声声是泪"点出的史实是马氏闹清皇宫的特点。尽管这次大闹不合礼法，但"情有可恕"。

凤姐来宁国府一闹，尤氏、贾蓉一齐说："……少不得我娘儿们打点五百两银子与婶婶送过去。……"其中所隐写的当是清皇宫最终给了马氏五百两银子，是在马氏走后，直接送到她家的。

——马氏敢去闹，而且有这样的结局，是由于马氏也是皇族成员，是雍正的妹妹，乾隆的姑妈，更重要的她的理由是能够站住脚的。③

马氏在下嫁曹頫时，曾得到父皇康熙所赐予的府邸，即恭王府的前身。然而，在抄没曹家的家产时，也一并被查封。在马氏质问清宫后不久，清宫便退还给了马氏，于是曹家便搬离了蒜市口17间半的院落，而入住马氏的公主府邸。时间不会晚于雍正七年（1729年）。因为在这一年清宫为第二年选秀、选才女作准备，因曹家有一个女孩年满15岁——名义上由曹頫收养的女儿李煦的孙女李香玉（当时因被她的姑奶奶、曹雪芹

---

① 见《曹雪芹的母亲马氏是康熙的公主》一文，载于《红楼解梦》第四集。

② 该文载于《红楼解梦》第二集。

③ 详细论述参阅《曹雪芹的母亲马氏是康熙的公主》一文。

的祖母要来收养，改名曹香玉），被亲名达部。

（三）竺红玉进宫做了公主、郡主的入学陪侍

雍正八年李煦的孙女理应去参选秀女、才女，但她正热恋着曹霑（雪芹），不想离开曹家。关于她对曹霑的爱恋，在《石头记》中有多处反映。第三十一回，史湘云到贾家后便问："宝玉哥哥不在家么？"宝钗说她：

> "她再不想着别人，只想宝兄弟，两个人好憨的。这可见还没改了淘气。"

这段话说明宝钗认为湘云只想着宝玉。

第二十回，林黛玉曾嘲笑史湘云："偏是咬舌子爱说话，连个'二'哥哥也叫不出来，只是'爱'哥哥'爱'哥哥的。……""爱哥哥"本是取笑的话，后来却成了谶语。

李大姑娘不肯去参选，于是曹家就诱迫竺红玉代替李香玉参选才女。她一举考中，这件事写在了第五十回，黛玉作了一首诗：

> 骁骐何劳缚紫绳？驰城逐堑见狰狞。
> 主人指示风雷动，鳌背三山独立名。

这首诗反映的是竺红玉当时参选才女的情况，诗中将红玉比喻为"骁骐"，即一种良马。"主人"是指曹家，"鳌背三山独立名"指她以第一名的成绩考中。后来做了公主、郡主的入学陪侍。关于这个问题，在《石头记》中隐写在第四回薛宝钗来京的目的上，书中写道：

> 除选聘妃嫔外，仕宦名家之女，皆亲名达部，以备挑选，择为公主、郡主之入学陪侍，充为才人、赞善之职。

在这里薛宝钗是竺红玉的分身。

三、曹家的中兴

（一）曹家又开始复苏

曹家在南京之家被抄没后，又曾复苏，在《石头记》中亦有所隐写。第七十四回，在抄检大观园时，探春说道：

> "……可知这样大族人家，若从外头杀来，一时是杀不死的，古人曾说：'百足之虫，虽死不僵。'必须先从家里自杀自灭起来，才能一败涂地呢！"

所谓"百足之虫，虽死不僵"，意即像曹家这样的"大族人家"，仅经过"从外头杀来"的一次抄家，是不会一下子败落的。由于社会地位并没有完全丧失，一旦有机会，还是有可能再次中兴。

在清代有一种发家的"捷径"——进宫的女子一旦得到皇帝的宠幸，就有可能使她的家庭、亲友也都得益而发迹。竺红玉是作为曹頫的女儿进宫的，尽管当时是做公主、郡主的陪读，但她有着举世无双的娇美与才艺，一旦皇帝了解到这个信息，便有可能掠到自己的身边。红玉是雍正八年进的宫，雍正九年其皇后乌拉那拉氏薨逝，其他妃嫔无人能够胜任后宫之主，于是便想亲自务色一个称心之人。正是这时来到汇芳书院见到了竺红玉。此事在《石头记》中隐写在第二十五回，书中写了薛蟠第一次见到黛玉的情景：

> 别人慌张自不必讲，独有薛蟠更比诸人忙到十分了：又恐薛姨妈被人挤倒，又恐薛宝钗被人瞧见，又恐香菱被人臊皮，——知道贾珍等是在女人身上做功夫的，因此忙的不堪。忽一眼瞥见了林黛玉风流婉转，已酥倒那里。

在这段话的后面，甲戌本有侧批曰：

忙到容针不能。此似唐突颦儿，却是写"情"字万不能禁止者。又可知颦儿之丰神若仙子也。

薛蟠在这里隐写着雍正帝，"忽一眼瞥见了林黛玉风流婉转，已酥倒那里"，应是写雍正帝第一次见到黛玉原型竺香玉（红玉）时的情景。她的"丰神若仙子也"。

雍正见到竺香玉不久便册封她为皇贵妃。由于对香玉的宠爱，香玉很快便怀了孕。当时他们居住地应是"深柳读书堂"，这从两件事上可以做出判断：其一，雍正帝写过一首题为《深柳读书堂》的诗歌，从诗中内容和感情来看，有一位少女陪伴身边，心情十分欢愉。这位少女有可能就是竺香玉。其二，从那里的围屏上拆下十二张美人画绢，与十二幅香玉行乐图有相似之处，因而可以推测，这是为绘制香玉皇后的十二幅行乐图所作的参考。如果将上述两点结合起来看，竺香玉在做皇贵妃时，曾与雍正居住在深柳读书堂。

香玉受宠、怀孕，使雍正帝对曹家，以及曹家的亲戚给予特别的关心。下面举一例说明：

雍正六年曹家被抄没后，雍正曾将其家产全部赐给了隋赫德。然而，当雍正的嫡皇后于九年九月薨逝后不久，隋赫德便被"革退织造"。隋赫德在被革退之前，急急忙忙卖掉了扬州房地，卖银五千余两。正是这个原因导致纳尔苏于九年十一月开始向隋赫德索要银子和古董，其中银子欲要五千两，实际只要到三千八百两。此事泄漏后，受到惩处的不是纳尔苏，而是隋赫德，雍正将他"发往北路军台效力赎罪"。

虽然曹家史料被大量销毁，但从隋赫德被严惩一案中我们可得知：雍正在嫡皇后刚一薨逝，便立即着手册封竺香玉之事。为此，所要做的第一件事便是将原抄没曹家的所有财物全部退还曹家。既然雍正已有这样的考虑，当发现隋赫德为多捞一些财物，竟将曹家之地卖掉时，当然会被惹怒。纳尔苏本是个罪臣，敢于去向雍正的亲信——隋赫德强索财物，如果没有雍正的口谕，很难想象他能有如此的胆量！——从此事的结果——纳尔苏毛发未损，隋赫德却遭到严惩——来看，有可能纳尔苏是代曹家向隋赫德索要本属于曹家的财产，由此可以说这是曹家再次复苏的信号。

（二）竺香玉被纳为皇贵妃以后曹家进入中兴时期

雍正十年五月，竺香玉被纳为皇贵妃。自此时起，曹家开始中兴。

竺香玉于雍正十一年六月十一日生皇子弘瞻，第二天便被删封为皇后。

随着竺香玉被封为皇后，曹家进入中兴时期的高峰。这表现在许多方面：

1. 曹家受到推恩

竺香玉是作为曹𫖯养女身份进宫的，因而曹𫖯作为皇后之养父，被推恩为"公"（可能被封为承恩公）。正因为如此，在《石头记》小说中将贾家作为"公爵"之家来描写。

曹雪芹系香玉之兄，已经成年，又举止稳重，谈吐有致、博学多才，因香玉是宠后，所以曹雪芹作为特殊情况，被推恩为"侯"。在《石头记》小说中，提到荣府时，多次出现"公侯"、"侯门"等词，便是对曹家有人被封为"公"，也有人被封为"侯"的一种暗示。

2. 曹家原被抄没财物又都物归原主

"物归原主"包括两个方面：一是房地产，二是其他可以收集到的珍贵物品。

关于房地产，北京马氏公主原来的赐府，很早就退还了她，南京等地房产是否退还曹家了呢？我们看到这样一个史料：乾隆于十六年一月，将南京织造府扩建为自己的"行宫"。

乾隆皇帝将织造府扩建为自己的行宫，必须有个前提：当时江宁织造府已属于皇家所有。但是江宁织造府在何时、又如何归属皇家的？从现有的史料，我们可得出如下的结论：雍正六年之前，是由曹家居住那里，雍正六年元月之后，赐给了隋赫德。九年秋后，雍正又以"财产钻营"罪制裁隋赫德，因隋赫德亲口供认："来京时，曾将官赏的扬州地方所有房地产，卖银五千余两"这一基本事实，便立即将他严办。从此事可知，雍正九年秋，当欲将竺香玉纳为皇贵妃后，便将没收的隋赫德的财产，又悉数退还给了曹家，其中既包括扬州的房地产，又包括江宁织造府。到乾隆十六年，竺香玉自缢后，曹家第二次被抄没，其中也包括江宁织造府，此府既归属了皇家，于是乾隆便将其改造成自己在南京的行宫。

纳尔苏向隋赫德索要古董，在一般情况下，是没有道理的，但如果他所要的是雍正赐给隋赫德财物中的古董，而这些古董实是曹家几代人珍藏的，理应属于曹家所有，纳尔苏不过是代曹家去索要——便可以理解了。从这一系列事实来看，在竺香玉被纳为皇贵妃，受到雍正的宠爱后，便将原属曹家的财产，尽可能地归还了曹家。

关于曹家雍正六年春被抄没后，南京的财产又失而复得这一史实，在《石头记》中亦有所反映：鸳鸯的父母是贾家南京房屋的看护人——这恰恰是曹家在南京有老宅的隐写。这些老宅是在竺香玉做皇贵妃以后退还给曹家的。

3. 竺香玉生子，成为宠后，曹家的地位达到顶峰

竺香玉于雍正十一年六月十一日生皇子弘曕，第二天便册封香玉为皇后，不仅按照惯例给曹家以推恩，也不仅将原属曹家的财产归还曹家，而且允许香玉皇后省亲，并拨款给曹家扩建原马氏的赐府为省亲别院，在圆明园的近处——明朝米万钟的勺园（后来的燕京大学前身）建成省亲别墅。这就使曹家的政治地位与财富达到顶峰。对此情况，曹雪芹以脂砚斋批语形式写道：

积德于今到子孙，都中望族首吾门。
堪悲立业英雄辈，遗脉孰知祖父恩。

所谓"都中望族首吾门"之意便是：在国都的望族中，数第一位的便是我们家了。这里所指的"吾门"便是曹家。

4. 曹家的亲戚也开始兴旺起来

《石头记》第四回写道："（贾、史、王、薛）四家皆连络有亲，一损皆损，一荣俱荣，扶持遮饰，皆有照应的。"当曹家兴旺起来以后，曹家的其他亲戚便也随之兴旺起来。

举例来说，纳尔苏的福晋是曹寅长女，其子是福彭。纳尔苏于雍正四年以旧贿案被削爵，其子福彭继任平郡王。雍正十年随着竺香玉被纳为皇贵妃，十一年被册封为皇后，福彭的地位也直线上升。福彭于雍正十年正月任镶蓝旗满洲都统；闰五月授宗人府右宗正；十一年二月充玉牒馆总

裁；四月军机处行走；七月为"定边大将军"，讨噶尔丹策凌，十一月驻乌里雅苏台；十三年闰四月总统大兵驻鄂尔坤；七月后得胜还京。①

四、确立"曹家中兴"观点的意义

（一）更加理解史料中出现空白的原因

曹家是否有过中兴，是困扰红学界的一个问题。因为曹家在南京之宅被抄没，回到北京后，按照现有的历史文献，有一些问题难以说清。举例来说：曹家刚回北京时，蒜市口有房，还有家仆，曹雪芹晚年时不应穷困潦倒。

此事在雍正七年（1729 年）五月初七日准总管内务府咨文中有记载：

> ……后因隋（或"绥"）赫德见曹寅之妻孀妇无力，不能度日，将赏伊之家产人口内，于京城崇文门外蒜市口地方房十七间半、家仆三对，给与曹寅之妻孀妇度命。……②

从上述文献可知：雍正六年曹家刚来北京时，蒜市口有十七间半房，还有三对家仆，生活尚可以。然而为什么在雍正十六年之后，曹雪芹不继续住在蒜市口有房十七半的院落中，偏偏要跑到香山附近居住仅有三间半的更小的院落？而且过着"举家食粥酒常赊"的生活？

如果单纯地查找史料，便会发现：曹雪芹晚年的生活，与曹家刚回北京的情况，并不能接榫。在史料中，这一段时间成为空白。

（二）更加理解中国古典文学"文史合一"的特点

确立了"曹家中兴"的观点，也就同时更加理解了中国古典文学"文史合一"的基本特点。再读《石头记》（《红楼梦》）时，就比较容易通

---

① 参见《红楼梦新证》第 96 页，人民文学出版社 1995 年版。
② 《红楼梦学刊》1991 年第二辑第 244 页，原载《历史档案》1983 年第 1 期。

过小说表面现象去思考其背后的隐史了。比如：黛玉刚到北京的描写，有的地方是在写实。

第三回黛玉刚刚到北京，书中写道：

> 王夫人遂携黛玉，穿过一个东西穿堂，便是贾母的后院了。

在"穿过一个东西穿堂"处，戚序本有夹批曰：

> 这是贾母正室后之穿堂也，与前穿堂是一带之屋。中一带乃贾母之下室也。记清！

在这句最后，亦有夹批曰：

> 写得清。一丝不错。

"贾母的后院"——显然，在小说中这是写的贾家住宅内情况。但是批语中一强调"记清"、"写得清。一丝不错"，便启发读者：在这里是对具体房屋位置的写实。否则小说哪有什么"一丝不差"之说？

这种情况在书中还有多处，这里就不一一列举了，感兴趣的读者可参考《曹雪芹在京城内的故居》一文。①

这里既是写实，写的是在北京，居住在相当豪华的府邸里，这个地方在何处？与曹雪芹有什么瓜葛？为什么他一定要将其准确地记入书中？读者不难料及——这便是曹雪芹母亲的公主府，恭王府的前身。

（三）更加理解书中所描述之大富大贵，其实正是作者自己的亲身经历

任何优秀的文学作品，之所以有强大的感染力，深刻的思想内涵，正由于作家深入到社会之中，真实地写出了自己的切身感受和体验。而因中国古典文学有"文史合一"的特点，这种优秀作品虽表面看是小说，但

----

① 此文载于《红楼解梦》第五集。

背后往往隐含着真实事件，在这当中《石头记》当属典型。通过脂批对此做了透露。比如，第十八回，对于元妃省亲时的场面，书中描写道：

> 一时，传人一担一担的挑进蜡烛来，各处点灯。方点完时，忽听外边马跑之声。一时，又十来个太监都喘吁吁跑来拍手儿。这些太监会意，都知道，说："来了，来了①"，各按方向站住。

在"来了，来了"处，庚辰本有侧批曰：

> 难得他写得出，是经过之人也。

"他"是指作者，即作者自己经历过这些事情，正因为如此，才写得出上述场面。

关于《石头记》作者是曹雪芹的问题，不仅有一些史料可以证明，更重要的是脂批也可作证。在《脂砚斋批语与〈石头记〉》一文的第一部分"利用批语暗透此书著作权之归属"中，列出七点理由。之后总结道：

> 综合分析上述（一）（二）（三）（四）（五）（六）（七），读者可知，《石头记》第一回开始的一段楔子，是雪芹所撰。书中诗歌是雪芹所作，批书人借批书之机夸赞说："此种才情是雪芹平生所长。"又如"雪芹撰此书，亦为传诗之意。"书中不足的篇章，要等待雪芹补写，所缺诗歌也要"俟雪芹"补作。自这些批语的记述中，笔者只能得出这样的结论：《石头记》一书的著作权非曹雪芹莫属。

既然任何人也无法推翻与剥夺曹雪芹的著作权，那么脂砚斋批语所写的那些赞扬作者的话，如"难得他写得出，是经过之人也。"赞扬的就是曹雪芹。因而，这也就不能否认曹雪芹曾经有过一段大富大贵经历。——由此，也就无法否定曹家确实有过中兴。

---

① 庚侧：难（原作雅）得他写（原无）得出，是经过（原作至）之人也。

就上述的几个例子来看，如果用曹家曾有过中兴的观点去作解释，便都能迎刃而解，否则对这些问题便会永远争论不休，成为无论怎样也不能解开的谜。

因而，"曹家中兴"观点的确立，其意义主要有两个：

其一，此观点确立后，便相应地解决了一些相关问题。

其二，更加肯定了曹雪芹对《石头记》的著作权。

从文学理论上说，作家只有自己经历过的事情，才可能写得生动，并有感染力。《石头记》之所以如此成功，正由于书中所记述之事，大多是作者的亲身经历。

紫军、霍国玲

2007 年 10 月 12 日

曹雪芹的家世（父系）

我们曾在《从脂批的两首佚诗看曹雪芹的身世——兼论曹雪芹参与了批注〈石头记〉》①和《〈红楼梦〉中隐写着雪芹之父曹頫的生年——兼及曹雪芹家庭成员表》②《曹雪芹的母亲马氏是康熙的公主》③等文中涉及了曹雪芹的家世。本文将着重论述及介绍曹雪芹家世中的父系。

一、曹雪芹的始祖曹锡远（世选）和高祖曹振彦

曹雪芹乃是北宋名将曹彬之后。

曹雪芹的始祖（五世祖）锡远，或世选。"锡远""世选"，两个名字的不同，系因满汉两文转译时产生的差异。他在明末时，任沈阳中卫指挥使之职。后金天命六年（1621，明天启元年），努尔哈赤攻破沈阳，曹锡选及其子振彦被俘。

据天聪四年（1630年，明崇祯三年）四月《大金喇嘛法师宝记碑》和九月《重建玉皇庙碑》④碑阴所记可知，当时额驸（即驸马）佟养性总理汉军民事务，曹锡远父子归他管辖。

天聪六年（1632年，明崇祯五年）佟养性死。据《清太宗实录》卷十八在天聪八年（1634年，明崇祯七年）载：

---

① 载于《红楼解梦》第三集。
② 载于《红楼解梦》第五集。
③ 载于《红楼解梦》第四集。
④ 现上述二碑在辽阳博物馆中珍藏。

　　墨尔根戴青① 贝勒② 多尔衮属下，旗鼓牛录章京曹振彦，因有功加半个前程。

　　即此时曹氏父子已拨归正白旗固山贝勒多尔衮，成为其属下的汉人包衣佐领，即旗鼓牛录章京。

　　这里有必要将满洲八旗制度，及其曹家在其中的地位作个简单介绍。

　　八旗制度是个军、政、经、民合一的组织形式。

　　其基本单位称"牛录"，由三百人组成。其长官称"牛录章京"，汉译"佐领"。

　　五"牛录"为一"甲喇"，其长官称"甲喇章京"，汉译"参领"。

　　五"甲喇"为一"固山"，其长官称"固山额真"，汉译为"旗"或"都统"。

　　明万历三十四年（1606 年），努尔哈赤将其军民编为黄、白、红、蓝四旗。到万历四十三年（1615 年），又增加四个镶旗。即将黄、白、蓝旗镶红边，红旗镶白边。

　　后来，又增加蒙八旗、汉八旗。

　　"包衣"为满语，直译为"家里的"。即"家奴"之意。从上面所引史料来看，在天聪八年前，曹锡远父子已成为多尔衮的家奴。

　　曹振彦身为旗鼓佐领，跟随多尔衮转战沙场。尤其在崇祯十七年（1644 年）四月入关，五月进京，十月清世祖福临在北京称帝，"号曰大清，定鼎燕京，纪元顺治"，确立清王朝统治的过程中，曹振彦作为多尔衮的亲军，曾救过主子，立下汗马功劳。《石头记》第七回所写的焦大就是曹雪芹先祖所立功勋的写照：

　　尤氏叹道："你难道不知这焦大的？连老爷都不理他，你珍大哥也不理他。因他从小儿跟着太爷们出过三四回兵，从死人堆里，把太爷背了出来，得了命；自己挨着饿，却偷了东西来，给主子吃；两

———————
① "墨尔根戴青"其意为"睿智聪明"，系天聪二年清太宗皇太极赐给多尔衮的美号。
② 贝勒，满语音译。意为旗主、王。

234

日没得水，得了半碗水，给主子喝，他自己喝马溺。……"

（焦大）赶着贾蓉叫："……不是焦大一个人，你们就做官儿、享荣华、受富贵？你祖宗九死一生挣下这个家业，……"

宁国府隐写着清皇宫①。宁国府的奴才焦大，隐写的是清皇宫的奴才曹家。焦大的功绩所隐写的是曹雪芹先祖的功绩。

由此可知曹氏家族，堪称大清天下的"从龙勋佐"。

顺治六年二月，多尔衮率兵征剿大同，平定姜瓖叛乱，八月乱平。第二年曹振彦被委任山西平阳府吉州知州。九年调任山西阳和府知府。十二年升任两浙都转运盐司运使。十五年离任，时为三品高级文官。

顺治七年十二月多尔衮病卒。此后，正白旗归顺治管辖，与正黄、镶黄二旗合为皇帝亲自统领的"上三旗"。上三旗的包衣为皇帝家奴，组成内务府。内务府相当于清皇宫的后勤班子。代替了明代时归属太监系统管理的工作。

二、曹雪芹的曾祖父曹玺及曾祖母孙氏

曹雪芹的曾祖曹玺，一名尔玉，字完璧，约生于明万历四十七年（1619年）。他出生两年后，沈阳便被努尔哈赤攻破。

曹玺"少好学，沉深有大志"②。顺治六年（1649年）二月，曹玺随多尔衮出征山西，平乱有功，"拨入内廷二等侍卫，管銮仪事，升内工部"。康熙二年，"特监督理江宁织造"。③从此曹家开始定居江南。

织造局，是专门监制皇家丝织帛用品的机构。江南有三处织造——南京、苏州、杭州。三处织造，都是清廷派遣的心腹家奴。除为皇室提供绫罗绸缎外，还供奉文物古董、山珍海味。此外，它还作为皇帝的耳目，随时向皇帝报告江南官场、南方民情，并在沟通满汉民族感情，笼络南方

---

① 见《宁国府实隐清皇宫》一文，载于《红楼解梦》第二集。
② 见康熙六十年刊《上元县志》卷十六《曹玺传》。
③ 同上。

汉族知识分子等方面起一定作用。曹玺为效忠清廷，兢兢业业，在巩固清王朝在江南的统治作出了贡献。

康熙对曹玺的工作十分满意。曹玺于康熙十六、七年间两次进京陛见，"赐蟒服，加正一品，御书'敬慎'匾额"。① 他于康熙二十三年六月"以积劳成疾，卒于署寝"。② 死后五个月被授予"工部尚书"衔。

曹雪芹的曾祖母孙氏，系康熙的保姆或乳母。顺治十一年（1654 年）三月十八日玄烨诞生，时年孙氏二十三岁。

康熙于三十八年（1699 年）第三次南巡时，曾亲自接见孙氏，并赐"萱瑞堂"匾额。当时官僚兼文人冯景撰有《御书萱瑞堂记》，写道：

> 康熙己卯夏四月，皇帝南巡回驭，止跸于江宁织造臣寅之府。寅绍父官，实维亲臣、世臣，故奉其母孙氏朝谒。上见之色喜，且劳之曰："此吾家老人也。"赏赉甚厚。会庭中萱花开，遂御书"萱瑞堂"三大字以赐。尝观史册，大臣母高年召见者，第给扶，称"老福"而已，亲赐宸翰，无有也。③

毛际可亦撰文《萱瑞堂记》写道：

> 时内务府郎中臣曹寅之母封一品太夫人孙氏，叩颡墀下，兼得候皇太后起居。问其年，已六十有八，宸衷益加欣悦，遂书"萱瑞堂"以赐之。④

从文中记载可知：孙氏生前被封为一品太夫人。

---

① 见康熙六十年刊《上元县志》卷十六《曹玺传》。
② 同上。
③ 见冯景《解春集文钞》卷四叶一。转自周汝昌《红楼梦新证》第 400 页，人民文学出版社 1985 年版。
④ 毛际可《安序堂文钞》卷十七叶十六。转自《红楼梦新证》第 402 页。

三、曹雪芹的祖父曹寅及祖母李氏

曹雪芹的祖父曹寅于清世祖顺治十五年（1658 年）九月初七日生在北京。其字子清，号有荔轩、楝亭等。

康熙二年，曹寅六岁，随父曹玺来到南京。是年，父亲为他及其异母兄弟曹宣（曹荃）聘请蒙师。七岁时，他已能辨四声，舅父顾景星说他"束发即以诗词经艺惊动长者，称神童"①。由于他资质优异，被南书房和经筵选为康熙少年时的伴读。

康熙八年五月，康熙将鳌拜革职拘禁。是年曹寅十二岁，应是在康熙身边，系御前佩笔侍从，参加了拘禁鳌拜的行动。

第二年，曹寅十三岁时，即被挑选为御前侍卫②。

内务府有鹰犬处，为培养少年侍卫吃苦耐劳的精神，康熙帝往往先将他们派往鹰犬处，负责饲养猎鹰、猎犬。③康熙对曹寅也是如此。到曹寅十五六岁以后，不仅对康熙表现得十分忠诚，而且风姿英绝、博学聪慧、文武双全，因而深得康熙的信任，很快便从鹰犬处侍卫提升为銮仪卫侍卫，接着又提升为治仪正，其官职达正四品。④他曾随驾巡幸奉天，直达乌喇；又数次随驾巡视塞北、京畿。⑤

二十岁之前，已就任御前二等侍卫兼正白旗旗鼓佐领。

二等侍卫已属皇帝的亲信，官职为四品：

> 国初以八旗将士平定海内，镶黄、正黄、正白三旗皆天子自将之军，爰选其子弟，命曰侍卫，用备宿卫侍从，视古羽林、虎贲、

---

① 见《楝亭诗钞》卷首顾景星《荔轩草序》。

② 见邓之诚《清诗纪事初编》卷六。

③ 见法国传教士白晋《康熙帝传》载于《清史资料》第一辑，中华书局 1980 年版。

④ 张伯行《正谊堂文集》卷二十三《祭织造曹荔轩文》。有文曰："比冠而书法精工，骑射娴习。擢仪尉，迁仪正。"

⑤ 见《楝亭集》、《楝亭词钞别集》中《满江红·乌喇江看雨》等诗歌。

旅贲之职。一等侍卫六十人（职三品），二等侍卫百五十人（职四品），三等四等共二百七十人（均五品）……侍卫品级既有等伦，而职司尤有区别。若御前侍卫，多以王公、胄子、勋戚、世臣充之，御殿则在帝左右，从扈则给事起居，满洲将相多由此出。①

关于佐领，有记载曰：

> 佐领秩四品，为辖旗籍人丁亲切之官，凡户婚、田产、谱系、俸饷之考稽，咸有所责，如汉人之牧令焉。旧制每佐领管三百人……皆以本旗不兼部务之世爵及二品以下、五品以上文武官员内简选兼任。②

康熙二十三年六月，曹玺病逝于江宁。曹寅此时正在北京任职，立即回宁奔丧。是年，曹寅二十七岁，"奉旨以长子寅协理江宁织造事务。"③其后，仍回京在内务府任慎刑司郎中、转会计司郎中，再转广储司郎中，仍兼佐领。康熙二十九年任苏州织造，三十一年调任江宁织造。苏州织造由其内兄李煦接任。

曹寅做江宁织造以后，不仅仅为清廷办理丝织品和盐政，更重要的是他作为康熙的亲信，还起着康熙在江南的政治、文化代表作用。这主要表现在三个方面：

（一）团结汉族士大夫阶层

清兵入关以后，扫荡中原，受到汉族士大夫、军、民的反抗，以江南最为激烈。扬州十日、嘉定三屠，给江南人民留下难以抹去的血痕。

康熙执政以后，开始注意"文治"。他以汉族传统文化代表者自居，以尊孔祭孔、崇尚理学、恢复科考、设立经筵等方式，作为争取汉族知识分子的手段。而为了消弭汉族士大夫阶层对满族统治的仇恨和反抗情绪，

---

① 福格《听雨丛谈》卷一"侍卫"条。
② 同上，"佐领"条。
③ 见康熙六十年刊《上元县志》中的《曹玺传》。

就须派一名风流儒雅、颇具文才武略、名望较高的汉族亲信前去做统战工作，而曹寅是最佳人选。

果然，曹寅一到南方，便利用织造的方便条件，与江南文人交结优游，咏诗饮酒，将他们都笼络到自己身边。他康熙二十九年到苏州，仅两年时间便与当地明代遗民及汉族上层知识分子结为友好。两年后，当他离职转任江宁职造时，苏州人士便在虎丘为他建立了生祠。尤侗撰文曰：

> 吾知公金陵一如治吴之道治之，方沐浴咏歌之不暇，而抑知吴之人思公者，流连不忘至于此极也？……虎丘者，……三年以来春秋暇日公与吾辈一觞一咏之地也。①

曹寅与他们诗歌酬唱，一觞一咏，联络了感情，使江南人士从与清皇宫抱敌对态度，转为支持。

曹寅到江宁以后，更在政治上团结了东南汉族官僚士绅，成为东南风雅众望所归的人物，声誉极高。有人据《楝亭集》和《楝亭图》及各家文集统计，曹寅在江南结交的汉族文人骚客，约二百人。

（二）为康熙监视官场、密报民情

封建社会晚期，皇帝欲了解下情，除官僚机构外，还通过一条秘密渠道。明朝皇帝用设立东厂、西厂、锦衣卫等方式达到搜集情报的作用。清初便使用"密封奏折"的方式。密奏者多为皇帝的亲信、包衣、旗民，以及部分官员。曹寅便是以密折形式，向康熙上达民情的一个官员。现存曹寅的"密折"有119件。其内容包括：①请安、庆贺、进献等；②报告织造、盐差与书局事务；③上报江南米价及晴雨录；④报告江南盗案、朱三太子案、废太子允礽事件等事件；⑤报告江南科场案、噶礼和张伯行互参案、监察在籍官吏熊赐履和王鸿绪等；⑥曹寅个人及家庭私事等。

康熙的批示也是从政治、巡幸、天象、粮价到儿女亲事、问病、赐

---

① 见尤侗《司农曹公虎丘生祠》，载于《艮斋倦稿》卷十。

药……无所不包。其关系有时像主仆，有时像皇帝、大臣，有时像兄弟，有时像朋友的告诫。从中可看出康熙对曹寅的宠信。

张云章有诗云："呼吸会能通帝座。"①——形象地形容了康熙、曹寅之间的亲密关系。

（三）接驾康熙南巡

康熙六次南巡，其中三十八年以后到四十六年的四次南巡，均是在曹寅任内。江宁织造府也就改为了行宫。这些对皇帝的接驾，表面上为曹家带来了"富贵风流"，实际上却因此造成曹寅的巨大亏空，成为曹家后来始终负债累累，酿成被抄家的主要根由。

第十六回所写的是元春贵妃如何省亲之事，作者却借此事写了康熙的南巡：

> 凤姐笑道："……说起当年太祖皇帝仿舜巡的故事，比一部书还热闹，我偏没造化赶上。"老赵嬷嬷道："嗳哟哟，那可是千载希逢的！那时候我才记事儿，咱们贾府正在姑苏、扬州一带监造海舫，修理海塘，只预备接驾一次②，把银子都花的淌海水似的！说起来……"……
>
> 赵嬷嬷道："……还有如今现在江南的甄家，嗳哟哟，好势派！独他家接驾四次，若不是我们亲眼看见，告诉谁谁也不信的。别讲银子成了土泥，凭是世上所有的，没有不是堆山塞海的，'罪过可惜'四个字竟顾不得了。"凤姐道："我常听见我们太爷们也这样说，岂有不信的。只希罕他家怎么就这么富贵呢？"赵嬷嬷道："告诉奶奶一句话，也不过是拿着皇帝家的银子往皇帝身上使罢了！谁家有那些钱买这个虚热闹去？"

《石头记》在这一回有回前批云：

---

① 见张云章《题征察院楼呈醛使曹李二公》载于《朴村文集》卷九。
② 庚侧：又要瞒人。

借省亲事写南巡，出脱心中多少忆昔感今。

在"还有如今现在江南的甄家"处，戚序本有夹批曰：

甄家正是大关键、大节目，勿作泛泛口头语看。

脂批曾云："甄"隐"真"。这就是说，甄家，即（作者的）"真"家，亦即曹家。因而批语说："甄家正是大关键、大节目，勿作泛泛口头语看。"

在"独他家接驾四次"处，庚辰本有侧批曰：

点正题正文。

在"别讲银子成了土泥"处，庚辰本有侧批曰：

极力一写，非夸也，可想而知。

在"'罪过可惜'四个字竟顾不得了"处，庚辰本有侧批云：

真有是事，经过见过。

在"岂有不信的"处，庚辰本有侧批曰：

对证。

将上述批语与正文结合起来看，小说中关于甄家在"太祖皇帝仿舜巡"中四次接驾的情况，正是曹家在历史上四次接驾康熙南巡的真实写照。对于此事，书中的隐写与史料记载完全吻合。

（四）做康熙的参谋

康熙曾两次废黜太子允礽。第一次康熙十四年十二月立，四十七年九月废。第二次四十八年三月立，五十一年十一月废。此后便拒绝再立新的太子，但是却在暗中观察各皇子情况。康熙也暗中征求亲信们的意见。胤禛（雍正）此时礼贤下士之举，以晚辈侄儿身份拜访曹寅，表现得十分谦恭。曹寅便将自己对胤禛的看法告知康熙，这对康熙自然有一定的影响。因而曹雪芹有诗云："堪悲立业英雄辈，遗脉谁知祖父恩。"①

曹雪芹的祖母是李煦的堂妹。曹寅做江宁织造时，李煦为苏州织造，两家关系非比寻常。

四、曹雪芹的父亲曹頫

（一）曹頫的简况

曹雪芹的父亲曹頫于康熙三十三年（甲戌，1694 年）②生在南京。这年曹寅已 36 岁，已过"而立"之年，始得麟儿，故小名唤"连生"，以祈再生男儿。后康熙为他改名"頫"，其字为孚若。名和字均源自《易·观卦》："观。盥而不荐，有孚顒若。"孔疏曰："顒，严正之貌。"其名含义，即应保持儒家严肃的道德风范。

曹頫于康熙四十八年二月八日，已满 15 岁，上京当差。四十九年，曹頫被康熙指婚与十六公主马氏③，成为额驸。康熙赏公主府第恭王府前身，并赐位于京东玉田县好地。五十年喜得一子，但不久夭折。因而，次年春二月，康熙便让曹寅携曹頫夫妇回到南京，协助曹寅做织造工作。六月十五日，曹寅赴扬州监督《佩文韵府》出版事宜，曹頫随往；七月二十三日，曹寅病故于任上。

曹寅逝后，两江总督郎廷极上奏："江宁地区土民""纷纷在奴才公馆环绕具呈，称颂曹寅善政多端，吁恳题请曹寅之子曹頫仍为织造"。于是康熙便谕："该地之人都说他名声好，且自督抚以至百姓，也都奏请以其

---

① 见《从脂批中的两首佚诗看曹雪芹的身世——兼论曹雪参与了批注〈石头记〉》一文，载于《红楼解梦》第三集。
② 见《〈红楼梦〉中隐写着雪芹之父曹頫的生年》，载于《红楼解梦》第五集。
③ 见《曹雪芹的母亲马氏是康熙的公主》一文，载于《红楼解梦》第四集。

子补缺"，遂命曹頫为江宁织造。

康熙对曹頫十分关心，一次曹頫上奏："所有盐差任内余剩银三万六千两"，"恭进主子添备养马之需，或备赏人之用"，但康熙只留下六千两，余下的三万两均赏赐曹頫，以还私债①（当时一品大员年俸为一百八十两银）。

曹頫才华出众，却不幸刚二十出头，便于康熙五十三年年底押运年节贡品进京时，染上重病，康熙虽然"日遣太医调治，寻卒，上叹息不置"②。

鉴于曹頫在品德、才能各方面都有出色的表现，康熙对他评价颇高：

> 曹頫系朕眼看长成，此子甚是可惜。朕所使用之包衣子嗣中，尚无一人如他者。看起来生长的也魁悟，拿起笔来也能写作，是个文武全才之人。他在织造上很谨慎，朕对他曾寄予很大希望。③

（二）为什么说雪芹的父亲只能是曹頫，而不可能是曹頫

曹頫病故于康熙五十四年正月，身后留下了母亲李氏和妻子马氏两代孤孀。康熙帝为了怜念先臣，特命将曹寅的四侄儿曹頫，入嗣为李氏之子，并继曹頫之后，再一次袭任江宁织造职，以便"养赡孤寡"、"保全身家"。曹雪芹是在曹頫病逝后出生的，这样就留下了一个疑点——曹雪芹到底是谁的儿子？为曹頫所生，还是曹頫？在红学界争论不休。

我们认为曹雪芹的父亲是曹頫。

首先，曹頫留下一个遗腹子。关于此问题，可从曹頫康熙五十四年三月七日的奏折中看出：

> ……奴才之嫂马氏，因现怀妊孕已及七月，恐长途劳顿，未得北上奔丧，将来尚幸而生男，则奴才之兄嗣有在矣。……④

---

① 《关于江宁织造曹家档案史料》第 121 页，中华书局 1975 年版。
② 康熙六十年《上元县志·曹玺传》。
③ 《关于江宁织造曹家档案史料》第 125 页。
④ 见《关于江宁织造曹家档案史料》第 128—129 页，中华书局 1975 年版。

奏折上的这段话，清楚地说明：曹頫死时，膝下无子。否则就不会有"尚幸而生男，则奴才之兄嗣有在矣"之说了。

果然，在《满洲氏族通谱》中：曹頫的名下，不仅有个名叫天祐的儿子，而且注明其官职为"现任州同"。《氏族通谱》是乾隆皇帝于雍正十三年十二月命修，至乾隆九年十一月完成的。因而"现任"说明了曹天祐任"州同"的时间。《五庆堂谱》亦载："頫……生子天祐。"又："天祐：頫子，官州同。"这个曹天祐，无疑就是奏折中提到的那个遗腹子了。

这里所写的天祐，就是雪芹。雪芹出生后，家里起名天祐。上学后，学名为"霑"。关于此问题，本书在《论曹雪芹的生辰》及《曹雪芹的名、字、号》两文中已详细谈及，这里就不赘述了。

其次，这从《石头记》第五十三回，靖藏本的回前批中也可以看出：

祭宗祠，开夜宴，一番铺叙，隐后回无限文字。（亘古）浩荡宏恩，（亘古所）无。（所）母孀，兄先（死），无依。变故屡遭，（生）不逢辰。（心摧）（回首令）人（令）断肠（心摧）！积德子孙到如今，旺族都中吾首门。堪悲（英）立业（英）雄辈，遗脉孰知祖父恩。（知回首）。〔戴不凡对于这段批语，认为原先极可能是正文上的眉批，它一共三段，情况是这样的：a.第一段"祭宗祠；开夜宴一番铺叙，隐回后无限文字。（每行三、四字不等，批于本回首页眉端最前。）b."……祖父恩"一绝当是题回目左或右侧的，其眉端上有三、四字一行的如下批语："亘古浩荡宏恩……（当）知回首。"这是第二段。c.以下则是另起的第三段（无所母孀兄先无依变故屡遭不逢辰心摧人令断肠），可作如下两种校法：①母孀兄先（卒夫出家），（投奔）无所，（四顾）无依，（生）不逢辰，变故屡遭，令人断肠心摧！②母先兄（卒），（已同守）孀，（投奔）无所，（四顾）无依，（生）不逢辰，变故屡遭，令人断肠心摧！〕①

笔者亦对上述批语作了校勘，校勘为如下两首七绝：

---

① 摘自《红楼梦脂评校录》第494—495页，朱一玄辑校，齐鲁书社1986年版。

祭宗祠，开夜宴，一番铺叙，隐后回无限文字。

今回首——

亘古浩荡无洪恩，屡遭变故不逢辰。

兄亡母孀无所依，令人肠断亦摧心。

积德于今到子孙，都中望族首吾门。

堪悲立业英雄辈，遗脉孰知祖父恩。

对于这两首回前诗，其中第一首涉及曹雪芹父亲是谁的问题，下面且将此诗作个剖析①：

亘古浩荡无洪恩——并不存在自古未有的浩荡洪恩。

这个诗句中的"亘古洪恩"是有所指的。此说源于康熙五十四年正月十八日李煦②的奏折：

> 奴才李煦跪奏。曹颙病故，蒙万岁天高地厚洪恩，念其孀母无依，家口繁重，特命将曹頫承继袭职，以养赡孤寡，保全身家，仁慈浩荡，亘古所无。③（着重号为笔者所加。）

读者可以看到，这首回前诗第一个诗句中的"亘古浩荡无洪恩"中的"亘古"、"浩荡"、"无"、"洪恩"七字，均出自李煦当年的奏折。这难道是偶然的巧合吗？不！这是对奏折中所流露出的那种感恩思想的反叛与对抗！作者因何会产生这种情绪呢？

其一，作者从其祖父曹寅的病故、父亲的早逝中认识到，祖父和父亲终日劳碌，是在为皇上卖命，是在"为他人做嫁衣裳"。尤其是他父亲曹颙，正是由于年底押运贡品进京，才病死都中的！否则，隆冬腊月，曹颙不在自己的南京家中准备过年，却千里迢迢、顶风冒雪来到北京作甚？笔者此说绝非妄猜，因为曹雪芹已将自家每逢年底都要向清宫进鲜的史实

---

① 参见《从脂批中的两首佚诗看曹雪芹的身世——兼论曹雪芹参与了批注〈石头记〉》一文，载于《红楼解梦》第三集。

② 李煦，雪芹祖母李氏的兄长，官职为苏州织造。

③ 摘自《关于江宁织造曹家档案史料》第127页。

载入了书中。请看《石头记》第七回中一段文字：

> 至掌灯时分，凤姐已卸了妆，来见王夫人回话："今儿甄家送了来的东西，我已收了。咱们送他的，趁着他家有年下进鲜的船回去。一并都交给他们带了去罢。"
>
> 王夫人点头。

荣国府即指"贾家"。"贾家"谐"假家"。"假家"亦隐写着清皇宫内庭。

书中的"甄家"，包括苏州甄士隐家与金陵的甄宝玉家，均隐写着作者的"真家"①。因此说，上引原文中所谈到的"趁他（甄）家有年下进鲜的船回去"，正记载着作者之真家，每逢年底都要用船运载江南土特产向清宫进鲜之史实。由此笔者想到，曹頫年底进京，最大的可能是押运贡品而来，不料一病死在了都中。曹頫之死，关系着曹家的兴衰与天祐的命运；曹頫的死因，祖母不可能不告诉雪芹，这会在他心中投下抹不掉的阴影。他难道会将这一切，视为皇上对曹家降下的"亘古浩荡洪恩"吗？

其二，读者自李煦的奏折中可以看出，曹頫死后，康熙特命曹頫"承继袭职"。李煦奏折中称康熙此举，是对曹家降下的"亘古浩荡洪恩"，而事实却是：曹頫的"承继袭职"，不但未能"养赡孤寡""保全身家"，反而给这个家带来了一连串灾难。如果没有曹頫的"承继袭职"，很可能曹家败落得不会如此迅速、悲惨、彻底！这恐怕便是曹雪芹在诗中写出"亘古浩荡无洪恩"的另一原因，或许是更重要的原因。因为雪芹与香玉②一生的不幸，正是葬送在曹頫夫妇的手里。曹雪芹对曹頫夫妇的痛恨，绝不亚于对雍正的痛恨。

屡遭变故不逢辰——接二连三遭到不幸，天祐自叹命运不好，生不逢辰。

诗句中的"屡遭变故"概括了曹雪芹一生的遭际，这其中包括——

---

① 关于此问题可详见《红楼解梦》第三集《雨村其人》一文。

② 香玉，小说中林黛玉的原型，曹雪芹的恋人。详情请见《红楼解梦》一书。

康熙五十三年年底其父曹顒的病故。转年曹頫的入嗣；雍正六年正月南京曹家的被抄，随后曹頫带领全家老小进京领罪、雍正八年宫中选秀女、才女，曹頫夫妇将香玉认作女儿送进宫去，自此使天祐、香玉誓作三世夫妻的愿望化作泡影；雍正十年，香玉虚龄十七被强纳为皇贵妃。这样的打击，几乎要了天祐的命；雍正十三年八月二十二日晚夜间，雍正服丹暴亡。翌年，香玉出家为尼，离开清宫；乾隆九年，天祐中举并得官州同。十五年冬香玉为其生下一子，不料天祐、香玉事发，一个惧祸逃禅，一个悬梁自尽。天祐、竺香玉一案被定作贼案，天祐被从宫中革除不用，其家被扫地出门。"家亡人散各奔腾"，正是指此。乾隆二十八年秋，天祐、竺香玉所生之子病故。——这一切，便是曹诗中"屡遭变故"之内涵。

兄亡母孀无所依——兄长夭亡，父亲早逝，孀母弱子无依无靠。

令人肠断亦摧心——（回首往事）令人痛不堪言，犹如撕肝裂胆，断肠摧心。

这首诗中关键性的诗句为"兄亡母孀无所依"。只有将曹雪芹（即天祐）看作曹顒之子，才可能解释得通。诗中之"兄"，指曹顒于康熙五十年在京所生之长子，此子早夭。

（三）曹頫生于康熙三十三年

1. 史料中有关曹頫生年的记载

在《江宁织造曹寅奏为婿移居并报米价折》中，有如下几句话：

> ……臣有一子。今年即令上京当差……①

此奏折写于康熙四十八年二月八日，说明曹寅之子于这一年已到了当差的年龄。

古时候。人们普遍认为男子长到 15 岁就算成人了，可以婚娶，亦可以当差。《乐府》中有"十五府小吏，二十朝大夫"之说，《兵车行》中有"或从十五北防河，便至四十西营田"之说，都说明可从 15 岁开始当差。

---

① 见《关于江宁织造曹家档案史料》，中华书局 1975 年版。

我们再看看清朝：清皇子年至 15 岁可以受封。香玉之子弘瞻 15 岁时，受权主持刊刻《三希堂法帖》。由上述情况可以料及，曹寅写"令子上京当差"之年，其子年龄至少已到 15 岁。

康熙五十一年七月，曹寅病死在任上，康熙皇帝怜念先臣，降旨着寅子颙（本名连生）袭任江宁织造之职，成为江宁织造三品郎中。曹颙当时还不满 20 岁，这是从曹颙的奏折中得知的。请看曹颙当年写在奏折上的一段话：

曹寅之子连生奏曹寅故后情形折

（康熙五十一年九月初四日）

曹寅子奴才连生谨奏：为感沐皇仁，矜全身命，恭谢天恩事。

窃奴才祖孙父子，世受国恩，涓埃未报，奴才故父一生叨沐圣主浩荡洪恩，出管江宁织造二十余年，复四差盐务，遭逢异数，叠加无已。方图矢诚报效，上答高厚，不意寿命不延，遽辞圣世。奴才年当弱冠，正犬马效力之秋，又蒙皇恩怜念先臣止生奴才一人，俾携任所教养，岂意父子聚首之余，即有死生永别之惨，乃得送终视殓者，皆出圣主之赐也。……①

由此奏折得知，康熙五十一年，寅子曹颙（即连生）"年当弱冠"。

何谓"弱冠"？

我们先看《辞源》中的解释：

弱冠：古代男子二十成人，初加冠，体还未壮，故称弱。《礼·曲礼上》："二十曰弱冠"。后沿称少年为弱冠。《汉书》一〇〇下叙传："贾生矫矫，弱冠登朝。"

我们再来看《辞海》中对"弱冠"的解释：

弱冠：《礼记·曲礼上》："二十曰弱冠。"弱，年少。古代男子 20 岁行冠礼，故用以指男子 20 岁左右的年龄。《后汉书·胡广传》："终，贾扬声，亦在弱冠。"终年 18 岁请缨。贾宜年 18 岁为博士，皆未满 20 岁。左

① 见《关于江宁织造曹家档案史料》，中华书局 1975 年版。

思《咏史》诗："弱冠弄柔翰，卓荦观群书。"

由上述两种对"弱冠"的解释可知，古代男子年在18岁至20岁之间，均可称为"年当弱冠"。由此可见曹頫于康熙五十一年写奏折时，可能18岁，可能19岁，也可能20岁。当时究竟多大年纪尚无法确定。但有一点是可以肯定的：当时他的年龄不小于18岁，不大于20岁。

2. 曹雪芹将父亲的生年隐入了《石头记》中

首先，在第二回中，作者借"旁观冷眼人"冷子兴之口，道出了曹頫的大致生年：

> "……这政老爷的夫人王氏，头胎生得公子，名唤贾珠，十四岁进学，不到二十岁就娶了妻。生了一子。一病死了。……"

此时的贾珠身上，隐写了雪芹生父曹頫。其寡妻李纨身上，则隐写着雪芹之寡母马氏。贾兰身上，隐写着幼年、少年时代的雪芹。从书中的这处隐写，可知曹頫病逝时，只有20岁左右。

其次，脂批中有这样几句话：

> 通部情案，皆必从石兄挂号，然各有各稿，穿插神妙。
>
> （第四十六回庚辰夹批）

在脂批中："石兄"多是用来指代作者。例如：甲戌本第六回，在"诸公若嫌琐碎粗鄙呢，则快掷下此书，另觅好书去省目。若谓聊可破闷时，待蠢物逐细言来"这段原文中的"待蠢物"下，有夹批曰：

> 妙议，是石头口角。

再如第二十回，作者写宝、黛在一次口角之后，宝玉又前来附就黛玉，在"不料自己未张口，只见黛玉说道……"之"不料自己未张口"句旁，庚辰本有侧批曰：

石头惯用如此笔杖。

既然书中的"石兄"、"石头"均指代作者，那么"通部情案，皆必从石兄挂号"的内涵之意便是——书中所有"情案"，皆与作者相关——此乃笔者这篇论文的前提。

笔者发现，在《石头记》中的诸多情案里，作者利用两桩情案，隐写了其父曹頫的生年。

3. 张金哥与原长安守备之子的婚姻悲剧

在《石头记》第十五、十六两回中，曹雪芹写了一段张金哥与守备之子之间的悲剧故事：凤姐随可卿的灵柩来到铁槛寺后，便到离这寺不远的馒头庵歇息，庵中老尼净虚趁机求凤姐帮她办件事。净虚说，当年她在长安县善财庵出家时，施主中有个姓张的财主。张财主之女张金哥在一次入庵进香时，被长安府府太爷的小舅子李衙内看上了，定要娶她。当时金哥已受了原长安守备之子的聘定，金哥父母便向守备家提出退聘，守备家不允，因此两家打起官司来。老尼净虚知道守备的上级军官长安节度使云光与贾政最契，因此托凤姐求王夫人与贾政说一声，打发一封信给云光，求云光和守备说一声。

显然，老尼打算借云光之势，压守备家退婚。

凤姐应承了这件事，并让老尼转告张财主，要他出三千两银子，作为凤姐打发小厮送信的盘缠。老尼一口答应。

凤姐果然办成了这件事。守备家忍气吞声收回了前聘之物。谁知金哥却是个知义多情的女儿，闻得父母退了亲，便一条麻绳自缢了。守备之子得知未婚妻已死，随也投河身亡。张家由于畏势贪财，直落得个人财两空。李衙内家逼婚不成，落得依势欺人之恶名。凤姐这里却坐享了三千两银子。

张金哥与原长安守备之子的婚姻悲剧，可称《石头记》中一情案。根据脂批的导引，此案应与"石兄"挂号，即与作者挂号。

利用这一情案，曹雪芹要达知读者什么？

①从小说角度看，通过这桩情案，作者不仅写出了张金哥与守备之子在婚姻问题上的刚烈与坚贞，同时写出了凤姐的贪婪与恶毒——为图赃

银不惜葬送一双儿女——这件事得手之后，凤姐便胆大妄为起来，以至恶贯满盈，为贾家被抄预作伏笔。

②这桩情案表面是写凤姐的阴毒，实则是写王夫人（隐作者婶娘王氏）与贾政（此时隐写作者之叔曹頫）的不仁不义。试想，如果王夫人与贾政是正人君子，不肯染指此案，凤姐有何权何能，可迫使守备家退婚？

③在隐写的历史中，作者借这一情案向读者暗透：正是他的叔叔和婶娘，拆散了他与竺香玉的婚姻。除贾政夫妇隐写了作者的叔叔婶娘外，金哥父母身上，同时隐写了作者的叔叔和婶娘。此时的金哥是竺香玉的分身，其父母自然隐指曹頫与王氏。

④曹雪芹借着写这桩情案，准确地隐记其父曹顒生于康熙三十三年。这是从何说起呢？请看笔者的分析——

a.守备之子与金哥之案，可称《石头记》中之情案。

b.脂批告诫我们："通部情案，皆必从石兄挂号。"

c.脂批中的"石头"、"石兄"，均隐指作者。

综合 a、b、c 诸点，我们不难得出这样的结论：守备之子身上，隐写着曹雪芹。守备身上，隐写着雪芹之父曹顒。

守备身上隐写着曹顒，看来是毋庸置疑的。然而，守备身上如何隐写了曹顒的生年呢？我们不妨再共同作些分析——书中"守备"，即守镇之意。关于"守镇"一词，在《石头记》中是专门用来寓"犬"的——第十四回，当书中写到为可卿送殡的官客时，有这样一段正文：

> 那时官客送殡的，有镇国公牛清之孙，现袭一等伯牛继宗。……缮国公（石守业）诰命亡故，故其孙石光珠守孝不曾来得。这六家与宁荣两家，当时所称"八公"的便是。……

庚辰本在这段正文的眉端，出现了大段批语（此批语在甲戌本中为回前批，在靖藏本中为回后批），批语中有这么一句话：

> ……石即豕，亥字寓焉。其祖曰守业，即守镇也，犬字寓焉。……

　　既然书中"守业"即"守镇"，寓"犬"字。那么"守备"自然亦为"守镇"之意，同样应该寓犬字——读者看到了，于此等地方，作者拐着弯透出书中"守备"寓"犬"，再利用"情案"将自己写成"守备"之子，显然是有意向读者透露：其父曹頫生于狗年。

　　读者若认为笔者的上述论证还不太具有说服力，那就让我们再看作者的另一次隐写。

　　4. 曹頫生于狗年

　　从大姐儿与板儿的情案中，亦透出雪芹之父曹頫生于狗年。

　　在《石头记》中的诸多情案里，大姐儿与板儿之间的婚姻，同样构成了一桩情案。利用这一情案，曹雪芹再次隐写其父生于"狗"年。为了便于阐明这一观点，请读者先看第六回的一段文字：

　　　　方才所说的这小小之家，乃本地人氏，姓王，祖上曾做过小小的一个京官，昔年与凤姐之祖王夫人之父认识。目今其祖已故，只有一个儿子，名唤王成，因家业萧条，仍搬出城外原乡中住去了。王成新近亦因病故，只有其子，小名狗儿。狗儿亦生一子，小名板儿，嫡妻刘氏，又生一女，名唤青儿。一家四口仍以务农为业。……狗儿遂将岳母刘姥姥接来一处过活。……

　　自这段正文可知，板儿之父小名叫狗儿。

　　关于大姐儿与板儿之间的情案，书中落墨虽然不多，但配合脂批，却能勾画出其大致轮廓。现将书中有关板儿与大姐儿的正文及批语，照录于下，并加以分析。

　　（1）第五回，在薄命司的簿册中，有下述一张图画并配以判词——

　　　　画：后面又有一座荒村野店，有一美人在那里纺绩。
　　　　诗：势败休云贵，家亡莫论亲。
　　　　　　偶因济刘氏，巧得遇恩人。

　　这首判词，具有一手二牍的作用。

a. 从小说角度看，判词中的"刘氏"指代刘姥姥。"巧得遇恩人"中之"巧"，则指凤姐之女巧姐儿（凤姐之女大姐儿，后经刘姥姥为其取名为巧姐儿），其含意为：将来贾家势败，由于当年凤姐儿接济过刘姥姥，巧姐儿便得到了刘姥姥的救助。

b. 从被隐写的历史角度看——判词中的"刘氏"，隐指雍正帝的谦嫔刘氏，而"巧得遇恩人"中的"巧"，隐指香玉之子弘瞻。因为书中的"巧姐儿"，又常被称为"巧哥儿"。当书中的凤姐儿治死贾瑞隐写着香玉毒死雍正时，其孩子巧哥儿所隐写的便是弘瞻。在上述情况下，这首判词的隐含之意便是：由于香玉皇后曾接济照顾过谦嫔刘氏，因此她出家为尼后，她的孩子才得到了谦嫔刘氏的养育与呵护。

（2）在第五回的十二支《石头记》曲中，有《留余庆》一首：

> 留余庆，留余庆，忽遇恩人。幸娘亲，幸娘亲，积得阴功。劝人生，济困扶穷，休似俺那爱银钱忘骨肉的狠舅奸兄！正是乘除加减，上有苍穹。

这首曲子，我们只能从被隐写的历史角度去理解。因为小说中从未写到凤姐之女有什么狠舅奸兄。现试解此曲：此曲是以凤姐孩子之口气写成的，其大意为：由于香玉接济过谦嫔刘氏，积得阴功。在她出家为尼后，弘瞻便得到了刘氏的养护与珍爱。曲中的狠舅指曹雪芹——是曹雪芹这个弘瞻的"狠舅"与香玉合谋除掉了雍正，之后香玉才离开自己幼小的儿子出家为尼。由于香玉是以曹頫之长女身份进宫的，按这一身份，曹雪芹便是弘瞻之舅；曲中"爱银钱的奸兄"，隐指弘瞻之皇兄弘历，即乾隆帝。弘历将弘瞻过继给果亲王，不仅将其逐出了宫门。将他从皇上阿哥降为亲王阿哥，同时省去了一份将来应给予他的亲王封号、俸禄家私产业。对于弘瞻来说，乾隆正是他那"爱银钱忘骨肉"的"奸兄"。

（3）第六回，书中写刘姥姥带板儿进荣国府乞谋，当见到凤姐儿时，"未语先飞红的脸，欲待不说，今日又所为何来？只得忍耻说道……"。在这句话的眉端，甲戌本有脂批曰：

老妪有忍耻之心，故后有招大姐之事。作者并非泛写，且为求
亲告友下一棒喝。

由这条批语可知，刘妪必有忍耻之心，才肯招大姐儿为板儿之妻，
可见贾家势败后，大姐儿处境险恶，身微运蹇。

（4）第四十一回，作者写刘姥姥第二次带板儿进荣国府。贾母见她
十分风趣，便邀她多住几天，逛逛大观园。当逛到探春所住的秋爽斋时，
探春将一个蕉黄的大佛手，送与板儿玩耍。请看一段与此有关的正文与
批语：

　　……忽见奶子抱了大姐儿来，大家哄他玩了一会。那大姐儿因
抱着一个大柚子玩的，忽见板儿抱着一个佛手，便也要佛手。……

于是两个孩子将怀中柚子、佛手作了交换，各得其所。在正文"（板
儿）又忽见这柚子又香又圆……"句下，庚辰本有夹批曰：

　　柚子即今香团（圆）之属也，应与缘通；佛手者，正指迷津者也。

此批隐约透出，大姐儿与板儿之间，将来定有一段姻缘。

（5）第四十二回，凤姐儿请刘姥姥为大姐儿取个名字。刘姥姥为她
取名叫"巧哥儿"（即巧姐儿），并说：

　　"……姑奶奶定要依我这名字，他必长命百岁。日后长大，各人
成家立业，或一时有不遂心的事。必然是遇难成祥，逢凶化吉，却
从这'巧'字上来。"

在这段正文的眉端，靖藏本有批曰：

　　应了这话固好，批书人焉能不心伤！狱庙相逢之日，始知"遇
难成祥，逢凶化吉"，实伏线于千里，哀哉，伤哉！此后文字，不忍

辛读！辛卯冬日。

综合上述 1—5 可知：将来贾家势败家亡，巧姐儿将被卖到烟花巷。但由于凤姐儿当年接济过刘姥姥，刘姥姥怀着忍耻之心，协助巧姐儿逃离虎口，来到狱庙^①与板儿相逢。板儿将她带回家中并结为夫妻。

由上述情况看，板儿与大姐儿的婚姻故事，亦堪称情案。作者因何要写此情案呢？笔者认为其目的有三。

a. 从小说角度看，这是一段劝善文字，它体现了佛教中的因果报应。作者借此为我佛说法——凤姐虽然作恶多端，但由于她偶然济困扶穷，帮助过刘姥姥，在贾家势败后，她唯一的女儿才脱离苦海。通过这个故事，作者劝人多行善事。

b. 作者利用这一情案，进一步揭示了他与香玉之间的情缘——此时大姐儿身上隐写着香玉；利用这一情案，作者将皇宫后庭喻为妓院。大姐逃离烟花巷，正暗喻着香玉离开清皇宫。大姐儿与板儿在狱庙相逢，正暗隐着香玉在御庙（属清宫御用之神庙）与雪芹相逢这一史实。至相逢时，他们才知雍正暴亡之内幕并未败露。至此已逢凶化吉，遇难呈祥。

c. 作者利用这桩情案，披露自己的生父曹頫生于狗年。在这一情案中，板儿身上隐写着曹雪芹，那么板儿之父狗儿身上，显然隐写着雪芹之父曹頫。作者之所以令板儿之父小名叫狗儿，正是为了借此向读者暗示：其所隐写之人，生于狗年。

5. 曹頫生于康熙三十三年的确定

我们从史料中已得知，康熙四十八年，曹頫已到了可以当差的年龄。当时他不会小于 15 岁。康熙五十一年，曹頫自谓"年当弱冠"。那时，他不会大于 20 岁。据此，我们便可确定曹頫出生的上限是康熙三十二年，下限为三十四年。究竟是哪一年，却无法获得唯一的答案；现在，笔者自曹雪芹的隐写中解悟出其父生于狗年。如果这种解悟符合曹雪芹的隐写意图，那么便可以肯定：康熙三十二年、三十三年、三十四年中，必定有一年是

---

① 狱庙：又称狱神庙，是专门用来祭奠狱神皋陶的庙宇。狱庙的谐音是"御庙"，即御用神庙，喻指皇家寺庙。

狗年。

带着上述问题，笔者查阅了《千年历》，果然康熙三十三年是甲戌年，即狗年。出生于甲戌年的曹颙，到康熙四十八年时，虚龄十六，周岁也将及十五（或已到十五）。出生于康熙三十三年的曹颙，到五十一年，虚龄十九。在这年九月他写给康熙的奏折上，自然可称"奴才年当弱冠，正犬马效力之秋"。

曹颙在康熙五十一年的时候，虚龄十九，周岁也只有十八。又过了两年零四个月，即康熙五十四年正月。曹颙便病死在北京了。曹颙20岁病死这一史实，被隐写进《石头记》中便是贾珠"十四岁进学。不到二十岁就娶了妻生了子，一病死了"。此时的贾珠正隐写着曹寅之子曹颙。此时的贾政隐写着曹寅。

雪芹在《石头记》中为贾政长子取名贾珠，岂不恰与"珍儿"排行吗？——作者之所以为贾政长子取名为"珠"，正是为了借此向读者暗示：此人之原型，在曹家与"珍儿"为排行兄弟（"珍珠"）。珍儿是曹寅的二子，与珍儿排行的"珠儿"，身上隐写的自然是曹颙。他长至不到二十岁便娶了妻，生了一子（雪芹），便一病死了。难怪戚序本第七十九回有回后批曰：

从起名上设色，别有可玩。

曹雪芹虽然没见过自己的父亲，但他心中却时时怀念着父亲。他将父亲的生年隐写在《石头记》中，一是为了强调自己是曹颙之子，而不是那个到了康熙五十四年，还自称是"黄口稚儿"之曹頫的儿子。二是为了纪念父亲曹颙。

五、曹雪芹的叔父曹頫和姊娘

（一）曹頫入嗣给曹寅之妻李氏

曹颙死后，康熙皇帝便上谕，命曹寅之弟曹宣（曹荃）的四子曹頫入嗣给曹寅之妻李氏夫人，赖以"养赡孤寡，保全身家"①。

关于曹頫，据康熙六十年刊《上元县志·曹玺传》载：曹頫"好古嗜学，绍闻衣德，识者以为曹氏世有其人云。""绍闻衣德"典出《尚书》，意即能继承及奉行先人的德化及教言。

曹頫担任江宁织造时年纪多大呢？

他在康熙五十四年三月初七日奏谢继任江宁织造折中写道：

> 窃念奴才包衣下贱，黄口无知，伏万岁天高地厚洪恩，特命奴才承袭父兄职衔，管理织造。②

所谓"黄口"，原指雏鸟，如陈陶《空城雀》诗："近村红粟香压枝，嗷嗷黄口诉朝饥。"后来也泛指儿童。《准南子·汜论训》："古之伐国，不杀黄口。"一般到十八岁即可称弱冠，即曹頫当时年龄不可能超过十七岁。

（二）曹頫为何获抄家之罪？

1. 曹頫并非因欠债而遭抄家

曹頫遭抄家之罪，是因欠国库银两吗？回答是否定的。

曹寅时期因接待康熙四次巡视江南，故有巨额亏空。但在曹頫时期，在李煦等人的帮助下，已将所有亏空补齐。因而康熙五十二年十一月十三日才有曹頫的如下奏折：

> 今李煦代任盐差已满，计所得余银共五十八万六千两零，所有织造各项钱粮及代商完欠，李煦与奴才眼见俱已解补清完，共五十四万九千六百余两。谨将完过数目，恭呈御览。尚余银三万六千余两，奴才谨收贮。③

---

① 李煦于康熙五十四年正月十八日奏折，见《关于江宁织造曹家档案史料》第127页，中华书局1975年版。

② 见《关于江宁织造曹家档案史料》第128页。

③ 见《关于江宁织造曹家档案史料》第119页，中华书局1975年版。

接着，于同年十二月二十五日又写奏折：

> 所有盐差任内余剩银两三万六千两，奴才无有费用之处。奴才临行之时，母谕谆谆，以奴才年幼，并无一日效力犬马，乃沐万岁天高地厚洪恩，一至于斯，杀身难报，将此所得余银，恭进主子添备养马之需，或备赏人之用，少申奴才母子蝼蚁微忱。

对于此折，康熙有硃批曰：

> 当日曹寅在日，惟恐亏空银两不能完，近身没之后，得以清了，此母子一家之幸。余剩之银，尔当留心，况织造费用不少，家中私债想是还有，朕只要六千两养马。①

由此可知，曹寅时期的债务至此已全部偿还完毕。

但是雍正元年十二月初一日，两淮巡盐御史谢赐履《奏明解过织造银两折》②奏称，曾两次解过江宁织造银共八万五千一百二十两，部议令曹頫解还户部。曹頫具文咨部，请求将此亏空帑银分三年带完，经户部题请允准。因而，雍正二年正月初七日曹頫奏折感谢：

> 奴才实系再生之人，惟有感泣待罪，只知清补钱粮为重，其余家口妻孥，虽至饥寒迫切，奴才一切置之度外，在所不顾。凡有可以省得一分，即补一分亏欠，务期于三年之内清补全完，以无负万岁开恩矜全之至意。③

如果曹頫没有如数还清债务，定当以此理由将其革职、抄家。但后

---

① 见《关于江宁织造曹家档案史料》第121—122页，中华书局1975年版。

② 见《雍正硃批谕旨》第十三册，转自朱淡文《红楼梦论源》第77页，江苏古籍出版社1992年版。

③ 见曹頫雍正二年正月初七日《奏谢准允将织造补库分三年带完折》，载于《关于江宁织造曹家档案史料》第157页。

来曹頫不仅未因此而革职，甚至抄家时，也再未提及此事，是否可由此说明曹頫确实如他所保证的"于三年之内清补全完"呢？

2. 雍正四年、五年曹頫连续"罚俸"全年

雍正四年三月初十日内务府总管允禄等奏道：

> 臣等前奏，雍正四年正月十七日，总管太监·五品官·加一级刘进忠等传旨：缎库之绸薄而丝生，即如外边所售者，此系何处织造所进，著交内务府总管查奏。再，新织造之缎粗糙而分量轻，亦著交内务府总管，将不好及分量轻者挑出，查明系何处所织具奏。钦此钦遵……由江宁所织之上用缎二十八匹，官缎三十匹，皆甚粗糙轻薄，而比早年织造者已大为不如。查此项绸缎，皆系内廷用品，理应依照旧式，敬谨细织呈进，今粗糙轻薄者，深为不合。……
>
> 臣等议得：……查律书内载：凡织缎粗糙轻薄者，应答五十。因此，……依律将……员外郎曹頫……各罚俸一年……①

这里有两点值得注意：其一，这是内务府依据雍正的旨意查奏的。其二，曹頫因此而罚俸一年。

雍正四年十一月二十九日内务府收到赔补之绸缎后，又上奏。雍正帝降旨曰："……曹頫现在此地，著将曹頫所交绸缎内轻薄者，完全加细挑出交伊织赔。……"②

五年正月，两淮盐政噶尔泰向雍正帝密折报告"访得曹頫年少无才，遇事畏缩，织造事务交与管家丁汉臣料理。臣在京见过数次，人亦平常"。噶尔泰强调"访得"，说明他是奉命察访。对此密折，雍正批曰："原不成器"、"岂止平常而已！"③

雍正五年闰三月二十九日奏事员外郎张文彬等又向内务府传旨："朕穿的石青褂落色此缎何处织造？……"下令"严查"。经查："石青缎匹，每年系苏州、江宁织送，做皇上服用褂面，俱用江宁织送之石青缎匹。"

---

① 见《关于江宁织造曹家档案史料》第174—175页，中华书局1975年版。

② 见《关于江宁织造曹家档案史料》第176—177页，中华书局1975年版。

③ 见《雍正硃批谕旨》第四十七册。转自朱淡文《红楼梦论源》第79页。

因而曹頫再次"罚俸一年"。①

有些史料记载，曹頫在雍正五年又亏空"上用、官用缎纱并户部缎匹等项银三万一千余两"。②

上面所述之连续两次"罚俸一年"，必定照办无误了。其所欠"银三万一千余两"，直到抄家时，乃至抄家后再未提及，应当说也已经补赔。如果这种判断是正确的，那么，在雍正眼里，曹頫既已是"原不成器"之人，做江宁织造当然就不合适了。在这种情况下，正常做法，就应将其免职了，但雍正是如何做的呢？

3. 曹頫"骚扰驿站"的真相

当时江南三织造按惯例轮流督运绸缎，进京述职。曹頫在雍正四年已进行督运，到五年本该轮到雍正亲信苏州织造高斌督运了。但是奇怪的是在雍正五年五月二十二日却发出如下的上谕：

> 奏事员外郎张文彬等传旨，谕内务府总管等：本年系高斌回京之年，奏请另派官员署理其缺，高斌不必回京，仍著曹頫将其应进缎匹送来。钦此。③

可将此事与康熙五十四年曹颙带病进京，因而病故任上相比较，当时在那种情况下，都没有打破惯例，现在怎么莫名其妙地，一定要上谕刚刚督运过缎匹的曹頫，再次将绸缎送京呢？——这是第一个不正常。

当时进贡的绸缎不采取河运，是担心潮湿掉色，而是通过陆路。这就有一个与沿途州县协商勘合之外，多加夫马的问题。即使山东巡抚、雍正宠臣塞勒额在雍正五年十一月二十四日在参奏中也不得不说：

> 在州县各官则以为御用缎匹唯恐少有迟误，勉照旧例应付，莫胆理论；在管运各官则以为相沿已久，罔念地方苦累，仍照例收受，

---

① 见《关于江宁织造曹家档案史料》第181—182页，中华书局1975年版。
② 见《故宫周刊》第八十四期，转自《红楼梦研究集刊》第十辑第317页。
③ 见《关于江宁织造曹家档案史料》第180页，中华书局1975年版。

视为固然。^①
‥‥‥

由于运的是"御用"品，从上述的"旧例"、"相沿已久"、"视为固然"等词可看出，曹頫是按照惯例来做的。

然而，塞勒额却参奏曰：

> 伏祈我皇上敕下织造各官，嗣后不得于勘合之外多索夫马，亦不得于廪给、口粮之外多索程仪、骡价。^②

对此，雍正则于同年十二月初四日谕旨曰：

> 朕屡降谕旨，不许钦差官员、人役骚扰驿递。今三处织造差人进京，俱于勘合之外，多加夫马，苛索繁费，苦累驿站，甚属可恶！^③

十一天之后，即同年十二月十五日，雍正帝又上谕曰：

> 江宁织造曹頫审案未结，着绥赫德以内务府郎中职衔管理江宁织造事务。^④

依据上述史料，曹頫与地方驿站商议在勘合之外多加夫马，究竟有何错误？

曹頫运送的是"御用"品，不能"少有迟误"，而他并无自己的夫马，不让地方多加夫马，若不能及时运到，罪责谁负？这是其一。其二，曹頫这样做，完全符合惯例。——也就是说，曹頫这样做，本是无可厚非的，因为"三处织造差人进京，俱于勘合之外，多加夫马，苛索繁费，苦

---

① 见《曹頫骚扰驿站获罪结案题本》，转自朱淡文《红楼梦论源》第80—81页。

② 同上。

③ 见《关于江宁织造曹家档案史料》第182—183页，中华书局1975年版。

④ 见《关于江宁织造曹家档案史料》第184页，中华书局1975年版。

累驿站"，并非仅仅曹頫一人这样做。

然而，塞勒额却参奏曹頫，雍正则说曹頫的行为"甚属可恶"，还说"朕屡降谕旨"。若雍正果真对此事"屡降谕旨"，塞勒额怎么在参本中也没有提及？何况迄今为止，并未发现雍正在此前有过这方面的谕旨。由此看来，如果说所谓曹頫的"骚扰驿站"案，完全是人为制造出来的，并没有冤枉雍正帝吧！雍正帝如果仅仅是为了将曹頫撤职，何必要人为制造这个案件？——这是第二个不正常。

4. 曹頫转移家产了吗？

在雍正下令曹頫离职九天后，接着便降下抄家上谕：

> 奉旨：江宁织造曹頫，行为不端，织造款项亏空甚多。朕屡次施恩宽限，令其赔补。伊倘感激成全之恩，理应尽心效力；然伊不但不感恩图报，反而将家中财物暗移他处，企图隐蔽，有违朕恩！著行文江南总督范时绎，将曹頫家中财物固封看守，并将重要家人立即严拿；家人之财产，亦著固封看守，俟新任织造官员绥赫德到彼之后办理。伊闻知织造官员易人时，说不定要暗派家人到江南送信，转移家财。倘有差遣之人到彼处，著范时绎严拿，审问该人前去的缘故，不得怠忽！钦此。①

对于这个抄家的上谕，其中两点很值得注意：

其一，曹頫已将全部亏空赔补完毕：

上谕在谈及"织造款项亏空甚多"之后，接着便说："朕屡次施恩宽限，令其赔补。伊倘感激成全之恩，理应尽心效力"云云。其意即：在雍正帝"施恩宽限"之后，曹頫才得以"赔补"完毕，没有因此而获抄家之罪。对此，曹頫理应感激，但他却没有知恩图报。——此点已明确：曹家被抄并非经济不清所致。

曹頫已将全部亏空赔补完毕，从曹家被抄后的史料中亦可得到证实：没有任何材料再提及曹頫还有任何织造款项尚未赔补。

---

① 见《关于江宁织造曹家档案史料》第185页，中华书局1975年版。

其二，雍正帝查抄曹家，只一个理由："将家中财物暗移他处，企图隐蔽。"

然而，这是个很可笑的理由！首先，这"家中财物"是不是属于曹𫖯的？若属于曹𫖯的，他为什么就不能"暗移""隐蔽"呢？这究竟犯了哪一条大清律法呢？

问题还不仅在此。问题在于，曹𫖯是否真的"将家中财物暗移他处"，若是真的，并且这也确实违反了什么律法，在其后，就应有个结案，说明曹𫖯将家中的某某财物，暗移某某处，违背了某条律法。——然而，到现在也未发现这样的史料。这只能说明所谓"将家中财物暗移他处，企图隐蔽"，完全是雍正的多疑与猜测。

常言道：欲加其罪，何患无辞。从现有史料来看，雍正帝抄没曹家家产，正是如此！

5. 曹家被抄出当票百余张

绥赫德上任江宁织造后，关于曹家的家产，在奏折中写道：

> 及奴才到后，细查其房屋并家人住房十三处，共计四百八十三间。地八处，共十九顷零六十七亩（合 1967 亩——作者）。家人大小男女共一百十四口。余则桌椅、床杌、旧衣零星等件及当票百余张外，并无别项，与总督所查册内仿佛。又家人供出外有所欠曹𫖯银，连本利共计三万二千余两。①

关于曹家被抄没的情况，据萧奭《永宪录续编》载：

> 亏空罢任，封其家资，止银数两，钱数千、质票值千而已。上闻之恻然！②

萧奭所记并不准确，说"亏空罢任"，不符合实际情况；说"封其家

---

① 见《关于江宁织造曹家档案史料》第 187—188 页，中华书局 1975 年版。
② 见《永宪录续编》第 390 页。

资，止银数两，钱数千、质票值千而已"，也不对，曹家还有大量的土地和房屋；说"上闻之恻然"，也纯属猜测，这是以常人的感情来看雍正，即使如萧奭所记，雍正也不会"恻然"的。萧奭的那段话，大概依据民间流传。但萧奭记录下这种传说的意义在于：它反映了人们对抄没曹家所表示的同情。人们通过这种流传，表达出不应对曹家予以抄没的看法。

（三）抄家之后的曹頫为何被"枷号"

雍正在抄没了曹頫的家产后，并未将其置于死地。与此同时，雍正也要求绥赫德留给他少许房屋、奴仆。绥赫德在"细查曹頫房地及家人情形折"中写道：

> 曹頫家属蒙恩谕少留房屋以资养赡，今其家不久回京，奴才应将在京房屋人口酌量拨给。①

从绥赫德的上述奏折可知，与其他被抄家者相比，雍正对曹頫还算"宽宏仁慈"的。

然而，内务府七年五月初七日咨文写道：

> 查曹頫因骚扰驿站获罪，现今枷号。曹頫之京城家产人口及江省家产人口，俱奉旨赏给隋赫德。……②

咨文中说："查曹頫因骚扰驿站获罪，现今枷号。"很令人不解。原因有三：

第一，曹頫骚扰驿站问题，当时已作处理。在《曹頫骚扰驿站获罪结案题本》中明确写道：

> 查定例，驰驿官员索诈财物者革职等语。……应将员外郎曹頫革职。

---

① 见《关于江宁织造曹家档案史料》第187—188页，中华书局1975年版。
② 见雍正七年七月二十九日《刑部移会》引总管内务府同年五月初七日咨文，载于《历史档案》1983年第1期《新发现的有关曹雪芹家世的档案》。

其中并无什么还对曹頫"枷号"的内容。

第二，曹頫骚扰驿站，发生在雍正五年十一至十二月间，枷号的目的，是以此让罪犯家属早日将欠款交来。对此，雍正五年有旨云：

> 嗣后内务府佐领人等，有应追拖欠官私银两，应枷号者枷号催追，应带锁者带锁催追，俟交完日再行治罪、释放。著为定例。①

但事实是十二月二十四日，雍正已降旨抄没曹頫家产。这些家产包括外欠曹頫的三万二千两银子、大量土地、房屋、衣物等，已远远超过骚扰驿站欠下的区区几百两银子，即已"治罪"，没有了"枷号"的必要。

第三，再退一步说，曹頫因骚扰驿站，遭到撤职后，又被抄家，又被"枷号"判处，到雍正七年时，也不该再"枷号"了。这是由于《大清律例》载明道：

> 徒一年者枷号二十日，每等递加五日，总徒准徒亦递加五日，流二千里者枷号五十日，每等亦递加五日；充军附近者枷号七十日，近边者七十五日，边远、沿海、边外者八十日，极边防部队、烟瘴者九十日。

请看！枷号最长者九十日，三个月而已。曹頫如果雍正六年初被"枷号"，到七年时，还怎么可能仍在"枷号"呢？

但是史料中确实记载着：在雍正七年五月时，曹頫正被"枷号"，这是怎么回事呢？

——只能有一种解释："枷号"真正原因，并不是"骚扰驿站"。这只是借口而已。

真正的原因是什么呢？如果能将曹雪芹隐入《石头记》中的历史考虑进去的话，这个问题就可得出答案了。这段历史是雍正在查抄曹家时，

---

① 雍正《大清会典》卷二百三十一《内务府六·慎刑司》，转引自《红楼梦研究集刊》第十辑第 315 页。

将曹雪芹的母亲马氏公主的财产，也连同一起，不分青红皂白地给予了查抄。这显然是错误的。因为马氏公主在北京有公主府，是康熙皇帝在世时的赐府，即现恭王府的前身。她每年有例银二百四十两，按月支给；此外，还有数千亩的庄园，两项收入合起来，能有四五百两银子之多。因而，她每年都能有些积蓄。她的所有这些财产，雍正竟都将其查抄，转赐给了绥赫德，实在没有道理。因而，马氏公主来京后，便去皇宫大闹了一番。结果，给马氏公主补了五百两银子，并退还了公主府。① 马氏公主跑到皇宫，到皇后那里大闹，即使全都在理，在封建时代也是不合礼法的，雍正皇帝如何惩罚她？于是便把火气发泄到了曹𫖯的身上。随便捏造一个不是理由的理由，将木枷套在了曹𫖯颈上。

除此之外，很难找到任何其他理由。

（四）曹雪芹的婶娘——曹𫖯夫人王氏

康熙五十四年初，曹颙病逝后，曹𫖯过继给曹雪芹的祖母李氏，以接替江宁织造之职，其时，尚未成年，因而他自称为"黄口稚儿"。过继后，李氏为他娶妻王氏。王氏于康熙五十五年生一子棠村，比曹雪芹小一岁。

王氏到曹家后，立即成为曹家的管家人。从曹雪芹祖母的角度看，其家产是属于曹寅—曹颙—曹霑（雪芹）这一支的。曹𫖯和王氏只是协助管理而已，将来曹家财产，还应属于曹霑所有。然而，由于王氏亦有了儿子，便欲利用曹家管家人的地位，将曹氏家产转移到娘家，并在将来将曹家财产，转至自己儿子名下。既有这种想法，心术自然不正。

曹雪芹与竺香玉两人自幼相爱，这在曹家是人人皆知的，并都认为将来定是一对好夫妻。后来，将他们拆散，由香玉代李煦的孙女李大姑娘进宫，正是曹雪芹的婶娘王氏的主意。

霍国玲、紫军

2006 年 11 月 20 日

---

① 参见本书《曹雪芹的母亲是康熙的公主》一文。

［附件］关于李煦、曹頫所犯罪行的通信①

×××先生：

您来信中提了两个问题现作简要答复：

一、第五集第156页。问："李煦因'奏请代王修德挖参'而触怒雍正帝，后谕令革职抄家。是犯的什么罪？"

答：我们的论述依据如下史料：据雍正元年四月初九日，总管内务府衙门谨奏：

> 为遵旨查抄事。雍正元年正月初十日，臣衙门奏称："李煦因奏请欲替王修德等挖参，而废其官、革其织造之职，请咨行该地巡抚等严查其所欠钱粮，将李煦之子并办理家务产业之所有在案家人，以及李煦衙门之亲信人等俱行逮捕，查明其家产、店铺、放债银两等，由该巡抚及地方官汇总另奏等因具奏。"奉皇上朱批："著将交付该巡抚及地方官之事交付总督查弼纳，其在京之产业著内务府大臣等查抄，其他各项著依议。"钦此钦遵。……②

在古代向来是"一代天子一朝臣"。李煦系康熙亲信。康熙一死，雍正一继位，首要的便是严格审查康熙的亲信，然后革职换上自己的亲信。至于理由并不难找，"欲加其罪何患无辞"！"李煦因奏请欲替王修德等挖参"便是理由。

这件事从李煦来说，他过去往往主动帮助于人，名声甚好，见王修德有难，也欲帮助。但他忘记时代已变，老皇帝康熙已逝，新皇帝雍正一继位便欲将他找个缘由革职查办。因而李煦一开口，便触怒了雍正，而"废其官，革其织造之职"，并继而审查他，查抄了他的家。

---

① 这是一封给读者的信件。
② 转引自王利器《李士桢李煦父子年谱》第503页，北京出版社1983年版。

二、第五集第 367 页。问："查曹頫因'骚扰驿站'获罪，是指犯什么罪？"

有一件《曹頫骚扰驿站获罪结案题本》① 史料，现摘录如下：

总管内务府等衙门总管内务府事务和硕庄亲王允禄等谨题为遵旨议罪事。

据山东巡抚塞楞额疏称：切惟驿递之设，原以供应过往差使而应付夫马，俱以勘合为凭。设有额外多索以及违例应付者，均于严例。然亦有历年相沿，彼此因循，虽明知为违例而究莫可如何者，不得不为我皇上陈之。臣前以公出，路过长清、泰安等驿，就近查看夫马，得知运送龙衣差使，各驿多有赔累。及询其赔累之由，盖缘管运各官俱于勘合之外，多用马十余匹到二十余匹不等，且有骄夫、杠夫数十名，更有程仪骡价银两以及家人、前站、厨子、管马各役银两，公馆中伙饭食、草料等费。每一起经过管驿州县，所费不下四、五十金。……谨将应付过三起差使用过夫马银钱数目另单呈鉴。为此谨奏。雍正五年十一月二十四日题。

十二月初四日奉旨：朕屡降谕旨，不许钦差官员人役骚扰驿递。今三处织造差人进京，俱于勘合之外多加夫马，苛索繁费，苦累驿站，甚属可恶。塞楞额毫不瞻徇，据实参奏，深知朕心，实为可嘉。若大臣等皆能如此，则众人咸知儆惕，孰敢背公营私。塞楞额着议叙具奏。织造人员既在山东如此需索，其他经过地方自必照此应付，该督抚等何以不据实奏闻？着该部一一察议具奏。……

即审询由旱路送缎匹之江宁织造员外郎曹頫……："你们解送缎匹于沿途州县支取马匹等物，理应照勘合内数目支取，乃不遵循定例，于勘合外任意加用沿途各站马匹、扛夫、骡价、银两、草料等物，是怎么说？"

据曹頫供："从前御用缎匹俱由水运，后恐缎匹潮湿，改为陆运，驿马驮送，恐马惊逸，途间有失，于是地方官会同三处织造官员定

---

① 原载《红楼梦学刊》1987 年第一辑。第 33—37 页。

议，将运送缎匹于本织造处雇骡运送，而沿途州县酌量协助骡价、盘缠。历行已久，妄为例当应付，是以加用夫马，收受程价，食其所具饭食，用其所备草料，俱各是实。我受皇恩，身为职官，不遵定例，多取驿马银两等物，就是我的死罪，有何辩处"等语。

讯问曹頫家人方三……据同供："沿路驿站所给银两俱系我们经手是实，所给数目多少不等，俱有帐目可查"等语。遂将帐目查看，内开曹頫收过银三百六十七两二钱……

该臣等会议得："……查定例'驰驿官员索诈财物者革职'等语。但曹頫俱系织造人员，身受皇上重恩，理宜谨慎事体，敬守法律，乃并不遵例，而运送缎匹沿途骚扰驿站，索取银钱等物，殊属可恶。应将员外郎曹頫革职……

其曹頫前站家人方三……虽听从曹頫等指令，而借前站为端，骚扰驿途，索取银钱，亦属可恶。应将方三……枷号两个月，方三……鞭责一百……

其曹頫等沿途索取银两，虽有帐目，不便据以为实。应将现在帐目银两照追令交广储司外，行文直隶、山东、江南、浙江巡抚，如此项银两于伊等所记帐目有多取之处，将实收数目查明，到日仍着落伊等赔还可也。臣等未敢擅便，谨题旨。"

从上述史料，我们可得知：

1. 曹頫以前运送"御用缎匹"是通过水运，后来担心缎匹潮湿，改为陆运，驿马驮送。后来又恐怕驿马惊逸，途间有失，改雇骡运送。这就需要沿途驿站协助办理，因而加重了驿站的人力和财物的负担。

2. 山东巡抚塞楞额将此事上奏给了雍正皇帝。雍正降旨："不许钦差官员人役骚扰驿递。"

3. 庄亲王允禄等"遵旨议罪"后，查定例有"驰驿官员索诈财物者革职"等语，认为"应将员外郎曹頫革职"，并将沿途索取的银两全部由曹頫本人赔偿。

其实，所谓"驰驿官员索诈财物"罪是否正确，亦有疑点：

第一，曹頫并不是"驰驿官员"，而是"江宁织造"。因而所用的

"定例"与曹頫的情况并不相合。

第二，除江宁织造外，还有杭州织造和苏州织造，三处都是采取这种方式运送皇家织物的。杭州、苏州两处的织造犯有同罪，为何没有"革职"？更谈不上抄没。

第三，曹頫所收的银两，是用于为皇家运送"缎匹"，还是装入了自己的腰包？如果没有私吞，能否称作"索诈财物"？

其实，由于当时杭州、苏州两处的织造，都已换成了雍正的亲信，当然就没有了"革职问题"。此外，如果曹頫真是一个到处"索诈财物"之人，怎么可能在抄家时，抄出那么多当票来？

雍正的做法，总是给人一种"欲加其罪，何患无辞"的感觉。

不知上述两件史料是否能解决您的问题。

　　　　顺颂

秋安

　　　　　　　　　　　　　　　　　　　　霍国玲　紫　军
　　　　　　　　　　　　　　　　　　　　2003 年 10 月 10 日

曹雪芹与祖父曹寅和父亲曹頫

一、曹雪芹的父亲曹頫

（一）康熙皇帝十分关照曹雪芹的父亲曹頫

曹寅在世时任江宁织造职，他只有一个儿子——曹頫。曹寅死于康熙五十一年（1712 年）。曹寅死后，由其子曹頫袭任了江宁织造职。然而，不幸的是，曹頫仅任职不过两三年，便于康熙五十四年（1715 年）正月病死在北京。曹雪芹原名曹霑，出生于康熙五十四年五月初三日，也就是说他是曹頫的遗腹子。①

关于康熙与曹頫的关系，从曹頫的几个奏折中可以看出。

康熙五十一年七月，曹寅病死在任上，康熙皇帝怜念先臣，降旨着寅子頫（本名连生）袭任江宁织造之职，成为江宁织造三品郎中。曹頫当时还只有虚龄十九岁。这样一个年轻人，康熙皇帝对他却十分关心，而曹頫也对康熙皇帝十分忠诚，这从当年曹頫的几个奏折可以看出：

1. 康熙让曹頫回到父亲身边，"携任所教养"

连生（即曹頫）在曹寅故去后，于康熙五十一年九月初四日写给康熙的奏折云：

> 曹寅子奴才连生谨奏：为感沐皇仁，矜全身命，恭谢天恩事。
>
> 窃奴才祖孙父子，世受国恩，涓埃未报，奴才故父一生叨沐圣

---

① 见《曹雪芹生辰考》、《再曹雪芹生辰考证》、《三曹雪芹生辰考证》，分别载于《红楼解梦》第一、二、五集。

主浩荡洪恩，出管江宁织造二十余年，复四差盐务，遭逢异数，叠加无已。方图矢诚报效，上答高厚，不意寿命不延，遽辞圣世。奴才年当弱冠，正犬马效力之秋，又蒙皇恩怜念先臣止生奴才一人，俾携任所教养，岂意父子聚首之余，即有死生永别之惨，乃得送终视殓者，皆出圣主之赐也。……①

曹頫本在京城任职，康熙皇帝看到曹寅只有曹頫一个儿子，便让他回到父亲身边，"携任所教养"。这是一种很特殊的照顾。

2. 康熙给了曹頫三万两白银，任他支配

曹頫继任江宁织造后，康熙"特命李煦代任两淮盐差一年"。曹頫在康熙五十二年十二月二十五日的奏折中说明："今钱粮俱已清补全完"，但清偿之后尚余银三万六千余两。对此，康熙朱批曰："朕只要六千两养马"，而将其余的三万两全部给了曹頫。② 这是一种更加特殊的照顾。因为当时一品大员的年俸仅有 180 两白银。

3. 康熙对曹頫寄予了极大希望

在曹頫逝后，康熙对他作出了这样的评价：

曹頫系朕眼看长成，此子甚是可惜。朕所使用之包衣子嗣中，尚无一人如他者。看起来生长的也魁悟，拿起笔来也能写作，是个文武全才之人。他在织造上很谨慎，朕对他曾寄予很大希望。③

康熙作为一个皇帝，对于一个二十岁出头的青年，能给予这样的关心与评价，是很不一般的。

（二）《石头记》中对曹頫的隐记

《石头记》的基本特点是有正反两面——正面是小说，背面是历史。曹雪芹将祖父及父亲的某些情况用"曲笔"写进了自己的著作。

---

① 见《关于江宁织造曹家档案史料》102—104 页，中华书局 1975 年版。

② 见《关于江宁织造曹家档案史料》第 121—122 页。

③ 见《关于江宁织造曹家档案史料》第 125 页。

关于曹家祖孙三代都是单传、雪芹是遗腹子之事实，借刘姥姥的一席话，隐写在了《石头记》第三十九回：

> 刘姥姥……说道："我们庄子东边庄上，有个老奶奶子，今年九十多岁了。他天天吃斋念佛，谁知就感动了观音菩萨夜里来托梦说：'你这样虔心，原本你该绝后的，如今奏了玉皇，给你一个孙子。'原来这老奶奶只有一个儿子，这儿子也只一个儿子，好容易养到十七八岁上死了，哭的什么似的。后来果然养了一个，今年才十三四岁，生的雪团一般，聪明伶俐非常。可见这些神佛是有的。"这一夕话，正合了贾母、王夫人的心事，连王夫人也都听住了。

——曹家的情况与此十分相似：曹寅只有一个儿子——曹頫。在故事中写的是老奶奶，隐写的是曹寅的夫人，雪芹的祖母。曹頫还年轻时（20岁出头）就去世了，曹家濒临绝后。但是"后来果然养了一个"。——父亲死后，才"养了一个"，其意正是"遗腹子"。

关于雪芹之父早亡之事，隐写在了第二回关于贾珠的介绍：

> 这政老爷的夫人王氏，头胎生得公子，名唤贾珠，十四岁进学，不到二十岁就娶了妻，生了一子，一病死了。

在"生了一子"处甲戌本有侧批曰："此即贾兰也。至兰，第五代。"在"一病死了"处，又有眉批曰："略可望者，即死。叹叹！"

小说中的贾珠，在这里隐写着曹頫。他二十岁出头就死了。贾珠之子贾兰，隐写着雪芹。对于曹頫，属于"略可望者"，却早早地死了，因而才引起批书人"叹叹！"——此"略可望者，即死。叹叹！"之批，恰恰说明这段文字实有所指，并非单纯地指小说。因为若单纯地指小说，便不可能有"略可望者"之谈，也大可不必"叹叹"，

曹雪芹在小说中隐记这段历史，既写出了自己父亲去世时十分年轻，又为其死表现出悲伤与叹息。

（三）雪芹长得很像祖父曹寅，说明不是叔父曹頫之子

曹雪芹出生时，他的祖父曹寅、父亲曹顒都已去世，雪芹是曹顒的遗腹子。由于曹顒去世得早，在他去世后，因无子嗣，留下了两代遗孀，于是康熙便指定由雪芹的堂叔曹頫过继给雪芹的祖母为子，并接替曹顒继任江宁织造。关于曹寅的夫人、曹頫与曹雪芹三人的关系，在小说中便写在了贾母——贾政——宝玉的身上。在这种关系中，贾母隐写着雪芹的祖母，贾政隐写着曹頫，宝玉隐写着雪芹。在《石头记》第三十回特别写了一段宝玉与其祖父十分相像的文字：

> 张道士道："我前日在好几处看见哥儿写的字，作的诗，都好的了不得，怎么老爷还抱怨说哥儿不大欢喜读书呢？依小道看来，也就罢了。"又叹道："我看见哥儿的这个形容身段，言谈举动，怎么就同当日国公爷一个稿子！"说着两眼流下泪来。贾母听说，也由不得满脸泪痕，说道："正是呢，我养了这些儿子孙子，也没个像他爷爷的，就只这宝玉还像他爷爷。"

曹雪芹通过张道士之口说出了"我看见哥儿的这个形容身段，言谈举动，怎么就同当日国公爷一个稿子！"这样的话，又继而由贾母做了肯定："正是呢，我养了这些儿子孙子"，"就只这宝玉还像他爷爷。"

——贾母说"我养了这些儿子孙子，也没个像他爷爷的"，这当中当然首先就包括贾政，因他身上隐写着雪芹的堂叔曹頫——他是过继来的，当然不会像雪芹的祖父。但又说"就只这宝玉还像他爷爷"——由于宝玉身上隐写着雪芹，曹寅是他的嫡亲爷爷，所以雪芹像曹寅。小说通过这种对话，便露出：雪芹并非曹頫之子，而是曹顒之子。

二、雪芹继承了祖父曹寅的多才多艺、博学广交的特点

（一）"砚台"谜语的含义

第二十二回，在正月十五之际，贾家人团坐在一起，作了许多灯谜，

贾政也作了一个，与贾母猜，他念道：

> 身自端方，体自坚硬。
> 虽不能言，有言必应。
> ——打一用物。

说毕，便悄悄的说与了宝玉。宝玉意会，又悄悄的告诉了贾母。

贾母想了想，果然不差，便说："是砚台。"

在"打一用物"处，戚序本有夹批曰："好极！的是贾老之谜，包藏贾府祖宗自身，'必'字暗隐'笔'字。妙极！"

从这段批语可知，如果说"贾老"即贾政隐指曹頫，"贾府祖宗自身"则指曹玺、曹寅。"虽不能言，有言必应"，指用"笔"给皇帝写奏折，皇帝在奏折上作批示，即"笔应"。正因如此，批书人才说此谜语"妙极"。"身自端方，体自坚硬"——则指曹玺、曹寅品德端方，性格坚强。这个谜语谜底砚台，但深层的含义隐指的是曹雪芹的祖先，尤其是他的祖父曹寅。

（二）雪芹继承了祖父曹寅多才多艺的特点

雪芹的祖父曹寅才华出众，在文学、艺术上表现出很深的造诣：

其一，擅诗词：出版有《楝亭集》。

其二，喜欢戏剧，并是一位剧作家，创作有《续琵琶》、《虎口余生》及阿剧《太平乐事》、《北红佛记》等；并能粉墨登场，友人张大受《赠曹荔轩司农》诗中云："多才魏公子，援笔诗立成。有时自粉墨，拍袒舞纵横。"

其三，绘画、书法很有造诣。并且喜收藏文物，精于鉴赏。

曹雪芹同他的祖父曹寅一样，从少年时起就表现出超众的才华，也是多才多艺。这些特点亦反映在《石头记》中：

1. 曹雪芹的诗词有很深的造诣

《石头记》中撰写了大量诗词曲赋、灯谜、楹联等各种形式的诗词韵文，反映了其作者曹雪芹在诗词方面的造诣。

2. 曹雪芹有很好的书法功底

《石头记》第八回写道：

> 众人都笑道："前儿在一处看见二爷写的斗方，字儿益发好了，多早晚赏我们几张贴贴。"宝玉笑道："在那里看见了？"众人道："好几处都有，都称赞的了不得，还和我们寻呢！"宝玉笑道："不值什么，你们说给我的小幺儿们就是了。"一面说，一面前走，众人待他过去，方都各自散了。

在这段文字后面，甲戌本有夹批曰："未入梨香院，先故作若许波澜曲折。瞧他无意中又写出宝玉写字来，固是愚弄公子之闲文，然亦是暗逗宝玉历来文课事。不然，后文岂不太突兀？"宝玉身上隐写着曹雪芹。这段文字说明曹雪芹在少年时代将书法一向列为"文课事"。

在同回，宝玉写了三个字，晴雯帮助他贴在"门斗"上。恰好这时黛玉来了，书中接着写道：

> 宝玉便笑道："好妹妹！你别撒谎，你看这三个字那一个好？"黛玉仰头看里间门斗上，新贴的三个字，写着"绛芸轩"。黛玉笑道："个个都好。怎么写这么好了？明儿也替我写一个匾。"

这些内容隐写着曹雪芹少年时代书法已相当好了。

3. 曹雪芹爱好绘画

张宜泉在《题芹溪居士》诗中写道：

> 爱将笔墨逞风流，庐结西郊别样幽。
> 门外山川供绘画，堂前花鸟入吟讴。
> 羹调未羡青莲宠，苑召难忘立本羞。
> 借问古来谁得似？野心应被白云留。

这几句诗写出了雪芹擅长于诗画。他的住所，山水秀丽，环境幽雅，可供他参照绘画（"门外山川供绘画"）。尽管他的画技很高，但不愿去做宫廷画家（"苑召难忘立本羞"），而要像白云那样自由自在地生活与进行艺术创作（"野心应被白云留"）。

曹雪芹擅长绘画也反映在《石头记》中。第四十二回，通过宝钗之口专门写了如何画大观园问题：

> 宝钗道："……如今画这园子，非离了肚子里有几幅丘壑的如何成得。这园子都是像画儿一般，山石树木，楼阁房屋，远近疏密，也不多，也不少，恰恰的是这样，你既照样儿往纸上画，是必不能讨好的。这要想纸上的地步，远近该多少，分主分宾，该添的要添，该减的要减，该藏的要藏，该露的要露。这一起了稿子，再端详斟酌，方成一幅图样。第二件，这些楼台房舍，是必要用界划的。一点不留神，栏杆也歪了，柱子也塌了，门窗也斜了，阶矶也离了缝，甚至于桌子挤到墙里头去，花盆放在帘子上，岂不倒成了一张笑'话'儿？第三件，安插人物，也要有疏密，有高低。衣褶裙带，手指足步，最是要紧的；下笔不细，不是肿了手，就是跏了脚，染脸撕发倒是小事。依我想，竟难的很。"

如果曹雪芹自己不懂得如何作画，是做不出如此精辟的绘画总结的。

4. 曹雪芹喜欢戏剧

曹雪芹喜欢戏剧，从《石头记》中便可看出。如第十八回提到《乞巧》、《仙缘》、《离魂》、《游园》、《惊梦》等，第二十三回提到《西厢记》、《牡丹亭》、《会真记》等，第二十九回提到《白蛇记》、《满床笏》、《南柯梦》等。

从《石头记》中也可看出曹雪芹对于戏剧中具体的曲词也十分熟悉，如第二十三回黛玉在与宝玉有了小摩擦后，在回房的路上，听到小戏班唱道："原来姹紫嫣红开遍，似这般都付与断井颓垣。良辰美景奈何天，赏心乐事谁家院。则为你如花美眷，似水流年……"

曹雪芹对于戏剧不仅会欣赏，而且还会创作和演出。

在《石头记》中有个"戏子"艺名琪官，本名蒋玉菡，按谐音法为

"将玉含"于口中。将玉含于口中者，不就指宝玉吗？因而蒋玉菡可视为曹雪芹的分身，由此说明曹雪芹亦擅长戏曲，可以粉墨登场，做像"琪官"那样的演员。

在第一回《红楼梦曲》的第三支为"枉凝眸"，最后几句词是："一个枉自嗟呀，一个空劳牵挂。一个是水中月，一个是镜中花。想眼中能有多少泪珠儿，怎禁得秋流到冬尽，春流到夏！"在此处戚序本有夹批曰：

> 语句泼撒，不负自创北曲。

谁"自创北曲"？——当然是指此书作者曹雪芹。

（三）雪芹继承了祖父曹寅博学广交的特点

曹寅博学广识，通佛理，懂道教，亦通晓茶、酒、笙、歌舞伎艺等。

曹寅酷爱书籍，是一位藏书家。据《楝亭书目》著录，多达 3287 种，其中说部就有 469 种。友人张伯行说："（曹寅）经史子集，藏书万卷。"他的藏书，首先是为了自己阅读方便，这养成他酷爱读书的习惯，甚至他外出坐在轿中，身旁也放一部书，既可随时阅读，又可挡住自己的面部，不被人看到轿中人是谁。正因有这种好学的习惯，使他学识渊博，熟知经史，精通理学，并理解禅宗老庄。

曹寅爱好读书，却不是一个书呆子，而能广交文人名士，在江南结交的汉族文人骚客，约二百人。

曹雪芹同曹寅一样，也具有博学广交的特点。

1. 学识渊博

曹雪芹喜欢"杂学旁搜"。

第八回宝玉想吃冷酒，薛姨妈道：

> "这可使不得，吃了冷酒，写字手打颤儿。"宝钗笑道："宝兄弟，亏你每日家杂学旁搜的，难道不知道酒性最热，若热吃下去，发散的就快；若冷吃下去，便凝结在内，以五脏去暖他，岂不受害？从此还不快不要吃那冷的呢。

这段话表面看来是在批评宝玉，却也透露出宝玉（隐写着曹雪芹）自少年时，就十分喜欢"每日家杂学旁搜的"。曹雪芹堪称"杂家"。在20世纪70年代吴恩裕先生经孔祥泽先生介绍开始研究《废艺斋集稿》，认为这是曹雪芹的佚著①。《废艺斋集稿》有八册，分别是：

第一册镌刻金石，名为《蔽茆馆鉴印章金石集》；

第二册讲扎糊风筝，名为《南鹞北鸢考工志》；

第三册讲编织、编锦、织锦。书中有许多纹样，如万字不断锦、回纹锦、福寿联绵绵、鹿鹤回春锦、仙寿百龄锦、鸳鸯戏水锦、吉祥如意锦、世世平安锦、盘古锦等；

第四册讲脱胎、印染；

第五册讲制作宫灯；

第六册讲制作竹器；

第七册讲园林建筑艺术；

第八册讲烹调，名为《斯园膏脂摘录》。

在《南鹞北鸢考工志》一册中，还有曹雪芹的"自序"。

一个人能够掌握如此广博却又十分精湛的手艺，绝非一日之功，定是长期积累的结果。曹雪芹自幼就喜欢"杂学旁搜"，而且擅长自己动手制作。比如看人家作画，自己便也趁机学习。这点在《石头记》中也有反映。前面曾引了《石头记》第四十二回中，宝钗关于绘画的议论。书中当谈到贾母令惜春作画，她便无暇参加诗社的活动，须给她假，宝钗说：

> "……如今一年的假也太多，一月也太少，竟给他半年的假，再派宝兄弟帮着他。并不是为宝玉知道教着他画，那就更误了事了。为的是有不知道的，或难安插的，好叫宝兄弟拿出去问问那几个会画的相公，就容易了。"
>
> 宝玉听了，先喜的说："这极好。詹子亮的工致楼台就极好，程日兴的美人是绝技，如今就问他们去。"

---

① 见吴恩裕《曹雪芹佚著浅探》，天津人民出版社1979年版。

贾母让惜春画一幅大观园图。宝玉便整日陪着她，不仅为她采购绘画所需材料，而且作为她与画家之间的"联络员"。当然，在这过程中就学习了绘画知识与技巧。

曹雪芹擅长书画，并具有中国文人绘画的特点：即将诗歌、书法、印章都融于一幅画作中。

因而，对于《废艺斋集稿》是否曹雪芹佚著问题，只要从发现的现有材料，经过客观、全面的分析，并结合曹雪芹一生的经历及其高尚的品德、广泛的爱好，结合《废艺斋集稿》内容，如其中金石的镌刻、风筝的绘制、编织、编锦、织锦中的纹样加以综合思考，所得出的结论便应该是：这部书的确是曹雪芹的佚著。

2. 广交朋友

曹雪芹的广交朋友，首先反映在《石头记》小说中。小说中所写的人物多达数百人，反映出作者的朋友中包括了各式各样的人物，且不说书中使用了大量笔墨的小姐、丫鬟，个个栩栩如生，就是像戏子琪官、侠客柳湘莲这些人，作者亦写得活灵活现。即使像倪二那样的"泼皮"，也同样能活现于纸上。这一切都说明他交往广泛，观察人物细腻。第二十四回中的贾芸，"芸二爷"，实是曹雪芹的一个分身。这从庚辰本的侧批可知。该批写道："如此称呼，可知芸哥素日行止，是'金盆虽破分量在'也。"倪二愿将钱借给贾芸而不要利息，正是把他看作朋友。

曹雪芹在晚年，虽然经过两次抄家，已经一贫如洗，过着"举家食粥酒常赊"的生活，却仍有不少朋友，甚至有像敦诚、敦敏这样的皇族后裔。其中敦敏的诗歌《芹圃曹君（霑）别来已一载余矣》[1]写道："可知野鹤在鸡群，隔院惊呼意倍殷。"诗中的"野鹤"指曹雪芹，"鸡群"则指其他皇族的后裔。

此外，他的朋友中也有如张宜泉、鄂比这样的诗人、书画家。

曹雪芹在抄家后，还有如此多的朋友，可以想象，在曹家被抄没前，曹雪芹的社交面会广泛得多。

---

[1] 敦敏《懋斋诗钞》第37—38页。上海古籍出版社1984年版。

三、曹寅、曹頫是"包衣",雪芹则改变了身份

(一)曹寅、曹頫作为"包衣",必须顺从主子,哪怕"粉身碎骨"

满族在入主中原前,还处于奴隶社会。入主中原后,坚持着两种政策:一是"严主奴之分",二是"严满汉之分"。其基础是主子高于奴仆,奴仆必须顺从主子;满族高于汉族,汉民必须遵从满族的统治。曹雪芹的祖先,直到其父曹頫,连续几代人都是清皇族的"包衣"。他们作为"包衣"必须对主子绝对忠诚,发现丝毫反叛,就有身家性命危险。

从曹寅的奏折及康熙的批语可以看出:曹寅的尽力效忠,殷勤奔走,康熙虽然优渥宽仁,体恤有加,但决不允许"包衣"有逾常格,任意施为。如康熙四十年八月《苏州织造李煦奏前奉谕旨已钦遵妥办折》后批云:"朕九月二十五日自陆路看河工去,尔等三处(注:指江宁、苏州、杭州三处织造),千万不可如前岁伺候。若有违旨,必从重治罪!"①曹寅则在奏折中多次表示:"窃念臣从幼豢养,包衣下贱,屡沐天恩,臣虽粉身碎骨,难报万一。"②曹頫接任江宁织造不久,在奏折中写道:"窃念奴才祖孙父子,世沐万岁浩荡之恩,身家性命,皆出圣主之所赐,虽捐糜顶踵,粉身碎骨,莫能仰报高厚于万一。"③

曹寅作为皇家的"奴才",完全听从主子的摆布,要他扈驾出巡,他就须风尘奔波,要他官为织造,他就要鞠躬尽瘁,小心翼翼,如履薄冰。在他的诗歌中,对于世路之险,行役之苦,多有流露。有诗云:

> 我颂残春篇,慨焉叹行役。
> 风露卧中宵,车马日枕藉。
> 愧与名山临,羞践世人迹。

① 见《关于江宁织造曹家档案史料》第21页,中华书局1975年版。

② 见《关于江宁织造曹家档案史料》第78页。

③ 见《关于江宁织造曹家档案史料》第111页。

郁郁黄尘间，狂吟聊自适。①

这首诗是写于护驾康熙西山别墅时。主子在别墅中休憩作乐，他作为奴才则须夜卧风露，日备车马，一刻也疏忽不得，即使身在秀丽风景中，也无暇欣赏。

到他晚年，已病体缠身时，为赴京述职，也须往返奔劳，其苦难言。这种感触也不时化为诗句：

老傍期门队，归乘使者车。
南辕兼北辙，筋力竟如何？②

这首诗写于康熙四十九年（1710年）春。期门：汉武帝建元三年（公元前138年）设期门官，掌执兵出入护卫。这里是说曹寅觐见皇帝时，与侍卫官同列。诗中感叹，到了老年，虽然表面上看很有身份，实则为见皇帝也仍排在护卫人员中，频繁地往来于南方与京城，身体怎能承受呢？

他还写道：

残年北去南来雁，过日东流西上鱼。③

这首诗写于康熙五十年（1711年）冬。雁与鱼都是曹寅的自比。意思是他到日暮残年，还为职事操劳，奔波风尘之中。

从他的不少诗歌中都反映出曹寅作为包衣无休止的行役奔波之苦，感叹"尘役苦无厌，俯躬自彷徨"④ 的心态。

（二）曹寅身为"包衣"，却才华出众，渴望解脱精神枷锁

作为一个独立的人，特别像曹寅这样品德高尚、才华横溢，与明代

---

① 《读梅耦长西山诗》，载于《楝亭集笺注》（胡绍棠笺注）第13页。
② 《和同人东村招饮见怀三首》，载于《楝亭集笺注》第296页。
③ 《可亭过访即事口占》，载于《楝亭集笺注》第340页。
④ 《不寐》，载于《楝亭集笺注》第15页。

遗民来往频繁的人才，心灵上不可能没有逆反的律动。但是曹寅因受到包衣制度的压抑和束缚，不允许他有丝毫的反抗，于是他只能将这种积郁情感寄寓诗中，以物喻己。

曹寅有两首诗写到鹤，第一首写于康熙三十年（1691年），题为《北院鹤》。诗云：

> 四鹤不同致，翛然神迥超。
> 迭鸣如在野，群谪未归宵。①

翛然神迥超：《庄子·大宗师》："古之真人，……翛然而往，翛然而来而已矣。"此句谓仙鹤无拘无束，超然脱俗之貌。

群谪未归宵：受困而不得高飞远翥。

这首诗是曹寅年轻时，以咏鹤而抒怀言志，希望有一天能够"归宵"翱翔。但由于"包衣"对他的约束，使他无法实现其志，便写了"病鹤"以表述这种情感。诗云：

> 白鹤翔高天，不受绊与羁。
> ……
> 忍饥已倔强，延颈还高窥。
> 缟裳污尘土，朱冠暗胭脂。
> 虽曰神色丧，未觉品格卑。②

"缟裳污尘土"指白色的羽毛被污染。"朱冠暗胭脂"指头上的丹顶由艳红变成暗红。

作为鹤本应"翔高天"，病鹤虽然"神色丧"，却并不因此而感到"品格卑"。

曹寅这种不甘受羁绊的情感在其他一些诗中也多有表现。如在《圈

---

① 本诗载于《楝亭集笺注》第74页。
② 《病鹤》，载于《楝亭集笺注》第399页。

虎》中写道：

> 危机忌一踏。密网结千层。
> 困极声犹厉，耽余气忽腾。①

危机：指捕虎的器具。

"圈虎"指养在皇家园囿中的老虎。当虎被拘禁，虽有雄风，却失去了自由。

曹寅渴望自由放适，而憎厌束缚拘禁。这种思想也常流于笔端，如他写道：

> 生憎圉人控骄马，绝爱牧儿飘纸鸢。②

圉人：官名，掌管养马、放牧者。骄马：难于控制的健壮骄逸之马。纸鸢：即风筝。

这句诗是以物喻人，羡慕能够在天空中自由飞翔的"纸鸢"，而不愿做被人控制的"骄马"。

曹寅是当时的才子，但"包衣"的身份如同枷锁一般束缚着他，因而露出渴望自由的情思，往往不自觉地流露于诗中。曹寅——在他人眼中，作为一个"包衣"，多年做江宁织造，应是幸运儿了。但从其诗中却看出，他的志向远非如此，而不时地透露着一种壮志难酬的积郁。到他晚年，曾作长诗《巫峡石歌》③，实际是将自己比做"娲皇采炼古所遗，廉角磨砒用不得"的一块女娲补天时弃之不用之顽石，一生为世弃用，不得发挥其才能，甚感悲哀。曹雪芹在《石头记》中同样将自己和竺香玉都比做女娲之弃石，或许是受到祖父的影响。

---

① 《圈虎》，载于《棟亭集笺注》第404页。
② 《三月六日登鼓楼看花》，载于《棟亭集笺注》第108页。
③ 此诗写于康熙五十一年，曹寅去世前不久，载于《棟亭集笺注》第359页。

（三）曹雪芹因解脱了"包衣"身份，表现出恃才傲物，争斗一生

曹家到曹雪芹这一代，便从"包衣"身份解脱了出来。

按照清代的规定："包衣"即家奴，其身份世代不移，子子孙孙均不能摆脱"包衣"身份。但是由于曹家几代人都为皇家卖命，特别是曹振彦曾像焦大那样为清皇族立过功勋，其子曹玺之妻孙氏曾做玄烨的保母，极尽养育之责，在玄烨幼年患天花时，孙氏如慈母般对他照顾，使他九死一生，玄烨对此倍加感激。玄烨后来做了皇帝，在康熙三十八年南巡时，再次见到孙氏时，称之为"吾家老人"，手书"萱瑞堂"牌匾。曹振彦之孙曹寅，聪明至极，为当时的才子，曾做玄烨的伴读，后来做康熙的侍卫，成为康熙的亲信。任江宁织造时，四次接驾康熙的南巡。康熙为了报答曹家之恩，便设法改变曹家后代的身份。曹寅有二女一子，于是康熙便采取指婚的方式，使他们都与皇族联姻。康熙将曹寅的长女指婚给平郡王纳尔苏，将次女指婚给一位王子。又将自己的十六皇女下嫁给曹寅之子曹頫。这样曹寅的孙子辈便都具有了皇家血统。曹霑（雪芹）是曹頫和十六皇女的后代。成为康熙的外孙子，其身份当然不再是"包衣"。

曹雪芹同其祖父曹寅一样，也是一位才子。当曹雪芹不再像曹寅那样是"包衣"，而是康熙皇帝的外孙时，便将曹寅的那种恃才傲物的品格突显了出来。在曹雪芹的朋友敦诚、敦敏的诗歌中，对曹雪芹的傲世不羁，都有所反映。如敦诚诗云：

> 接䍦倒著容君傲，
> 高谈雄辩虱手扪。①

敦敏诗云：

> 傲骨如君世已奇，
> 嶙峋更见此支离。②

---

① 见《寄怀曹雪芹霑》，载于见敦诚《四松堂集》卷一叶二下。

② 见《题芹圃画石》，载于敦敏《懋斋诗钞》第37—38页。上海古籍出版社1984年版。

可知野鹤在鸡群，

隔院惊呼意倍般。①

　　在曹家被抄没，已完全败落下来之后，却受到皇族文人的赞扬，甚至称曹雪芹为"野鹤"，自己这些皇族子弟为"鸡群"，在清代严格的等级制度下，如果曹雪芹仍是"包衣"身份，根本不可能出现这种现象。这在《石头记》中也有所反映。第二十四回，在倪二说："原来是贾二爷，……"处，庚辰本有侧批曰：

如此称呼，可知芸哥素日行止，是"金盆虽破分量在"也。

　　贾芸"芸二爷"是雪芹的分身，其被称作"金盆"，是有道理的。贾芸之所以被喻为"金盆"，正因其原型出身高贵之故。

　　曹雪芹对于自己的先辈效忠于清皇族，最后却落得被抄没的下场，《石头记》中也有反映。在《好了歌解注》中写道：

乱烘烘你方唱罢我登场，

反认他乡是故乡。

甚荒唐，

到头来都是为他人作嫁衣裳。

　　这段诗歌可从正面（小说）和背面（历史）作出双解，其背面之喻写的是雪芹祖辈的历史。雪芹的祖辈作为"包衣"，一代一代的为清廷卖命，甚至把清王朝发祥地——长白山，及早期建都之地——辽阳、沈阳视为自己的"故乡"。但曹雪芹却认为：祖辈的做法甚是荒唐！这些地方都不是自己的"故乡"，而是"他乡"。并且认为：祖辈们为清皇族如此日夜忙碌，只不过是像贫女那样"苦恨年年压金钱，为他人作嫁衣裳"。②

①　见《芹圃曹君（霑）别来已一载余矣》，载于敦敏《懋斋诗钞》第37—38页。
②　此诗引自唐代秦韬玉《贫女》诗。

四、小 结

曹雪芹的祖父是曹寅，父亲是曹頫。

曹雪芹在《石头记》中多次隐写自己的祖父和父亲。如第二十二回的"砚台"之谜。在这里戚序本有夹批曰："好极！的是贾老之谜，包藏贾府祖宗自身，'必'字暗隐'笔'字。妙极！"说明他的祖辈"身自端方，体自坚硬"——这主要应指曹寅。又如第二回对于贾珠的介绍，其背面所写便是曹頫。

将《石头记》中的隐写，与历史相联系，便会发现：曹寅和曹頫具有双重特点：一方面他们都是"包衣"，是清皇宫的奴才；另一方面，由于曹家连续几代人都对清皇宫忠诚有加，并立有功勋，曹玺之妻孙氏还为玄烨的保母，其子曹寅才华出众，曾做玄烨的伴读，后来玄烨登基成为皇帝后，曹寅成为他的亲信，受到重视。自曹玺之后连续几代都任江宁织造。面对曹家几代人的无限忠诚，康熙便以对曹寅的三个子女指婚的方式，与皇家联姻，为其后代改变奴籍。其中康熙将自己的十六皇女下嫁给曹頫，因而到曹雪芹一代便由奴籍变为康熙的外孙。

曹雪芹与自己的先辈，特别是曹寅相比，有多才多艺、博学广交的相同之处。又有因身份不同而表现出来的完全不同的性格。曹寅因是"包衣"，解脱不了精神束缚，因而处处小心谨慎，深怕逾越半步。但到曹雪芹就不同了，他认为祖先是"为他人作嫁衣裳"。他成为了"自由人"，因而能将满腹经纶，一身才华，用于兴邦济世，救国救民，即使自己的努力不能成功，也仍然恃才傲世，如鹤立鸡群，"金盆虽破分量在"。

曹雪芹创作《石头记》，离不开时代背景，更离不开家庭的影响和自身的地位。

紫 军

2009 年 11 月 22 日

曹寅娶妻李氏及曹頫的生年

问题的提出

在《石头记》研究中，必然要涉及其作者曹雪芹的家世。由于曹雪芹是在祖母的养育下长大的，因而，在家世研究中，牵涉到他的祖母便不可避免了。在这个问题上，近年来有学者认为雪芹的祖母李氏不是曹寅的结发妻子，而是续弦的，其依据是《楝亭诗别集（卷一）》中有一首《吊亡》诗。由此又牵连到曹頫的生年。笔者此文针对寅妻李氏的婚龄及曹頫的生年，谈谈自己的看法。

曹雪芹祖母李氏是曹寅的结发妻子

在议论李氏之前，有必要首先明确这样一个问题——《石头记》一书的性质。

曹雪芹在他的书中，将《石头记》喻为正反皆可照人的"风月宝鉴"。以"风月宝鉴"正反皆可照人喻此书"正反皆有喻"。正照"风月宝鉴"，镜中映出的是美女，以此喻此书正面是一部温柔富贵、儿女情长的小说。反照"风月宝鉴"，镜中映出的是一具骷髅，作者以此喻此书背面是一段令人毛骨悚然的历史。笔者发现，在这段被隐写的历史中，既包括曹雪芹的家事，又包括清宫的一段秘史，还包括曹家与清宫的纠葛，更包含作者的一段挥之不去、没齿难忘的恩怨情仇。笔者发现，《石头记》中既隐写着作者倾心爱慕、悲痛悼念之人（如竺香玉），又隐写着作者深切怀念，真诚感激之人（如他的祖母和母亲），还有他刻骨痛恨、切齿诅咒、无情揭露之人（如雍正、乾隆、他的婶娘王氏、他的妻子李香玉）。

曹雪芹将自己的祖母李氏隐写在小说中的贾母身上。贾母见多识广、爱老惜贫、宽厚仁慈。她对宝玉百般珍惜，千般呵护。书中对贾母的刻画，正体现了作者对自己祖母的崇敬、感激、追忆与怀念。笔者说书中隐写着曹雪芹祖母的出生年月日，决不是空穴来风，而是作者刻意写进书中的。

贾母的生年

曹雪芹将自己祖母的生年隐写在贾母身上。

在《石头记》第三十九回中，作者写了一段刘姥姥二进荣国府的故事。刘姥姥二进荣国府惊动了贾母。贾母要见刘姥姥，与她说说闲话。彼此见过之后，贾母命周瑞家的端过凳子，让刘姥姥坐着，她则歪在床上。

> ……贾母道："老亲家，你今年多大年纪了？"刘姥姥忙起身答道："今年七十五了。"贾母向众人道："这么大年纪了，还这么健朗。比我大好几岁呢。我要到这么大年纪，还不知怎么动不得呢。"

在"《红楼梦》大事年表"（见《红楼解梦》第一集书后的附件）的第十六年，较刘姥姥尚小好几岁的贾母，仅仅在两年之后，却过起了八十大寿：

> 因今岁八月初二日乃贾母八旬之庆。
>
> （第七十二回）

上述奇特现象，许多学者认为：这是小说中的明显错误之一。

我们该如何解释上述奇特现象呢？造成这种时序与年龄上的混乱，是由于作者的偶尔疏忽？难道作者"披阅十载，增删五次"反复修改之时，竟然忽略了这些明显的舛误之处？作者真的只会讲故事，不会记时间吗？由于时间是叙事的要素之一（其他几个要素是人物、地点、事件），假如《石头记》真的在叙事的时间上混乱不堪，那么该书在世界文坛上的地位真的要被动摇了呢！

然而，第十七回开始，在"又不知历几何时"处，脂砚斋留下了批语：

> 年表如此写，亦妙。

这是明确告诉读者，作者在构思全书时，头脑中是有一个年表作骨架的，而人们又确实可以从该书中梳理出一个大致的年表（许多红学前辈也试作过这一工作）。笔者认为，小说中这种时序、年龄上的混乱，是由于我们不了解书中年表的排法而产生的误会。正如小说中的"地点忽南忽北，服饰非满非汉，官制若明若清，语言南北交错"①，初时不为我们所理解。现在我们明白了：书中纪年混乱，是由于作者要在小说中隐写一部历史。出于隐写历史的需要，使用了两套历史纪年的结果。

何谓两套纪年

许多红学家都以大荒山无稽崖青梗峰顽石去投胎入世，作为红楼纪年年表的开始。因为《石头记》是从这块顽石敷演出来的。此美玉随宝玉的诞生降临人间。笔者在《曹雪芹生辰考》中已论证出，书中贾宝玉的生日所隐写的即曹雪芹的生日。他生于康熙五十四年五月初三日（1715年6月4日）。由此得知作者以宝玉的生辰作为红楼纪年的起始，借以交代出：小说是以他本人的生年作为整个故事的起始。也就是说，小说中梳理出来的年表，是从他1715年6月4日降生开始，根据他的年龄，一年年铺述出来的。而他的生年便作为这种纪年方式的元年。这是一条线索。我们姑

---

① 见刘梦溪《红楼梦新论》。

且把它称作"曹氏纪年"。

另一条线索则是以他所生活的朝代——"雍正纪年"为依据。作者把"曹氏纪年"与"雍正纪年"合称为"双悬日月照乾坤"。曹雪芹生于1715年6月4日,曹雪芹九岁时为雍正元年(1723年)。两种纪年之间相差八年。以上两种纪年在《石头记》中并行不悖,交错使用,脉络清晰,层次分明。

"双悬日月照乾坤"意天上同时出现日月,以此喻人间同时出现两个皇帝,也因此造成同时使用两套纪年的局面。此典出自李白《上皇西巡南京歌》十首中的最后一首。在安史之乱时,玄宗逃至蜀郡,太子在灵武登极,玄宗以蜀郡为"南京"。这样便形成天宝(上皇)、至德(少帝)两套纪年。曹雪芹引用这句典故,意暗示读者《石头记》纪年并非"混乱",而是存在着两套纪年交错使用所致。①

解开贾母年纪忽大忽小之谜

我们现在就使用《双悬日月照乾坤》一文中所述之法来破解贾母年龄忽大忽小之谜。

在《红楼解梦》第一集中,刊出了张笑侠先生梳理出来的"《红楼梦》大事年表"。年表中的纪年,既可视为"雍正纪年",又可视为"曹氏纪年"。例如,大事年表中的第十六年,可能是曹氏十六年,也可能是雍正十六年。同样,大事年表中的第十八年,可能是"曹氏纪年"十八年,也可能是"雍正纪年"十八年(即乾隆五年)。

在我们识破了曹雪芹使用两套纪年在书中隐写历史后,再来解决书中纪年混乱的问题,便得心应手了。

刘姥姥二进大观园的这年,被作者记在大事年表的第十六年,我们视此十六年为"曹氏纪年"。曹雪芹生于1715年,到他虚龄十六岁时,是公历1730年。

---

① 关于此问题详见霍纪平《双悬日月照乾坤》一文,载于《红楼解梦》第一集。

　　贾母过八旬大寿，被作者记在大事年表第十八年。此时的十八年，作者使用了"雍正纪年"，而雍正在位只十三年。因此我们认为，所谓雍正十八年即乾隆五年。这一年是 1740 年。

　　1740 年时贾母虚龄八十岁。据此，我们算出她的原型李氏出生于 1661 年 [1740 年—（80—1）——其中减 1，是减去虚龄一年]。这一年是顺治十八年。顺治十八年八月二日，即公历 1661 年 9 月 24 日。——由此得知，贾母原型李氏出生在 1661 年 9 月 24 日。

　　已知曹寅生于顺治十五年九月初七日，即 1658 年 10 月 3 日。由此得知，曹寅比李氏大三岁。

　　已知曹雪芹生于 1715 年。李氏生于 1661 年：1715 年—1661 年＝54（岁）。

　　由此计算出，祖母李氏比雪芹大 54 岁，即曹雪芹出生时，其祖母李氏虚龄五十五岁。

　　红楼纪年（曹氏纪年）第十六年，即曹雪芹虚龄十六岁时，其祖母李氏年为：16 年 +54 年＝70（岁）。这一年是 1730 年。将这年记入书中便是贾母与刘姥姥比年纪的那年。这一年刘姥姥七十五岁，贾母七十岁。当时贾母当然可以说：刘姥姥"比我大好几岁呢"。

　　大事年表十八年，贾母过起了八十寿诞。此时的"十八年"我们视其为雍正十八年。这一年即乾隆五年（1740 年）。1730 年时雪芹祖母李氏七十岁。她到 1740 年时，自然是八十岁。将李氏 1740 年时八十岁之史实隐写入书中，便是贾母于大事年表第十八年（1740 年）过起了八十大寿。这一年是乾隆五年。

曹寅与李氏成婚的年龄

　　关于雪芹的祖母与祖父成婚的年龄，亦被作者一丝不苟地记入了书中，这是利用贾母骂贾琏的一段话向读者披露的：

　　"……我进了这门子作重孙子媳妇起，到如今我也有了重孙子媳妇了，连头带尾五十四年，凭他什么大惊大险、千奇百怪的事，也经过了些，从无经过这些事（指贾赦求娶鸳鸯事）。还不离了我这里呢！"

（第四十七回）

第四十七回的故事，被记在大事年表第十六年，前面我们已计算出，贾母（隐作者祖母）在大事年表的第十六年七十岁。在她七十岁时嫁入贾府已五十四年。那么她多大年纪出嫁便不难算出了：

70 年—54 年＝16 岁（虚龄）

这一算式说明，李氏嫁曹寅时，虚龄十六岁，正是豆蔻年华，二八佳人。我们前面已算出曹寅比李氏大三岁。这就是说，李氏嫁曹寅时，曹寅虚龄十九岁，正是风华正茂的翩翩少年。

李氏是曹寅的结发妻子

笔者说李氏是曹寅的结发妻子，理由如下：

（一）从曹寅与李氏的结婚年龄来看，一个是风流倜傥、风华正茂的青年才子，另一个是情窦初开的妙龄少女，这正是一对年少夫妻的初婚年龄。

（二）从李氏娘家的经济状况与社会地位看，李氏不可能成为曹寅的续弦妻子（填房）。

曹寅之妻李氏是李月桂的女儿。朱彝尊康熙三十年四月所撰《光禄大夫江西布政使司参政李公墓志铭》详细记录了李月桂的家世出身，为官经历及子女情况。其中有云："女五人，一嫁……一嫁……一嫁曹寅，官内户部，督理苏州等地织造府。……公（指李月桂）三督鹾政，两参番屏，……阶进至一品。以康熙二十一年十二月日终于官，年五十有五……"①

顺便提一下：曹寅之妻李氏与李煦之间并无血缘关系，李煦之父李士祯本是山东都昌人，姓姜，出关归旗后过继给正白旗佐领李西泉，改姓李。李月桂才是李氏正宗，他是李西泉的侄子。因此，李煦与曹寅之妻李氏之间是名义上的堂兄妹关系（他们之间无血缘关系）。

---

① 转自《红楼梦学刊》2005 年第四辑第 45 页（《曹雪芹祖母李氏家世新考》一文）。

我们从李月桂的墓志铭可知，李月桂曾官至光禄大夫，曾任江西布政使司参政，曾三督鹾政，曾官至一品。如此高官之女，决不可能以16岁的妙龄去做当时任宫中仪正的曹寅之续弦。

据上述理由，笔者认为寅妻李氏，是曹寅的初婚妻子。

关于曹寅的"吊亡"诗

在曹寅的《楝亭诗别集（卷一）》中，有一首《吊亡》诗。有学者据此认定：曹寅的《吊亡》诗中所"吊"是他的结发妻子。曹寅的初婚妻子逝后，他又娶了李月桂之女——即李煦的堂妹李氏为妻，即李氏是曹寅的续弦妻子。对此笔者不敢苟同。我们来分析这首《吊亡》诗。

吊 亡
曹寅

枯桐凿琴凤凰老，鸳鸯冢上生秋草。
地下伤心人不知，绿萝紫竹愁天晓。
清霜九月浸罗衣，血泪洒作红冰飞。
兰椒桂酒为君荐，满地白云何处归。

有学者认为，此诗是曹寅用来悼亡前妻的。为什么一定是悼亡前妻呢？难道不可能是悼亡他婚前曾经倾慕、爱恋过的一位女子吗？

试解"吊亡"诗

枯桐凿琴凤凰老，鸳鸯冢上生秋草——常言道："没有梧桐树，招不了凤凰来。"这里的梧桐喻男子，凤凰喻女性，以此喻男婚女嫁。这句诗的上半句是说梧桐树已经干枯，并被凿制成琴，以此喻诗作者的婚姻已成定局，不可逆转。"枯桐凿琴"有"木已成舟"之意。那只原本渴望栖息在这棵梧桐树上的凤凰，已失去了驻足之处，便伤心地死去了。诗句中的"凤凰老"喻凤凰死；下半句是说：那位本来可以做诗人妻子的女孩却死去了。她的坟上已经长出了秋草。鸳鸯喻夫妻。

地下伤心人不知，绿萝紫竹愁天晓——此句中的"地下"是指墓中人。作者明言，埋在坟中的那个女孩何等悲伤，却不为人所知。她虽然挺拔秀美如紫竹，委婉卓约似绿萝，然而她有多么伤心，只有苍天知道。从这句诗透出：女孩与曹寅之间曾相互暗恋。她内心的痛苦悲伤，只有上天知晓。然而她心中的秘密与她的身体一起被埋入地下。

清霜九月浸罗衣，血泪洒作红冰飞——九月的寒霜浸袭着我（吊亡者）的罗衣。我（吊亡者）的泪水恰似红冰飞溅。这是刻骨铭心的怀念，是血泪横流的"吊亡"。由此可见，曹寅对这个女孩的爱恋有多么深！

兰椒桂酒为君荐，满地白云何处归——这最后一句是说，诗作者带着贡品（兰椒桂酒）去祭奠亡者，却不知死者的亡灵归向何处。作者看见白云飘移，由此想到死者的亡灵一定像白云那样游移不定，不知归向何处。上半句的"君"是诗作者对亡者的尊称。

试将"吊亡"诗改写成散文诗

枯桐业已凿制成琴，从而失去生机；那只痴情的雏凤，只能忧郁地死去。

你我原本应该结为夫妻；如今你的坟上，却已秋草蔓蔓。

无人知道你曾经多么伤心；地下的你，只把悲伤深埋心底。

你似绿萝般青翠委婉，紫竹般挺拔秀丽；你的痛苦绝望，唯有苍天知悉。

九月的清霜，洒满大地；无情地浸袭着我的罗衣。

我奔涌的血泪，凝成了红冰；无奈地抛洒在寒风里。

我携来兰椒桂酒；深怀诚敬，祭奠于你。

不知你的魂魄归向何处；只见满地白云飘动游移。

如若笔者对这首"吊亡"诗的理解不错的话，显然曹寅"吊亡"的并不是他的妻子，而是他婚前曾经深恋过的一位女孩。他们之间来往虽然不多，却彼此倾慕，情深意笃。古代富家的女孩儿满7岁后，便不再与外人相见，最大的可能，曹寅深恋着的女孩应该是亲戚家的。在两家的来往中彼此默默相爱。——对此，曹寅的父母或者浑然不知，或者认为曹寅与那个女孩成婚不利于他将来的发展，便到他十八、九岁时，为他强行订婚、娶妻。曹寅不能与自己的恋人结合，是父母包办婚姻造成的悲剧。

曹寅自幼做康熙的伴读，12岁被任命为康熙帝的御前佩笔侍从，13岁又做御前侍卫，官至五品，19岁擢仪正。正是这年，由曹寅父母做主，为他娶李月桂之女为妻。这一年是康熙十五年。自20岁到26岁，他曾兼任过正白旗包衣第五参领第三旗鼓佐领。由他的任职经历可以看出，曹寅婚后，仍在北京当差，大约由于曹寅念念不忘那个为他殉情的女孩，婚后既不肯回南京，也不将李月桂的女儿李氏带来北京。因此，28岁之前，其妻李氏未曾生育过子女。

曹寅之父曹玺于康熙二十三年病逝，为办丧事，并继任父职，曹寅回到南京。或许因为他深恋着的女孩逝去已久，这段感情渐已释却；或许经过接触、沟通，发现父母为他娶的李氏不愧为名门闺秀，知书达礼，善解人意，不久彼此之间建立了感情。四年以后，曹寅的长女出生了。这是自曹寅于四十五年十月进京送嫁长女予镶红旗王子纳尔苏这一史实推算出来的。此女出嫁时，年龄约18岁，倒推回去，她应该出生于康熙二十七年。

康熙四十八年春，曹寅送嫁次女于某王子，同时携其子连生进京当差。由此可推及曹寅次女约生于康熙三十年，出嫁时年约18岁。曹寅之长子连生，笔者已考论出生于康熙三十三年，[①] 取名"连生"，意即希望在他之后其母连着生男孩（果然三年后即康熙三十六年又生一子，名珍儿）。连生进京当差时虚龄16岁，周岁15岁。曹寅之次子叫珍儿，约生于康熙三十六年，14岁夭亡。

过去夫妇生育子女，一般自然生育，大约三年一个。如此算来，曹寅夫妇一生得两儿两女。长女约生于康熙二十七年；次女约生于康熙三十年；长子生于康熙三十三年；次子约生于康熙三十六年，夭折于康熙五十年，不满14岁。——曹寅曾为此写诗《辛卯三月二十六日闻珍儿殇，书此忍恸兼示四侄寄西轩诸友三首》。"辛卯"为康熙五十年。此诗云：

① 详见《红楼解梦》第五集，笔者所撰《〈红楼梦〉中隐写着曹雪芹生父曹頫的生年》一文。

老不禁愁病，尤难断爱根。

极言生有数，谁谓死无恩。

拭泪知吾过，开缄觅字昏。

零丁摧亚子，孤弱例寒门。①

诗中的"亚子"即指曹寅的第二个儿子珍儿。

此曹頫不是彼曹頫

从这个标题可以看出，曹家有过两个曹頫。为了说明这种情况，请看如下史料：

史料一

康熙四十八年二月《江宁织造曹寅奏为婿移居并报米价折》中，有如下几句话：

臣有一子今年即令上京当差，送女同往，则臣男女之事毕矣。兴言及此，皆蒙主恩浩荡所至，不胜感仰涕零。②

中国古代认为男子长到 15 岁时便已成人，可以娶妻、当差或服役，亦可封爵。由"史料一"推算：康熙四十八年二月寅子大约已到了 15 岁。由此向前推 15 年，当是康熙三十三年，即"连生"生于康熙三十三年。

史料二

康熙五十年四月一日内务府总管赫奕等奏折云：

奉旨：著将取中之旗笔帖式、候缺之吏员、监生、俊秀、官学生等二十九人具奏，拣放膳茶、鹰犬各处之缺。……各缮绿头牌，由内

---

① 见《楝亭集笺注》第 509 页。北京图书馆出版社 2007 年版。

② 《关于江宁织造曹家档案史料》第 63 页。

务府总管赫奕、保住具奏，带领引见。

……

又具奏：原任物林达曹荃之子桑额、郎中曹寅之子连生，曾奉旨：著具奏引见。钦此。现将桑额、连生之名，各缮绿头牌，由内务府总管赫奕、保住具奏，带领引见。

奉旨：曹荃之子桑额，录取在宁寿宫茶房。钦此。①

由"史料二"得知：

1.曹寅之子名叫连生，于康熙四十八年进京当差，或送去读书（做太学生）。

2.与他同时被引见的还有其堂兄桑额。此二人于康熙五十年四月初一日被康熙接见。这年两人年龄约为十七八岁。

3.康熙接见桑额、连生后，只将桑额录取在宁寿宫茶房，连生如何安排却无下文。奇怪的是一年后，即康熙五十年，连生在北京喜得一子。张云章《闻荔轩银台得孙却寄兼送入都》诗中的"天上惊传降石麟"句，正是说的此事。然而，曹頫（连生）的这段经历却从史料中完全抹去。——被抹去的，即康熙将十六皇女马氏赐婚给曹頫的这段历史。此问题在本书《再析张云章〈闻荔轩银台得孙却寄兼送入都〉一诗——张诗遭禁只因其中透露出曹雪芹的母亲是康熙的公主》文中已论证得很清楚，这里便不再赘述。

史料三

康熙五十一年九月初四日《曹寅之子连生奏曹寅故后情形折》中写道：

曹寅子奴才连生谨奏：为感沐皇仁，矜全身命，恭谢天恩事。

窃奴才祖孙父子，世受国恩，涓埃未报，奴才故父一生叨沐圣主浩荡洪恩，出管江宁织造二十余年，复四差盐务，遭逢异数，叠加无已。方图矢诚报效，上答高厚，不意寿命不延，遽辞圣世。奴才年当弱冠，正犬马效力之秋，又蒙皇恩怜念先臣止生奴才一人，

---

① 《关于江宁织造曹家档案史料》第84页。

俾携任所教养，岂意父子聚首之余，即有死生永别之惨，乃得送终视殓者，皆出圣主之赐也。……①

由此奏折得知，康熙五十一年，寅子连生"年当弱冠"。

何谓弱冠？《辞海》中对"弱冠"是这样解释的：

弱冠：《礼记·曲礼上》："二十曰弱冠。"弱，年少。古代男子二十岁行冠礼，故用以指男子二十岁左右的年龄。《后汉书·胡广传》："终，贾扬声，亦在弱冠。"终年十八请缨。贾宜年十八为博士，皆未满二十岁。左思《咏史》诗："弱冠弄柔翰，卓荦观群书。"

由上述两种对"弱冠"的解释可知，古代男子年在十八至二十岁之间，均可称为"年当弱冠"。由此可见连生于康熙五十一年写奏折时，虚龄十八九岁。

史料四

在《江宁织造曹顒奏谢继承父职折》中写道：

江宁织造·主事奴才曹顒谨奏：恭请万岁圣安。

窃奴才包衣下贱，年幼无知，荷蒙万岁旷典殊恩，特命管理江宁织造，继承父职。又蒙天恩加授主事职衔。复奉特旨改换奴才曹顒学名，隆恩异数，叠加无已，亘古未有。……②

由曹寅之子的奏折可知：曹雪芹之父本名"连生"，寅病逝后，由康熙为其改名"曹顒"。

史料五

在康熙二十九年四月初四日《总管内务府为曹顺等人捐纳监生事咨户部文》中写道：

曹顒，两岁。……

---

① 《关于江宁织造曹家档案史料》第129页，

② 同上，第111页。

由此得知：曹家于康熙二十九年四月，为曹寅之弟曹宣（曹荃）之子曹顺、曹頫捐过监生。曹顺、曹頫两人分别为曹宣（曹荃）之长子和次子。既然"咨文"中写明曹頫当时两岁（虚龄），可知他生于康熙二十八年无疑。

有学者认为："咨文"中的曹頫便是曹寅之子，显然理解有误。因为"咨文"中的曹頫生于康熙二十八年，到康熙五十一年九月时，其虚龄已二十四岁，早已超过"弱冠"之年。由此可知：在"咨文"中提到的这个曹頫，显然不是那个在康熙五十一年九月在奏折中自称"年当弱冠"的——由"连生"改名为"曹頫"者。两个曹頫相差五岁。

综合以上史料，可得出如下结论：

1.曹寅之子本名连生，生于康熙三十三年（详见本论丛第五集《〈红楼梦〉中隐写着曹雪芹之父曹頫的生年》一文）。他虚龄16岁（康熙四十八年）时，随父进京当差，五十一年九月虚龄19时自称"年当弱冠"。曹寅逝后，康熙皇帝将"连生"之名改为"曹頫"。此曹頫与"咨文"中所提的"曹頫"不同——咨文中的曹頫为曹宣（曹荃）之次子，后夭亡。因而在曹宣（曹荃）的子嗣中便将"曹頫"删去，只剩下四人：顺、桑格、頎和頫。

2.通过前面的论证，我们不仅知道了曹寅两双子女排行的顺序，而且还可以理顺寅弟曹宣（荃）数子的年龄及他们的排行。即：顺：约生于康熙二十五年；頫（后夭亡）生于康熙二十八年；桑格约生于康熙三十三年（与连生的年龄相仿）；（頎）约生于康熙三十五年；頫（出继）约生于康熙三十八年。

3.曹宣（荃）之子曹頫于康熙五十四年入嗣于曹寅名下，接任江宁织造之职时虚龄仅十七岁，周岁只有十五岁多，正缘于此，他在奏折中才自称"黄口稚儿"。"黄口"指雏鸟。陈陶《空城雀》："近村红粟香压枝，嗷嗷黄口诉朝饥。""黄口"亦指儿童。《淮南子·汜论训》："古之伐国，不杀黄口。"由此可知，曹頫此时尚未成年。

小结

本文通过对曹寅妻子李氏及曹頫（连生）生年的论证，我们不仅知道了曹寅于康熙十五年，虚龄 19 岁时娶了李月桂 16 岁的女儿李氏为妻；知道了其子连生，在曹寅死后由康熙改名为曹頫；知道了曹頫是曹寅的长子。他生于康熙三十三年。除此之外，我们对曹寅之弟曹宣（荃）的子嗣情况也做了梳理。笔者曾在《〈红楼梦〉中隐写着雪芹之父曹頫的生年——兼及曹雪芹家庭成员表》（《红楼解梦》第五集）中绘出一个"曹雪芹家庭成员表"，现在笔者可以在此基础上进一步扩大而绘出"曹氏家族世系表"。

曹雪芹家族世系表

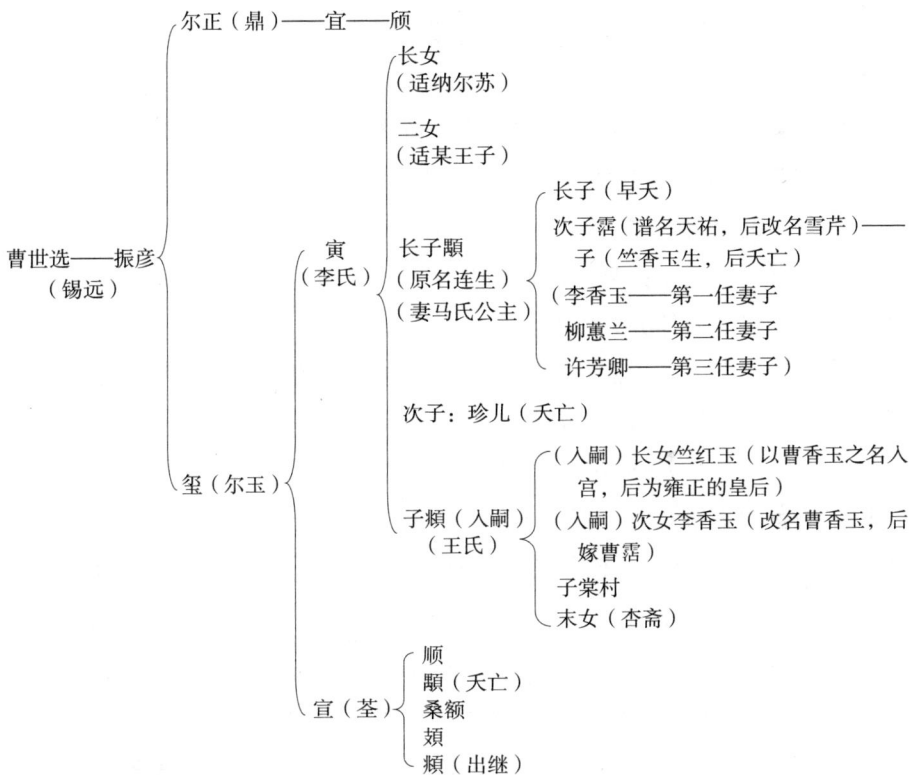

尔正（鼎）——宜——颀

曹世选——振彦
（锡远）

寅
（李氏）
　长女
　（适纳尔苏）
　二女
　（适某王子）
　长子頫
　（原名连生）
　（妻马氏公主）
　　长子（早夭）
　　次子霑（谱名天祐，后改名雪芹）——子（竺香玉生，后夭亡）
　　（李香玉——第一任妻子
　　柳蕙兰——第二任妻子
　　许芳卿——第三任妻子）

玺（尔玉）
　次子：珍儿（夭亡）
　子頫（入嗣）
　（王氏）
　　（入嗣）长女竺红玉（以曹香玉之名入宫，后为雍正的皇后）
　　（入嗣）次女李香玉（改名曹香玉，后嫁曹霑）
　　子棠村
　　末女（杏斋）

宣（荃）
　顺
　頔（夭亡）
　桑额
　颀
　頫（出继）

现对此表中的主要内容，作个简略说明：

1. 曹雪芹的始祖（五世祖）为曹世选（锡远），高祖为曹振彦，曾祖为曹玺，祖父为曹寅，父亲为曹頫（原名连生）。

2. 在曹寅的几个子女中，长女适纳尔苏，次女适某王子，曹雪芹之父曹頫为独子，他原名"连生"，后康熙赐他"頫"之名。在他死后，康熙命曹宣（曹雪芹的叔祖）之第四子曹頫入嗣曹寅之妻李氏，以能赡养曹顒遗留下的两代遗孀（曹寅之妻李氏，曹顒之妻马氏公主），当时曹頫年龄，按周岁只有十五岁多。

3. 曹頫生过两个儿子，长子早夭，次子谱名天祐，学名曹霑。后来自己改名为雪芹。雪芹系頫之遗腹子。曹頫于康熙五十四年初病逝，雪芹生于当年五月初三日。雪芹因有一兄长早夭，故排行为二，在小说中他的"主要分身"贾宝玉，为"二爷"，其他"分身"也都被称作"二爷"。

4. 李香玉（李氏）为李煦的孙女，曹雪芹祖母的侄孙女，在李煦家被抄没后，来到曹家，在雪芹祖母的授意下，由曹頫夫妇认作女儿，改名曹香玉。后被亲名达部，以备参加入选秀女或才女。因不愿入宫，由竺红玉代她考取才女，入宫做公主、郡主的侍读。之后，李香玉嫁与了雪芹。

5. 柳蕙兰：原为雪芹的伴读丫鬟，后做雪芹侍妾。

竺香玉之死因，主要因芹妻李氏醋妒所致。李氏耍手腕，诱竺红玉为雪芹生下一子，李氏却以此作为要挟手段，逼得红玉自缢。雪芹了解事件原委后，将李氏休弃，同时将蕙兰扶正。

许芳卿：乾隆二十四年春蕙兰病逝，第二年春，雪芹娶江南才女许芳卿为妻。敦诚《挽曹雪芹》诗中的"新妇"即指她。

6. 竺红玉：小名红玉。六岁时被曹家买来学戏，后与蕙兰一起做雪芹伴读丫头。曹家被抄后，随曹家进京。十五岁时曹頫与王氏认她做女儿，以曹家小姐的身份代李香玉进宫，先做了公主、郡主的伴读，后被雍正纳为皇贵妃、生子弘曕的第二天被册封为皇后。雍正驾崩后，竺香玉出家为尼，带发修行。雍正十六年，因受李香玉蛊惑，为雪芹生得一子，被逼而悬梁自尽。

霍国玲

2014 年 5 月定稿

曹雪芹的母亲马氏是康熙的公主^①

曹雪芹在《石头记》中不仅隐写了自己父亲的生年（见《红楼解梦》第五集《〈红楼梦〉中隐写着雪芹之父曹頫的生年》一文），还将自己母亲的情况隐入书中——她原来是康熙的公主。

一、李纨隐写着雪芹的母亲马氏

（一）"宝玉"来自"大荒山"的寓意

《红楼梦》一开篇，便讲了一个神话故事：

> 原来女娲氏炼石补天之时，于大荒山无稽崖炼成高径十二丈、方径二十四丈顽石三万六千五百零一块。娲皇氏只用了三万六千五百块，只单单的剩了一块未用，便弃在此山青埂峰下。谁知此石自经锻炼之后，灵性已通，因见众石俱得补天，独自己无材，不堪入选，遂自怨自叹，日夜悲啼惭愧。

后来，来了一僧一道。"那僧便念咒书符，大展幻术，将一块大石登时变成一块鲜明莹洁的美玉，且又缩成扇坠大小的可佩可拿。"便将它携到"那隆盛昌明之邦，诗礼簪缨之族，花柳繁华之地，温柔富贵之乡，去安身乐业"。这便是后来的那块"通灵宝玉"。

此"通灵宝玉"有多种隐喻，其一便是隐喻着贾宝玉，而贾宝玉是

---

① 本文原载于《红楼解梦》第四集，在作了些许修改后，收入本书。

曹雪芹的主要分身。(见《红楼解梦》第一集《〈红楼梦〉里的分身法》和第四集《〈红楼梦〉里的合身法》两文)"通灵宝玉"来自"大荒山无稽崖",亦即贾宝玉来自"大荒山无稽崖"。而"大荒山无稽崖"则隐喻着长白山。对此问题,吉林省红学会副会长陈景河先生曾作过考证。因在《红楼解梦》第五集《一首暗喻曹家命运的诗歌——〈好了歌解注〉》一文中,将对此作较详细的介绍,这里只将其考证,扼要记述如下:

> 《山海经·大荒北经》称:"大荒之中有山,名曰不成。"被称为大荒山之中的不成山,就是长白山。……
>
> ……
>
> "无稽崖"则谐音寓意为"勿吉哀"。勿吉为东北古代一少数民族。兴盛于北魏,其领地南界长白山,为满族先世祖族。①

由此可知:"大荒山无稽崖"隐喻的是长白山,以及自古便居住在那里的满族。

贾宝玉既来自"大荒山无稽崖",所隐喻的当是贾宝玉的原型——曹雪芹——的先祖来自长白山,而这里正是满族的发祥地。——这其中所包含的寓意应是:曹雪芹身上带有满族血统。

红学家们对曹雪芹的父系已作大量考证(《红楼解梦》第六集《论曹雪芹的祖籍》一文将提出笔者看法),其父系祖先系汉族无疑。与此相反,对曹雪芹的母系先祖,几乎是一无所知。《石头记》中,既然隐写着曹雪芹具有满族血统,由此可推断:其生母应该是来自长白山的满人后裔。

(二)李纨身上隐写着雪芹的母亲马氏

第五回,关于李纨的判词为:

> 桃李春风结子完,到头谁似一盆兰。

---

① 陈景河《〈红楼梦〉与长白山·"大荒山"考略》第2—4页,吉林省旅游局国际市场开发处1991年印发。

　　如冰水好空相妒，枉与他人作笑谈。

在"作笑谈"之后，甲戌本有批曰：

　　真心实语。

意即这首判词隐写着真人真事。从判词来看，此人有如下特点：

1. 此人是寡妇，如春天的桃李之花，刚一孕育果实便结束了"桃李春风"的婚姻生活。

2. 她的儿子出类拔萃，有如高洁的兰花清香四溢。

3. 她的品德情操似冰水一样洁净美好。

4. 她的品德受到人们的嫉羡。

在《红楼梦》所隐写的历史中，符合上述情况的，只有雪芹（即天祐）的母亲马氏。因在第四回还写道：李纨"即贾珠之妻"。按照曹雪芹"合身法"等写作秘法，当贾政隐写着曹寅时，贾珠隐写着曹顒；其妻李纨则隐写着曹顒之妻马氏，其子贾兰便隐写着雪芹（即天祐）。

关于马氏，在曹頫于康熙五十四年三月七日的奏折中是这样写的：

　　……奴才之嫂马氏，因现怀妊孕已及七月，恐长途劳顿，未得北上奔丧，将来尚幸而生男，则奴才之兄嗣有在矣。……①

从此奏折可知：

1. 曹頫之"兄"系曹顒，之"嫂"即马氏。

2. 当时（康熙五十四年三月七日）马氏已怀孕七月。

从后来的情况看，马氏所生为子，学名"霑"，谱名"天祐"，亦即雪芹。对此问题已有红学家如王利器等论述，《红楼解梦》第一集《曹雪芹生辰考》等文亦作阐明。

按上述分析，李纨所隐写之人当是雪芹之生母马氏。

---

① 见《关于江宁织造曹家档案史料》第 129 页，中华书局 1975 年版。

二、李纨原型的身份是公主

（一）关于李纨原型的身份

第四回有这样一段叙述李纨的文字：

> 原来这李氏即贾珠之妻。珠虽夭亡，幸存一子，取名贾兰，今方五岁，已入学攻书。这李氏亦系金陵名宦之女，父名李守中，曾为国子监祭酒，族中男女无有不诵诗读书。至守中承继以来，便说"女子无才便有德"，故生了李氏，便不十分令其读书，只不过将些《女四书》、《烈女传》、《贤媛集》等三四种书，使他认得几个字，记得前朝几个贤女事迹便罢了，却只以纺绩井臼为要，取名李纨，字宫裁。因此这李纨虽青春丧偶，且居处于膏粱锦绣之中，竟如槁木死灰一般，一概无闻无见，惟知侍亲养子，外则陪侍小姑等针黹诵读而已。

对这段文字，现分析如下：

1.在"李氏即贾珠之妻"处，甲戌本有侧批曰：

> 起笔写薛家事，他偏写宫裁，是结黛玉，明李纨本末，又在人意料之外。

这段脂批点明：这是"明李纨本末"的文字，因"在人意料之外"，应格外重视。

2.在"父名李守中"处，甲戌本有侧批曰：

> 妙！盖云人能以理自守，安得为情所陷哉！

该批之意为：其父，人如其名，即"能以理自守"，并不完全被感情所左右。脂批既强调"妙",是因其名代表了其人,启发读者思考其名:所谓李守中谐"里守中"。按"以家喻国"意,应指:在国家里,他是自守中央之人。此非皇帝莫属。

——顺便说明的是:《石头记》一书中,人名均含有深意。与"守中"谐音的词是"守忠"——这恰恰是一个太监的名字。在第十六回正在庆祝贾政生辰时,书中写道:

> 忽有门吏忙忙进来,至席前报说:"有六宫都太监夏老爷来降旨。"唬的贾赦、贾政等一干人不知是何消息,忙止了戏文,撤去酒席,摆了香案,启中门跪接。早见六宫都太监夏守忠乘马而至,前后左右又有许多内监跟从。

太监在老百姓面前,被称作"夏老爷"——吓人的老爷。名字叫做"守忠"——(对皇帝)坚守忠诚之人。此名可与"李守中"之名对照来看,便可理解曹雪芹对于书中人名何等煞费苦心。

3. 其父官为"国子监祭酒":

国子监,也称国子学或太学,是掌管国学政令的机关,也是监督学生读书的场所。祭酒,古代宴享酹酒祭神时,推举年高望重之人首先举酒以祭,称作"祭酒"。明清时置绳愆、博士、典簿、典籍等厅及堂,分掌国子监监务,"祭酒"遂成职官名,为国子监主官。按《石头记》"以家喻国"的写作方法,若将国子监喻为一国,"祭酒"则为"皇帝"。

4. 在"族中男女无有不诵诗读书者"处,甲戌本有侧批曰:

> 未出李纨,先伏下李纹、李绮。

此批意即:"族中男女无有不诵诗读书者"这种情况是为小说人物李纹、李绮埋下的伏笔,并暗透李纨原型的侄儿、侄女均受到良好的教育。此处在写史。

5. 在"女子无才便有德"处,甲戌本有侧批曰:

"有"字改得好。

蒙府本亦有侧批曰：

确论。

此二批意即："女子无才便有德"确是"李守中"（实指所隐写之皇帝）的主张，并透出李纨原型有德。

6.在"取名李纨，字宫裁"处，甲戌本有侧批曰：

一洗小说窠臼俱尽，且命名字，亦不见红香翠玉恶俗。

关于"李纨"名字的含义，已在"桃李春风结子完"判词中体现，其字"宫裁"何意呢？

首先我们应了解：《石头记》中的人名都不是随意起的，都有其深刻寓意。对于这点第七十九回回后批云：

从起名上设色，别有可玩。

清代红学家周春也有过论述。他说：

看《红楼梦》有不可缺者二，就二者之中，通官话京腔易，谙文献典故尤难。十二钗册、十三灯谜、中秋即景联句，及一切从姓氏上着想处，全不理会，非但辜负作者之苦心，且何以异于市井之看小说者乎？①

还说：

_____

① 周春《阅红楼梦随笔》，中华书局 1985 年 10 月版。

盖此书每于姓氏上着意，作者又长于隐语瘦词，各处变换，极其巧妙，不可不知。①

现在我们再深究名李纨字宫裁之意。纨，是一种贵重丝织品。字宫裁，宫，皇帝家族所居之地也。名、字合解，即此"贵重丝织品"剪裁自"宫"中，岂不是说"李纨"来自"宫"中吗？

7. 在"竟如槁木死灰一般"处，甲戌本有侧批曰：

此时处此境，最能越理生事，彼竟不然，实罕见者。

蒙府本的侧批为：

反有此等文章。

综合此二批，可知李纨的原型"虽青春丧偶"，又出身高贵，却从不"越理生事"，而严守妇道。

8. 在"一概无闻无见，惟知侍亲养子，外则陪侍小姑等针黹诵读而已"处，甲戌本的侧批为：

一段叙出李纨，不犯熙凤。

蒙府本的侧批为：

此中不得不有如此人。天地覆载，何物不有？而才子手中，亦何物不有！

这条批语说明：正文中的那句话是依据小说的需要写的，并非真有其事。

---

① 周春《阅红楼梦随笔》，中华书局 1985 年 10 月版。

根据上述分析，李纨背后所隐写之人的情况应是：

1. 她是寡妇，生有一子。从前面的分析我们已知：她所隐写的是雪芹的母亲马氏，其夫为曹颙。

2. 她的父亲是皇帝，应与曹颙之父曹寅同代，故应是康熙皇帝，即她的身份是公主。

3. 她认得一些字，但看书并不多，不谙诗词曲赋等。

4. 她为人平和，从不以自己出身高贵而骄横拔扈。她严守妇道，惟知侍亲养子。

（二）李纨原型享有公主的年银

从前文可知，李纨身上隐写着雪芹的母亲马氏。她是康熙的公主。她的这种身份在第四十五回亦有隐写。凤姐有这样一段话：

> "……老太太、太太罢了，原是老封君，你一个月十两银子的月银，比我们多两倍银子。老太太、太太还是说你寡妇失业的，可怜，不够用，因有个小子，又添了十两，和老太太、太太平等。又给你园子地，各人取租钱。年终分年例，又是上上份儿。你娘儿们，主子奴才共总没十个人，吃的穿的仍旧是官中的，一年通共算起来，也有四五百两银子。……"

第四十三回，庚辰本有夹批曰："……所以一部书，全是老婆舌头，全是讽刺世事，反面《春秋》也。……"凤姐这段"老婆舌头"的反面也隐写着《春秋》。首先，看李纨的月银，一月是二十两，一年二百四十两。其次，她和她的奴才"吃的穿的仍旧是官中的"。即她这二百四十两年银完全属她自己。

查寻当时的清史资料，公主的年例为：

> 银二百四十两　按月支给。①

---

① 清·鄂尔泰、张廷玉等编纂《国朝宫史》第 397 页，北京古籍出版社 1994 年版。

"李纨"的年银与此完全相合，而且也是按月支给的。这显然是作者的有意隐写。

（三）李纨原型得赐庄园

前面的引文中，还写道："又给你园子地，各人取租钱。"

《石头记》中，如：邢夫人、王夫人等，按在贾家的地位来说，远远高于李纨，却都没有像李纨那样的"园子地"。李纨不过是王夫人的儿媳妇，而且不像凤姐那样管家，为什么其他任何人都没有的"园子地"，唯独李纨才有呢？这是由于李纨隐写着康熙的公主马氏的缘故。赐给"园子地"，即"庄园"（史书上的称谓），或"旗地"（民间的称谓），是清皇族的特殊待遇。

清太宗皇太极时，曾制定了一整套"宫闱之制"：凡中宫皇后所生的女儿封为"固伦公主"，品级相当于亲王；妃、嫔所出之女则封为"和硕公主"，品级相当于郡王。

皇子、皇女封爵后，除年例和得赐宅邸外，还能得赐大片土地和庄园。庄园，满语称作"拖克索"，是一种在建州女真奴隶制时期就已存在的农业组织形式。在庄园劳动的农奴，须每年向农奴主交纳贡赋。曹雪芹的母亲马氏若是康熙的公主，必然能得到赐地，也就是《石头记》中提到的"园子地"。亦即：每年她能够从赐地中得到相当多的贡赋。

《石头记》中继续写到："……一年通共算起来，也有四五百两银子。……"这隐写着马氏公主每年能有四五百两银子的收入，若减去她二百四十两年例，其余的便应是租赋所得。从这些租赋可知，马氏公主的"园子地"在 12—20 顷之间。（参见本书第 75—76 页）。

那么，马氏公主的"园子地"在什么地方呢？

在河北省玉田县人民检察院工作的江玉儒先生，在写给我们的信中，谈到玉田县与《石头记》有关的几点情况：

1. 玉田县有清皇族的庄园

江玉儒先生至今还保存着江氏家谱。该家谱自顺治庚子（1660 年）至光绪庚子（1900 年）共修订过五次。其中第二次修订于乾隆十九年

（甲戌，1754 年）。在这次修订家谱的《序言》中写道：

> 玉邑地近王畿，膏腴尽属旗产。（见下页图）

这句话的意思是：玉田县离京城很近，肥沃的土地均属八旗所有。亦即玉田县有清皇族的庄园。

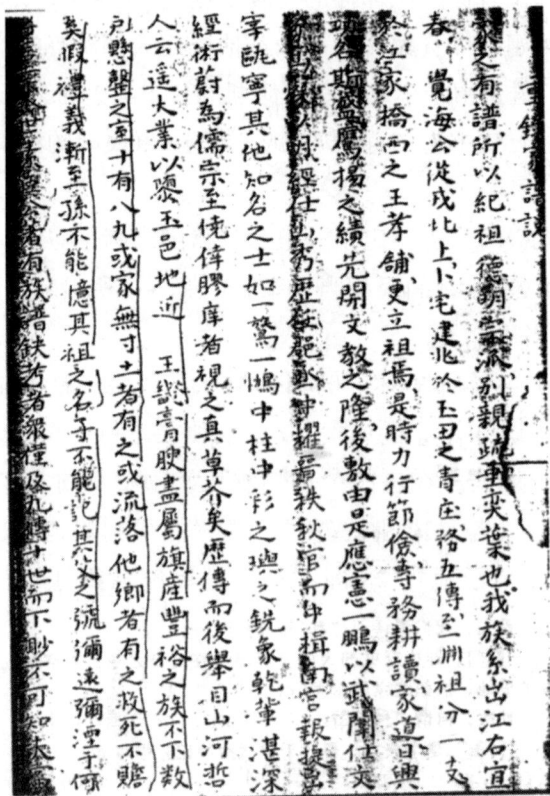

2.《石头记》中的"种玉"之地在玉田

《石头记》第三十七回，史湘云在《咏白海棠》诗中写道：

> 神仙昨日降都门，
> 种得蓝田玉一盆。

首先，我们看诗中"都门"何意？

"都门"即指京城的大门。玉田县在北京之东，离京城一百多里地，恰似北京的东大门。

其次，何谓"种玉"？

"种玉"是个典故。晋代干宝《搜神记》中写道：

（雍阳人杨伯雍）父母亡，葬无终山，遂家焉。山高八十里，上无水，公汲水，作义浆于坂头，行者皆饮之。三年，有一人就饮，以一斗石子与之，使至高平好地有石处种之，云："玉当生其中。"杨公未娶，又语云："汝后当得好妇。"语毕不见。乃种其石。数岁，时时往视，见玉子生石上，人莫知也。有徐氏者，右北平著姓，女甚有行，时人求，多不许，公乃试求徐氏，徐氏笑以为狂，因戏云："得白璧一双来，当听为婚。"公至所种玉田中，得白璧五双以聘。徐氏大惊，遂以女妻公。

这个故事的大意是：有个少年名叫阳伯雍，从很远的地方取水，做义浆，以舍路人。这样做了三年。后来，有个人饮水后，给了他一斗石子，告诉他：将石子种在高平好地上，便能得到美玉。阳伯雍依此言而行，果然石上生出玉来。后来他还以此玉娶得妻室。

据清光绪十年《玉田县志》记载：当时玉田有八景，其一为"麻峰种玉"。（其余七景为："燕山叠翠"、"层崖石鼓"、"龙穴甘泉"、"灵洞清风"、"暖浦飞沙"、"唐水涌蓝"、"无终丹灶"。）现在此地仍立有"古人种玉处"石碑一座，并把此山麓之地称作"玉田"。

3. 我们看"蓝田"指何处？

由于陕西省蓝田县，山中自古产美玉，称作蓝田玉。因而人们都认为诗中的"蓝田"即指陕西的蓝田。这实际是一种误解。因该诗"种得蓝田玉一盆"，强调的是"种"，陕西的蓝田玉并非种出来的，而是开采出来的，所以此"蓝田玉"，与诗中的"蓝田玉"，完全是两回事。诗中的"蓝田"指的是河北省玉田县。在江玉儒保存的《江氏家谱·序言》中写道：

河北省玉田县"古人种玉处"石碑

此碑建于明万历二十八年（1600年）。清雍正五年被供，清乾隆三年重立。文革时期被砸
毁，1989年将碑粘接、补对、修复如初。（照片系由朱明摄，江玉儒提供）

江氏蓝田望族也，永乐初始氏觉海公从戍北上卜籍于玉邑之兴
卫屯。

文中"蓝田"即指"玉田"。只有把"蓝田"理解成"玉田"，才能
使"都门"、"种玉"、"蓝田"三词合为一体，也才能将前面两句诗解释
得通。

"神仙昨日降都门"两句诗，说明曹雪芹对玉田县十分了解，或许他
曾到过那里，甚至不能排除该县的"旗地"系属其母马氏公主的可能性。

曹雪芹可能到过玉田的根据何在呢？

《石头记》第二十四回，贾琏对贾芸说：

"……明儿一个五更，还要到兴邑去走一淌，须得当日赶回来才好。……"

前面"江氏家谱"中的"玉邑"，即"玉田"。上文中的"兴邑"，当指"玉邑之兴卫屯"。"须得当日赶回来才好"，恰说明"兴邑"距北京不远，一日便可赶个来回。因而，当把贾琏"贾二爷"视为曹雪芹"曹二爷"的分身时，若贾琏到过玉田，那么，曹雪芹便也应到过玉田。而且第五十三回黑山村乌庄头乌进孝的"贡单"中，特别写到"玉田胭脂米二石"。这种米，是玉田的特产。其所煮之粥，呈粉红色，味美含香。此米，解放初期仍有人种植，现已销声匿迹。在"贡单"中写有"玉田胭脂米"，正说明曹雪芹对此十分熟悉。

（四）从其他人物身上看马氏的公主身份

曹雪芹对于自己母亲系公主身份的隐写不仅仅通过李纨，而且还通过了其他不同的人物。举例来说，在书中宝玉被称作凤凰。第四十三回写宝玉出城祭奠金钏，回家后看到玉钏正垂泪，书中接着写道：

> （玉钏）一见他来，便收泪说道："凤凰来了，快进去罢。再一会子不回来，都反了。"

然而，第四十五回赖嬷嬷谈到她的孙子赖尚荣时，也是把他比作"凤凰"。这样，作者便通过"凤凰"把赖尚荣与宝玉勾挂起来。由于宝玉是雪芹的分身，赖尚荣的母亲所隐写的便应是雪芹的母亲。在这一回，赖嬷嬷是这样讲的：

> 我说："……你（指赖尚荣）今年活了三十岁，虽然是人家的奴才，一落娘胎胞，主子的恩典，放你出来，上托着主子的福，下托着你老子娘，也是公子哥儿似的读书认字，也是丫头、老婆、奶子捧凤凰似的，长了这么大。你那里知道那"奴才"两字是怎么写的！只知道享福，也不知你爷爷和你老子受的那苦恼，熬了三辈子，好

容易挣出你这么个东西来。……

从赖嬷嬷这段话，我们可知所隐写的是雪芹的祖辈、母亲和他自己的情况：

1.雪芹的祖辈：是世代为奴的"奴才"，"熬了三辈子"，才生出雪芹这个脱离了奴籍的后代。从雪芹上数三代人为曹玺（其妻孙氏系康熙保母，被封为一品太夫人），曹寅和曹颙。

2.雪芹终于被"放"了出来，即不再是"奴才"。雪芹成为自由民，原因不在父系祖先，而在于"老子娘"的身份。因曹家是皇族的奴隶，"上托着主子的洪福"之"主子"指康熙。康熙既然将曹寅的一个女儿指配给平郡王纳尔苏为福晋，将另一女儿亦指婚给一位王子，他当然不会不管曹寅独子的婚事，若将自己的一位公主，下嫁曹寅的独生子曹颙，也是可能的。

3.雪芹"一落娘胎胞"，便脱离了奴籍，而像"捧凤凰似的"被捧着。常言道："龙生龙，凤生凤。"雪芹是"凤"，他的母亲当然也是"凤"。此"凤"当喻指从皇宫出来的公主。无怪乎第十四回北静王水溶说宝玉"真乃龙驹凤雏"，"将来'雏凤胜于老凤'"。因宝玉隐写着雪芹，生育雪芹者当然应是"龙驹凤雏"之母——公主。

从上述论证可知：李纨的原型，雪芹的母亲，曹颙的嫡妻——马氏原系康熙的公主。正是这个原因，使雪芹一出生便脱离了奴籍，不再像他的祖辈那样去做"包衣"了。

三、凤姐是雪芹母亲马氏的分身之一

（一）凤姐名字的隐义

前面已论及：《红楼梦》中的姓名均有深刻的含义。那么凤姐的名字有何隐义呢？

凤姐名王熙凤。王——意帝王；熙——取于康熙之"熙"；凤——喻来自皇家之女子。其名隐含之义即：帝王康熙之女儿。或曰：康熙皇帝的公主。凤姐之所以叫"王熙凤"，是因其背后，除隐写着黛玉原型竺香玉和史湘云原型李香玉外，还隐写着康熙皇帝的一位公主。《石头记》中，在同一个小说人物身上，隐写着数个历史人物，是曹雪芹的写作奇法、秘法之一——"合身法"。

（二）王熙凤大闹宁国府时的隐在身份是马氏

第六十八回写"酸凤姐大闹宁国府"。透过这打打闹闹的小说情节，如何看到其背后所隐写的历史呢？按脂砚斋的指引，应当认真查找其中的"谬误"处，其背后便定有真史隐匿。请看原文中的一段话：

> （凤姐）一面说，一面大哭，拉着尤氏，只要去见官。急的贾蓉跪在地下碰头，只求："姑娘婶婶息怒。"

"姑娘"和"婶婶"是两种概念。从小说看，凤姐是贾蓉的婶婶，"姑娘"则是"谬误"，我们便应在此处深究。

在《石头记》中，称"姑娘"者有下列情况：

1. 指尚未出嫁的女子，亦即富贵之家的小姐。如第三回的"林姑娘到了"，"贾母又说：'请姑娘们来。'"等；第六回中，凤姐说的"主子姑娘"等，也属此类情况。

2. 指父亲的姐妹，即姑姑、姑妈，姑母。如第九回："璜大奶奶是他（金荣）姑娘。"

3. 指"通房丫头"，如"平姑娘"。

4. 其他情况：年长的人可称年轻媳妇为姑娘。如第六回周瑞家的说："……都是凤姑娘周旋的。"有时也称尚未通房的丫头为姑娘，如第二十四回："好姑娘，你进去带个信儿。"

贾蓉称凤姐为"姑娘"属第二种情况，即"姑妈"、"姑母"之意。贾蓉称凤姐为"姑妈"，便隐写着历史。

《红楼解梦》第二集《宁国府实隐清皇宫》一文已对宁国府的真正所隐作了论证。在这种情况下，宁国府族长贾珍隐写的便是雍正皇帝，其妻尤氏隐写的便应该是孝敬宪皇后乌拉那拉氏，其子贾蓉则隐写着弘历。弘历的"姑妈"应是雍正的姐妹，即康熙的女儿。因而凤姐到宁国府去大闹，所隐写的应是康熙的公主，被嫁到曹家的马氏，到清皇宫与皇后乌拉那拉氏大闹。

（三）闹"宁国府"的特点及结局

凤姐闹宁国府所隐写的是马氏闹清皇宫后宫。闹的原因隐写在了王夫人身上，后面将论及。第六十八回仅写到闹宁国府的特点及结局。

关于凤姐闹宁国府的特点，第六十八回的"总评"是这样写的：

> 人谓：闹宁国府一节，极凶猛。……吾谓：闹宁国府情有可恕，……闹宁国府声声是泪。

"声声是泪"点出的史实是马氏闹清皇宫的特点。尽管这次大闹不合礼法，但"情有可恕"。

凤姐来宁国府一闹，尤氏、贾蓉一齐说："……少不得我娘儿们打点五百两银子与婶婶送过去。……"其中所隐写的当是清皇宫最终给了马氏五百两银子，是在马氏走后，直接送到她家的。——从结局亦可看出，马氏敢去闹是站住了理的。站住了什么理呢？下面将论及。

四、王夫人亦隐含雪芹之母亲马氏的分身

第三十三回《不肖种种大承笞挞》写的是宝玉挨打。在宝玉挨打时，其母王夫人是怎样的态度呢？这段小说隐写着何人何事呢？我们下面来作分析。

（一）王夫人隐含着雪芹的母亲马氏

在宝玉挨打后，文中写道：

> 王夫人抱着宝玉，只见他面白气弱，底下穿着一条绿纱小衣皆

是血渍，禁不住解汗巾看，由臀至胫，或青或紫，或整或破，竟无一点好处，不觉失声大哭起来："苦命的儿吓！"因哭出"苦命儿"来，忽又想起贾珠来，便叫着贾珠哭道："若有你活着，便死一百个我也不管了！"此时里面的人闻得王夫人出去，那李宫裁、王熙凤与迎春姐妹早已出来了。王夫人哭着贾珠的名字。……

此处蒙府本有侧批曰：

> 慈母如画。

这一段是写王夫人身为"慈母"的情景。该"慈母"有两个儿子，贾珠早夭，现只剩下了宝玉一人。这种情况与马氏完全相合：

1. 王夫人，意即帝王家出来的夫人，而马氏的娘家恰是帝王之家。

2. 王夫人系正室夫人，而马氏亦为曹颙之嫡妻。

3. 王夫人生有两个儿子，老大贾珠夭亡；马氏亦有两个儿子，长子已逝，只剩雪芹一人。

据上面所述，王夫人隐写着雪芹的母亲马氏。

（二）贾政打宝玉的寓意

雪芹的母亲马氏是寡母，没有了丈夫。在宝玉挨打时，马氏的分身王夫人却有丈夫，即毒打宝玉的贾政。在这种情况下，贾政隐喻着谁呢？

贾政是一家之长，按《红楼梦》"以家喻国"的写作秘法，他毒打宝玉时，喻"假政"权之头领——乾隆皇帝再一次抄了雪芹的家。第三十三回，贾政说："……不如趁今日益发勒死了，以绝将来之患！"并且，"说着，便要绳索来勒死。"隐写的是：这次抄家几乎置雪芹于死命。

（三）王夫人去"书房"的寓意

王夫人听到宝玉挨打的消息后，文中写道：

> 王夫人不敢先回贾母，只得忙穿衣出来，也不顾有人没人，忙

忙赶往书房中来，慌得众门客小厮等避之不及。

在"忙忙赶往书房中来"处，蒙府本有侧批曰：

> 为天下慈母一哭。

此批明确了王夫人的身份——"慈母"。谁的"慈母"呢？前面已论证，王夫人隐写着雪芹的母亲马氏。但"书房"隐指何处呢？因这里有两处"谬误"：

一处是："也不顾有人没人"。按小说，"书房"是在荣国府内，也就是在家中。既然在家中，王夫人身为女主人，为何还要顾忌"有人没人"？

另一处是："慌的众门客小厮等避之不及。"这句显然是在写史，而非小说。小厮是奴仆。就像凤姐手下也有几个小厮一样，哪有小厮见主母就避开之理？

按"以家喻国"的写作方法，若把荣国府视为皇宫，便一切迎刃而解了。皇宫分内廷和外廷。"王夫人"是在内廷，"书房"喻指外廷，内廷的皇眷与外廷的官员、奴仆都要彼此回避才行。因住内廷的"王夫人"，即使是主人身份，也不得到外廷来；同样，外廷的官员（门客）、奴仆也须回避内廷皇眷。

了解了上述"谬误"，我们再来看看前面所引原文的隐意：王夫人隐指马氏。在雪芹家被查抄后，马氏未与雪芹的祖母（隐写在贾母身上）商议，便换好衣服，到皇宫去了。

所谓"书房"隐喻的正是皇宫。

（四）王夫人哭诉的隐意

当王夫人看到贾政"要绳索来勒死"宝玉时，文中写道：

> 王夫人连忙抱住哭道："老爷虽然应当管教儿子，也要看夫妻分上。我如今已将五十岁的人，只有这个孽障，必定苦苦的以他为法，

我也不敢深劝。今日越发要他死，岂不是有意绝我。既要勒死他，快拿绳子来，先勒死我。再勒死他。我们娘儿们不敢含怨，到底在阴司里得个依靠。"

在此段后，蒙府本有侧批曰：

使人读之，声哽咽而泪雨下。

戚序本有夹批曰：

未丧母者来细玩，既丧母者来痛哭。

下面我们来分析王夫人的这段哭诉。

从前面的分析，我们已明确了三点：

1. 王夫人隐写着康熙的公主、雪芹的母亲马氏。

2. 宝玉挨打隐写的是雪芹家遭查抄。

3. 王夫人到"书房"哭诉，隐写的是马氏因查抄曹家时，侵害了她这公主的利益而到皇宫去哭诉。

在这基础上，我们来分析上引一段文字的隐寓：

1. 前面我们已作出的论证：

王夫人的哭诉隐写着马氏在曹家被查抄后，到皇宫去哭诉。但曹家被查抄两次，王夫人的哭诉隐写的是哪次呢？

王夫人说："我如今已将五十岁的人。"若王夫人隐写着马氏，马氏在哪次抄家时是"将五十岁的人"呢？

在本书《马氏公主的名字及生卒年月日》一文中，已论证出马氏生于康熙三十二年（1693年）。曹家第一次被抄是在雍正六年（1728年），是年马氏三十五岁。曹家第二次被抄是在乾隆十六年（1751年），是年马氏五十八岁。曹家两次被抄时，马氏两个年龄的平均数为四十六岁半，可以说是"将五十岁的人"。

由此看来，王夫人的这段哭诉，隐写着曹家的两次被抄。这种写书秘法，被批书人称作"一笔多用"，"一击两鸣"，"一事照应两事"。

值得注意的是：前面我们已论证，贾政打宝玉隐写着乾隆抄了雪芹的家。但随着小说情节的发展，背后所隐写的历史，也在随之变化，到王夫人哭诉时，所隐写的却包括了曹家的两次被抄——雍正抄一次，乾隆抄一次。

2. 脂砚斋加的两段批语，十分耐人寻味：

蒙府本侧批是："使人读之，声哽咽而泪雨下。"即是说不论谁读之，都会哽咽落泪。

然而戚序本夹批却写道："未丧母者来细玩，既丧母者来痛哭。"从字面看，"未丧母者"读后可以不哭，而应"细玩"。这是不合情理的。其实脂砚斋所要表达的意思应是："未丧母时，来细玩；既丧母时，来痛哭。"就是说：在曹家第一次被抄时，宝玉原型的母亲马氏还健在。她去皇宫争得了自己蒙受损失的部分补偿。对母亲的举动，雪芹十分欣赏，得以细玩。而第二次被抄家时，马氏已去世，雪芹已失去了母亲的保护，焉能不"痛哭"？

所以说单纯从正文看所隐写的是两次抄家，而脂砚斋通过自己的批语，一方面说明第二次抄家时马氏已不在世；另一方面，又把正文的内容定位在第一次抄家上。即马氏仅在第一次抄家后去了皇宫。读者在读这段文字时，应注意其背后所隐历史的变化规律。

（五）王夫人的哭诉与王熙凤大闹宁国府隐史为同一件事

只要将王夫人在"书房"的哭诉与王熙凤大闹宁国府两事结合来读，便会发现其背后所隐之史为同一件。不同的是：各隐写了不同的侧面，但结合起来后，便组成了一段完整的历史。

1. 人物：两事所内隐之人均是康熙的公主、雍正的妹妹、乾隆的姑妈、曹頫的嫡妻、雪芹的寡母——马氏。

2. 地点：两件所隐之事均发生在皇宫内。

3. 时间：从王夫人的哭诉看，隐写的是雍正六年春天，曹家被抄，举家回京之后。

4. 事件：因马氏是公主，每年专有二百四十两银子年例，所以有积蓄。曹家被抄时，把她的积蓄和财产也一并抄没，侵犯了她及其子曹雪芹的合法权益，因此不得不到皇宫去哭诉。马氏的哭诉"声声是泪"，能使人"声哽咽而泪雨下"，尽管"极凶猛"，不合礼法，却"情有可恕"。

结果：在马氏哭诉后，清宫给了马氏五百两银子。

（六）切勿把小说看作历史

第三十三回在叙述宝玉挨打的过程中，写了许多吸引人的情节，如王夫人为阻止贾政继续毒打宝玉，"抱住板子""哭道"：

> "宝玉虽然该打，老爷也要自重。况且炎天暑日的，老太太身上也不大好，打死宝玉事小，倘或老太太一时不自在了，岂不事大"

此处，蒙府本有侧批曰：

> 父母之心，昊天罔极。贾政、王夫人，易地则皆然。

这是在明告读者：小说中的这些描写，是情节的需要，因"父母之心"，均是如此。而这些与隐写的历史毫无关联。这是作者再一次提醒读者：千万不要把小说与历史等同起来！

五、对雪芹之母为公主身份的验证

（一）曹雪芹的舅舅"不是人"

第三十四回，在贾芸"一径往他母舅卜世仁家来"处，庚辰本有侧批曰：

> 既云"不是人"，如何肯共事，想来芸哥此次来空了。

批语明告读者：书中骂贾芸母舅"不是人"，应思考其原因！

但是通部书中，卜世仁只出现过一次。若仅仅是小说中不肯赊账的原因，还不足以称"不是人"。书中称他的舅舅不是人，似还应有更深层的原因。

现在我们来看其背面的隐写。

贾芸在第二十六回，丫鬟们称他"贾二爷"；第二十四回，倪二也叫他"贾二爷"。作者这样写是有意把他与宝玉这个"二爷"相勾挂，用以说明：因宝玉是雪芹的主要分身，贾芸便也是他的一个分身。作者恐读者不理解，甚至让宝玉说出贾芸"倒像我儿子"的话来，暗示他们长相一样，以说明他们均是同一历史人物——雪芹的分身。贾芸的父亲已殁，只有母亲，亦无兄弟姐妹，这些情况也与雪芹相同。

贾芸的舅舅所隐写的应是雪芹的舅舅，亦即雪芹母亲的兄长。前面已论证：雪芹的母亲是康熙的一位公主，其兄长当包含雍正皇帝。《红楼解梦》第二集《〈红楼梦〉里的二玉与四春》一文中论述了迎春与孙绍祖，其背后所隐实为竺香玉与雍正皇帝。香玉被雪芹之叔曹𫖯夫妇认作女儿，当与雪芹同辈，而雍正是雪芹母亲的兄长，实比香玉高一辈。他们之间应是甥舅关系，就像孙绍祖所说的："论理我和你父亲（母亲）是一辈，如今强压我的头，卖（迈）了一辈。"即把贾（曹）家家族抬高了一辈。

由于雍正本是香玉的舅舅，却强纳其为后，因而曹雪芹便称乱伦的雍正皇帝"不是人"，并在小说中以"卜世仁"谐之。

（二）康熙皇帝格外关心曹頫

曹寅的母亲孙氏曾做康熙的奶母。康熙三十八年（1699 年），康熙南巡再见孙氏时，十分高兴，说："此吾家老人也。"不仅"赏赉甚厚"，而且手书"萱瑞堂"以赐。对此，冯景《解春集文钞》、王相《国朝十家诗钞》、毛际可《安序堂文钞》、陈康祺《郎潜纪闻三卷》等著作中均有记载。[①]

康熙称孙氏为"吾家老人"是有其原因的：玄烨生母为佟妃。他出生

---

① 见周汝昌《红楼梦新证》第 400—403 页，人民文学出版社 1985 年版。

后，并未由生母抚养。因尚未出天花，便被抱出宫，随保姆在清宫西面的一座府第居住。① 当时，天花是十分可怕的传染病，一旦染疾，生者极微。但玄烨出痘后，在孙氏等人的精心看护下竟顺利度过"鬼门关"。顺治年仅二十四岁便因患天花而崩。在其弥留之际，曾欲立"年龄较长"的次子福全（长子牛纽已夭亡）。但因福全尚未出过天花，无免疫力，遂接受传教士汤若望等人规劝，按母后的意图，传位皇三子，年仅八岁的玄烨。② 玄烨继位后，将幼时所住的府第改建为福佑寺。"正殿中奉神牌，东案陈设御制文集，西设宝座，殿额为'慈容俨在'。"③ 因"其寺本为当日保姆护御之邸"④，"慈容"似应指孙氏等。没有孙氏等的精心抚育，玄烨何以能长大成人！所以孙氏对康熙来说犹如再生慈母。

康熙做皇帝以后，与曹寅的关系除君臣外，还有一种特殊的兄弟之情。他不仅仅对曹寅委以重任，而且特别关心曹寅子女的嫁娶。他将曹寅的两个女儿都指配给王子，其中一个是铁帽子王——平郡王的后代纳尔苏。现在尽管没有关于曹颙之妻的直接史料，但康熙对曹颙特殊关照的史料却不少。如：

1. 经济方面：曹颙继任江宁织造后，康熙"特命李煦代任两淮盐差一年"，将所得余银，清偿其父曹寅在世时所欠钱粮。⑤ 清偿之后尚余银三万六千余两。康熙在朱批中竟将其中的三万两全部赐给了曹颙，任他支配。⑥

2. 格外关心：康熙六十年刊刻的《上元县志》卷十六的《曹玺传》中，关于曹玺是这样记载的：

---

① 《清圣祖实录》云："世祖章皇帝因朕年幼时未经出痘，令保姆护视于紫禁城外，父母膝下未得一日承欢……"（第 290 卷第 12 页）

② 原载（德国）魏特《汤若望传》，杨丙辰译，第二册第 325 页，上海商务 1949 年版。转自孟昭信《康熙传》第 6 页，吉林文史出版社 1993 年版。

③ 原载英和《恩福堂笔记》卷上叶二十一。转自《红楼梦新证》第 255 页。

④ 同上。

⑤ 见康熙五十二年十一月十三日的曹颙奏折，《关于江宁织造曹家档案史料》第 119 页，中华书局 1975 年版。

⑥ 同上。

> 孙颙，字孚若，嗣任三载，因赴都染疾，上日遣太医调治，寻卒，上叹息不置。

这里有两句话很值得寻味：

其一，"上日遣太医调治"，意即：皇上（康熙皇帝）每天派御医为他医治。从曹颙的年龄、身份、地位、职务来看，不论那个方面，都不致使得康熙"日遣太医调治"。他的年龄：仅二十周岁。身份：包衣。地位：按《氏族谱》云："原任郎中。"职务：江宁织造。——如果没有更特殊的原因，康熙不会对他如此关心。

其二，"上叹息不置"，意即：曹颙死后，康熙叹息不已。须知：这个记载不是在一般的书中出现，而是记于地方志的传记中。这应是较严肃、可靠的史料。

从上述记载看，在康熙与曹颙之间应存在一种非公事公办的私情方面的关系。

3. 人情方面：曹颙死后，康熙关心其妻及后代情况。前面曾提到康熙五十四年三月初七日，曹頫代曹雪芹的祖母写的奏折中有这样一段话：

> 奴才之嫂马氏，因现怀妊孕已及七月，恐长途劳顿，未得北上奔丧，将来倘幸而生男，则奴才之兄嗣有在矣。

按此奏折，此婴当于五月出生。对此事康熙十分关心。同年七月十四日，他在曹頫的奏折中御批道：

> 你家中大小事为何不奏闻。钦此。

曹頫未解其意，在奏折中写了一大堆家中财产账目之事，令人哭笑不得。其实康熙所关心的是马氏及其所生之子的情况。

笔者的一位迷于红学的朋友，在奉化电影公司工作的王鹰先生，于1999 年四月的来信中提供了一件史料：

　　清末曾在清宫内务府任职多年的太子少保梁先生记载了一则他亲自听到过的清宫传闻：雍正元年（1723 年）四月初十日年仅九岁的曹霑（雪芹）跟随他的表哥，平郡王纳尔苏之子福彭（时年十四岁），游圆明园，到同乐园听戏时，见到了雍正皇帝、后妃、皇子等，由于福彭做弘历的伴读，便将表弟曹霑介绍给了弘历（时年十三岁）。弘历十分高兴，称赞曹霑"秀外慧中，必承祖业无疑"。临别时，解下自己佩戴的用云南丽江贝峰石磨制成的十八粒串珠赠送留念。

　　凡传闻，尽管不是正式史书记载，却多事出有因。如果雪芹的母亲马氏系南方人，曹家已有三代人定居南京，很难想像雪芹的祖母和母亲会允许自己年仅八、九岁的独苗被人带到千里之遥的北京。若雪芹的母亲是皇族，她与曹颙的结合是经康熙指配的，并且一直享受公主待遇（年例二百四十两银），康熙驾崩（康熙六十一年十一月十三日）后，她必带儿子赴京奔丧，上述的传闻便可信了。曹霑若是公主的儿子，便有可能随王爷的儿子福彭进入圆明园。

　　（三）"虎门"、"西窗"诗的含义
　　敦诚于乾隆二十二年（1757 年）写了一首《寄怀曹雪芹霑》的古体诗。[1] 其中有两句为：

　　　　当时虎门数晨夕，
　　　　西窗剪烛风雨昏。

下面先解释几个词：
虎门：代指"宗学"。果亲王允礼曾说：

　　"念我宗室子弟，尤教育所宜先，特谕立东西二学于（紫）禁

_____

① 见敦诚《四松堂集》卷一叶二下。

城之左右，自王公、庶位以及凡有属籍者，其子弟愿学则入焉。即《周官》'立学于虎门之外以教国子弟'之义也。"①

"两翼宗学"始建于雍正二年甲辰，即 1724 年。雪芹与敦敏、敦诚频繁聚晤欢叙之所系"右翼宗学"，在西单牌楼石虎胡同内。

数晨夕：数 shuò，意屡屡、多次。借陶渊明《移居》中"闻多素心人，乐与数晨夕"诗意。说他们在宗学时，朝夕频繁相见。

"西窗"句：借李商隐《夜雨寄北》中"何当共剪西窗烛，却话巴山夜雨时"的诗意，回叙他们在宗学时，在风雨之夜剪烛聚谈的深厚情意。

这两句诗写的是雪芹与敦诚在右翼宗学时的交往与友情。

敦诚生于雍正十二年（1734 年），写这首诗时二十四岁，而这年雪芹已四十三岁，长敦诚十九岁，他们属忘年交，应是师生关系。

"宗学"指皇族的学府。雪芹若不是皇族，不必说做"业师"（满语"啬夫"、"塞夫"，即汉语"师傅"的音译），就是进府学读书亦不可能。而若雪芹是公主之子就大不一样了。他不再是"包衣"的后代，而成为皇族中的一员。曹家被查抄时，雪芹十四岁，恰是读书的年龄，完全可能在母亲和姑母的帮助下进入宗学读书。成年后，依靠自己的聪颖、博学，在宗学任教，更不无可能。雪芹在宗学任教的时间应是乾隆十六年以前。

（四）雪芹"傲"的资本何在？

在敦诚《寄怀曹雪芹霑》的诗中有诗句为：

接䍦倒著容君傲，
高谈雄辩虱手扪。

诗中的接䍦（lì）意头巾、帽子。"接䍦倒著"意倒戴着帽子。"虱手扪"意摸捉虱子。这是个典故，据北魏·崔鸿《前燕录》载："王猛隐

---

① 见《皇八旗文经.宗学记》，转自《红楼梦研究集刊》第五辑第 353 页。

华山，桓温入关，猛被揭而指之，一面说当代之事，扪虱而言，旁若无人。"（《红楼梦大辞典》第 827 页）这两句诗意为：你倒戴着帽子，表现得傲世不羁；高谈雄辩时从不拘细节，就像古人"扪虱而言，旁若无人"那样。

首先，需要明确的是：这两句诗与前面阐释过的"虎门"、"西窗"两句诗合在一起，都是谈的"右翼宗学"时的情况。"宗学"是皇族子弟就学之所。在那等级森严的时代，在这"宗学"之地，如果曹雪芹只是个皇族的"包衣"（奴仆）后代，连一般的八旗兵都不如，不必说在皇族子弟面前狂傲，恐怕连头也抬不起来。但如果他是公主的儿子那就不一样了，便一下子有了许多值得炫耀的资本：

第一，血统高贵：他是康熙皇帝的外孙。

第二，聪明过人，学识渊博，见多识广。

第三，他还藏匿着一种本事超人的傲气，自认为比皇帝要高明得多。即使像雍正这样的专制皇帝，也不放在眼里。

有了上述的骄傲资本和心态，自然傲视一切：即使在皇子、皇孙面前也可以"接䍦倒著"，扪虱雄辩，而无所顾忌。

乾隆十六年，曹家第二次被抄没，雪芹已穷得"举家食粥酒常赊"，但他傲世健谈的作风依旧。如敦敏在《题芹圃画石》[1]诗中说：

> 傲骨如君世已奇，
> 嶙峋更见此支离。

后一句写的是雪芹（芹圃）所画之石，形态嶙峋奇峭，耸然矗立；前一句则写雪芹傲世不屈的骨气，举世称奇。

又如敦敏在《芹圃曹君（霑）别来已一载余矣》[2]诗中写道：

> 可知野鹤在鸡群，

---

[1] 敦敏《懋斋诗钞》第 37—38 页。上海古籍出版社 1984 年版。

[2] 同上。

隔院惊呼意倍殷。

诗中还不仅将雪芹喻为"野鹤"，而且还把其他人比喻成"鸡群"。问题是这"其他人"指哪些人？从诗前所作的说明来看，"鸡群"包括明琳、明义，他们是满洲镶黄旗人，姓富察氏；也包括了敦敏、敦诚，他们是清太祖努尔哈赤十二子英亲王阿济格的五世孙。即："鸡群"并非指一般百姓，而是包括了皇族的后代。在这种情况下，这只"野鹤"便不仅仅需要才学出众，还需要有不低于这些皇亲国戚、王孙公子的出身。如果雪芹仅仅是个"包衣"（家奴），此诗便解释不通，而若是公主所生，一切便顺理成章了。

被抄家后的曹雪芹，人虽穷困，却仍因出身与学识受到尊重这一点，在《红楼梦》中也有所反映。第二十四回，在倪二说："原来是贾二爷，……"处，庚辰本有侧批曰：

如此称呼，可知芸哥素日行止，是"金盆虽破份量在"也。

贾芸是雪芹的分身，其被称作"金盆"，是有道理的。贾芸之所以被喻为"金盆"，正因其原型出身高贵之故。

六、曹雪芹的母亲应是哪年下嫁曹頫的

（一）曹頫为何从不被称作"额驸"

从各种材料来看，康熙将自己的一位公主下嫁给了曹頫，因而曹頫便应称作"额驸"，但任何史料中都未这样提及过，道理何在？

原来曹頫的高祖曹世选被清军俘虏后，便成为清皇室的包衣（家奴）。此后，他的子孙也都世代为奴，成了"家生子"（奴仆）。于是曹頫的曾祖曹振彦——祖父曹玺——父亲曹寅，直至他本人，均属包衣奴籍。康熙在五十四年正月初九日谕旨中说：

> 曹颙系朕眼看自幼长成，此子甚可惜。朕所使用之包衣子嗣中，
> 尚无一人如他者。①

康熙既称曹颙为"包衣子嗣"，说明：直到曹颙，其奴籍仍未改变。清代是等级制度很严格的社会，在史书中没有公主下嫁给汉人的记载，更不必说下嫁"包衣"了。但康熙为了使曹家子孙后代脱离"包衣"奴籍，只有采取把一位公主下嫁曹颙的办法。但下嫁之前，公主须首先由汉族大臣抚养一个时期，改成汉姓。尽管待遇与其他公主相同，但名义上则须以汉族大臣女儿的身份出嫁。这样，曹颙也就不会被称作"额驸"了。这种情况，十分特殊，史书不予记载，但也不是绝无仅有。

据程一为先生介绍，孔府中有个传说：乾隆的一位皇女，被嫁到衍圣公府。因满族视自己为高贵，皇女不可与汉人通婚，于是该皇女便先认于敏中为父亲，并改姓于，之后再出嫁。现孔府中还有她的坊。雪芹的母亲马氏情况当与此相仿。曾有人推断雪芹的母亲可能"出自马桑格之家"②。马桑格在曹寅之前任江宁织造，其父马偏格曾任苏州织造。马家原是包衣，上世在入关前"世居沈阳"，为康熙的亲信。若说雪芹的母亲是被放在马桑格家养育的——不排除这种可能。只是她虽姓马却仍是皇女。

（二）曹颙于康熙五十年曾喜得一子

张云章《朴村诗集》卷十叶九，载一诗歌题为《闻荔轩银台得孙却寄兼送入都》。荔轩银台为曹寅之字号，其所得之孙即曹颙之子。诗云：

> 天上惊传降石麟，时令子在京师，以充闾信至。
> 先生谒帝戒兹辰。
> 傲装继相萧为侣，取印提戈彬作伦。
> 书带小同开叶细，凤毛灵运出池新。
> 归时汤饼应招我，祖砚传看入座宾。③

---

① 《关于江宁织造曹家档案史料》第 125 页。
② 冯其庸《曹雪芹家世新考》第 405 页，文化艺术出版社 1991 年版。
③ 转引自周汝昌《红楼梦新证》第 504 页。

曹寅得了小孙（"石麟"说明生的是儿子），竟高兴得传遍亲友，友人张云章还写诗祝贺，可见此孙对曹家何等重要。（对于这首诗，因为在本书中将有专文详释，这里就不再赘论。）

然而，康熙五十四年，曹颙逝后曹頫有一奏折云："奴才之嫂马氏，因现怀妊孕已及七月，……将来倘幸而生男，则奴才之兄嗣有在矣。"[1] 由此可知曹颙康熙五十年所生之子，后不幸夭亡。

曹颙既于康熙五十年生子，按一般情况结婚当于前一年——康熙四十九年。

（三）关于曹颙婚事史料残缺严重

现存史料未见有直接反映曹颙婚事处。虽如此，却仍有一些史实，可供人思考。

康熙四十八年二月八日曹寅奏折云：

> 再梁九功传旨。伏蒙圣谕谆切，臣钦此钦遵。臣愚以为皇上左右侍卫，朝夕出入，住家恐其稍远，拟于东华门外，置房移居臣婿，并置庄田奴仆，为永远之计。臣有一子今年即令上京当差，送女同往，则臣男女之事毕矣。兴言及此，皆蒙主恩浩荡所至，不胜感仰涕零。[2]

这段奏折说明如下问题：

1. 曹寅有一个女儿嫁给了时任皇上左右侍卫的某王子，因而才有"移居臣婿"之言。此女应为曹寅次女。皇上左右侍卫，一般是给予王子或功臣后裔的恩宠职位。

2. 奏折中"送女同往"自然是送女进京。

3. 曹颙于康熙三十三年生，至康熙四十八年已至十六岁，按规定须"上京当差"。

---

① 转引自周汝昌《红楼梦新证》第 504 页。
② 转引自周汝昌《红楼梦新证》第 478 页。

4. 曹寅的两个女儿均由康熙指婚。今曹颙亦成年，在"上京当差"之际，曹寅则说："臣男女之事毕矣。"即儿女婚姻大事均办妥当。接着便说："兴言及此，皆蒙主恩浩荡所至，……"这显然指康熙亦要包下曹颙的婚事，为曹颙指配妻子。

从曹寅的奏折看，康熙四十八年春，曹颙来京后，见到了康熙。但史料中未见记载。此应为史料残缺处。

同年冬天，史料中有曹寅"入京述职"的记载。曹寅在康熙四十八年十一月十一日的奏折中云：

> ……俟事竣拜本后，即起身赴京复命。①

曹寅来京后，直到第二年春天一直留在北京。在陈鹏年《沧州近诗》卷五叶十三有诗《次韵答吴秋屏见寄》二首。其中有注云：

> 扎中述银台曹荔轩先生北行，相念甚切，故及之。②

"相念甚切"系指陈鹏年思念曹寅。此诗说明曹寅在京滞留的时间很长，直到春天还未返回。

曹寅若来京仅为述职，不必滞留数月。而滞留缘由史料中却未见记载。

康熙五十年四月一日内务府总管赫奕等奏折云：

> 奉旨：著将取中之旗笔帖式、候缺之吏员、监生、俊秀、官学生等二十九人具奏，拣放膳茶、鹰犬各处之缺。……各缮绿头牌，由内务府总管赫奕、保住具奏，带领引见。
>
> ……
>
> 又具奏：原任物林达曹荃之子桑额、郎中曹寅之子连生，曾奉

---

① 《关于江宁织造曹家档案史料》第 76 页。

② 《红楼梦新证》第 494 页。

旨：著具奏引见。钦此。现将桑额、连生之名，各缮绿头牌，由内务府总管赫奕、保住具奏，带领引见。

奉旨：曹荃之子桑额，录取在宁寿宫茶房。钦此。

……①

从此折我们可知如下情况：

1. 凡被录取在宫中当差之人，在任职之前，都被皇帝召见，档案中均有引见折。但曹頫自康熙四十八年在宫中当差后，却至今未查到有关档案。

2. 关于曹頫在宫中任职事，档案中亦不见记载。很可能有关档案已成残缺，或被有意删削。

所有被引见者都是被录用在宫中当差之人，如曹荃之子桑额被录取在宁寿宫茶房。唯独未说明引见连生（曹頫）的原因。特别值得注意的是：他和桑额与其他人还有不同，是"奉旨：著具奏引见"的。即：是康熙降旨要见曹頫的。这又是为什么？康熙五十一年九月初四日，曹頫奏折云：

　　……奴才年当弱冠，正犬马效力之秋，又蒙皇恩怜先臣止生奴才一人，俾携任所教养，岂意父子聚首之余，即有死生永别之惨，乃得送终视殓者，皆出圣主之赐也。……

　　九月初三日，奴才堂兄曹頫来南，奉梁总管传宣圣旨，特命李煦代管盐差一年，著奴才看著将该欠钱粮完，倘有什么不公，复命奴才折奏。……②

此奏折说明什么问题呢？

1. 从张云章诗可知：曹頫生第一子时（康熙五十年），仍在宫中当差或做"官学生"。现奏折云：让曹頫回南。由父亲"携任所教养，当在頫

---

① 《关于江宁织造曹家档案史料》第84页。

② 《关于江宁织造曹家档案史料》，第103页。

子夭折之后，约在康熙五十一年春，与"奴才年当弱冠"亦相吻合。(二十岁为弱冠，颙当时十九岁。) 奏折中所谈之理由均是从曹颙角度说的，从康熙角度看，是否也有某种考虑呢?

2. 从"倘有什么不公，复命奴才折奏"句可知：康熙与曹颙关系同与李煦的关系相比较，更为亲近。若他们之间没有一种更亲密的关系相系，这种亲密似不尽合理，因不管怎么说李煦也是康熙忠实的老仆和老臣，曹颙则不过是刚刚入仕的青年。

康熙五十二年正月初九日在内务府奏请补放连生为主事，掌织造关防折中，康熙批曰：

> 连生又名曹颙，此后著写曹颙，钦此。①

这种指示改名，所表现出的是长辈对晚辈的关心。

史料中虽未记载曹颙婚事，却遗留下许多疑点和矛盾。

七、史料残缺恰恰证明某公主下嫁了曹颙

曹雪芹在《红楼梦》中隐写着自己母亲的公主身份。此问题当然还需史料的验证。这项验证会出现三种情况：

第一种，史料中果然发现有公主下嫁曹颙事。但这种情况几乎不可能存在。因为清代档案已被当时统治者，尤其乾隆皇帝作了大量篡改删削。试想：如果史料都能如实记载，完整收藏，曹雪芹何必冒着全家被抄斩的危险，在书中隐写历史?

第二种，当把曹雪芹所隐之史与现残存史料两相对照时，处处矛盾而不能相合，说明：我们从《石头记》中所揭示之隐史尚不正确，还需另辟蹊径继续挖掘；或者干脆是曹雪芹在"一字一泪"地作文字游戏。

第三种，发现有关残缺不全的史料，疑点甚多。但将曹雪芹关于其

---

① 《关于江宁织造曹家档案史料》，第110页。

母为公主这一史实考虑在内,竟可使所有疑点全部消释,所有矛盾均得解决。出现这种情况时,便可证明:曹公所隐写之史完全正确,而乾隆则是篡改、删削历史的罪人。

现经过验证,证明曹雪芹的隐写确属"追踪摄迹,不敢稍加穿凿"的"真传",而处处与史料之被删削处卯合。此"真传"当是如下情况:

1.康熙四十八年春,曹颙已到十六虚岁,即已到当差与婚姻年龄。康熙让曹寅将曹颙送来北京,由他安排职务并指配婚姻,因而曹寅说:"臣男女之事毕矣。"

2.曹颙来京后,康熙接见了他,他被安排在便于康熙进行考察的工作岗位上。经过一段时间的观察,康熙发现曹颙人品、才智、体格都极好,因而后来曾在谕旨中写道:(见康熙五十四年正月十二日内务府的奏折)

> 传旨谕内务府总管:曹颙系朕眼看自幼长成……。看起来生长的也魁梧,拿起笔来也能写作,是个文武全才之人……①

康熙对曹寅的母亲孙夫人的抚育,一直深怀感激,称她为"吾家老人",从他将曹寅的两个女儿都指配给王子看,是意图改变曹家后代的奴籍。当看到曹颙是个很有前途的青年时,便"对他""寄予很大的希望"。②在这种情况下,产生将皇女指配给他的想法,也是很自然的。

3.康熙四十八年冬,康熙催曹寅来京。曹寅来京后除公事外,恐怕就是康熙告诉他为曹颙指婚之事。该婚事康熙四十八年冬订下,之后曹寅便在京积极准备。结婚之府邸即"恭王府"前身(见《红楼解梦》第五集《曹雪芹在京城内的故居——"恭王府"前身》一文),结婚时间应在康熙四十九年三、四月份。此事办妥后,曹寅才回南。

4.康熙五十年四月份,康熙降旨召见曹颙。从张云章诗歌所记之事及所写时间来看,曹颙生子约在八、九月份。四月时,其妻已怀孕四五个

---

① 《关于江宁织造曹家档案史料》125页。
② 同上。

月，康熙当有所闻，因此要将曹颙找来详问。

5. 曹颙将喜得贵子事告知家里。这便是张云章诗歌的背景。该诗写于康熙五十年十一月。

6. 曹颙的儿子不幸夭亡。夭亡原因应是曹颙及其妻子年纪尚小，缺乏育婴经验所致。当时曹颙夫妇仅虚龄十八。正是在这种背景下，康熙让曹颙夫妇回南，由曹寅"携任所教养"。

7. 曹寅于康熙五十一年病逝。康熙对曹家格外关心，不仅因他感念孙氏的抚育之恩，曹寅奶兄弟之谊，还因他把一位公主下嫁曹家。因而他让曹颙继父之职，势在必然。之后他还让李煦以一年盐差所得余银清偿曹寅在世时所欠银两。清偿之后所剩之三万六千两，康熙只要了六千两，其余三万两全部赐给了曹颙。

8. 康熙对曹颙格外关心，还像长辈一样令他将学名由连生改为颙，以后以此名写奏折。

9. 康熙五十四年曹颙病逝北京。曹頫在奏折中特别提到颙妻马氏因"怀妊孕已及七月"不能"北上奔丧"。说明马氏与康熙有特殊的关系，马氏情况须向康熙报告。

10. 同年七月，康熙向曹頫了解曹家大小事，实际是想知道马氏所生之婴情况。

11. 有传说：雍正元年，年仅九岁的曹霑（雪芹）跟随福彭到圆明园，见过弘历（十三岁）。如果曹霑之母为公主，康熙病重及葬礼当然会携子来京奔丧。曹霑也有资格随福彭去圆明园。

12. 只要将李煦和曹頫情况一作比较，便会发现雍正对他们的态度完全不同。雍正一继位便抄了李煦的家，将李煦的家属全部拉到人市出卖。后因苏州当地人不敢买，才又拉到北京未被卖掉，但年逾七十的李煦却被流放打牲乌拉。对曹頫却一直拖到雍正五年年底才下令抄没。而调来北京后，仍留给他少量房屋与奴仆。若不是因为曹家有位公主，雍正对于这位无能的包衣下人曹頫，何以如此仁慈？

13. 曹家被抄时，雪芹十四岁。来京后正因有皇族血统（母亲是公主），才有可能作为皇族后裔进入"两翼宗学"学习，后来并在"宗学"中任教。

14.清代等级制度森严。但曹家却与皇族如怡亲王允祥等有联系，甚至在他家一直保存着《石头记》抄本（己卯本）。即使在曹家二次被抄没，彻底败落后，与雪芹来往的人中，也不乏皇族后裔，如敦敏、敦诚等。

科学——不论自然科学，还是社会科学——都有自己的客观规律。数学、物理、化学等自然科学，可以依据已知的条件求证未知的 x；其实在历史学等社会科学中，也同样可以依据已知条件（现存的史料）来论证和验证尚未肯定的史实（如《石头记》的背面之隐）。曹雪芹在书中隐进了自己母亲的公主身份，经过验证，竟使残缺不全的史料得以修复完善，解决了原有史料中遗留下来的大量疑点，而这反过来则证明曹雪芹在书中所隐之事是真实的、正确的。它比正史的记载更加可靠。

八、雪芹的母亲为何姓马？

前面已论述，雪芹的母亲是康熙的公主。她既是公主，就应姓爱新觉罗，却为何姓马呢？

（一）《石头记》中的隐写

我们先看宁国府和荣国府之间的关系。宁国公贾演和荣国公贾源是一母同胞兄弟两个。贾演是长子，其后代是贾代化——贾敬——贾珍——贾蓉，贾源是次子，后代为贾代善——贾赦、贾政——贾琏、宝玉。从《石头记》背面的隐写看，宁国府隐写着清皇宫，贾敬、贾珍隐写着皇帝；而荣国府隐写着清皇族的同时，又隐写着曹家。曹家，即大臣之家，贾赦、贾政则隐写着大臣。我们再看惜春的身份。从小说看，她是贾敬之女，贾珍的妹妹，却未写她的母亲是谁。但从第七十四回《矢孤介杜绝宁国府》，尤氏说她是个"心冷口冷心狠意狠的人"来看，应是庶出。她本是宁国府人，却放在荣国府抚养。在她背后所隐写的历史是怎样的呢？贾珍若隐写着皇帝，惜春便应是先皇之女，皇帝之妹。她不住宁国府而住荣国府，隐写着她未在皇宫抚养，而是在大臣家抚养的。"矢孤介杜绝宁国府"暗喻着曹家第一次被抄后，马氏杜绝与清宫的来往。曹雪芹能入府学读书，是靠姑母的帮助。

（二）康熙的皇子、皇女"多令人视养"

《枝巢清宫词》有诗云：

> 苏浙南巡几度临，宫中从此有南音。
> 侍书未久攀窗话，永苍凄凄白发簪。

诗后有注云："圣祖晚年，始有汉姓女子六七人，传为苏杭籍，然皆无位号。"[1]

这些女子后来即便有位号，也不会很高，不过是常在、答应之类。她们怀孕生子（女）后，如何抚养呢？（特别是当他们因难产而亡之后）对此有史料载：被放在大臣家养育。

康熙子女养育在大臣家亦有实例：

在《康熙的一家》中写道：康熙曾说："朕之诸子多令人视养，大阿哥（允禔）养于内务府总管噶录处，三阿哥（允祉）养于内大臣绰尔济处。"[2]

"多令人视养"的，当然不仅仅是"诸子"，还应包括诸女。曹雪芹的母亲马氏也会像其他姐妹兄弟那样，被放到大臣家养育。

（三）皇子、皇女能够自立后，便又放回宫中抚养

康熙所说的"诸子多令人视养"，并不是说永远放在大臣家里一直养育下去，而是当他们长到能够自立时（大约八九岁，十来岁）便又放回"宫中抚养"。（一般是放在书院学习。）在宫中抚养一个时期后，出嫁时，她们便都被封为公主。马氏便应属这种情况。

据程一为先生介绍，孔府中有个传说：乾隆的一位皇女，被嫁到衍圣公府。因满族视自己为高贵，女子不可与汉族通婚，于是该皇女便先认于

---

① 转自李乐贤《试探曹雪芹的真面目之二》，《红楼》2000年第三期，第13页。

② 同上。

敏中为父亲，并改姓于，之后再出嫁。现孔林中还有她的坊。雪芹的母亲马氏情况，当与此相仿。曾有人推断雪芹的母亲可能"出自马桑格之家"。① 马桑格在曹寅之前任江宁织造，其父马偏格曾任苏州织造。马家原是"包衣"，上世在入关前"世居沈阳"，为康熙的亲信。若说雪芹的母亲是被放在马桑格家养育的——不排除这种可能。只是她虽姓马，却仍是皇女。

马氏于康熙四十九年春下嫁曹寅之子曹颙。因曹颙是汉人，所以公主须随汉人养父（有可能是马桑格）之姓。曹颙于康熙五十三年年底来京述职时，死于北京。后生一子，名霑，谱名天祐，即后来的曹雪芹。

关于马氏公主的名字及生卒年月日，读者可参看本书《马氏公主的名字及生卒年月日》一文，这里不再赘述。

乾隆十六年曹家第二次被抄，乾隆在删削与篡改了香玉皇后历史的同时，亦删削了雪芹母亲为公主的历史，以便彻底否定曹家这个"包衣"家族曾与清皇族存在着亲情血缘关系。

紫军　霍国玲

1999 年 11 月

2014 年 6 月 12 日星期四修订

---

① 冯其庸《曹雪芹家世新考》第 405 页，文化艺术出版社 1991 年版。

马氏公主的名字及生卒年月日

一、马氏公主名叫"桥"

笔者发现，曹雪芹在《戚蓼生序本石头记》的夹批中讳"桥"字。现举例说明。

例一

第五回，作者写宝玉与可卿仙子在太虚幻境成婚后，两人携手外出游玩——

> ……忽至一个所在，但见荆榛满地，略露心迹。狼虎成群，凶极！试问观者：此系何处？迎面一道黑溪阻路，并无橋梁可通。若有橋（橋少两笔）梁可通，则世路人情犹不算艰难。特用"形如槁木、心如死灰"句以消其念，可谓善于读矣。……（参见图一）

在上引原文中，作者写出了两个"桥"字。正文中的"桥"写做"橋"；夹批中的"桥"，写作"橋"。作者似乎在避"桥"之讳。为了说明这种现象并非偶然，我们不妨再看一例。

例二

第十七回，作者写贾政等一干人游览大观园。当走近蘅芜院时，书中写道：

> ……忽见柳阴中又露出一条折带朱栏板橋来，此处才见一朱粉字样。绿柳红橋（橋少两笔），此等点缀亦不可少。后文写芦雪广则

日蜂腰板橋（橋少两笔），都施之得宜，非一幅死稿也。度过桥去，诸路可通。（参见图二）

> **（右图，二十七回）**
> 去縱不能細觀也可精覽說着引客行来至一大橋
> 前見水如晶簾一般奔入原来這橋便是通外河之
> 閘引泉而入者
> 〔小字夾批〕寫出水源要緊之極近之畫家著意
> 於山苦不講水又造圍圍者惟知弄
> 長二十七回

> **（中图）**
> 二人因携手出去遊玩忽至一箇所在但見荆榛滿
> 地　狼虎成群　〔小字〕心疊露跡　此係何處
> 迎面一道黑溪阻路
> 並無橋梁可通　〔小字〕艱若有橋梁特用形如橋未心如死灰句以
> 五頁巳　長一五回

> **（左图）**
> 帶朱欄板橋来　〔小字〕山處繞見一朱粉字樣綠柳紅橋山
> 等點綴亦不可少後文
> 得宜非一幅死稿也
> 度過橋去諸路可通
> 文寶釵来往則將日日爬山越嶺矣記清此處者也
> 日蜂腰板橋都施之　便見一
> 五頁巳

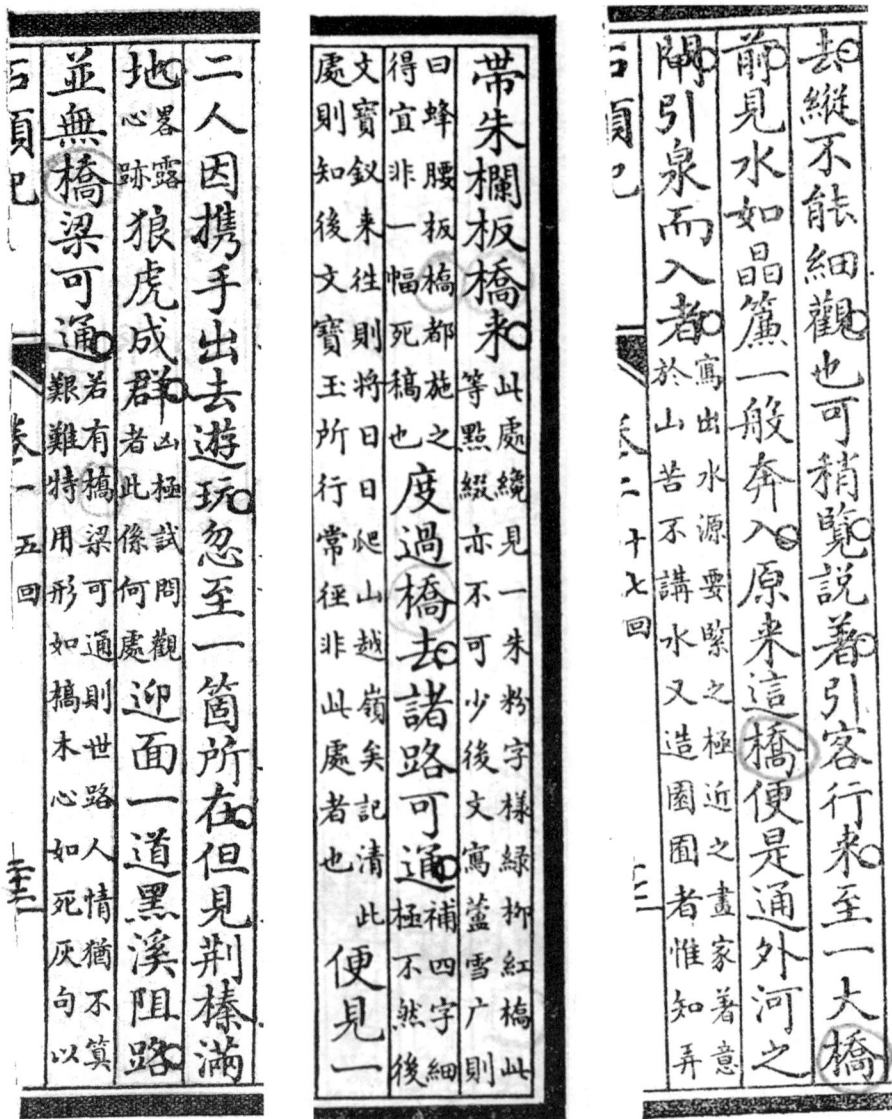

上图：戚序本《石头记》中，出现的几种“桥”字的写法。

此例正文中出现了两个“桥”字，均写做“橋”。而夹批中的两个“橋”字，却皆写作“橋”。显然，批语中的两个“橋”，是由正文中的

"橋"字减去两笔得来。

需要说明的是——当时"桥"有三种写法。其一为"桥"，《戚蓼生序本石头记》中未出现这种写法。其二为"橋"，也就是出现在例一、例二正文中的写法。其三为"橋"。关于这种写法，我们可从下例中看到。

例三

第十七回，当贾政等人游至进水闸时，书中写道：

> ……至一大橋前，见水如晶帘一般奔入。原来这橋便是通外河之闸引泉而入者。……（见图三）

此例中出现了两个"桥"字。前面一个写做"橋"，后面一个写作"橋"。

由例三中的"橋"可知，例一夹批中出现的"橋"，正是此"橋"字减去两笔得来。

至此我们便可以肯定地说，在例一、例二的夹批中，作者确实在有意避"桥"之讳。

论至此，或许有人会说："未必。现在发行的《戚蓼生序本石头记》，是以有正书局石印本为底本影印出版的，并不是根据曹雪芹的手定本影印出版。书中讳'桥'字，是否体现了曹雪芹本意，难说。"

左下图：北京陶然亭公园，"鹦鹉冢"碑阴落款"桥东居士"的"桥"字写法。

橋東居士

笔者认为：有正书局在刊刻戚序本《石头记》时，严格遵循着作者在书中对传抄、刻印者提出的告诫：

> 是作者具菩萨之心，秉刀斧之笔，撰成此书。一句不可更，一字不可改。

> （录自《戚蓼生序本石头记》第五回
> 《好事终》曲末的夹批）

笔者认为，批语中的"一字不可改"，意为——不仅不能将句子中的某字改换成另外一个字，即使是同一个字，笔画也应照原样描摹而不得增减。如果某字缺少了一二笔，也必须照原样抄写、刊刻，而不可将此字所缺笔画补齐。戚序本《石头记》在刊刻过程中，努力做到了这点。此说，可用书中对"玄"、"弘"的避讳加以印证。也举几例。

例一：

第十二回，书中写贾瑞病重时，一道士将一柄两面皆可照人的"风月宝鉴"递与贾瑞，并说：

"这物出于太虚玄境空灵殿上，……"

引文中"太虚玄境"之"玄"，被写作"玄"，少去一笔。

例二：

第四十一回，作者写黛玉在妙玉处饮茶，妙玉对黛玉说：

"这是五年前我在玄墓蟠香寺住着，收的梅花上的雪。"

此中"玄墓"之"玄"写作"玄"，少去一笔。

例三：

第六十三回，写贾敬之死，"系玄教中吞金服砂烧胀而殁"中之"玄"，写作"玄"，少去一笔。

例四：

第六十三回，书中写道：

……贾敬因年迈多病，常养静于都城之外玄真观。……

引文中"玄真观"之"玄"，被写作"玄"，少去一笔。

以上四例，均是正文中对"玄"的避讳。除此之外，批语中遇到"玄"字，亦少刻一笔。也举一例。

第十七回，写贾政、宝玉等人游大观园。当游至省亲别墅时——"宝玉见了这个所在，心中忽有所动，……却一时想不起那年月日的事了。"——这句话下有夹批曰：

仍归于葫芦一梦之太虚玄境。

夹批中"太虚玄境"之"玄"，写作"玄"，少去一笔。

作者不仅正文、批语中避"玄"之讳，甚至正文、批语中，与"玄"字相关的眩、弦、炫、絃，也均少写上一笔。这自然亦是在避"玄"之讳。作者避"玄"之讳，十分自觉自愿。这大概因为康熙皇帝是他的外公，他十分尊敬与崇拜这位君主吧！

书中除避"玄"字外，还避"弘"字。也举一例。

第二十二回，书中写宝玉、宝钗谈禅。宝钗道：

当日南宗六祖惠能，初寻师至韶州，闻五祖弘忍在黄梅，……

上引原文中，"弘忍"之"弘"，写作"弘"，少去一笔。

书中避"玄"之讳，是避康熙名"玄烨"之"玄"。书中避"弘"之讳，是避乾隆名"弘历"之"弘"，因为弘历是当时的皇帝。书中避"桥"之讳，原因何在呢？

二、书中关于避讳的解注

为了向读者透露书中讳"桥"之原因，作者特地在第二回中，写出贾雨村与冷子兴的一段对话：

……冷子兴道："目今你贵东家林公之夫人，即荣府中赦、政二公之胞妹。她在家时，原名贾敏。不信时，你回去细访可知。"雨村拍案笑道："怪道这女学生，读至凡书中有'敏'字，他皆念作'密'字，每每如是。写的字，遇到敏字，又减一、二笔，我心中就有些疑惑。今听你说，是为此无疑矣。"

作者借雨村与冷子兴的对话，巧妙地向读者透露出，在书中将"桥"字减上两笔，是为了避母亲之名讳。

正文中出现"桥"的两种写法，均未减去两笔。在批语中，"桥"字同样出现两种写法，却都减掉了两笔。作者为何要作如此处理呢？笔者认为，这是为了达知读者：作者并非不知"桥"的正确写法，批语中将"桥"各减两笔，则是故意所为，是为了讳母亲的名字，又委婉地达知读者：书中夹批是作者亲自添加。

既然曹雪芹讳自己母亲的名字，当然就不仅仅体现在《石头记》的批语中，在作者的其他作品中也必然会讳"桥"字。在《红楼解梦》第四集《香玉皇后的陵寝在北京陶然亭公园》一文中已论证：陶然亭公园中的"香冢"和"鹦鹉冢"两块石碑，均系曹雪芹为香玉所立。其书丹及镌刻均出自曹雪芹之手。从其拓片中，可清晰地看出："鹦鹉冢"碑阴上的落款"桥东居士"中的"桥"便被镌刻成"㛤"，与《石头记》批语中"㛤"的写法相同——省掉两笔。

至此我们得知，曹雪芹的母亲马氏，本名爱新觉罗·桥。

"桥"，是马氏未嫁曹頫之前，父皇康熙赐给她的名字。康熙皇帝希望她成为连通曹家与清皇族之间的一座桥梁，以便使曹家子孙后代，自此摆脱奴籍，能够世路畅达。

三、书中何人身上隐写着"桥"公主

曹雪芹在《红楼梦》中为历史人物写传时，常使用分身法。例如，他将竺香玉分写在正、副、又副、三、四副十二钗身上；他将自己分写在诸多"二爷"身上。他将雍正分写在诸多大爷如贾瑞"瑞大爷"、薛蟠"薛大爷"、贾珍"珍大爷"、贾赦"大老爷"……等人身上。曹雪芹在为母亲桥公主写传时，同样使用了分身法。

曹雪芹将母亲桥公主分写在李纨、王夫人、王熙凤、薛姨妈、贾敏及赖尚荣的母亲等诸多小说人物身上。

（一）通过李纨，隐写了"桥"公主的待遇

作者将母亲"桥"公主年例"白银二百四十两，按月支给"之史实，隐写入书中便是：李纨每月有月银二十两；作者将母亲"桥"公主拥有封地，每年租金由她收取之史实，隐写入书中便是：李纨有自己的园子地，每年的租金由她支配。（参见《石头记》第四十五回，及本书《曹雪芹的母亲马氏是康熙的公主》一文）

此外，《石头记》第四回还写道：

> ……因这李纨虽青春丧偶，且居处于膏粱锦绣之中，竟如槁木死灰一般。

请读者注意："槁木死灰"一词，在此文开始所举之例一的夹批中出现过。夹批中写道：

> ……若有桥梁可通，则世路人情犹不算艰难，特用"形如槁木，心如死灰"句以消其念。

读者看到了，在第四回中，作者对李纨的定评是"槁木死灰"，到了第五回，当夹批中提到"若有桥梁可通，则世路人情犹不算艰难"时，紧接着便提到"形如槁木，心如死灰"句，显然是在诱导读者，将"桥"与李纨之间产生联想，同时与"世路人情"进行勾挂。

我们仍回到例一中可卿仙子与宝玉成婚的故事中去。

宝玉身上隐写着作者的部分身世、经历。宝玉在太虚幻境中，与兼具钗黛之美的可卿仙子成婚，正隐喻着作者与竺香玉在广慧庵中的一段情缘。正由于庙中这段情缘，使曹、竺共遭灭顶之灾：一个悬梁自尽，一个被宫中革除不用，并被扫地出门，犹如共坠迷津。曹、竺遭此劫难时，雪芹之母"桥"公主已逝。如若她仍在世，赐府不至被没收，她每月尚有二十两例银，又有封地每年可取租，曹家何至艰难到"举家食粥酒常赊"的地步？为了透露这一史实，曹雪芹才在夹批中写出"若有桥梁可通，则世路人情犹不算艰难"这样的话，并在这句话中讳"桥"字。

（二）通过贾敏，曹雪芹在书中隐写了其母"桥"公主的生年及其在康熙诸皇女中的的序齿

贾赦隐写着雍正。贾赦是"大爷"。作者按照"方以类聚，物以群分"（戚序本第四十七回夹批）的原则，将"大爷"归到一类，用来隐写雍正。书中贾赦要收娶"鸳鸯"，实则拆散了一对"鸳鸯"。"鸳鸯"属副十二钗，所有正副十二钗，直至所有六十钗都是竺红玉的分身，都隐写着竺红玉某一部分，"鸳鸯"当然也不例外。贾赦打散了一对"鸳鸯"，最后还是娶了一个 17 岁的女孩儿嫣红。嫣红也是竺红玉的一个分身。此事所隐写的是雍正十年，竺香玉 17 岁时，被雍正强纳为皇贵妃。

当贾赦隐写着雍正时，贾赦之胞妹贾敏便隐写了雍正的胞妹"桥"公主，贾敏的孩子黛玉，此时便隐写着曹雪芹。或许有人会问："黛玉是女孩儿，雪芹是男孩儿。难道女孩儿也能隐写男孩儿？"是的。关于这个问题，脂砚斋给予了回答："作者托言，原当有自。受气清浊，本无男女别。"（蒙府本第一回侧批）黛玉写字时讳"敏"字，正反映了曹雪芹写字时讳母亲的名字"桥"字。

关于贾敏，书中有段文字发人深省，即第二回中贾雨村与冷子兴的一段谈话：

> ……雨村道："可伤其母上月竟亡故了。"子兴叹道："老姐妹四个，这一个极小的，又没了。长一辈的姐妹，一个也没了。……"

贾母何曾有四个女儿？贾敏之外，另外三个嫁到了何处，嫁与了何人？她们的后代因何从不与贾府来往？既然书中并无贾母另外三个女儿的故事，书中若把贾敏说成贾母唯一的女儿，不是更合乎情理吗？

其实，书中贾敏在四姐妹中的排行，所隐写的正是"桥"公主在康熙诸皇女中的排行。现列表说明。

康熙诸皇女生、卒、婚嫁一览表

序齿	出生年月	婚嫁之年	婚嫁年龄	卒年	存活时间
皇长女	康熙七年			康熙十一年	五岁

续表

序齿	出生年月	婚嫁之年	婚嫁年龄	卒年	存活时间
皇二女	康熙十年			康熙十二年	三岁
皇三女	康熙十二年	康熙三十年	十九岁	康熙六十年	▲四十九岁
皇四女	康熙十三年			康熙十七年	五岁
皇五女	康熙十三年	康熙三十一年	十九岁	康熙四十九年	三十七岁
皇六女	康熙十八年	康熙三十六年	十九岁	雍正十三年	▲五十七岁
皇七女	康熙二十一年六月			康熙二十一年八月	二个月
皇八女	康熙二十二年六月			康熙二十二年润六月	一个月
皇九女	康熙二十二年	康熙三十九年	十八岁	康熙四十一年	二十岁
皇十女	康熙二十四年	康熙四十五年	二十二岁	康熙四十九年	二十六岁
皇十一女	康熙二十四年			康熙二十五年	二岁
皇十二女	康熙二十五年			康熙二十六年	二岁
皇十三女	康熙二十六年	康熙四十五年	二十岁	康熙四十八年	二十三岁
皇十四女	康熙二十八年	康熙四十五年	十八岁	康熙五十八年	▲三十一岁
皇十五女	康熙三十年	康熙四十七年	十八岁	康熙四十八年	十九岁
桥公主	康熙三十二年三月一日	康熙四十九年	十八岁	雍正十三年十二月一日	▲四十三岁
皇十六女	康熙三十四年			康熙四十六年	十三岁
皇十七女	康熙三十七年			康熙三十九年	三岁
皇十八女	康熙四十年十一月			康熙四十年十一月	一个月
皇十九女	康熙四十二年			康熙四十四年	三岁
皇二十女	康熙四十七年十一月			康熙四十七年十二月	一个月

注：表中的年龄，均按虚岁。

从上表中可以看出：

1. 康熙的女儿，有记载的共二十个。其中有八个长大成人并结了婚。

2. 在所记载的八位出嫁的皇女中，有三位十八岁结婚，三位十九岁结婚，一位二十岁结婚，一位二十二岁结婚。由此可知，康熙的皇女，最早的结婚年龄是十八岁。据此我们可料及："桥"公主结婚时，不会小于十八岁。

笔者已在《〈红楼梦〉中隐写着雪芹之父曹頫的生年》一文中（载于《红楼解梦》第五集）论证出，曹頫生于康熙三十三年。曹頫于康熙四十九年，虚龄十七岁时与"桥"公主结婚。"桥"当时如若虚龄十八岁，她便生于康熙三十二年。

3. 在康熙皇十五女与皇十六女之间，笔者录入了"桥"公主。此即雪芹生母、曹頫嫡妻马氏（关于公主因何姓"马"，详见本书《曹雪芹的母亲马氏是康熙的公主》一文）。其实，"桥"才是康熙的皇十六女，原《表》中的皇十六女，应为皇十七女。其余，以此类推为皇十八女，皇十九女……皇二十一女。历史上康熙曾生过二十一个女儿，现在史料中仅查到二十个皇女，此乃皇十六女"桥"公主被乾隆皇帝从历史档案中删除的结果。

4. 自《表》中可以看出，在"桥"长大结婚（康熙四十九年）、生子天祐（康熙五十四年五月初三日）后，康熙的诸皇女，连"桥"公主在内，只活着四个，"桥"是这"四个老姐妹"中"极小的一个"。其中三个分别死于康熙五十八年（皇十四女）、康熙六十年（皇三女）、雍正十三年（皇六女）。"桥"公主马氏死于雍正十三年，稍晚于皇六女（本文稍后论及）。在四个老姐妹中，"桥"是最小的一个，也是康熙诸皇女中死得最晚的一个。这种情况，与小说中所记贾敏的情况，十分相合。书中写贾敏是"老姐妹四个"中的一个，而且她是老姐妹四个中"极小的"。她死后，"长一辈的姐妹"，就"一个也没了"。——曹雪芹的隐记，何其精确！

至此读者可知——通过贾敏，曹雪芹隐记了其母"桥"公主在康熙诸皇女中的序齿——她是康熙的皇十六女，生于康熙三十二年。

（三）通过赖尚荣之母，作者透露了其生母非比寻常的身份

书中的赖二、赖大，分别是宁、荣二府的管家。当宁、荣二府隐写着清皇宫时，管家便隐写着清内务府官员。江宁织造，是清内务府官员。当书中赖家隐写着曹家时，赖嬷嬷所隐写的，便是雪芹的祖母李氏。赖尚荣则隐写着曹雪芹。

第四十五回，作者写赖尚荣中举后，赖家大摆宴席，招待亲友。李纨、凤姐一干人，亦应邀前往。在闲谈中，李纨问赖嬷嬷，她孙子多早晚上任去。赖嬷嬷笑道：

> ……"我那里管他，由他们去吧。前儿在家里给我磕头，我没好话，我说：'哥儿，你别说你是官了，就横行霸道起来。你今年活了三十岁，虽然是人家的奴才，一落娘胞胎，主子的恩典，放你出来。上托着主子的洪福，下托着你老子娘，也是公子哥儿似的读书认字，也是丫头、老婆、奶子捧凤凰似的，长了这么大。……"

赖嬷嬷的一席话，道出了两件史实：

1. 曹雪芹三十岁时曾中举，这年是乾隆九年。戴不凡先生曾考证出，曹天祐乾隆九年中举。笔者亦曾考论过，曹天祐即曹雪芹。雪芹将自己三十岁（乾隆九年）中举隐写进书中，便是赖尚荣三十岁中举。

2. 赖尚荣脱离奴籍，生活优越，是凭了他"老子娘"，而不是凭了他老子。这就一语道破了天机——曹雪芹脱离奴籍，正因其母身为公主。

（四）通过王夫人隐写"桥"公主的生日

当书中的贾宝玉隐写着曹雪芹时，王夫人便隐写着雪芹的母亲"桥"公主。因此，书中公开写王夫人每月的月银是二十两（公主的待遇）。"桥"公主的生日，作者正是利用王夫人隐写的。

第六十二回，书中写众姐妹、丫头给宝玉祝寿。在说到贾府中谁人那天生日时，探春说：

> "……三月初一日是太太的，……"

探春所说的"太太"，既指王夫人。此时的王夫人既然隐写着"桥"公主，她的生日，所隐写的，自然是"桥"公主的生日。据此我们说："桥"公主的生日是三月初一日。

四、"桥"公主的卒年与忌日

关于"桥"公主的卒年与忌日，《石头记》中亦有隐写。我们不妨亦将其逐步析出。

自前面所隐冷子兴的一段话中，我们已经得知，"桥"是"老姐妹四个"中，死得最晚的一个。读者自笔者所列《康熙皇女生、卒、婚嫁一览表》中可以查到，"桥"的其余三个姐妹，死得最晚的一个，是死于雍正十三年的皇六女。由此料及，"桥"不会死在雍正十三年之前。

"桥"病逝于雍正十三年十二月初一日。

《石头记》第一回中，作者写落魄后的甄士隐，一日挣挫到街上，在听罢跛足道人吟唱的《好了歌》之后，顿时彻悟，要求对其进行解注，于是书中便出现了一首《好了歌解注》。《解注》中有"训有方，保不定日后做强梁"句。句侧甲戌本有批曰：

> 言父母死亡之日，柳湘莲一干人。

由此得知，柳湘莲在父母双亡后，曾做过"强梁"。

在《红楼解梦》第四集《乾隆篡位后，曹雪芹曾组织反乾武装》一文中，我们已论证过，柳二爷身上隐写着曹雪芹。这就是说，柳湘莲做强梁一事，隐写着曹雪芹曾组织过反乾武装之史实。从上面脂批可得知，他组织反清武装，是在其母病逝之后。至此，我们已知——"桥"病逝于康熙皇六女逝世之后，而在曹雪芹组织反乾武装之前。

《乾隆篡位后，曹雪芹曾组织反乾武装》一文已论证，曹雪芹组织反乾武装是在毒杀雍正（雍正十三年八月二十三日）后，至乾隆元年初，由此来推算"桥"公主的具体病逝日期，就较为容易了。

第二回，书中写一日雨村外出闲逛，在酒肆遇见了旧相识冷子兴。问他何日到此，子兴道：

......"去年岁底到家，今因还要入都，从此顺路找个敝友说一句话，承他之情留我多住两日。我也无甚紧事，且盘桓两日，待月半时也就起身了。"

在雨村、子兴这次闲聊中，曾谈及黛玉之母"上月竟亡故了"。上月是几月？这月又是几月？

第三回，书中写雨村与子兴看看天色已晚，便算还了酒钱，准备各自离去。就在这个时候，突然有人唤雨村。"雨村回头看时，竟是同案被参革的号张如圭者"。张如圭告诉雨村，他打听得都中奏准起复旧员。冷子兴向雨村献计，令雨村央烦林如海，转向都中去央烦贾政。

雨村次日面谋如海，如海一口答应，告知雨村，岳母欲接黛玉进京，并说："已择了正月初六日小女入都，尊兄即同时同路入都，岂不两便。"

至此我们已具备了足够的条件，可推算贾敏病逝于何年何月何日了。

1. 雨村与子兴酒肆相遇，是某年正月初三日。冷子兴所说"去年岁底到家"，指的是相遇时的前一个月，即某年的十二月份。

2. 两人谈话中，雨村说黛玉之母"上月竟亡故了"，是指去年十二月份贾敏亡故。

3. 林如海择了正月初六日令黛玉进京。由初五上推三十五天，便是贾敏亡故之日。因为贾敏逝后，黛玉要为她"守丧尽哀"，停尸"五七"之后入土，然后才离家远行，于情，于理，于雨村所说黛玉之母"上月竟亡故了"皆相合。

4. 我们在《乾隆篡位后，曹雪芹曾组织反乾武装》一文中，已论证雪芹曾于乾隆元年组织过反乾武装，这又是在他父母双亡之后，由此可以确定，其母病逝于雍正十三年十二月初一日。

查《千年历》，雍正十三年十二月，共三十天。十二月初一"桥"公主亡故，至乾隆元年正月初五，恰好三十五天。埋葬母亲后，曹雪芹于正月初六日离家，参加组织了反乾武装（此时的黛玉，隐写着曹雪芹）。

综上所述，我们从书中析出：

1. 曹雪芹生母名叫"桥"，是康熙皇帝的皇十六女。

2. "桥"公主生于康熙三十二年三月初一日。

3."桥"公主十八岁时嫁给小她一岁的曹頫。

4."桥"公主病逝于雍正十三年十二月初一日，她是康熙二十一个皇女中死得最晚的一个。

霍国玲

2001 年 6 月 7 日

于石景山家中

释张云章《闻荔轩银台得孙
却寄兼送入都》一诗

——张诗遭禁只因其中透露出曹雪芹的母亲是康熙的公主

在本书《曹雪芹的母亲马氏是康熙的公主》一文中曾列有一节为"曹頫于康熙五十年曾喜得一子"，其中引证了张云章《闻荔轩银台得孙却寄兼送入都》一诗。为了进一步理解该诗，笔者与清史专家王道成教授，又有几封书信来往。王道成教授帮助笔者对此诗有了更进一步的理解，在此谨向王教授表示衷心的感谢。通过详细阐释这首诗，可以更加强我们对曹雪芹的母亲是康熙的公主有进一步地认识：

一、张云章写这首诗的背景

在阐释这首诗之前，让我们先介绍一下张云章写这首诗的背景。

张云章首次与曹寅见面是在康熙五十年冬天。《朴村文集》卷十八《祭曹荔轩通政文》中写道：

> 吾始谒公，辛卯之冬。我刺初入，喜溢公容，遍告座客：吾于天下士，独未识者此翁。……是时旌麾扬州之廨，风号雪虐，余病而愈，公数扫径而迎败屦，传怀而听寒籁。险韵新诗，如爬痒疥，墨法瑰琦，冻毫飞洒，书便面以见贻，愈头风而轻快。……①

---

① 转引自吴新雷、黄进德著《曹雪芹江南家世丛考》第72页，黑龙江教育出版社2000年版。

"辛卯"即康熙五十年。"刺"指名帖。

两人初次相见是在扬州两淮巡盐监察御史的公署里。康熙五十年冬天的某一天,张云章将名帖交给曹寅后,受到曹寅热情招待,并将他介绍给当时在座的客人们。当时天气虽然很冷,曹寅仍挥动冻毫,书写扇面赠张。张云章来曹府是为做幕客的,担当文墨之事。

张云章进入曹府之时,正值曹寅欲进京述职,在是年的十一月初一日曹寅有奏折说:

> 臣目下现在扬州造具钱粮销引各款清册,料理事竣,即星驰入都,叩觐天颜。①

由于十一月二十日曹寅又写有《题视醍期满查无举劾之员本》,可知他赴京述职,当在此之后。恰在这时,从京城传来喜讯,曹寅得一小孙。张云章正与曹寅在一起,看到曹寅的欢欣愉悦之情,故献诗表示祝贺。适时,曹寅即将入京,于是得此诗题《闻曹荔轩银台得孙却寄兼送入都》。该诗全文如下:

> 天上惊传降石麟,时令子在京师,以充闾信至。
> 先生谒帝戒兹辰。
> 戎装继相萧为侣,取印提戈彬作伦。
> 书带小同开叶细,凤毛灵运出池新。
> 归时汤饼应招我,祖砚传看入座宾。

此诗编次在卷十第26首,而第24首《题曹银台荔轩集后》是写于辛卯之扬州,知此诗亦应写于扬州。第27首题为《渡江寄沧州使君》,在诗的"引言"中写道:"二月三日自瓜州凌晨渡江。"可知在曹寅赴京后,他也启程南渡回家。②

---

① 《关于江宁织造曹家档案史料》第93页,中华书局1975年版。
② 见《曹雪芹江南家世丛考》第80页。

二、《闻荔轩银台得孙》诗的阐释

在阐释诗歌之前，先将诗题作个说明：关于"荔轩"、"银台"，在《康熙江都县志·曹寅传》中记载道：

> 曹寅字子清，号荔轩，以银台督江宁织造，四视淮鹾，一切恤商惠民之政，无不实心举行。[1]

从中可知："荔轩"是曹寅的号，"银台"应是他的身份。康熙四十四年（1705年）曹寅四十八岁时，与李煦一起接驾康熙皇帝第五次南巡。因接驾有功，于当年闰四月，分别给二人加衔。给曹寅以通政使司通政使衔。通政使为九卿之一，汉代时司署设在宫内银台门，故称为大银台。张云章在诗中称曹寅为"银台"，实代指他的身份是通政使，九卿之一。

《闻荔轩银台得孙》意即听说曹寅得一小孙。

诗中有一句诗人本人加的注释："时令子在京师，以充闻信至。"

"令子"：指曹寅的儿子曹颙（连生）。据康熙四十八年二月初八日曹寅的奏折称：

> ……臣有一子，今年即令上京当差。送女同往，则臣男女之事毕矣。兴言及此，皆蒙主恩浩荡所至，不胜感仰涕零。[2]

从这段话可知：曹颙已到成年（康熙四十八年为十六岁），曹寅便送他去京城当差。因康熙打算包下曹颙的婚事，因而曹寅"不胜感仰涕零"。（关于对此问题的分析，请参见本书《曹雪芹的母亲马氏是康熙的公主》一文）

---

[1] 见康熙五十六年刻本《江都县志》卷六《秩官·名臣传》，转引自《关于曹雪芹家世新资料》第14页。

[2] 见《关于江宁织造曹家档案史料》第63页。

"充闾"，意光大门闾，古人常用以贺人生子。《晋书》卷四十《贾充传》云：

> "贾充字公闾，平阳襄陵人也。父逵，魏豫州刺史，阳里亭侯。逵晚始生充，言后当有充闾之庆矣，以为名字焉。"①

"时令子在京师，以充闾信至"句意为：最近你正在京城的儿子，捎来了一封能使曹家门闾得到光大的信件。

"天上惊传降石麟"：此句典出自《南史》卷六十二《徐陵传》：

> 母臧氏，尝梦五色云化为凤，集左肩上，已而诞陵。年数岁，家人携以候门释宝志，宝志摩其项曰："天上石麒麟也！"②

这里"石麟"是对奇男婴的一种比喻。

"天上"有双解：一解为源于典故"天上石麒麟"，即"天上石麒麟"降生人间；另一解喻指京城，意即从京城传来喜讯：降生了一个奇男婴。

"先生谒帝戒兹辰"：戒："戒途"的省略。"兹辰"就是"此日"。此句意为：你在得悉孙子出生喜讯的当天，便踏上进京谒见皇帝的旅程。

"俶装继相萧为侣，取印提戈彬作伦"：这一联用了曹家先祖的两个典故。

俶（tì）装：清晨整装待发之意。此典出自张衡的《思玄赋》。

萧：萧何（？—公元前139）是汉初丞相。对刘邦战胜项羽，建立汉朝起了重要作用。后封酂侯，曾定律令制度。

侣：同伴，伴侣。这里指萧何的旧友曹参，后接替他也作了相国（丞相）。

"取印提戈"：语出《宋史》卷二百五十八《曹彬传》：

---

① 转引自《红楼解梦》第四集第 87 页。
② 转引自《曹雪芹江南家世丛考》第 84—85 页。

> 彬始生周岁，父以百玩之具罗于席，观其所取。彬左手持干戈，右手取俎豆。斯须取一印，他无所视，人皆异之。

曹彬（931—999）北宋初年大将，是宋代勋业炳耀的开国元勋。官至枢密使（军政最高长官），曾率军下江南统一全国，北疆抗御辽军，后封武惠王，是曹雪芹之始祖。

伦：类，同类。

此联意为：你的孙子将会像先祖曹参那样成为相国，每天清晨都整装待发，或者像先祖曹彬那样取得大将之印，带兵作战，建立功勋。

"书带小同开叶细，凤毛灵运出池新"：这一联用了两个得孙的典故。

小同：东汉郑玄之孙的名字。郑玄之子益恩赴难身亡后，郑玄看到其遗腹子的手纹与自己的相似，便称其"小同"。[1] 晋伏琛《三齐略记》叙郑玄居住的山下，"草为薤，叶长尺余，坚韧异常，土人呼之为康成书带草。"按郑玄字康成，书带草今称沿阶草。[2]

凤毛：指谢灵运的孙子谢超宗。《宋书》卷六十七《谢灵运传》：

> 灵运子凤，早卒。凤子超宗……好学有文辞，盛得名誉。……帝大嗟赏，谓谢庄曰："超宗殊有凤毛，灵运复出。"

"出池新"：源于谢灵运在永嘉郡时所作《登池上楼》中的名句"池塘生春草"。

这一联意为：郑玄的孙子小同，如同家中的"书带草"长了新叶一样，定会像祖父那样优秀，曹寅生孙，其理也与此相同。谢灵运的孙子谢超宗能写出像他祖父"池塘生春草"那样优美的诗篇，曹寅的孙子同样也会像祖父那样才华出众。

"归时汤饼应招我，祖砚传看入座宾"：

"汤饼"：语出《新唐书》卷七十六《玄宗皇后王氏传》："陛下独不念

---

① 见《后汉书》卷三十五《郑玄传》。
② 转引自《曹雪芹江南家世丛考》第87页。

阿忠脱紫半臂易斗面，为生日汤饼邪！"此典所反映的是：古时庆贺小儿周岁称作"汤饼会"。"祖砚"典自《晋书》卷九十四《隐逸列传》：

> 乔字伯孙，年二岁时，祖馨临终抚乔首曰："恨不见汝成人！"因以所用砚与之。至五岁，祖母以告乔，乔便执砚涕泣。"

后世往往以"祖砚"比喻传统文化。此联的意思为：当你从京城回来，为孙儿举行周岁宴会时，希望我也能作为佳宾躬逢其盛，看到你将传世宝砚传给孙子一代。

三、从诗中可看出此孙已不再是"包衣"

对于张云章《闻荔轩银台得孙却寄兼送入都》一诗，使人不能不提出疑问：曹頫所生此子，还是不是"包衣"？

因为有一种情况为任何史料都认定的，即曹家属清皇族的"包衣"。"包衣"即家奴，身份永远不会改变。因而自曹世选开始，历经曹振彦、曹玺、曹寅、曹頫，均是"包衣"。这在清代是有法律规定的：

> 凡汉人家生奴仆，印契所买奴仆，并雍正五年以前白契所买，及投靠养育年久，或婢女招配生有子息者，俱系家奴，世世子孙，永远服役，婚配俱由家主。仍造册报官存档。①

对此在《户部则例》中也作了同样的规定：

> 一、民人契买奴仆，哇明地方官铃印契内，有犯验契究治。凡汉人家奴，若家主若印契买，若雍正十三年以前白契所买，以及投

---

① 见《光绪大清会典事例》卷810，刑部，页2，转引自《康雍乾时期城乡人民反抗斗争资料》第383—384页。中华书局1979年版。

靠养育年久，或婢女招配生子者，俱照八旗之例，子孙永远服役。

……

一、典买奴仆，若文契虽失，尚受主家豢养者，仍令服役。即已经赎身，其本身及在主家所育之子孙，仍存主仆名分，不准开豁为良。①

因而根据上述法律，奴仆之子亦为奴仆。曹家系清皇族的"包衣"。同理，"包衣"之子亦为"包衣"。曹颙所生此子，在一般情况下必定也是"包衣"。但是张云章之诗却说明，此子已脱离"包衣"籍。此说理由如下：

1. 在诗中，不仅有"天上惊传降石麟"诗句，而且诗人还深怕人们不明白，特地加有注释："时令子在京师，以充闾信至。"

"充闾"意光大门闾。需知这个门闾，正是下面诗句中提到的曹氏祖先——曹参、曹彬的门闾。因为自曹世选至曹颙这些"包衣"们并无光大"门闾"可言，他们只是主子附庸。他们干得再好，也是主子的奴才。

从上述诗句看，曹颙所生之子，已成为自由民。而且已不是一般的自由民，而是有较高的社会地位。

2. "俶装继相萧为侣，取印提戈彬作伦"诗句：进一步说明曹颙的这个儿子社会地位之高，他可能成为像先祖曹参（相国）和曹彬（大将）那样的国家栋梁。"丞相"和"大将"——这是皇帝的左右臂：一个主宰政权，一个握有军权。在清代，若无皇族血统，皇帝根本不可能对此人委以如此重任，甚至把军权也交付与他。试想，如果曹颙之子不是公主所生，没有皇族血统，仍是"包衣"贱民，张云章如何能写出"俶装继相萧为侣，取印提戈彬作伦"这样的诗句？

他的身份能从"包衣"提高到国家栋梁的地位，只有一个种可能——母亲的身份十分高贵。

从上面两点分析来看，从侧面证明了曹雪芹的母亲是公主这一论断

---

① 见《户部则例》卷3，户口，民人奴仆，页26—27页。转引自《康雍乾时期城乡人民反抗斗争资料》第384页。

的正确。即曹頫的这个儿子已不再是"包衣",而是有了皇家血统,为康熙的外孙。

四、为何《朴村集》遭禁

(一)《朴村集》曾遭禁

吴新雷先生对张云章有专门的研究,他记有这样一段:

> 他(张云章)的《朴村集》有康熙五十三年序刻本,但后来遭禁,传世甚少,今南京等地虽有藏本,均欠完整,只有上海图书馆善本部藏有全帙,计《朴村文集》二十四卷,《朴村诗集》十三卷,附刻《儒社唱和集》与《冷吟集》一卷。①

张云章的《朴村集》曾遭禁,在上海黄裳先生家藏《朴村集》的题识中得到证实,该题识写道:

> 此集入禁网,清吴氏小残卷斋藏传抄军机处奏进《全毁书目》,此本在第十次奏进折中,其案语云:"查《朴村集》系张云章撰,书中诗句有干碍处,应请销毁。"流传甚罕,直是故耳。②

该书为什么被查禁呢?原来是因"书中诗句有干碍处"。张云章的诗歌并无反清的内容,试想若他真有反清思想,写有反清的诗歌,曹寅还敢收留他做幕客吗?那么"干碍处"指什么呢?只能是因他在曹寅晚年,两人过往甚密,留下了一些有关与曹寅交往的诗歌。如果这些诗歌所写不过是曹家系清皇族的"包衣",当然算不上有什么"干碍处",问题就在于其中有些诗歌或诗句超出了这个范围。像这首《闻荔轩银台得孙却寄兼送入

---

① 见《曹雪芹江南家世丛考》第 70 页。
② 转引自《曹雪芹江南家世丛考》第 90 页。

都》一诗便属于这种情况。

《闻荔轩银台得孙却寄兼送入都》一诗的内容，不过是其中有些诗句隐约反映出曹颙的妻子系康熙的公主，于是载入此诗的整个诗集都要遭禁，这件事说明什么呢？

其一，说明乾隆不仅从历史档案中删削了竺香玉皇后，而且也从历史档案中删削了曹雪芹的母亲马氏，只因她是康熙的公主。

其二，说明竺香玉和马氏公主，不仅在历史档案中遭到删削，而且也不准许在民间流传的任何书籍中，那怕在诗歌中，隐约提到。凡提者一律查禁，销毁。从这一事件足可看出乾隆对历史的删削与篡改是何等的深入与彻底！

其三，既然连曹寅幕客的诗文集都因有"干碍处"而遭禁，难道曹寅的诗文就没有违禁之处吗？比如：凡重要之事曹寅都留下了诗篇，曹颙是曹寅的独子，曹颙结婚是件大事，为什么却没有留下任何文字？再如：曹寅得孙，连张云章都赋诗祝贺，曹寅却未留下任何文字，正常吗？对于这种反常现象，只能有一种解释：曹寅的诗歌同张云章的诗文一样，遭到了阉割。张云章的诗文偶然遗留下来一部全集，这是幸运，但曹寅却没有这样的幸运——现在我们所看到的《楝亭集》，已是被乾隆删削过的。凡涉及马氏公主及她所生的第一个儿子的诗文，已全部删削殆尽。

其四，《朴村集》特别是《闻荔轩银台得孙却寄兼送入都》一诗遭禁本身，便从反面说明：曹颙的妻子马氏确实是康熙的公主。

（二）与《朴村集》类似之书亦遭禁毁

乾隆时期借搞《四库全书》，不仅将《朴村集》一书销毁，类似的书亦均遭此命运，如屈复的《弱水集》即是。该书"在乾隆修《四库全书》时被禁毁，言有违碍语。"①

屈复，字见心，号梅翁，陕西蒲城人，生于康熙七年（1668年），终身布衣，以诗闻名，一生奔波，有点像顾炎武那样。怡亲王允祥曾以千金

---

① 见徐恭时《不如著书黄叶村》，载于《红楼梦研究集刊》第十一集，上海古籍出版社1983年版。

邀聘他为记室，未予从命。乾隆元年（1736 年）刑部右侍郎杨超曾推荐他为丙辰博学宏词征士，他予谢绝，并作《感遇》三十首，其一为：

> 贞不必绝俗，隐不必逃世。
>
> 自我来燕山，星霜已五易。
>
> 风云有青蝇，洁清无白璧。
>
> 点污徒尔为，本自不相识。①

从诗中可知：他自诩贞隐之人，认为官场只有"青蝇"，不会有"白璧"，让他去作官，就是在"点污"他。

他与曹寅亦有过交往，在《消暑诗十六首》中有一首便是对他的怀念。《消暑诗十六首》的"序"曰：

> 吾年二十七出关浪游，今七十有六矣。凡一粒一丝、寸纸点墨皆赖友朋，然得力者少。癸亥客姑苏，老病酷热，独坐一室，挥汗成雨，长饥可忍而仆怨莫解，作绝句若干首。其人之死生、贵贱、亲疏皆不论，意之所至，在我不在彼也。②

诗中的"癸亥"即乾隆八年（1743 年）。这十六首诗歌均写于苏州，其内容多是对友人的怀念。在这些诗中，有一首题为《曹荔轩织造》，此诗亦有小序：

> 荔轩，康熙间织造江宁，颇礼贤下士，当时称之。所著有《楝亭诗集》。③

其诗云：

---

① 见《弱水集》卷三，转引自朱淡文《红楼梦探源》第 104 页。江苏古籍出版社 1992 年版。

② 转引自《红楼梦探源》第 105 页。

③ 转引自徐恭时《不如著书黄叶村》。

　　直赠千金赵秋谷，相寻几度杜茶村。

　　诗书家计俱冰雪，何处飘零有子孙。①

　　这是一首赞扬曹寅的诗歌。

　　该诗的第一、二句写了曹寅做的两件事。赵秋谷，即赵执信，曾因演出《长生殿》而遭祸，功名全黜，生活窘困，投奔曹寅后，得到千金慨赠。杜茶村，指杜濬，系明末遗民，被陷文字狱案，而僻居于江宁鸡鸣山右，曹寅派人找到他，给他以慰藉及资助。

　　第三、四句意即：不论曹寅的诗品和文品，还是其任职的操守，都如冰雪纯净洁美。但是像曹寅这样品格高尚，才华横溢之人，却不知他的子孙已飘落到何方了。

　　诗中"何处飘零有子孙"一句，引起红学界注意，不少人对此句诗都作了自己的推测和阐释。笔者认为：应在如下事实基础上进行分析和理解：

　　1.屈复对曹家雍正六年至九年的沧桑变化未必了解

　　屈复来京的时间是雍正九年（1731 年），对曹家从雍正六年到九年之间的变化未必了解：

　　屈复在《感遇》中云："自我来燕山，星霜已五易"。此诗写于乾隆元年（1736 年）。五年前即雍正九年（1731 年）。

　　曹家被抄没，曹頫带领全家被调来北京领罪是在雍正六年（1728 年）。来京后至雍正九年，曹家情况又有了很大变化。

　　雍正七年十一月初八日有文献载：

　　　　上谕：从来开国之初，必有从龙之佐，或开疆拓土，茂建崇勋；或陷阵冲锋，捐躯殉节。至于承平之后，伐叛讨逆，其抒诚宣力之臣，壮猷忠节，并足以垂光竹帛，流誉无穷。心为人主者，据情据理，必无有不存笃念忠勋之心。……朕实不忍不念旧勋而推恩及其后裔。上年降旨，令各旗将功臣之子孙犯法问罪及亏空拖欠者一一查

---

① 转引自徐恭时《不如著书黄叶村》。

出具奏。……凡此宽宥人等，倘有穷乏不能自给者，准其于该都统处具呈，俟该统奏闻，朕当另加恩恤以存养之。其余八旗所查功臣之子孙可宽者亦无几，候朕再加详细阅看，发出特谕。①

从此上谕可知：曹家在雍正七年之后，情况已开始好转，其所欠之款，不再被催追。此时，曹雪芹母亲马氏的赐府——原恭王府，假如在雍正六年，按《刑部移会》记载："曹頫之京城家产人口及江省家产人口，俱奉旨赏给隋赫德。"②此时也应得到退还。

雍正八年，选秀女、才女，竺红玉代李香玉进宫做了公主、郡主的陪读。

雍正九年九月雍正的皇后乌拉那拉氏薨逝，第二年春末竺香玉被纳为皇贵妃，主管后宫事宜。曹家开始第二次中兴。

屈复于雍正九年才来京，对上述情况并不了解。

2. 屈复虽身在北京，但系贞隐之人，未必了解曹家的真实情况

雍正九年以后虽来北京，甚至可能直至乾隆八年以京为家，但未必能把雍正的宠后——竺香玉与被抄没的曹家联系起来。他如果了解曹家的真实情况，必然写有这方面的诗歌，但在他的诗集中，却并未留下这方面的蛛丝马迹。造成这种现象并不奇怪，理由有三：

其一，从雍正角度看。竺香玉被册封皇贵妃、皇后以后，曹家再度中兴，其与皇家的关系，甚至超过康熙朝时。然而，这件事从雍正角度看，是纳罪臣之家女子为皇后，从道理上说，是不太讲得通的，因而雍正本人会严禁人们谈论此事。

其二，从曹家及了解情况的大臣们的角度看。当时曹家已成为大红大紫的皇后之家。在这种情况下，无论是曹家，还是了解情况的大臣们，都不愿再提及曹家在数年前还是罪臣之家而被抄没之事。

其三，而对于平民百姓来说，更不可能将受宠之皇后与罪臣之家联

① 《雍正朝起居注册》。转自吴新雪、黄进德《曹雪芹家世新考》第404页。黑龙江教育出版社2000年版。
② 据雍正七年七月二十九日《刑部移会》引总管内务府同年五月初七日咨文，转引自《新发现的有关曹雪芹家世的档案》载于《历史档案》1983年第1期。

系起来。竺香玉被封为皇后以后，深居内宫，不与外界接触，外界并不甚
了解她竟是几年前罪臣家的"女儿"。而从此时到雍正暴亡仅两年多时间。
这段时间极为短暂，之后她便出宫带发修行了。人们很难详细了解到她过
去的情况。

屈复正是在这样的背景下来到北京的。他本是个贞隐之人，从不主
动打听什么消息。而又因他不是官宦，也不想为官入仕，与了解情况的臣
僚们交往不多，那些人不会主动向他透露：雍正时期的宠后，便是出自曾
被抄没的曹家。对他来说，只知道曹家雍正六年曾被抄没，而不知曹家后
来重又发迹。

有人认为：屈复写出"何处飘零有子孙"诗句，肯定了解曹家真实的
情况，这不过是一种推测罢了。尽管乾隆皇帝曾对历史档案作过极为彻底
的删削、篡改，但仍可以找到一些史料证明曹家"子孙"并无"飘零"。
如《八旗满洲氏族通谱》中便记载了曹氏家族自曹锡远起共五代十一人的
简况，此谱完成于乾隆九年十二月初三日。其中便有曹天祐（曹雪芹）①
的名字："曹天祐，现州同"。这一记载之所以十分重要，在于在《凡例》
中写道："有名位者载，无名位者删。"如李煦家族因已无名位，则未记
入。曹家既被记入，当然不会出现"飘零"的现象。所以说，屈复的记载
并不准确。

那么，屈复为什么会写出"何处飘零有子孙"诗句呢？

乾隆八年，屈复来到姑苏，想到曹寅的功劳和为人，很值得赞扬，
而他死后，却遭到抄家厄运，打听不到他的子孙已流落到何方，十分感
叹，便写《曹荔轩织造》之诗进行抒发，是很自然的事。

又过了八年，即到乾隆十六年时，曹家被第二次抄没。

从乾隆十六年（1751 年）到借编纂《四库全书》而搞禁毁书籍（乾
隆四十二年至四十七年，即 1777—1782 年），又经过了约三十年时间。当
时对于审查书籍者来说，很难要求他们搞清每一首诗歌，甚至每一个诗句
的背景。当他们看到"何处飘零有子孙"这样的诗句时，自然会认为：这
是为曹家的被抄没鸣冤叫屈，而视为"碍语"，报给乾隆、和珅。乾隆时

---

① 关于曹天祐即曹雪芹的辨析，见《曹雪芹生辰考》一文，载于《红楼解梦》第一集。

期的文字狱十分严酷，任何书只要有一句"碍语"，哪怕是"疑似"的，整个书籍便被销毁。《弱水集》被禁毁，或许就是因这一句搔首问天之语。

从《朴村集》和《弱水集》两部诗集均遭禁毁的例子可以看出，什么是乾隆的所谓"碍语"：

第一，凡涉及曹家第二次中兴及第二次被抄没史实的，便视为"碍语"，须被禁毁。

第二，凡涉及竺香玉皇后及马氏公主史实的，均为"碍语"，而被禁毁。

这正是史料中几乎找不到任何有关竺香玉和马氏公主有关记载，以及任何有关曹家第二次中兴、第二次被抄没的史料的原因所在。

五、曹颙所生此子的命运

（一）曹颙所生此子不久夭折

在曹颙死后，由曹𫗪继任江宁织造。他曾于康熙五十四年三月初七日写了一个"代母陈情折"：

> ……奴才之嫂马氏，因现怀妊孕已及七月，恐长途劳顿，未得北上奔丧，将来倘幸而生男，则奴才之兄嗣有在矣。①

从"将来倘幸而生男，则奴才之兄嗣有在矣"句来看，当时曹颙妻马氏身边没有男孩，由此足可说明：康熙五十年所生之男孩，已经夭折。最早提出此看法的是周汝昌先生，他在《红楼梦新证》中写道：

> 是先此颙所生长子并未成长之确证。
> 据此知本年所生者旋即夭殇又无疑。②

---

① 见《关于江宁织造曹家档案史料》第 129 页。
② 见《红楼梦新证》第 51 页和第 504 页，人民文学出版社 1985 年版。

周先生根据曹頫的奏折得出此子夭殇的结论，并无不妥之处。

（二）李煦奏折中的"孤"是指曹颙所生此子吗？

若只有曹頫的这个奏折，确定曹颙所生此子"旋即夭殇"本不会有任何歧义，但与此同时李煦却留下了两个奏折，其中有"孤"的字样：

奏折一，于康熙五十四年正月十八日写道：

> 曹颙病故，……特命将曹頫承继袭职，以养赡孤寡，保全身家。①

奏折二，于康熙五十四年三月初十日写道：

> 主子俯念孀居无依，恐你一家散了，特命曹頫承继宗祧，袭职织造，得以养赡孤寡，保全身家。②

这两个奏折均有"养赡孤寡"语。于是海内外有些红学家，便对其中"孤"字提出疑义，认为当指曹颙康熙五十年所生之子。对此亦有两种观点：

第一种观点，认为此"孤"并非子，而为女。持此观点者为美国威斯康辛大学赵冈教授，他认为：

> （这个）长孙，也是唯一的孙子夭折，对曹寅及整个南京曹家是一件大事。然而曹寅诗文集中以及他朋友的诗文来往中从未提及此事。其次，1715 年李煦的奏折中称曹颙有"孤"留下，可是我们又找不到曹颙又有一个孩子的记载。更奇怪的是，既然有"孤"，为什么又不能"承祧"。我们的解释是：1709 年冬曹颙妻所生的是一个女儿，所以有"孤"而不能"承祧"。张云章是误闻生男，而以诗贺曹寅得孙。③

---

① 见《关于江宁织造曹家档案史料》第 127 页。
② 见《关于江宁织造曹家档案史料》第 130 页。
③ 见赵冈、陈钟毅《红楼梦新探》第 128 页，文化艺术出版社 1991 年版。

对于上述观点，我们的看法是：

其一，"曹寅诗文集中以及他朋友的诗文来往中从未提及此事"，恰恰说明：曹寅及其朋友的诗文集均遭到类似张云章诗文集的厄运——都曾被乾隆阉割或删削过。然而又都没有张云章幸运——他的诗文全集居然能侥幸遗留下来一部。

其二，"张云章是误闻生男"的推断，并无根据。因为张当时是做曹寅的幕客，就在曹寅的身边，怎能"误闻"!? 曹寅所得绝非孙女，而是孙子无疑。

第二种观点，认为此"孤"即曹雪芹本人。持此观点者为吴新雷、胡文彬①、张书才②、刘广定③ 等人。比如吴新雷写道：

> 曹寅这个生于康熙五十年的长孙是谁呢？我认为可能就是《红楼梦》的作者曹雪芹。考敦诚《寄怀曹雪芹》"扬州旧梦久已觉"诗注说："雪芹曾随其先祖寅织造之任。"……
>
> ……"得孙诗"中的孙子就是曹雪芹，他于康熙五十年十一月初在北京出生，康熙五十一春随曹寅到南京，至雍正五年十二月家破时已 17 岁。他不仅经历过曹家的盛世，而且对贵族家庭的败落是亲眼目睹的，有切身的体会，这就符合"秦淮风月忆繁华"和"扬州旧梦久已觉"的情况。④

吴新雷等人产生这种看法的基点是敦诚《寄怀曹雪芹》"扬州旧梦久已觉"中的诗注"雪芹曾随其先祖寅织造之任"。那么，该如何看这个诗注？吴教授的看法是否正确呢？

同样是敦诚还写过一首《挽曹雪芹》诗，其中有"四十年华付杳

---

① 胡文彬《读遍红楼——不随黄叶与秋风》第 161—163 页，书海出版社 2006 年版。

② 张书才《曹雪芹生父新考》，《红楼梦学刊》第 59—76 页，2008 年第 5 辑；另见张书才《曹雪芹家世生平探源》第 121—138 页，白山出版社 2009 年版。

③ 刘广定《曹雪芹生年再探讨——纪念曹雪芹诞辰三百周年（1711—2011）》，载于《曹雪芹研究》2011 年第一辑。

④ 见吴新雷《曹雪芹江南家世丛考》第 88—89 页。

冥"、"四十萧然太瘦生"诗句。笔者曾作过论证，曹雪芹死于乾隆二十八年除夕（1764 年 2 月 1 日），生于康熙五十四年五月初三（1715 年 6 月 4 日），活了四十八年八个月（差三天不到）。与上面"四十"（意"四十"多）的诗句是符合的。但若按吴教授的看法，即曹雪芹生于康熙五十年，那么他死时已是五十二岁，这便与上面诗中的"四十"发生了矛盾。该如何看待这个矛盾呢？

须知：事情往往是复杂的，而史实又往往有矛盾，这就产生了各种不同的看法，甚至产生观点的对立，但真理只能有一个，如何判定孰是孰非呢？这里关键性的一点是对于史料的取舍。如何取舍史料呢？从上面两件史料分析：一件是"雪芹曾随其先祖寅"云云，另一件是只活了"四十"多岁，都是敦诚说的，哪个对？哪个错？这就要看哪个是直接证据？哪个是间接证据？直接证据应视为可靠，间接证据则不可作为关键性的依据。很明显，曹雪芹只活了四十多岁，敦诚是了解的，应视为可靠的证据，而因他虽为雪芹之友，却未必十分清楚雪芹家里的事（比如曹家除曹寅外，还有曹玺、曹颙、曹頫也都做过江宁织造，曹寅到底何时去世等等）。这些事，难免带有推测成分，未必准确，因而不能作为关键依据。这便是吴教授关于雪芹生于康熙五十年的看法不能成立的道理所在。

（三）李煦奏折中的"孤"实指马氏腹中之"孤"

李煦奏折中的"孤"到底指何人？美国耶鲁大学的余英时教授认为：此"孤"即指马氏腹中之"孤"。他说：曹頫折中言其嫂马氏有孕，虽然尚未出世，"得已在母腹"，所以李煦奏折说的"养赡孤寡"也可能是指马氏腹中"孤"，而不一定是"得孙诗"中的"孤"。[①]

有人认为这种看法亦不妥，怎么能把尚在母腹中未出世之婴叫做"孤"呢？其实若结合当时具体情况来看，这种说法不无道理。

什么是当时的具体情况呢？马氏非同一般人士，而是康熙皇帝的公主。只要明确了这一点，其他一切相关的历史之"谜"也就能相应而解，

---

① 见余英时《红楼梦的两个世界》第 94 页，台北联经出版事业公司 1978 年版，转引自《曹雪芹江南家世丛考》第 84 页。

下面试举两例：

例一，为何曹頫可以由父亲"携任上教养"？

康熙五十一年九月初四日，曹頫奏折云：

> ……奴才年当弱冠，正犬马效力之秋，又蒙皇恩怜先臣止生奴才一人，俾携任所教养，岂意父子聚首之余，即有死生永别之惨，乃得送终视殓者，皆出圣主之赐也。……①

据我们考证，本年曹頫十九岁。②

按照清代规定，旗人子弟十八岁以后必须赴京当差：

> 乾隆七年奉上谕，向来旗员子弟自幼随任在外，年至十八岁者，例应来京。若有欲留任所协办家务者，准督抚代为题请，听候部议。其新授外任之员子弟，在京长养，年过十八岁以上者，非奉特旨，不得随往。此旧例也。③

从上述规定可知：旗人随任在外的子弟凡到十八岁者，都须来京当差，若"欲留任所协办家务者"，需要办一定批准手续的，并无"携任所教养"一说。这种做法完全是康熙对曹頫的特殊照顾。康熙作为皇帝为什么对曹頫如此关照？

然而只要将曹頫是额驸（驸马）这个事实考虑进去，康熙的做法就顺理成章了。

例二，曹頫继任江宁织造后，康熙"特命李煦代任两淮盐差一年"，将所得余银，清偿其父曹寅在世时所欠钱粮。④清偿之后尚余银三万六千余两。康熙只留"六千两养马"其余的三万两，则全部赐给曹頫。⑤须

---

① 见《关于江宁织造曹家档案史料》第103页。

② 见《红楼解梦》第五集（下）《〈红楼梦〉中隐写着雪芹之父曹頫的生年》一文。

③ 见《内务府现定则例》第3卷第55页。转引自赵冈、陈仲毅《红楼梦新探》第126页。

④ 见康熙五十二年十一月十三日的曹頫奏折，《关于江宁织造曹家档案史料》第119页。

⑤ 见《关于江宁织造曹家档案史料》第122页。

知，当时曹颙已是三品官，曹寅奋斗了一生才是三品，因而三品对于像曹颙这样的年轻人来说，是极为特殊的现象。那么，三品官的年俸是多少呢？——130两银子。赐他三万两银，意味着白白地给了他二百三十多年的年俸！如果不把曹颙是康熙的女婿这一事实考虑进去，康熙皇帝的做法便难以解释。

然而，曹颙来北京时，却突然病死在任上。康熙皇帝自然会考虑到自己的十六皇女（马氏公主）将来生活的着落问题。李煦身为老臣当然知道该怎样做，这便有了他写于康熙五十四年正月十八日和三月初十日的两个奏折。在由谁接替曹颙任江宁织造职这件事上，正是迎合了康熙的心愿。从这个角度去考虑此问题，奏折中提到的"养赡孤寡"之"孤"，便只能是马氏公主腹中的"孤"了。此"孤"正是后来的曹雪芹。至于"寡"，则既指曹雪芹的祖母李氏，又指曹雪芹的母亲马氏。

小　结

在乾隆的文字狱时代，张云章的《朴村集》、屈复的《弱水集》等也成为了禁书，而遭阉割和删削。

张云章《闻荔轩银台得孙却寄兼送入都》一诗所反映的是：到曹颙之子这一代，已脱离了奴籍，而成为有皇家血统之皇亲，将来有望成为出将入相的栋梁之材。这首诗的内容隐约透露出此子的母亲马氏实际是有皇家血统之人——即为康熙的公主。而这便是张云章诗遭到查禁、销毁的根本原因。

然而可惜的是：曹颙的这个男婴不久便夭折了。

曹颙的妻子马氏于康熙五十三年七八月份又有身孕，但不久曹家又遭到不幸——曹颙于康熙五十四年元月病逝于北京。此时马氏已怀孕五个月。李煦在正月十八日和三月初十日所写的两个奏折中，所提到的"养赡孤寡"之"孤"，便指马氏腹中之子（即后来的曹雪芹），"寡"既指曹雪芹的祖母李氏，又指曹雪芹的母亲马氏（康熙的十六公主），一语双关。

紫　军

2009 年 8 月 15

曹雪芹高祖曹振彦简历兼及
《大金喇嘛法师宝记》碑

研究《石头记》必须要研究作者曹雪芹所生活的社会、作者的生平、他的家庭，乃至当时的清皇宫情况。这种研究的意义在于两点：

其一，如此做法能够更深刻的理解正面小说；

其二，由于《石头记》是一部有正（小说）、反（历史）两面的奇书，研究者需要通过小说研究其背后的隐史。这就有必要通过对有关历史的考证，去验证与补充所探究的隐史，以保证其隐史的正确与全面。

特别是第二点意义，就对研究者提出较高的要求：不仅要采取正确的方法去探究小说背后的隐史，而且也要采取正确的方法去研究现存的史料，对于史料有个全面而正确的认识，尤其是要忠于历史事实。不这样做，如何能正确认识与挖掘书中之隐史？

——我们正是从这个角度去看待已发掘出的有关曹雪芹及其家族的史料。本文我们主要谈曹雪芹的高祖曹振彦的生平，着重谈一谈辽阳的《大金喇嘛法师宝记》碑，其中所刻"曹振彦"之名，是否说明他曾做过"教官"的问题。

一、曹振彦的简历

从现有史料，我们得知曹振彦的简历如下：

曹振彦是曹锡远（世选）的儿子。大约生于1600年（明万历二十八年）。后来曾做"贡员"（生员）。

1619年（明万历四十七年，天命四年），曹振彦约20岁，后金攻陷开原、铁岭。二城居民均被俘，分赏后金官兵为奴（包衣），曹氏父子亦被俘获，后归属正白旗"包衣"。

1630年（明崇祯三年，天聪四年），曹振彦约21岁，同年在辽阳所立之《大金喇嘛法师宝记》碑的碑阴中有"曹振彦"的名字，说明他此时生活在辽阳，为佟养性的部下。

1634年（明崇祯七年，天聪八年），曹振彦约35岁，为"墨尔根戴青贝勒多尔衮属下旗鼓牛录章京"，"因有功，加半个前程"。"墨尔根戴青贝勒"即正白旗。当时的旗主是多尔衮。"旗鼓牛录章京"即指"包衣旗鼓人"的"佐领"。

1644年（顺治元年），曹振彦约45岁，随从清军入关。

1648年（顺治五年），曹振彦约49岁，与其子曹玺从征山西姜瓖。

1750年（顺治七年），曹振彦约51岁，任山西平阳府吉州知州。

1752年（顺治九年），曹振彦约53岁，任山西大同知州。

1756年（顺治十三年），曹振彦约57岁，任浙江都转运盐使盐法道。

1758年（顺治十五年），曹振彦约59岁，卒于任上。

曾被授光禄大夫江宁织造三品郎中加四级，中遭变故，后复赠资政大夫。

所据史料：

《八旗满洲氏族通谱》（附载满洲旗分内之尼堪姓氏）："（曹锡远）其子曹振彦；原任浙江盐法道。"

《清太宗实录》卷十八，天聪八年甲戌（明崇祯七年，1634年）夏四月："墨尔根戴青贝勒多尔衮属下，旗鼓牛录章京曹振彦，因有功，加半个前程。"

吴葵之《吉州全志》卷三"职官·知州"："曹振彦，奉天辽东人，七年任。"

嘉庆《山西通志》八十二"职官·吉州知州："曹振彦，奉天辽阳人，贡士，顺治七年任。"

《大同府志》卷二十一"职官·大同府知府"："曹振彦，辽东人，贡士，顺治九年任。"

《敕修浙江通志》卷一百二十二"职官十二·都转运盐使司盐法道"：

"曹振彦，奉天辽阳人，顺治十二年任。"

《重修两浙盐法志》卷二十二"职官·官纪·两浙都转运盐使盐法道"："曹振彦，奉天辽阳，生员，顺治十三年任。"

《五庆堂谱》："振彦，锡远子，浙江盐法道，诰授中议大夫，子贵，晋赠光禄大夫。"

二、关于《大金喇嘛法师宝记》碑

《大金喇嘛法师宝记》碑立于天聪四年（明崇祯三年，1639）。原在辽阳旧城大南门外，现保存在辽阳市文物保管所。由于在碑阴中刻有曹振彦的名字，引起红学研究的重视。应当怎样认识这个问题？

——笔者认为：必须首先将此碑内容、建碑目的搞清楚，然后，才可能正确认识此碑的作用。

（一）碑阳

该碑正反两面均刻字。碑阳原文是竖行，正文满汉文对照，右半是汉文，左半是满文（老满文）。现将汉文录下：

　　大金喇嘛法师宝记

　　法师斡禄打儿罕囊素，乌斯藏人也。诞生佛境，道演真传，既已融通乎大法，复意普度乎群生。于是不惮跋涉，东历蒙古诸邦。阐扬圣教，广敷佛惠，□蠢动含灵之类，咸沾佛性。及到我国，蒙太祖皇帝敬礼尊师，倍常供给。至天命辛酉年八月廿一日，法师示寂归西。

　　太祖有敕，修建宝塔，敛藏舍利。缘累年征伐，未建寿城，今天聪四年法弟白喇嘛奏请，钦奉
　　皇上敕旨
　　八王府令旨，乃建宝塔，事竣镌石以志其胜。谨识。时大金天聪四年岁次庚午孟夏吉旦。同门法弟白喇嘛建，钦差督理工程驸马

总镇佟养性。

委官备御蔡永年

游击大海

杨于渭撰

上述这段碑文说明如下三个问题：

第一，建碑的目的——为了纪念斡禄打儿罕囊素法师：

囊素法师来自西藏，先到蒙古各邦传喇嘛教，之后又来到八旗，受到太祖皇帝（努尔哈赤）尊敬，经常给他以物质上的支持，直到天命辛酉年（天命六年，明天启元年，1621年）八月廿一日法师圆寂。

在法师圆寂后，太祖皇帝便降敕旨为之修建宝塔，以收藏其舍利。

第二，为何现在建此塔——有太祖之命：

在斡禄打儿罕囊素法师圆寂后，虽有太祖的敕命，但是由于连年征战，宝塔始终未能建成。直到天聪四年（明崇祯三年，1630年），新继任的法师白喇嘛上奏请太祖皇帝。于是太祖皇帝降旨予八王府来办理修建此塔之事。现在宝塔已建成，为了纪念此事，便立此碑以将此事原委说明。

第三，修建时间，修建人，监督人：

碑文中说明了建成此塔的时间：天聪四年（明崇祯三年，1630年，庚午）孟夏（初夏，四月）。

修建人：同门法弟白喇嘛。

钦差督理工程人：驸马总镇佟养性。

最后还注明了该工程的具体监管者（委官备御）、碑文的撰写者等。

（二）碑阴

碑阴是题名，现将人名列于下：

喇嘛门徒　甕卜、班第、扒必知、闪把、孛代、咱□□、罗布藏端州 ‖
齐榜识、率尼榜识、战麻、毛胡赖、布希孩、□牛、孛治 ‖
摆晒、麻害、来福、路子、小保子、□□□、贾友登 ‖
贾友明、重阳、夏永时、王善友、把大□、□□□、徐计忠 ‖
范和尚、朱朝功、王厨子、洪文魁、洪□□、王□中 ‖

王尽中、贾计祖、徐德、王二、小倪子、明□□、祖喜、玄方‖

侍奉香火看莲僧　大成、大塔、金刚保、常会、大士、大召、妙意、宽伏、□□、祖俊‖

西会广祐大宁善航寺僧　信海、信椿、洪果、信稻、性惠、果正、常镇、洪德、□□、□□‖

性宗、信清、镇龙、洪湛、大常、大京、大玲、大清、妙本、宽然、玄龙、妙感‖

玄维、召贞、信福、惠静、性朝、（游备郎位、朗熙载、臧国祚）‖

总镇副参游备等官　马登云、黑云龙、石国（廷）柱、高鸿中、金励、佟延、鲍承先、祝世印昌‖

（皇上侍臣）李思中、殷廷格、杨万朋、佟整、张世爵、李灿、张士彦、李世新、范登仕、‖

（库滴）张大献、高仲选、吴守进、刘士璋、闫印、杨可大、朱计文、吴裕‖

（义马哈）金玉和、宁完我、崔名信、杨兴国、李光国、金孝容、俞子伟、赵梦豸、段成梁‖

（龙十）殷廷枢、他延庚、秃占、秃赖、才官、率太、尤天庆、黄云龙‖

（偏姑、敖官）高应科、朱□、郑文柄、冉启棕、王之哲、冯志祥、曹振彦、蔡一品、张□□、‖

（温台十）李芳浦、高大功、严仲魁、韩士奇、薛三、樊守德、陈玉治、林友成、王友明‖

（木青）千总房可成、李三科、崔进中、周尚贵、木匠赵将、石匠信倪、宽□‖

（乞力干）金世逵、（副将佟一朋、韩尚武、铁匠潘铁、□匠胡净）‖

（□□□）

（何尔利、柯参将、杨旗鼓、马应龙、陈五、炮塔泥水匠崔果□）

*

　　说明：

1. 凡带有"‖"符号者，原碑文至此为一行结束，其后便另起行了。

2. 凡带有"( )"，括弧内的题名为楷书者，系碑刻成后，又续加的名字。

（三）对碑阴中题名的分析

下面对碑阴中的题名作一个分析：

首先，从题名中人员的身份进行考察：

应当了解这块碑的性质，这是一块为喇嘛教法师建塔而立的碑，建塔需要一定的物力、财力和人力。碑中所记之人，是参与立碑者。他们或给予一定的财力、物力的支持，或参加了义务修建。从人员来看包括四部分人：

1. 各类僧徒和喇嘛信徒：如"喇嘛门徒"、"侍奉香火看莲僧"、"西会广祐大宁善航寺僧"。

2. 驸马总镇佟养性的部下：如"总镇副参游备等官"中的绝大部分人。

3. 匠人：如石匠、木匠等。

4. 其他：如"皇上侍臣"、"千总"。

其次，从原碑刻题名与后补缀人名的区别进行考察：

1. 原碑刻题名格式比较规整：

原碑刻题名排列比较整齐，都是将一类人放在一起。如"喇嘛门徒"占6行，"侍奉香火看莲僧"占1行，"西会广祐大宁善航寺僧"占3行，"总镇副参游备等官"占7行，其他人员（包括千总、匠人等）占2行。

怎样理解"千总"这一行呢？

——在此碑文中，没有将"千总"作为"官"看待，因而没有将其放在"总镇副参游备等官"一类中。有可能在"千总"下面几个名字，包括"房可成、李三科、崔进中、周尚贵"都是任"千总"职。下面是"木匠赵将"、"石匠信倪、宽□"和下面一行的"金世逵"均属于石匠。

2. 后补缀的人名所占的位置比较凌乱，而且字形也不十分工整。

从后补缀的人名所添加位置来看，可分作三种情况：

第一种情况，后补缀的人名镌于石碑的上端。如在"总镇副参游备等官"左侧的上端的人名均属于这一类，包括"皇上侍臣、库滴、义马哈、龙十、偏姑、敖官、温台十、木青、乞力干"数人。

第二种情况，后补缀的人名镌于其他类别的空白处。如"西会广祐大宁善航寺僧"第3行最后三个名字"游备郎位、朗熙载、臧国祚"，即属于这种情况。因为"游备"是官名，不应混于"僧"中间，而且其字形与前面的题名明显不同。

再如，在左起第二行自"金世逵"往下，"副将佟一朋、韩尚武、铁匠潘铁、□匠胡净"都属于后补的人名。

第三种情况，整行均是后补缀的，如左起第一行。其中最上面的两个名字是并列的（即"□□□"和"何尔利"），后面的几个名字"柯参将、杨旗鼓、马应龙、陈五、炮塔泥水匠崔果□"均属此类。

三、曹振彦从未做过"教官"（之一）——从字形辨认

《大金喇嘛法师宝记》
碑碑阴局部

现有的历史文献中，从未有过曹振彦曾做过"教官"的记载。冯其庸仅凭《大金喇嘛法师宝记》中有"敖官"二字，便由此考证出曹振彦曾做过红衣大炮的"教官"（见《〈大金喇嘛法师宝记〉碑"教官"考论》一文）[1]，这种考证正确吗？

"敖"与"教"的写法不同：

从碑文来看，很明显是"敖官"，而不是"教官"。我们先看李奉佐、金鑫先生在《曹雪芹真祖地铁岭》一书[2] 中所刊之照片的局部（见右图）。从图来看，任何人一眼就可认出：这两个字是"敖官"无疑。

---

① 该文载于《红楼梦学刊》2007 年第五集。
② 该书由中国铁岭曹雪芹研究会印行，1998 年。

下面我们再看冯其庸先生文中所刊出的照片局部（见左图）。与李奉佐先生不同处，只在"敖"字的弯勾处，多了一条横线。

两图都是拓于《大金喇嘛法师宝记》碑，依据谁的拓片呢？

——只能依据李奉佐先生所提供的照片局部。理由是他的这张图片拍摄的较早，系原自1996年卢祥云先生拍摄的辽阳《大金喇嘛法师宝记》碑照片。而冯其庸先生的图片是2007年才拍摄的。他在文中写道："为此前不久，我又专程到辽阳验看此碑和碑上此字，分明是'教官'，而且分明是提行台头书刻无误，我为此特拍了照片，拓了拓片。（见附图）"

两者之间相差11年，何况前者所提供的图片，较后者更清楚些。

从字形来看，"敖官"的"敖"字不可能是"教"，决定于两点：

其一，按照书写习惯，汉字如果是三横，第二横（中间一横）要稍短些，如果是两横，第二横（下面一横）要稍长些。我们看照片上的字，第二横较短，说明是"敖"字，而非"教"。

其二，研究笔画。若是"敖"字从上到左下，是一笔，而若是"教"则是两笔：第一笔是"土"字的一竖，第二笔是在"土"字的右上方向左下方斜划下来。我们来看此字，是从上到左下一笔滑下，并且在"土"字的右上方，看不出来有一斜道。

其三，查看拐弯处。"敖"字左下方是拐一道弯，"教"的左下方是拐两道弯，即相当于"了"字。从图形看是一道弯，而非两道弯。

其四，查看左下方拐弯处是否有一道横线。虽然按照冯其庸先生提供的照片，左下方拐弯处有一道明显的白线，但是李奉佐所提供的照片，较之要早，也就是说受到风化、损害的程度要小些，并无这一道白线。

综合上述四点来看，此字只能是"敖"，此词是"敖官"，为人名，而不可能是"教"字，不可能是"教官"。

四、曹振彦从未做过"教官"（之二）——
立"宝记"碑时尚无红衣炮兵部队

前面我们已说明《大金喇嘛法师宝记》碑建于天聪四年（明崇祯三年，1630年）。冯其庸先生将"敖官"说成"教官"，认为由他教授后金兵使用红衣大炮。然而，冯先生忽略了时间问题——后金建红衣炮队是在立"宝记"碑之后。

红衣大炮本是由葡萄牙人传进明朝的，明朝于天启六年（1626年）开始自己制造；曾用于对后金作战，给后金军队以很大威胁①。后金获得明人的技术以后，于天聪五年（1631年）正月制造出这种大炮。《清太宗实录》卷八记载：

> （天聪五年正月）造红衣大将军炮成，镌曰："天祐助威大将军，天聪五年孟春吉旦造。"……先是我国未备火器，造炮自此始。

卷九记载：天聪五年（1631年）七月，皇太极"集诸贝勒大臣，议设统兵将帅"，决定"其随营红衣大将军炮四十位，及应用挽车牛骡，皆令总兵官佟养性管理"。"八月丁未，两路军俱抵大凌河。"皇太极亲自分派八旗将士围城，令"总兵官额驸佟养性率旧汉兵载红衣炮、将军炮当锦旗，大道而营。"此处的"旧汉兵"应指曾使用过红衣大炮的被俘明朝士兵。

请看：佟养性管理红衣炮队是在天聪五年（1631年），而立"宝记"碑是在天聪四年（1630年），当时还没有红衣炮队，何来的"教官"？而且当时曹振彦也不可能掌握红衣大炮的技术，怎么能当红衣大炮教官？

需要说明的是即使后金建了红衣炮队，也不曾设"教官"一职。后金从天命五年（1620年）"序列武爵"以后，武职有总兵官、副将、参

---

① 见稻叶君山《清朝全史》第十四章。

将、游击、备御，备御之下设千总四员①。在后金的炮兵中，从未设过专职"教官"，这从两个奏疏中可以得到证明。

天聪七年正月，兵部启心郎丁文盛、赵福星因见汉兵"炮手衣食甚是不足，各养活将官又占使不闲"，技术荒疏，特上疏建议："今当选择火器纯熟者，升为千总名色，各炮手令他教演。"②同年三月，汉兵营总兵官马光远针对同一问题上疏。疏中说：

> 今蒙皇上恩典，收选新旧将官、备御及永平、大凌河炮手已有二百余人矣，合无将各炮手着落六家喇（甲喇）善知炮火将官、备御定名管领。闲时率领演放，有事率领攻打，使兵将相亲，演习惯熟，临时不致错乱。③

从这里可以看到，当时管军事训练的就是将官、备御、千总等，没有另外设什么"教官"。

五、曹振彦从未做过"教官"（之三）
——"教官"不是武职官员

后金是满洲贵族建立的政权，17世纪20年代初它的统治范围便扩展到汉族人居住的辽河平原。随着越来越多的汉人归属后金，满洲贵族也有意识地模仿明制，采用汉人的各种称呼。而后金的广大汉人对于各种身分和职务更是习惯于使用汉语旧名。天命五年"序列武爵"，总兵官、副将、参将、游击、备御、千总，完全是袭用明朝武职的名称。《大金喇嘛法师宝记》碑反映了后金社会"俱因汉文，从其旧号"、"袭汉语旧名"的风气。这块碑上所有的称谓（皇帝、皇上、王、驸马、总镇副参游备、千总、石匠、木匠、铁匠、喇嘛、僧），都是明朝汉族地区所习惯使

---

① 《太祖实录》卷七。

② 《丁文盛等谨陈愚见奏》，《天聪朝臣工奏议》卷中，见《史料丛刊初编》。

③ 马光远：《又请整饬总要奏》，《天聪朝臣工奏议》卷中。

用的，而且保留着它们传统的含义。就是称总兵官为总镇，也是明朝人的习惯①。

在辽阳后来发现了其他一些碑铭上出现了"教官"二字，了解了上述背景，我们就可以探讨"教官"在当时的含义为何了。

我国历史上向来把官学的司教人员如博士、助教、教授等称为"教官"。"教官"即"教师"或"老师"的意思。明代国子监和府学、州学、县学、宗学、武学的教师及掌管教务的人员，均称"教官"，也称"学官"。它既非文职，亦非武职，习惯上称为教职。② 了解了这一点，就明白辽阳博物馆保存的《礼部榜文》碑中"教官"的含义了。有关的一段如下：

> 生员内有学优才瞻，深明治体，果治何经，精通透彻，年及三十愿出仕者，许敷陈王道，讲论治化，述作文辞，呈禀本学教官，考其所作，□□理连金其名，具呈提调正官，然后亲□赴奏闻，再行面试。如果真才实学，不待选举，即时录用。③

"生员"是指秀才，"本学"当指国子监、州学、县学之类的机构，此处的"教官"则是这类机构的负责人。

上面介绍了曹振彦不可能做过"教官"的三点理由，即：从两字的字形来看，是"敖官"，而非"教官"；立"宝记"碑时，后金尚无红衣大炮部队；以及"教官"本属教职，并非武职，如何教授红衣大炮的使用方法？由此可知：《大金喇嘛法师宝记》碑中的"□官"两字，决不可能是"教官"，只能是"敖官"。

---

① 《明会典》（万历重修本）卷一百二十六："其总镇，或挂将军印，或不挂印，皆曰总兵。"

② 参阅《日知录》卷十七《教官》条，《明会要》卷四十一，《野获编》卷十一、卷十四，《明史》卷六十九。

③ 转引自《红楼梦学刊》2007年第5辑第29页。

六、正确认识《大金喇嘛法师宝记》碑的历史价值

《大金喇嘛法师宝记》碑有一定的历史价值，主要体现在三个方面：

第一，证明喇嘛教曾传至东北地区。对于喇嘛教，无论是明代，或是后金都很尊重与重视。在来自西藏的囊素法师圆寂后，努尔哈赤还降旨为他修建了宝塔。

第二，由于宝塔是佟养性主持修建，因而若研究佟养性，此碑是重要的证物。

第三，碑阴有"曹振彦"以及为修建宝塔而贡献财力、物力、人力的名单，涉及此者，亦有参考价值。

由于曹振彦是曹雪芹的高祖，在此宝塔碑阴中出现他的名字，受到格外的重视。但是如今看来，此碑所能证明的只是：曹振彦在天聪四年（明崇祯三年，1630年，庚午）正在辽阳，曾为修建囊素喇嘛法师宝塔，捐过款项。

对于《大金喇嘛法师宝记》碑的历史价值应有正确的认识，在对此碑的研究工作中出现两种偏差：

其一，曲解《大金喇嘛法师宝记》碑的内容：

将"敖官"有意或无意地认成"教官"，并在此基础上进行无限制的扩展，甚至得出结论说："曹振彦是佟养性乌真超哈部队，即红衣大炮部队的'教官'当是无可怀疑了"。①——这种将碑的内容加以歪曲，然后便在此基础上去进行论证及作出结论，可说是搞研究的一大忌。

其二，歪曲《大金喇嘛法师宝记》碑的性质：

《大金喇嘛法师宝记》碑是为囊素喇嘛法师修建宝塔而立之碑，碑阴所记的是参与修建此碑，以及为修建此碑捐助过款项的名单，这只要对该碑的碑阳及碑阴稍作些研究便能了解其性质如何。然而冯其庸竟据此证明：辽阳即曹振彦籍贯，亦即曹雪芹的祖籍，并说道："……辽阳博物馆现

---

① 转引自《红楼梦学刊》2007年第5辑第29页。

存三块后金时代的石碑，其中《大金喇嘛法师宝记》碑……，均修于后金天聪四年，两块碑上清楚地刻着曹雪芹高祖曹振彦的名字。这些实物和历史文献都为曹雪芹祖籍在辽阳，提供了最为有力的证据。"——显然这是故意歪曲了该碑的性质，将此碑与"墓碑"、"宗祠碑"混同起来。①

　　研究历史，应当有历史唯物主义实事求是的态度，绝不能对史实按照个人的需要随意加以歪曲、夸大或缩小，如果认为只要权力在手，能够一呼百应，有一批人为自己摇旗呐喊，由此便可以随心所欲起来，可以预料：最终必将受到历史的惩罚！

紫军、霍国玲

2008 年 1 月 4 日

---

① 见田湘《曹雪芹祖籍在辽阳——'96 辽阳全国红楼梦学术研讨会综述》，载于《红楼梦学刊》1997 年第 1 辑第 19 页。

"石学"飞鸿①

一、读者是怎样逐步接受"石学"理论的

"石学"研究者收到大量读者来信，从来信可知：一些读者，仅从自己的感觉出发，还未阅读"石学"书籍，便对其结论心存疑虑，抱着试试读的态度。然而，当他们认真阅读后，这些怀疑便都逐步消除，使不理解，转为理解；从不接受，转为接受了。

从这些信可以看出，"石学"丛书从一开始就受到广大读者的欢迎。这些信都是写给霍国玲的，虽然写于十几年前，相信现在初接触"石学"的读者，仍会有同感，故摘选出几封信刊出，以作交流。

（一）

我是北京工业大学应用经济系的一名学生。我的同屋室友于去年的书市上买了您姐弟合著的《红楼解梦》，我就借来看。我刚看完书背面的内容简介就对我的同学说："怎么可能嘛，太离奇了！"我的同学说："你就看吧！越到后来越'恐怖'，那些证据叫你不得不信。"于是我继续看下去，没想到越看越入迷。那时候我和同学们近乎"走火入魔"，对您书中的某篇文章、某个论点，我们于课间、吃饭间、临睡前讨论个不停。那时，您的书在我们几个女生宿舍之间传来传去，常有人上课时也在私下读您的书。

何维青
1997 年 1 月 29 日

---

① "'石学'飞鸿"原叫做"'解梦'飞鸿"。

（二）

……1995年偶尔进京路遇一个胡同小书店，书店挂出一个大招牌，上写："《红楼解梦》增订本一、二集到货，欲购从速！"心想：什么书需"从速"购买，似乎有"抢"的劲头，正好自己也喜欢《红楼梦》，不如也抢购它一套，赶赶潮流，于是便买回了家。可先一看书底内容简介，顿时后悔了，因为早在1991年左右我便听到过此言论。一听说"偶像级"的曹先生和"林妹妹"竟合谋害死"亲夫"雍正……真是耳不堪闻，惨不忍睹。连原文都不找来看一下就全盘否定了。当时心想绝不能让别人破坏我纯洁林妹妹的形象，谋杀雍正一事纯属无稽之谈，没承想无意中买到的正是"谋害亲夫"这一言论的大本营、大集成之书。我便抱着反驳和不屑一顾的心情来读《红楼解梦》。没想到越看《红楼解梦》越是信"谋害亲夫"的言论。我深深地被《红楼解梦》折服了。越是深看，越觉有味，越有解开谜的快感，情不自禁深陷其中。再看《红楼梦》原文不知不觉就按着《红楼解梦》的方法看下去，越是相信"谋害亲夫"的真实性，再看其他"红论"时也不知不觉找论据来证明《红楼解梦》思路的正确。

……也许他们不能容忍自己已形成的理论受到这种毁灭性的打击与破坏，所以气愤懊丧之余，才有了攻击与漫骂。正如过去的我不能想象容忍纯洁的"林妹妹"会是别人的"情妇"，还会亲自"谋害亲夫"那样，理论像偶像一样不能倒掉。而这个不能容忍倒掉的前提是他们必定没有认真正确地读《红楼解梦》。否则他们要认真读了就会认为自己以前的理论真的是错误的，正确的就在眼前。我相信随着时间的推移，会有更多的人走到《红楼解梦》中来的！

荣　梅[①]
1997 年 9 月 27 日

（三）

……记得我才见此书时，感觉是：惊人＋荒诞＋传奇＋浪漫，直至看

---

① 荣梅。在徐州市中国矿业大学工作。

完全书，我就不能不佩服得五体投地了。我对我先生说：常人纵有此念头也不敢公开发表，而国玲姐弟则是以翔实的材料为依据，以科学、严谨、全面，首尾照应，令人信服的分析为臂膀，为何不敢公开发表，此乃学者与常人的不同，也谓"有理走遍天下"。

杨丹阳[①]

1998 年 4 月 11 日

（四）

……开始之所以不敢相信者，乃乍读女士之立论，实感太新奇，太离奇，似觉有点离谱。堂堂大国之君——雍正，在戒备森严的深廷宫闱，竟为一弱女子——竺香玉所毒杀，似感不可思议，难以置信，看完《解梦》一、二、三集，那一篇篇附有史料佐证，推理严谨，论证翔实之论文，使人毋庸置疑，一时疑团顿解，豁然开朗。我为女士姐弟这种独辟蹊径，不落前人窠臼，以全新的思维方式，不怕艰辛，扎扎实实，大胆求索的精神所折服。我亦为你们，在红学研究领域取得如此重大突破而高兴，并由衷地表示祝贺。

你们这一石破天惊的成就，已在红学界和广大红学爱好者中，引起巨大反响，得到许多红学家和广大读者的褒赞。……和任何新生事物一样，女士姐弟之惊人成就，也遭到一些人，包括红学界一些人的反对、嘲笑和攻击。这也很正常。应该说这里的情况很复杂。我相信大多数人不理解，或一时转不过来，假以时日，会逐渐理解和认同。当然，亦应看到，有少数学霸式人物，他们一篇像样的研究论文也拿不出来，却专门善于挥舞政治大棒，靠这混饭吃。这些人虽心术不正，但在那"左"的年代，却往往被誉为"批判家"，"捍卫 × × 路线的勇士"而尝到了许多甜头。希望你们不必为之介意，因为时代不同了，改革开放，拨乱反正，迎来了科学、艺术的春天。他们也成不了气候。故不要为其所累。再者，红学界已有许多有识之士，广大读者也在觉醒，不再人云亦云，不再为"迷信"所缚。他们会正确鉴别，而且也有能力正确鉴别什么是

---

① 杨丹阳，广州读者。

真理，什么是谬误。……

黄坤炜①

1998 年 12 月 1 日

（五）

我对《红楼解梦》内容的接受并非一蹴而就，而是循序渐进的。我最先认可的是关于曹雪芹生辰、曹雪芹的卒年与葬地和大观园实隐圆明园三个观点。其中"卒年与葬地"是重复前人观点，但文章中扎实严谨的论述，也体现了作者的辛苦工作。另外两个观点是作者所独创的。前人在这两个问题上也有许多观点和大量的论述，但对《红楼解梦》中的这两篇文章，我认为是无懈可击、完美无缺的。特别是《大观园实隐圆明园》一文，虽然我当时认为它的内容有点枯燥，但它严格得天衣无缝的论据，无懈可击的论述，都使我产生一种折服的感觉。尽管在大观园的问题上曾有过许多研究和许多结论，但这一篇文章绝对可以使任何人信服。我之所以首先接受了以上几个观点，还因为它们的内容是比较独立的。我也是一个俗人，要一下子推翻以前先入为主的观念，毕竟是不容易的，但经过多次反复思考，我逐渐接受了《红楼解梦》中的核心观点。

《红楼解梦》中的论证十分有力，论据非常充足，各个论点既具有一定的独立性，又互相关联，互为佐证，构成了严密的理论结构。各个周边论点使人非常容易接受，而它们又都指向同一个核心内容。

对于《红楼解梦》的研究方法，我是非常赞同的。……且不论《红楼解梦》中的论点如何正确，从你们的书中，我还看到了你们的工作态度和研究深度。你们对于红学各个方面的观点涉猎极广，同时能够公平客观地看待前人的研究方法和观点，采众家之长。在继承和发展前人理论的基础上，你们又大胆创新，独辟蹊径，敢于言前人所不敢言，能够真正科学而客观地正视问题，最终取得了可喜的成绩。这实在是红学界的一大喜事，

---

① 黄坤炜，长春退休干部。

也可视为你们付出努力的最佳回报。

陈大立[1]

1999 年 5 月 27 日

（六）

本人上小学时就曾偷读过《红楼梦》，全然不懂，长大后又通读过，仍是一知半解，自己带着许多问题找评论文章来看，还买过……写的有关《红楼梦》的书，但总体感觉仍是支离破碎的，不能完全解惑。今读《解梦》，如抽丝剥茧，竟理出了一条完整的主线，对其中所隐的史实，自己也是从不信到疑问再到深觉有理，故越读兴趣越浓。

李惠瑛[2]

2002 年 4 月 22 日

（七）

我看《红楼梦》只钟情于曹雪芹原作的前八十回，对程高版的后四十回窃以为是续貂之作，一贯嗤之以鼻。惟其因此，才常抚胸长叹曹公之早逝，红楼之梦缺。随着年龄渐长，"红楼"字里行间的隐喻之意、所瞒之事，令我百思莫解，魂牵梦绕。为解疑难，近年曾读了不少红学著作。……却总是诸家各执一词，使我如坠迷魂阵中。……

……

（《红楼解梦》第四集）一句"'解梦派'认为：带脂批的八十回本《石头记》即曹著之全璧，并以此作为研究对象"，令我惊喜莫名。观之，茅塞顿开，相见恨晚。

您立论之大胆，突破传统之勇气，治学之严谨，是我前所未见的。

本人除深爱"红楼"外，同时也是一个清史爱好者，尤关注康、雍、乾三朝盛世之野史。在您的研究论述下，长期横亘心中的关于"红楼"、清史的一些疑问，都迎刃而解了。《红楼解梦》里，您几近石破天惊的论

---

① 陈大立，在郑州工业高等专科科学校机械系机电教研室工作。自高中开始读《红楼梦》前后读了十几遍。爱好红学，曾读大量红学专著。

② 李惠瑛，外经贸部国际贸易经济合作研究院研究人员。

述就像一块磁铁，吸引我秉烛夜读至晨曦初现，终于一口气读完了。从震惊到怀疑、到相信、到拜服，我也经历了一个艰辛的思索过程。

朱蕴怡①

2002 年 6 月 24 日

（八）

我是一名日本留学生。暑期回国省亲，偶与朋友聊起红楼，他问我："如果说曹雪芹杀了雍正，而将红楼人物的命运综合起来，便是雪芹与两个女子之一生，其中一个与曹雪芹合谋毒杀雍正，你信吗？"我不假思索："荒唐，无稽，哗众取宠。"但当我拜读了霍女士姐弟之《红楼解梦》后，有了根本转变。

《解梦》之说，研究方法正确（以脂批及原著为本，以史料辅证）态度端正，论证过程严谨，结论正确（详推雪芹生日，大观园的原型等），着实令人信服。我想大多数反对《解梦》的人与我答友问时的情况是一样的，因结果太过匪夷。世界屈指的大文豪，风流倜傥的贾宝玉（我一直也认为宝玉便是曹雪芹之化身）怎么会是这样一个人，做那种苟且勾当。但排除掉这种感情因素，又必须承认你们关于《红楼梦》的解释与分析是正确的，再想想曹雪芹遭此不幸之后，能毅然做出这惊天动地之事，并"滴泪为水，研血成墨"写出此等巨著，不禁释然，更为敬佩。

杨 楠

1997 年 9 月 11 日

二、读者与作者的交流

（一）《曹雪芹毒杀雍正帝》的一点补充（曹敏道）

拜读《曹雪芹毒杀雍正帝》后，对 130 页群药之四有点补充意见。对群药之一至三的解释，鄙人深为信服。但群药之四仅取一"胆"字，本人

---

① 朱蕴怡，2002 年就读于中国戏剧学院表演系粤剧专业，自幼酷爱《红楼梦》。

以为太简单化了。原书的内容如下：

群药之四，"千年松根茯苓胆"：刘仕魁先生从《药笼小品》中
查得："茯苓生在深山幽谷大松下，大者如三四升器。外皮黑而细皱，
内坚白，形如鸟兽龟鳖者良。"由此看来，茯苓就是茯苓，并不称作
"茯苓胆"。显然，"千年松根茯苓胆"的"胆"字是多余的。此字又
是作者硬塞在这里的。当我们注意到："胆"谐音"蛋"时，便恍然
大悟——原来宝玉所说的四味药中，隐进了一句骂雍正的话："让戴
着绿帽子的大乌龟王八蛋皇上，到紫河车中投胎去！"

我以为应如此解释更为恰当：

"千年"应理解为"老"，"松根、茯苓"应理解为两种不同东西的混
合物，取"混"之意，"胆"谐音"蛋"完全正确。因此，"千年松根茯苓
胆"应解为"老混蛋"。为此，第四味中药所隐写的应是：

让戴着绿帽子的大乌龟老混蛋皇上，到紫河车中投胎去！

（四川）读者 曹敏道
2008 年元月 3 日

（二）《曹雪芹毒杀雍正帝》读后的感想（丁立雪）

关于龄官画"蔷"一事，我的体会是：雨不小，但骤雨从天上掉下
来，头上滴下水来，纱衣裳登时湿了——龄官所画非"蔷"而为"霂"。
曹雪芹为了隐与启史实，仅为一个"霂"字，便花费了如此多的笔墨，文
中饱含真情与痴情，文笔之聪明至极显之，情节之生动现之，隐技与妙启
融于一体，叹为观止。读完全书，夜间不寐提笔写《拜读新著〈曹雪芹毒
杀雍正帝〉七绝五首》以志奇文惊心动魄，欣喜硕果累累之情。

之一

高情义胆善求真，彻悟芹心第一人。
解梦空前功绝后，羿弓开璞玉腾身。

之二

字字焦雷破瘴尘，文心如发理真真。

万千羿箭齐齐射，康寿丰功献庶民。

之三

荷池入涸忽飘雯①，冲出青莲万丈长②。

馥郁人间霈丐永，恩同解梦惠无疆。

之四

解梦春风阵阵威，千红万紫竞芳菲。

笑听何处阴森哭，萝卜赪③皮秽聚哀。

之五

废寝忘餐著作忙，压枝硕果溢新香。

五洲拜读醒心后，旭照梨花共海棠。

五首吟正抄罢恰闻鸡鸣于熹微

（郑州）丁立雪于握兰殉梅书屋丁亥菊月

（三）读《红楼解梦》有感（朱伯厚④诗文）

世人爱说红楼梦幻，

巨眼解得石头记真。

龙象翻动风月鉴柄，

当今情僧菩提之心。

前时读《解梦》初版，记下四句，了无诗意，全是现成的俗套话。今感而略记数语于后。

霍氏后来先执其柄。或有雅贤，面对已然揭破之大谜，心境实难名

---

① 雯，雨雪交加。

② 此二句描写自《石头记》诞生至解梦以来史实及研红概况。

③ 赪（chēng），红色。红皮萝卜喻红衣主教。

④ 朱伯厚，山东营牛庄物探研究所干部。

状，悔无益，恨无益，愧无益，妒无益，诋毁无益，求疵无益，结舌瞠目，无以评说。正是无可奈何，仿佛十数年没回过神来？

宗派争夺，自恃卓见，高低水火，丁丁卯卯，辱骂讥讽，相轻相讥，以致老拳相对。向者竟多蒜皮鸡毛之类；细检故纸，当焚者亦复不少，宁无自省乎？（红学先贤之功用，已垂青史，道理自在。两分法而已。）

《解梦》的大突破、大意义的定位，至今未见公平，当真要留给历史，留给后人去做不成？是否显得有些不够宽宏？还是感情上有什么关碍？当今情僧菩提之心何在？果然没有是非真假？我不信。

……

我诗不工，略记心思耳。

一

正照百年① 论红黄②，
雅儒未敢说天祥。
今日争解史公意，
芹逝遗恨待思量③。

二

今人争哭放悲音，
芹说我哭为红心④。
哭我怨恨除夕酒，
我未曾昏君却昏⑤。

1998 年 7 月 5 日

---

① 二百余年。（这些注均为诗人自注。）
② 淫书今称黄色。正照之法已老。雌黄之说当休。
③ "邺下才人应有恨"——芹逝之委曲。知者语也。
④ 芹哭已、哭红、哭家、哭国、哭人俗世道，直哭得"清天破"、"清不清"，方解心头遗恨。
⑤ 冤枉雪芹尤甚。

（四）《题“红楼”“解梦”》（李平① 诗）

尊敬的霍老师：

……作为一个热爱红学的读者，我感到非常自豪。因为您和那些敬爱的老师们为了让世界，让我们能够了解所谓的“红学之谜”，不分昼夜，一丝不苟的研究着、思索着。有付出，必有结果——《解梦》得以问世，既是你们的骄傲，也是我们的自豪。

……我写了一首诗，如下：

题《红楼》《解梦》

曹雪芹《红楼》震九洲

史迹泪痕隐卷图。

二百余年谁解意，

回望古今谁解情？

而今红学刻苦究，

《解梦》揭秘了公愿。

2000 年 12 月 17 日

（五）“西江月”词（牛树崑）

西江月

——钦颂《解梦》理论

《解梦》独僻蹊径，

理论高屋建瓴。

“红楼”“脂砚”为依据，

体系气贯长虹。

先生老师怀瑾，

华章玉洁冰清。

厉兵秣马攀山顶，

---

① 李平，甘肃甘谷县地毯厂工人。

一路岂怕虫鸣?

2006 年 1 月 26 日

(六)《怀念雪芹》词(张放)

怀念雪芹

细看悠悠黄叶愁,芳草也白头。

望不见家乡,金陵故园,月下婵娟秀。

青山灵隐有香丘。

残阳如血,梦醒恨难收。

把酒抛洒,花飞天尽头。

岁在乙酉

(七)长诗《赠霍国玲女士姐弟》(姜继业[①])

曹侯泣血写真传,文网恢恢难真言。不愧旷世奇才子,设计正面与反面。
花团锦簇世情画,深隐作者生死恋。只为隐深创奇技,分身合身射覆添。
障眼避难与谐音,一声两歌九连环。声东击西巧遮掩,千里伏脉一线连。
注彼写此人难觉,不写之写亦奇幻。反面史笔写史实,正面奇画迷人眼。
书成曹公双眉展,一腔悲愤庶可传。又愁世人难知觉,不由伤心双泪涟。
遂与亲人合执笔,处处苦心指关键。关键指处谁能解,迷糊将近三百年。
曹公在天血泪淌,脂砚相陪亦心寒。莫非巨谜永埋没,何来高才与慧眼?
神州忽有才人出,霍氏姐弟智无前。文心史心一并鉴,正面反面毫发诠。
一读巨谜纷纷解,一读省得血泪言;一读谬误非谬误,一读荒唐是真传。
曹公作书鬼神惊,霍氏解谜谁比肩!莫非地脉有灵秀,前贤后知在香山。
霍氏无乃曹侯现,文心史心一脉传。曹侯脂砚在天灵,喜泪飞倾洒九天。
红楼迷宫高高耸,霍氏解书代代传。日月昭昭地球在,红楼、解书总相伴。

---

① 姜继业,1939 年生,作家、诗人,编审、一级创作员。小说《朝霞灿烂处》和词《喜
迁莺·赞富帮贫》获中国艺术研究院文心奖二等奖,其他还有多种散文、诗歌、短文
荣获不同奖项,有的作品被译成外文。任陕西省《渭南市志》副主编、《渭南市志·人
物》卷主编。作为副主编的《渭南县志》、《渭南地区志》均获全国一等奖。

397

巍巍中华文化史，两座丰碑永相连。吾与霍氏昧平生，无意攀附进诏言。
解梦一读兴难抑，深夜难寐赋此篇。此情当非在少数，吾与千万人共欢。
浩渺长河愈久远，愈证吾言非谬谈。

2007 年 2 月 23 日凌晨

跋

一

　　《考证曹雪芹》一书经过编辑审核之后，又转给作者再作一次审定，就可以付印了，不禁有一种释重之感，终于能在 2015 年 6 月 4 日曹雪芹诞辰 300 周年纪念日之前，按时付梓。

　　我们掩卷回思，屈指算来从我们开始研究《石头记》到现在已整整 35 年。记得 1980 年打开书的第一页，就看到作者以第一人称的口气向读者作了这样的交代：

　　　　此开卷第一回也。作者自云：因曾历过一番梦幻之后，故将真事隐去，而借"通灵"之说，撰此《石头记》一书也，故曰"甄士隐"云云。

　　这是作者向我们说明：书中之所以有"甄士隐"这一人名，是由于这部书的突出特点是：隐写真人真事。

　　这是什么样的真人真事呢？

　　作者对于写《石头记》的目的，这样写道：

　　　　……编述一集，以告天下人：我之罪固不免，然闺阁中本自历历有人，万不可因我之不肖，自己护短，一并使其泯灭。

　　在"一并使其泯灭"处，蒙府本有侧批曰："因为传他，并可传我。"

意为：作者所传写的闺阁中人，并非很多人，其实就是一个人，而且在传她同时，也就传写了作者本人。

原来这部《石头记》里面写的"真事"是两部传记：一部传记是为一位女子写的，另一部是为作者自己写的。

当时霍国玲一面将"因为传他，并可传我"这条脂批抄在《石头记》（《红楼梦》）的相应位置，一面思索：这是怎样的传记呢？一面暗暗下定决心，一定要揭开隐写于书中的"传记"之谜。

二

《石头记》第一回在介绍过"甄士隐"（真事隐）后，接着又写道：

> 虽我未学，下笔无文，又何妨用假语村言，敷演出一段故事来，亦可使闺阁昭传，复可悦世之目，破人愁闷，不亦宜乎?"故曰"贾雨村"云云。

为了隐写真事，便用"假语村言"来"敷演出一段故事"，故有一人名叫做"贾雨村"（假语存）。

由此来看，《石头记》虽是小说，却不是一般意义上的小说，而应称作"奇书"。奇就奇在这部书像"风月宝鉴"那样，有正、反两面——正面是小说，背面是历史。

这部书虽然"奇"，却有规律可循。

这种规律就体现在作者采取了一系列写作奇法、秘法，利用小说隐写历史。我们解破了这些奇法、秘法，小说背面的历史自然会呈现在我们眼前。这些奇法、秘法包括："分身法"①、"合身法"②、"颠倒相酬"法③、

---

① 见《红楼解梦》第一集。
② 见《红楼解梦》第四集。
③ 见《红楼解梦》第八集。

"两套纪年法"①、"射覆法"②、"谐音法"、"拆字法"、"隐寓法"、"缩地法"、"不写之写法"、"注此写彼法"等等③，不一而足。此外，在《石头记》里还采用了几十种写作奇法④。

那么，像《石头记》这部煌煌百万言巨著，我们怎么能够知道，作者在什么地方隐写了历史，又隐写了怎样的历史呢？或者说，我们即使在原则上了解了作者的写作奇法、秘法，然而如何将它们具体运用呢？

作者在将历史隐写于小说背面后，就会出现一部书包含"文"和"史"两种不同内容的奇异现象。这时我们会发现《石头记》与其他任何单纯的小说有极大不同。其表现为：背面历史影像会星星点点、影影绰绰地浮现于小说中，这就是脂砚斋所说的"误谬"。这种误谬往往隐蔽得很深，走马观花者是无法发现的。所以阅读《石头记》，不能像阅读一般小说那样，只驻足于情节的曲折、热闹的场面，人物的鲜活，语言的生动，而一定要静下心来，一字一句地思考、推敲。之后就会发现原来那些"家常老婆舌头"中，竟然深藏着大量不合理处，也就是"矛盾"，或说"误谬"，亦即"谜"。只有能够发现《石头记》中大量"谜"的读者，才称得上"善读"者。这些"谜"数不胜数，于是就有人称《石头记》为"谜书"。⑤——这些"谜"是《石头记》作者对"善读"者的恩赏，是任何小说中都不存在的"奇观"，是从小说通向历史的路标和起点。只要用作者的写作奇法、秘法解破了书中之"谜"，作者隐写在小说背后的历史便会浮现出来。

何谓"考证"？《现代汉语词典》写道："研究文献或历史问题时，根据资料来考核、证实和说明。"我们可以将《石头记》正面小说作为"资料"看待，通过这些"资料"便能探索出隐写在小说背后的历史真相，这不就是"考证"的一种形式吗？"石学"研究者把这种考证叫做"内证"，

---

① 见《红楼解梦》第一集。

② 见《红楼解梦》第二集。

③ 以上四种写作秘法见《反读红楼梦》一书。

④ 见《脂砚斋批语与〈石头记〉》一文，载于《红楼解梦》第三集。

⑤ 在《〈红楼梦〉中的"误谬"（或"谜"）》一文的"附件"中列举了310个"谜"。该文载于《红楼解梦》第五集。

而将通过历史资料进行的历史考证，称作"外证"。两种"考证"方式有别，目的相同。无论是"内证"，还是"外证"，只要将两者进行有机地结合，便可相互补充、相互验证，避免主观臆测，确保客观、辩证，便可以用来探索作者的生辰（包括生年、月、日、时）及小说背后的隐史，就能使所考证出来的小说背后的隐史，接近真实，令人信服。这便是作者所期待的能"解其中味"的人。以前的著作，我们侧重于"内证"的较多些，这部专著则侧重于"外证"。

<h1 style="text-align:center">三</h1>

自 1980 年到现在，已经过了整整 35 年，"石学"研究者围绕黛玉原型竺香玉和《石头记》作者曹雪芹，通过内证和外证相结合的方法作了大量考证，已捋出了这两部传记的脉络。下面我们就将这两部传记"合二而一"，作个简述。

（一）曹雪芹奇特的家世

曹雪芹于康熙五十四年（乙未）五月初三（1715 年 6 月 4 日）出生在金陵（南京）织造府邸。曹雪芹的始祖曹锡选和高祖曹振彦在明军与清兵于沈阳的战斗中，被清兵俘虏，从此曹家世代成为清皇族的"包衣"（奴仆）。曹雪芹先祖后因在战争中为清廷屡立功勋，到曾祖曹玺时，于康熙二年被任命为"特监督理江宁织造"。其后，祖父曹寅、父亲曹颙、叔父曹頫（入嗣）又相继接替此职，使得曹家成为江南的望族。

由于曹玺的妻子孙氏曾做玄烨（康熙皇帝）的保姆，在玄烨出天花时，日夜守护，使玄烨转危为安。曹家历代又对清皇族忠心耿耿，尽职尽责。可以说曹家对玄烨（康熙）是有恩的。曹寅自幼便是康熙的伴读兼玩伴，康熙对曹寅的才能和忠诚，十分赏识并信任。因而康熙便欲改变曹寅后人的"包衣"身份。他相继将曹寅的两个女儿指婚给王子，又将自己的十六皇女指婚给曹寅独子曹颙。曹颙不幸于康熙五十四年元月死于京城。雪芹便是曹颙的遗腹子。

曹雪芹的父系是包衣，但母系则是清皇族，康熙是他的外祖父。曹雪芹的出身占据了两个极端：既是下贱的"包衣"（父系），又是高贵的皇族（母系）；既属统治民族满族，又属被统治民族汉族。

曹雪芹虽一出生就伴随着寡母，但由于他既是曹家的独苗，又是皇族的龙种，因而受到祖母、母亲的百般呵护，使他能茁壮成长。

（二）竺红玉做雪芹的伴读，两人相得益彰，才学出众，并产生爱情

康熙六十年（1721年），曹家买了一个小戏班。其中有个小女孩名竺红玉。后来竺红玉做了雪芹的伴读丫鬟。两人都聪明过人，对于所学都能过目不忘。虽仅一起生活、学习了五六年，却已熟悉经史、诗文，善于琴棋书画。两人耳鬓厮磨，产生了朦胧的爱情，并私订终身。两人的地位虽存在巨大反差，感情却始终如一，彼此忠贞，堪称"奇恋"。然而在封建专制社会，他们的爱情却遭到不止一次灾难性的打击。

（三）竺香玉被迫进宫做了公主、郡主的陪侍，两年后被纳为皇贵妃

由于曹𫖳经营织造府不当，致使连年亏损。雍正降旨，于六年正月十五前夕查抄了曹家，并调取曹𫖳全家进京领罪。雪芹与他的两个伴读丫鬟（其中一个是竺红玉）亦随同进京。

来北京后，最初居住蒜市口一处有房17间半的宅院中。因曹雪芹母亲是康熙的公主，雍正的胞妹，不久全家便搬到雪芹母亲结婚时宫中所赐府邸——后来的恭王府。

雍正八年（1730年），清宫挑选秀女、才女。雍正元年李熙家被抄没后，长子及其妻子死于非难，孙女李香玉便被曹雪芹祖母要来，令曹𫖳夫妇认作女儿，身份是曹家的小姐。由于李香玉暗恋着雪芹，不肯进宫，曹家便诱迫竺红玉代她进宫。于是竺红玉改名"曹香玉"，作为"才女"成为公主、郡主的陪读。不幸，她的才貌被雍正看上，九年（1731年）九月皇后病亡，十年（1732年）雍正便纳竺香玉为皇贵妃。曹雪芹看到与竺香玉结婚已无望，便同意祖母的安排，与李香玉结婚。

（四）竺香玉被册封为皇后，荫及曹家，曹雪芹作为兄长被封"侯"

雍正十一年（1733）六月十一日，竺香玉生皇子弘曕，第二天被册封为皇后。根据清代的"推恩"制度，皇后的长辈都将受封。于是其"父""母"曹頫夫妇、曹雪芹的祖母、"兄长"曹雪芹，乃至李香玉的叔父李鼎，都在受封之列。其中曹頫被封为"公"，雪芹被封为"侯"。

雍正十三年（1735 年），弘曕已三岁，到可以立储的年龄。雍正元年宣布秘密立储，所立之人为弘历（乾隆），十三年春，雍正皇帝将密诏由弘历改为弘曕。此事身为皇后的竺香玉当然清楚，便将此事密告雪芹。因雍正好丹，雪芹便产生以丹砂毒杀雍正，由弘曕继位。如此这般，雪芹便可作为国舅进行辅佐，实现自己的政治抱负。

雍正十三年八月二十三日，曹雪芹和竺香玉果然按计划毒杀了雍正帝，但是皇权却落入弘历（乾隆）手中。弘历篡位后，只顾巩固自己的皇权，并未追究父皇的死因，这使雪芹与竺香玉安然逃避一场因弑君酿成的大祸。

（五）此后，曹雪芹开始反乾斗争，竺香玉皇太后到寺庵带发修行

曹雪芹为了将皇权从乾隆手中夺回，还给弘曕，于乾隆元年（1736年）在河南少林寺组织反乾暴动，乾隆三至四年在山东青州，再一次相继进行反乾斗争，均未成功。

香玉皇太后为避免乾隆的纠缠，便于乾隆元年（1736 年）将嫡皇子弘曕托付给雍正的刘嫔（乾隆时期的刘太妃）养育，自己到西郊六郎庄真武庙修行。

乾隆三年（1738 年）果亲王死后，乾隆皇帝将弘曕过继给果亲王，继承他的王位。至此，乾隆便将弘曕逐出皇宫。

乾隆五六年曹雪芹写作《风月宝鉴》，将毒杀雍正帝一事隐记于书中。

乾隆九年曹雪芹中举，官至州同。此事记录在《氏族通谱》中，曹雪芹谱名为曹天祐。

香玉皇太后于乾隆十一年（1746 年）迁到香山广慧庵带发修行。

（六）自乾隆十一年（1746 年）后曹雪芹经常居住正白旗曹寅留下的宅院，以便于与隐居于广慧庵的竺香玉一起创作《红楼梦》（百十回本）

六郎庄真武庙距畅春园很近，乾隆很容易监视竺香玉的活动。自竺香玉来到紧靠卧佛寺西南一侧的广慧庵修行后，雪芹便可经常居住香山正白旗 39 号院老宅，与竺香玉来往十分方便。乾隆十一年曹雪芹与当地文人之间的来往反映在该院北房靠西房间的题壁诗上。

由于竺香玉向曹雪芹讲述了大量宫廷生活细节，使曹雪芹了解了竺香玉在宫中的情况，便开始在《风月宝鉴》基础上，进行充实，最后写成一部百十回的长篇小说《红楼梦》，隐记了竺香玉由一个丫鬟，一步登天做到皇后高位的过程。竺女的传奇经历如同一"梦"。

（七）乾隆十四五年李香玉诱使竺香玉为曹雪芹怀孕，之后来曹府（恭王府前身）生育，竺红玉为抗拒李香玉的要挟，自缢而亡。清宫查询了竺红玉的真实身份，认定曹家犯了欺君之罪，为此曹家遭到第二次抄没

乾隆十四五年曹雪芹的正室夫人李香玉对曹雪芹与竺香玉经常接触心生醋妒，阴谋设计，口蜜腹剑，诱使竺香玉与曹雪芹怀孕。竺香玉建议曹雪芹在祖坟周围，尽量多置土地，以备不测。但曹雪芹只忙于再一次组织倒乾活动，未及时办理，忽视了竺香玉的规劝。

乾隆十五年（1750）冬，竺香玉为雪芹生一子。谁料想恰中李香玉阴计，李妄图以此威逼竺香玉与曹雪芹断绝来往。第二年春竺香玉以自缢保护曹雪芹不受牵连，竺香玉自缢后，乾隆追查死因，得知竺香玉原来是丫鬟出身，并非真正的小姐，为此曹家犯下欺君之罪，遭到第二次抄没，全家被扫地出门。竺香玉未被葬于皇家陵园，而被葬在北京陶然亭公园内。

曹家第二次被抄没后，曹雪芹一度逃禅。竺香玉的灵柩不能进入祖坟，被葬于陶然亭。后曹雪芹为她树立两个小碑——"香冢"碑和"鹦鹉冢"碑。

曹雪芹在事态平静后，回到香山正白旗旗营，靠领取旗民微薄的月银为生。此后曹雪芹开始一字一泪地彻底改写了《红楼梦》。将后三十回删除，其内容加于前八十回中，并在正文中添加上脂砚斋批语，用作对读

者正确理解正文的引导，书名改为《石头记》，将《红楼梦》之名彻底删除。"石头记"意即为竺香玉所矗立的一块硕大无朋的丰碑，上面记载着竺香玉的事迹。

曹雪芹并将自己与竺香玉的恋爱过程及反雍正、乾隆所表现出来的政治抱负用绘画形式绘于北京市海淀区四王府小学一座倒厦的内墙上部。

乾隆二十八年京城发生痘疹，竺香玉与曹雪芹所生之子不幸染病，夭亡，曹雪芹将竺香玉的遗子培养成人的希望破灭，除夕那天饮酒过量，当夜病亡，时间为乾隆二十八年除夕（1764 年 2 月 1 日），曹雪芹享年四十八岁零八个月，后葬于香山地藏沟。

曹雪芹临终前正在修订《石头记》的五评本，即后来的蒙府本和戚序本。

四

在曹雪芹的一生中，所做的最重要的事情，便是毒杀雍正帝及反乾隆斗争。他"一字一泪，一泪化一血珠"地为竺香玉写传……什么力量促使他这样做呢？

贾雨村曾对贾宝玉的原型（曹雪芹）有个评价：

> 雨村骇然厉色忙止道："非也！可惜你们不知道这人来历。大约政老前辈也错以淫魔色鬼看待了。若非多读书识字，加以致知格物之功，悟道参玄之力者，不能知也。"

只要"多读书识字，加以致知格物之功，悟道参玄之力"就会了解曹雪芹是个做大事的人。他所做的大事，概括起来有三点：

第一，反对民族压迫

《石头记》中所写的林四娘形象，便是曹雪芹心目中的抗清英雄。关于清兵入关隐写在"黄巾""赤眉"身上："……'黄巾''赤眉'一干流贼余党复又乌合，抢掠山左一带。恒王……两战不胜，恒王遂为众贼所戮。……"

关于"黄巾""赤眉",作者通过脂批（庚辰本夹批）写道：

> 妙！赤眉、黄巾两时之事今合而为一，盖云不过是此等众类，非特历历指名某赤某黄，若云不合两用便呆矣。此书全是如此，为混人也。

"非特历历指名某赤某黄"，那么指谁呢？结合清兵两次入侵山东骚扰的情况看，只能指清兵，因为清八旗中有整黄旗、整红（赤）旗。这两次入侵，第一次是在崇德三年（明崇祯十一年，公元 1638 年）多尔衮与岳托十二月下旬进入山东，第二年正月攻破济南城，杀死居民达 13 万人，财物被劫掠一空。第二次，崇德七年（明崇祯十五年，公元 1642 年）满洲八旗兵十二月下旬即转攻山东，青州（益都）也遭浩劫烧杀。这次清兵来去达八个月。共攻破三府、十八州、六十七个县、八十八座城镇，击败明军三十九处。掠获黄金一万二千二百五十两、白银二百二十万五千二百七十两；俘获人口三十六万九千人，牲畜共三十二万一千余头。①

面对清兵的入侵，恒王轻骑前剿，两战不胜，被戮疆场。城内百官欲献城投降。在这种情况下，林四娘率众女连夜出城，直杀贼营，杀死贼首。终因寡不敌众，全军覆没。曹雪芹正是以这个故事隐写竺香玉参与毒杀雍正帝的英雄行为，并表明自己反对民族压迫的思想。曹雪芹反对一个民族（满族）压迫其他民族的统治。他与竺香玉毒杀雍正帝是在雍正十三年（1735 年）。孙中山从事反对满族统治的资产阶级革命开始于 1894 年。因而曹竺之举早于孙中山 159 年。曹雪芹与竺香玉不费一兵一卒，毫不声张地除掉了满族在中国的最高统治者雍正皇帝，难怪脂砚斋称其为"大英雄"。曹雪芹、竺香玉都不愧有这个称号。

---

① 见孙文良、李治亭：《天聪汗；崇德帝》第 338—343 页和第 354—363 页，吉林文史出版社 1994 年版。

第二，具有浓厚的民主思想，主张解放奴隶

曹雪芹具有浓厚的民主思想。

如第三十三回"不肖种种大承笞挞"，宝玉挨打主要由于他对逃亡"优伶"琪官"表赠私物"。宝玉为此挨了打，却还说："……我便一时死了，……一生事业纵然尽付东流，亦无足叹惜，冥冥之中若不怡然自得，亦可谓糊涂鬼崇矣。"——表现了雪芹对下层人民的同情，并为他们争取权利，哪怕为此牺牲生命，亦在所不惜。

又第六十回通过春燕之口说道："……我且告诉你一句话：宝玉常说，这屋里人，无论家里外头的，一应我们这些人，他都要回太太全放出去，与本人父母自便呢。……"春燕这些丫鬟都是大观园中的女奴，将她们"全放出去"，亦即使她们成为自由民。

第三，主张社会改革，关注民生，倡导发展经济

曹雪芹强烈地主张改革：曹雪芹作品的突出特点是"以家喻国"。贾家各种事物原是凤姐一人说了算，在第五十六回则是三人集体领导：以贾府的一位姑娘——探春为首，另外二人是李纨——王夫人的儿媳和薛宝钗——一位外姓人。他们既有代表性，又有权威性。对于凤姐的意见他们可以不采纳；对于凤姐过去的做法，他们可以改变。凤姐，亦称凤哥。若把凤姐喻为皇帝，原是"凤哥"一人说了算，而且她暴虐成性，可喻君主独裁制。探春等三人"主政"时期，好似君主立宪制的内阁，此时的凤姐犹如君主立宪制的国王，并不掌握实权。

在曹雪芹时代，改革的核心是给奴隶以自由。在此基础上进行生产关系的改变，主要包括：承包土地。即把土地、池塘等"包"给农民（原来的奴隶），使他们有"职"（"专司其职"），有"权"（"使之以权"），有"利"（"动之以利"）。这种承包制大大提高了生产者的积极性，如春燕的姨妈"包"了一块地方，春燕说她"比得了永远基业还厉害，每日起早睡晚，自己辛苦了还不算"，还逼着春燕照看，"一根草儿也不许人动"。（第五十九回）分配原则：（1）"孝敬"土地所有者。但即便有剩余，也不能"一概入了官"，否则会"里外怨声载道"。（2）生产者"既辛苦闹一年，也要他们剩些，补贴补贴自家"。（3）生产者"拿出若干贯钱来，大家凑齐，单散与""抬轿子，撑船，拉冰床"等其他劳动者。减少管理上的中

间环节，避免对生产者层层盘剥：原来"年终算帐归钱时"，"归到帐房"，结果"上头又添一层管主"，"又剥一层皮"，现在直接"归到里头"，甚至尽量使生产者与消费者直接见面：生产者直接包下"头油、脂粉、香、纸"，"筿帚、撮簸、掸子，并大小禽鸟、鹿、兔吃的粮食"等消费者的用品。

曹雪芹是个思想超前的伟人。惟有革新社会、引领社会前进的改革家，才可能真正认识曹雪芹。辛亥革命时期的陈悦在《列石头记于子部说》等三篇文章中说：

> 《石头记》一书，虽为小说，然其涵义，乃具大政治家、大哲学家、大理想家之学说，而合大同之旨。谓之东方《民约论》，犹未知卢梭能无愧色否也。
>
> ……综观始终，（贾宝玉）可以为共和国民，可以为共和国务员，可以为共和议员，可以为共和大总统矣。

早在整整一百年前，就有人指出：《石头记》中包含着政治，包含着反对皇权，具备"共和大总统"的思想。①

五

曹雪芹具有超前思想。然而他却生活在中国封建专制时代文字狱最为严酷的时期。乾隆的文字狱自十六年至四十八年，仅仅30年便制造了60起文字冤狱，平均每年两起。文字狱使得人人自危，说"错"了一句话，写"错"了一个字，就可能被砍掉头颅，甚至满门抄斩。曹雪芹要将竺香玉皇后和自己的传记，及其社会改革的思想隐写于书中，以便流传后世，该具有多大的勇气，多高的智慧！

中国古典文化的基本特点是"文史合一"。曹雪芹的《石头记》如同

---

① 转自韩进廉《红学史稿》第206—207页，河北人民出版社1981年版。

"风月宝鉴"，具有正、反两面。正面是纯粹的小说，背面看是真实的历史，形成"文"与"史"的高度完美"结合"。

中国古典小说源于"平话"，即后来的"评书"。明清时，出现章回小说，虽然核心还是"史"，但文学的成分越来越多。其基本特点仍是"文史合一"，然而与《史记》之前的文学相比，已有很大区别，出现一种在"文史合一"基础上的"文史分流"现象。《石头记》虽然将"史"隐记于小说背后，但就小说而言，完全是作者所编撰的"假语"，堪称典型的小说，很像西方小说"典型环境中的典型人物"特点。因而，可以说《石头记》是中国古典文学发展到晚期而形成的最成熟、最纯粹的文史分流典范。

如果从《石头记》的文体来看，则是一部"文备众体"集大成之作。《石头记》收入的韵体诗文，总量多达200多篇（首），几乎囊括了中国文学史上曾出现过的各种体裁，下面列表说明：

类别	体裁	数量	总数
诗	五绝	4	81
	七绝	26	
	五律	9	
	七律	37	
	排律	2	
	歌行	2	
	乐府	1	
词	词	18	18
曲	曲	18	18
谣谚	歌	3	9
	谣	1	
	谚语	1	
	偈	4	
谜令	灯谜诗	13	48
	灯谜	11	
	曲谜	1	
	酒令	16	
	牙牌令	7	
赋	赋	1	1

类别	体裁	数量	总数
韵体文	赞文 骈文 拟古文 书启 预言	1 1 1 3 1	7
联对	对句 楹联	2 22	24

总计：206 篇（首）。①

此外还有 18 个匾额。

还应指出：在《石头记》的回前批和回后批中，有些是以诗词形式写成的，其中绝大多数亦出自曹雪芹之手。上面统计的数字，还并未将这些包括在内。

由上面的介绍可以看出，曹雪芹是当之无愧的中华文化代表。

六

欧洲文艺复兴运动之后，出现了几位有代表性的大文豪。他们作品的民主性和艺术性，都达到了时代的高峰，被有关国家视为自己民族的文化代表。然而当我们将曹雪芹与这些大文豪相比，其艺术性则不必说。曹雪芹的著作是"奇书"，除正面小说外，还在其背面隐记着一段可歌可泣的历史。其艺术手法的奇绝是任何国度的大文豪都可望而不可及的。我们仅将曹雪芹的民主思想、改革思想与欧洲几位大文豪相比，就会发现：就其民主思想的彻底性来看，曹雪芹超过了他们，而时代却比他们早。我们按照这些伟人生活时代的先后顺序做了一个排列：

莎士比亚在世时间：1564—1616 年。反映的是资本主义萌芽时期的人

---

① 此统计见周雷为刘耕路《红楼梦诗词解析》所写的《序》吉林文史出版社 1986 年版。

文主义思想。

曹雪芹在世时间：1715年—1764年。虽然当时的中国社会具有三种社会形态：满族统治者可以直接控制的范围内，还处于奴隶制。汉族广大地区，处于封建社会晚期。少数商品经济发达的地区，已出现资本主义萌芽。曹雪芹所提出的民族平等、民主思想、民生思想，相当于欧洲较成熟的资本主义民主思想。在中国称得上是时代的超前伟人。

歌德在世时间：1749—1832年。反对封建割据，渴望德国统一，主张自上而下的社会改革。宣扬资产阶级人道主义思想。

巴尔扎克在世时间：1799—1850年。揭露金钱如何成为资本主义社会一切活动的动力。

托尔斯泰在世时间：1828—1910年。反映俄国的社会矛盾，欲以"自由平等"的小农社会代替沙皇制度。

曹雪芹不仅从中国当时的社会看，其思想达到了当时社会的高峰，就是放到世界范围内，与世界其他文学大师相比较，也不愧为佼佼者。

曹雪芹理应成为中华文化的代表，2015年6月4日是曹雪芹诞辰300周年纪念日，写出这篇"跋"时，正值纪念日一天一天的临近，谨以此文作为对这位超前伟人的默默祭奠。

霍国玲、紫军

2015 年 5 月 12 日

启　事

一、"石学丛书"（原称"红楼解梦论丛"）中《〈红楼梦〉中隐入了何人何事——反照风月宝鉴时所看到影像》、《红楼史诗——〈芦雪庵争联即景诗〉解析》、《解析秦可卿》等文是霍国玲等对《红楼梦》研究的结晶，任何个人或单位欲将该作品翻译或改编为电影、电视、录像、戏剧、小说等表现形式者，请按照《中华人民共和国著作权法》第二十三条"同著作权人订立合同"的规定，与该文作者联系。

二、防伪标志：

"石学论丛"（原称"红楼解梦论丛"）各集，及《脂砚斋全评石头记》的封面均带有防伪标志。凡无防伪标志，或伪造防伪标志者都为盗版书。发现必究。

三、补齐"石学论丛"（原称"红楼解梦论丛"）缺书：

"论丛"各集：

《红楼解梦》第一集 25.00 元 / 册；第二集 28.00 元 / 册；第三集 56.00 元 / 上、下册；第四集 54.00 元 / 上、下册；第五集（已售缺）；第六集（《红楼史诗》）28.00 元 / 册；第七集（《解析秦可卿》）33.00 元 / 册；第八集（《黛玉原型画像考》）35.00 元 / 册；编外集（即《红楼圆明隐秘》16K本）45.00 元 / 册。

专集：

《反读红楼梦》（概括地介绍了"解梦"理论，是一部"解梦"丛书的普及本）32.00 元 / 册。

《曹雪芹毒杀雍正帝》（从史料中论证出雍正帝实为食用含有剧毒的毒丹而猝死，实为被杀。之后，又进一步对被谁毒杀做了详细论证。）36.00 元 / 册。

校辑：

《石头记》（脂砚斋全评本）（《脂砚斋全评石头记》的修订本）180.00元／上、下册。

上述书籍，有缺集或缺书者可与作者联系。若邮寄，除书价（不是指每部书的书价，而是指每个邮包中所有书的书价）外另加3元的挂号费。邮寄时，请在汇款单的"附言"一栏简要写明所购之书，如写"购一、二、编外、反读、石"。

地址：北京香山杰王府18号霍国玲　邮编：100093　电话：（010）82598181

四、作者的博客及及邮箱：

博址：blog.sina.com.cn/huoguoling（霍国玲的博客）

E-mail：zhanghui380430@163.com

五、本书在"'石学'飞鸿"中摘登了一些读者的书信及诗词。这些书信大都写自十几年前。除少数读者与我们尚有联系外，绝大多数已失去联系，无法赠阅此书。望这部分读者看到此启事后，速与我们联系。

责任编辑:姜　玮

图书在版编目(CIP)数据

考证曹雪芹/紫军,霍国玲 著. −北京:东方出版社,2015.8
ISBN 978 − 7 − 5060 − 8285 − 3

Ⅰ.①考…　Ⅱ.①紫…②霍…　Ⅲ.①曹雪芹-人物研究　Ⅳ.①K825.6

中国版本图书馆 CIP 数据核字(2015)第 145302 号

考证曹雪芹
KAOZHENG CAOXUEQIN

紫　军　霍国玲　著

东方出版社 出版发行
(100706　北京市东城区隆福寺街 99 号)

北京中科印刷有限公司印刷　新华书店经销

2015 年 8 月第 1 版　2015 年 8 月北京第 1 次印刷
开本:710 毫米×1000 毫米 1/16　印张:26.75
字数:411 千字

ISBN 978 − 7 − 5060 − 8285 − 3　定价:58.00 元

邮购地址 100706　北京市东城区隆福寺街 99 号
人民东方图书销售中心　电话 (010)65250042　65289539